■2025年度高等学校受験用

お茶の水女子大学附属高等学校

収録内容一覧

★この問題集は以下の収録内容となっています。また、編集の都合上、解説、解答用紙を省略させていただいている場合もございますのでご了承ください。

（○印は収録、一印は未収録）

入試問題と解説・解答の収録内容		解答用紙
2024年度	英語・数学・社会・理科・国語	○
2023年度	英語・数学・社会・理科・国語	○
2022年度	英語・数学・社会・理科・国語	○
2021年度	英語・数学・社会・理科・国語	○
2020年度	英語・数学・社会・理科・国語	○

★当問題集のバックナンバーは在庫がございません。あらかじめご了承ください。

●凡例●

【英語】

≪解答≫

〔　〕　①別解
②置き換え可能な語句（なお下線は置き換える箇所が2語以上の場合）
(例) I am〔I'm〕glad〔happy〕to～

(　)　省略可能な言葉

≪解説≫

1, **2**… 本文の段落（ただし本文が会話文の場合は話者の１つの発言）

〔　〕　置き換え可能な語句（なお〔　〕の前の下線は置き換える箇所が2語以上の場合）

(　)　①省略が可能な言葉
(例)「(数が) いくつかの」
②単語・代名詞の意味
(例)「彼（＝警察官）が叫んだ」
③言い換え可能な言葉
(例)「いやなにおいがするなべにはふたをするべきだ（＝くさいものにはふたをしろ)」

//　訳文と解説の区切り

cf.　比較・参照

≒　ほぼ同じ意味

【数学】

≪解答≫

〔　〕　別解

≪解説≫

(　)　補足的指示
(例)（右図1参照）など

〔　〕　①公式の文字部分
(例)〔長方形の面積〕=〔縦〕×〔横〕
②面積・体積を表す場合
(例)〔立方体ABCDEFGH〕

∴　ゆえに

≒　約、およそ

【社会】

≪解答≫

〔　〕　別解

(　)　省略可能な語

____　使用を指示された語句

≪解説≫

〔　〕　別称・略称
(例) 政府開発援助〔ODA〕

(　)　①年号
(例) 壬申の乱が起きた（672年)。
②意味・補足的説明
(例) 資本収支（海外への投資など）

【理科】

≪解答≫

〔　〕　別解

(　)　省略可能な語

____　使用を指示された語句

≪解説≫

〔　〕　公式の文字部分

(　)　①単位
②補足的説明
③同義・言い換え可能な言葉
(例) カエルの子（オタマジャクシ）

≒　約、およそ

【国語】

≪解答≫

〔　〕　別解

(　)　省略してもよい言葉

____　使用を指示された語句

≪解説≫

〈　〉　課題文中の空所部分（現代語訳・通釈・書き下し文）

(　)　①引用文の指示語の内容
(例)「それ（＝過去の経験）が ～」
②選択肢の正誤を示す場合
(例)（ア，ウ…×）
③現代語訳で主語などを補った部分
(例)（女は）出てきた。

／　漢詩の書き下し文・現代語訳の改行部分

お茶の水女子大学附属高等学校

所在地	〒112-8610 東京都文京区大塚2-1-1
電　話	03-5978-5855（事務室）
ホームページ	https://www.fz.ocha.ac.jp/fk/
交通案内	地下鉄丸ノ内線　茗荷谷駅 徒歩6分 地下鉄有楽町線　護国寺駅 徒歩13分

応募状況

年度	募集数	受験数	合格数	倍率
2024	120名	258名	111名	2.3倍
2023	120名	346名	106名	3.3倍
2022	120名	386名	108名	3.6倍
2021	120名	327名	107名	3.1倍
2020	120名	259名	105名	2.5倍

※募集数は，附属中学校からの入学者（例年約60名）を含む人数。

試験科目　（参考用：2024年度入試）

国語・社会・数学・理科・英語
（各50分／各100点満点）

教育方針

本校は，お茶の水女子大学に附属した高等学校であることの特色を生かし，以下のような資質・能力・態度を身につけた女子の育成に努める。

<教育目標>

1．基礎・基本を重視し，広い視野と確かな見方・考え方を持つ生徒を育てる。
2．自主・自律の精神を備え，他者と協働していくことのできる生徒を育てる。
3．社会において有為な教養高い女性を目指し，真摯に努力する生徒を育てる。

本校の特色

高大連携特別教育プログラム

本校では，授業や進路指導を中心に，お茶の水女子大学との「高大連携特別教育プログラム」がさまざまなかたちで実施されている。

例えば，大学と高校教員が連携してカリキュラムを研究・開発する「新教養基礎」や，２・３年生の希望者が放課後に大学の講義を受講できる「公開授業」，１年生全員を対象とした，大学教員による「キャリアガイダンス」などが行われている。

他大学との連携

京都大学高大接続ネットワークに加盟しており，京都大学研究者による特別授業の実施や，「京都大学サマープログラム」「京都大学ポスターセッション」への参加等を実施している。

東京工業大学との連携事業では，東工大の教員が講師を務める特別講義「ウインターレクチャー」や，女子高校生を対象としたオープンキャンパス「一日東工大生」なども行われている。

施設

同じキャンパスに幼稚園から大学までを有する豊かな学習環境が本校の特徴である。伝統ある高等学校校舎は2019年に改修工事が完了した。また，本校の生徒は大学附属図書館の施設や蔵書のほか，生協・食堂も利用することができる。

進路状況

◎主な大学合格状況　〔2024年４月／現役のみ〕

お茶の水女子大７名，東京大学５名，一橋大４名，東京工業大３名，東京医科歯科大１名，東京農工大３名，東京学芸大２名，筑波大２名，千葉大１名，横浜国立大１名，東北大２名，早稲田大36名，慶應義塾大24名，上智大25名，東京理科大23名，明治大37名，中央大９名，立教大14名，青山学院大15名，法政大11名，東京医科大２名，東北医科薬科大１名，自治医科大１名など。

編集部注一本書の内容は2024年5月現在のものであり，変更されている場合があります。正確な情報は，学校のホームページ等で必ずご確認ください。

出題傾向と今後への対策

出題内容

	2024	2023	2022
大問数	7	7	7
小問数	37	34	33
リスニング	○	○	○

◎大問７題，小問数およそ30～40問である。放送問題２題，長文読解２～４題，作文２題となっている。

2024年度の出題状況

1 放送問題

2 放送問題

3 長文読解―要約文完成―説明文

4 長文読解―要旨・文脈把握―伝記

5 長文読解―適文選択―説明文

6 長文読解―条件作文―物語

7 和文英訳―完全記述

解答形式

2024年度	記　述／マーク／併　用

出題傾向

長文読解問題は総合的にさまざまな形式の小問を含んでいる。要約文は必出である。英作文は，１題は短めの英文中で与えられた語句で英文をつくる形式。もう１題はテーマ作文または和文英訳である。放送問題は聞き取りと書き取りの問題。その他，適文選択と，日本語で説明させる内容把握の問題が頻出である。

今後への対策

長文読解は慣れが重要である。短編中心の副読本を選び，繰り返し読もう。量をこなすうちに，速読ができるようになってくる。リスニング力も一朝一夕で身につくものではない。継続的に毎日英語を耳にすることが大切である。最後に過去問で問題形式や時間配分を確認しよう。確かな実力を養うのは，日々の努力でしかない。

◆◆◆◆◆ 英語出題分野一覧表 ◆◆◆◆◆

分野			2022	2023	2024	2025 予想※
音声	放送問題		■	■	■	◎
	単語の発音・アクセント					
	文の区切り・強勢・抑揚					
語彙・文法	単語の意味・綴り・関連知識					
	適語(句)選択・補充					
	書き換え・同意文完成					
	語形変化					
	用法選択					
	正誤問題・誤文訂正					
	その他					
作文	整序結合					
	日本語英訳	適語(句)・適文選択				
		部分・完全記述			●	△
	条件作文		●	●	●	◎
	テーマ作文		●	●		◎
会話文	適文選択					
	適語(句)選択・補充					
	その他					
長文読解	内容把握	主題・表題				
		内容真偽				
		内容一致・要約文完成	★	★	★	◎
		文脈・要旨把握	●	●	●	◎
		英問英答				
	適語(句)選択・補充					
	適文選択・補充		■	●	■	◎
	文(章)整序					
	英文・語句解釈(指示語など)					
	その他					

●印：１～５問出題，■印：６～10問出題，★印：11問以上出題。
※予想欄　◎印：出題されると思われるもの。　△印：出題されるかもしれないもの。

出題傾向と今後への対策

出題内容

2024年度 作

大問５題，18問の出題。1は二次方程式と数の計算。2は方程式の応用問題。3は関数で，放物線と直線に関するもの。座標や図形の面積を文字を使って表す問題もある。4はデータの活用で，箱ひげ図を利用した問題。正誤を問う問題と，平均に関する問題が出題されている。5は平面図形で，円と三角形でつくられた図について問うもの。計量題のほか，条件を満たす円を作図する問題も出題されている。

2023年度 作

大問４題，12問の出題。1は小問集合で，４問。数と式，方程式，確率，平面図形の出題。平面図形は作図問題。2は方程式の応用問題。文字が３つあり，方程式がやや複雑なので，等式を処理するのに注意を要する。3は関数で，座標平面上にある図形について問うもの。正方形を回転移動，対称移動させたときの，点の座標などが問われている。4は空間図形で，立方体を利用した問題。立方体の内部にできる２つの立体を切断したときの切り口が重なる部分について問うものもある。

作…作図問題　証…証明問題　グ…グラフ作成問題

解答形式

2024年度	記　述／マーク／併　用

出題傾向

大問４～５題で，1が小問集合，2以降が各分野の総合題となる。小問集合は数・式の計算，数の性質，確率などの出題。2以降では，方程式の応用は設定がやや複雑。関数は放物線と直線に関する問題が多いが，これに加えて図形の性質を利用するものが頻出である。図形では計量題のほか，ほぼ毎年作図問題が出題されている。

今後への対策

標準レベルの問題集で，多くの問題に接し，いろいろな解法や考え方を身につけていくようにしよう。特に，方程式の応用は問題文からしっかり数量の関係をつかめるようにすること。図形は作図をおろそかにしないように。余裕があれば発展レベルの問題集でレベルアップをはかるとよい。偏りのない学習を心がけよう。

◆◆◆◆ 数学出題分野一覧表 ◆◆◆◆

分野		2022	2023	2024	2025 予想※
数と式	計算，因数分解	■	●	●	◎
	数の性質，数の表し方				
	文字式の利用，等式変形				
	方程式の解法，解の利用		●	●	◎
	方程式の応用	★	■	★	◎
関　数	比例・反比例，一次関数				△
	関数$y=ax^2$とその他の関数	■		★	◎
	関数の利用，図形の移動と関数		★		△
図　形	（平面）計　量	■		★	◎
	（平面）証明，作図	●	●	●	◎
	（平面）その他				
	（空間）計　量		★		△
	（空間）頂点・辺・面，展開図				
	（空間）その他				
データの活用	場合の数，確率	★	●		◎
	データの分析・活用，標本調査			★	△
その他	不 等 式				
	特殊・新傾向問題など				
	融合問題				

●印：１問出題，■印：２問出題，★印：３問以上出題。
※予想欄　◎印：出題されると思われるもの。　△印：出題されるかもしれないもの。

出題傾向と今後への対策

論…論述問題

出題内容

2024年度

地理・アジアの地形や気候，産業，文化等に関する問題。
論
・変動帯を題材に世界と日本の地形等に関する問題。

歴史・銭を題材とした古代から近世の問題。
論
・条約等の史料を題材とした近代の問題。

公民・郵便を題材とした人権や憲法，国際機関，政治の仕組み，経済，時事的な内容に関する問題。
論

2023年度

地理・穀物を題材とした世界と日本の貿易や産業等に関する問題。
論
・自動車産業を題材とした世界と日本の産業等に関する問題。

歴史・鎌倉時代の史料を題材にした問題。
論
・ソ連を題材にした問題。

公民・民法改正を題材とした日本の時事的な課題等に関する問題。
論

2022年度

地理・世界と日本の貿易や産業，資源・エネルギー等に関する問題。
論
・沖縄県の自然や生活，産業に関する問題。

歴史・感染症の歴史を題材にした問題。
論
・日本の軍事費を題材にした問題。

公民・内閣や国会，SDG s の取り組み等の日本の時事的な課題に関する問題。
論

解答形式

2024年度	記　述／マーク／併　用

出題傾向

例年，三分野ともに多角的な視点から問題が出されているため，知識だけではなくグラフや表を読み取る分析力や思考力が必要となる。また，論述形式の問題も多く，10問前後出題されている。

各分野の傾向として，日本と世界の国々とを関連させた問題や，時事的な事柄と関連させた問題が目立つ。

今後への対策

時間内で多くの論述形式問題をこなすための訓練や，独特の視点から出される設問に慣れておくことが必要である。論述形式問題の対策の1つとして，ある出来事の因果関係を把握し，事項と事項を関連づけて覚えていくとよい。

また，新聞やニュース等で日頃から時事的な知識をたくわえておこう。

◆◆◆◆ 社会出題分野一覧表 ◆◆◆◆

分野	年度	2022	2023	2024	2025 予想※
地理的分野	地形図				△
	アジア	産		地　人	◎
	アフリカ				△
	オセアニア			地	△
	ヨーロッパ・ロシア	産	人		◎
	北アメリカ				△
	中・南アメリカ	産			△
	世界全般	産	地 産	産	◎
	九州・四国	地 産 人			△
	中国・近畿				△
	中部・関東		産		△
	東北・北海道		地		△
	日本全般	産	産	地 産	◎
歴史的分野	旧石器～平安	●	●	●	◎
	鎌倉		●	●	◎
	室町～安土桃山	●	●	●	◎
	江戸		●	●	◎
	明治	●		●	◎
	大正～第二次世界大戦終結	●		●	◎
	第二次世界大戦後	●	●		◎
公民的分野	生活と文化		●		△
	人権と憲法	●		●	◎
	政治	●	●	●	◎
	経済	●	●	●	◎
	労働と福祉		●		△
	国際社会と環境問題	●	●	●	◎
	時事問題	●	●	●	◎

※予想欄　◎印：出題されると思われるもの。　△印：出題されるかもしれないもの。
地理的分野については，各地域ごとに出題内容を以下の記号で分類しました。
地…地形・気候・時差，　産…産業・貿易・交通，　人…人口・文化・歴史・環境，　総…総合

出題傾向と今後への対策

出題内容

2024年度 作 記

1，2小問集合で，各7問。さまざまな分野から，基礎的な内容のものを中心に出題。　3地球と宇宙から太陽系の惑星に関する問題。知識や理解を問う。　4電流とその利用から，電流計と電圧計について，電流による磁界や，回路と電流などについて，理解や科学的な思考力を問う。　5化学変化と原子・分子について，知識と理解を問う。　6ウシの消化のしくみやメタンの排出量などについて，理解と科学的な思考力を問う。

	2024	2023	2022
大問数	6	6	6
作図問題	2	1	0

2023年度 作 記

1，2小問集合で，1は7問，2は6問。さまざまな分野から，基礎的な内容のものを中心に出題。　3大地の変化から地震に関する問題。知識や理解を問う。　4斜面上を運動する物体について，物体にはたらく力や仕事，また，電磁誘導の理解を問う。　5生物どうしのつながりについて，知識と科学的な思考力を問う。　6水の浄化について，ろ過や蒸留，空気中の水蒸気の変化，イオン交換樹脂などの理解と考察力を問う。

作…作図・グラフ作成問題　記…文章記述問題

解答形式

2024年度	記　述／マーク／併　用

出題傾向

出題分野に偏りはなく，物理・化学・生物・地学の各分野から均等に出題されている。総小問数は40～50問程度。

ある現象について原因を考察させたり，結果を予想させたりと，科学的な思考力を試す出題が見られる。正確な知識を押さえたうえで，筋道だてて物事を考える力が必要とされる。

今後への対策

まずは，教科書や標準的な問題集を使い，正確な知識を習得しよう。弱点となる分野はなくすことが重要。

次に，難度の高い問題集を使い，さまざまな分野のいろいろな問題を解き，解法のパターンを身につけたい。さらに，過去の入試問題を使って，応用力・科学的な思考力を自分のものにしよう。

◆◆◆◆ 理科出題分野一覧表 ◆◆◆◆

分野		2022	2023	2024	2025予想※
身近な物理現象	光と音	●	●	●	◎
	力のはたらき(力のつり合い)		●	●	◎
物質のすがた	気体の発生と性質				◎
	物質の性質と状態変化	●		●	◎
	水溶液	●	●		◎
電流とその利用	電流と回路	●	●	●	◎
	電流と磁界(電流の正体)	●	●	●	◎
化学変化と原子・分子	いろいろな化学変化(化学反応式)		●	●	◎
	化学変化と物質の質量	●	●	●	◎
運動とエネルギー	力の合成と分解(浮力・水圧)	●	●	●	◎
	物体の運動	●	●		◎
	仕事とエネルギー	●	●		◎
化学変化とイオン	水溶液とイオン(電池)	●		●	◎
	酸・アルカリとイオン	●	●	●	◎
生物の世界	植物のなかま		●	●	◎
	動物のなかま			●	◎
大地の変化	火山・地震	●	●	●	◎
	地層・大地の変動(自然の恵み)		●		◎
生物の体のつくりとはたらき	生物をつくる細胞			●	◎
	植物の体のつくりとはたらき				◎
	動物の体のつくりとはたらき	●	●	●	◎
気象と天気の変化	気象観察・気圧と風(圧力)				◎
	天気の変化・日本の気象		●	●	◎
生命・自然界のつながり	生物の成長とふえ方	●	●	●	◎
	遺伝の規則性と遺伝子(進化)				◎
	生物どうしのつながり		●		△
地球と宇宙	天体の動き		●		◎
	宇宙の中の地球	●		●	◎
自然環境・科学技術と人間		●	●		◎
総合	実験の操作と実験器具の使い方	●			◎

※予想欄　◎印：出題されると思われるもの。　△印：出題されるかもしれないもの。
分野のカッコ内は主な小項目

出題内容

2024年度

論説文　小説　古文

課題文
一 今井むつみ・秋田喜美『言語の本質』
二 石川達三『生きている兵隊』
三 鴨長明『発心集』

2023年度

随筆　小説　古文

課題文
一 佐伯和人『月はすごい』／中谷宇吉郎『地球の円い話』
二 国木田独歩『画の悲み』
三 清少納言『枕草子』

2022年度

論説文　小説　古文

課題文
一 伊勢武史『生態学者の目のツケドコロ』
二 芥川龍之介『戯作三昧』
三『宇治拾遺物語』

解答形式

2024年度　記述／マーク／併用（記述に○）

出題傾向

設問は，現代文の読解問題にそれぞれ4～10問，古文の読解問題に5～8問付されており，全体で25問程度の出題となっている。設問のレベルは，いずれも高度で，しかもそのうちのいくつかは，20～100字程度の記述式の解答の設問となっており，作文が出されることもある。課題文も，分量は多くないが，内容は高度である。

今後への対策

現代文の場合は特に，高度な読解力と表現力が要求されている。こうした力を身につけるには，難度の高い問題集をたくさんこなすだけでなく，日頃から著名な学者・評論家・作家の作品を新書や文庫などで読んでおく必要がある。また，的確な表現力を養うためには，新聞の社説などの要約を書いたりするのも有効である。

◆◆◆◆ 国語出題分野一覧表 ◆◆◆◆

分野		年度	2022	2023	2024	2025予想※
現代文	論説文 説明文	主題・要旨				
		文脈・接続語・指示語・段落関係				
		文章内容	●		●	◎
		表現	●		●	◎
	随筆 日記 手紙	主題・要旨		●		△
		文脈・接続語・指示語・段落関係				
		文章内容		●		△
		表現				
		心情				
	小説	主題・要旨				
		文脈・接続語・指示語・段落関係				
		文章内容			●	△
		表現				
		心情	●	●	●	◎
		状況・情景				
韻文	詩	内容理解				
		形式・技法				
	俳句 和歌 短歌	内容理解				
		技法				
古典	古文	古語・内容理解・現代語訳	●	●	●	◎
		古典の知識・古典文法		●		△
	漢文	(漢詩を含む)				
国語の知識	漢字 語句	漢字	●	●	●	◎
		語句・四字熟語	●	●	●	◎
		慣用句・ことわざ・故事成語				
		熟語の構成・漢字の知識				
	文法	品詞	●			△
		ことばの単位・文の組み立て				
		敬語・表現技法				
	文学史			●		△
作文・文章の構成・資料						
その他						

※予想欄　◎印：出題されると思われるもの。　△印：出題されるかもしれないもの。

2024年度 お茶の水女子大学附属高等学校

【英　語】（50分）〈満点：100点〉

（注意）1．試験開始３分後に，放送による問題を行います。試験が始まったら，問題の1と2に目を通しておきなさい。

2．文中の＊のついている語句には，問題の最後に注があります。

［注意］

問題の1と2は放送による問題です。放送の指示に従って答えなさい。なお必要ならば，聞きながらメモをとってもかまいません。〈編集部注：放送文は未公表につき掲載してありません。〉

1 **【聞き取りの問題】** 英文が１回のみ読まれます。よく聞いて，次の問いの答えとして最も適切なものを，アからエの中から１つ選び，記号で答えなさい。

(1) What does the speaker say about her neighbors?

ア The garden of the Johnson family is very large and very wide.

イ The Johnson family has lived in this area longer than the speaker's family.

ウ The Johnson family lives next to the Brown family.

エ The Brown family has a good relationship with the speaker.

(2) Which tree in the garden has the most fruit this year?

ア A peach tree　　イ An apple tree

ウ An orange tree　　エ A lemon tree

(3) What animals can you see in the garden now?

ア An old cat and two dangerous dogs　　イ A white cat and a large dog

ウ A gray cat and a small dog　　エ Two large cats and a friendly dog

(4) Why is there a tent in the garden?

ア Because the speaker sees stars at night.

イ Because the speaker's brother camps in the garden.

ウ Because the speaker's father doesn't like the cold weather.

エ Because the speaker's mother doesn't want to go camping.

2 **【書き取りの問題】** 英文が３回読まれます。よく聞いて，下線部を正しく埋めなさい。ただし，英文は２回目のみゆっくり読まれます。

There are a few things that make me happy. First, I like to spend time with my family.

(1) They ______________________________

______________________________.

Second, I love music.

(2) I ______________________________

______________________________.

Finally, playing sports makes me happy.

(3) I ______________________________

______________________________.

3　次の英文を読んで，その内容と一致するように，後の**【要約文】**の空所１から13に適切な英語一語を入れなさい。

Since ancient times, athletes have always looked for ways to win competitions. Athletes can be winners with better *training, better coaching, and better food. They can also improve performance with better *equipment: better shoes, better *skis, or a better tennis racket. Even the early *Greeks used *engineering to make a better *discus to throw. However, people want sports to be fair. For this reason, sports organizations make rules about athletes, equipment, and the game itself.

*Nowadays, new technology is helping athletes. From *high-tech clothing to *artificial arms and legs, there are many new ways to improve performance. However, many people worry that technology can give some athletes an *advantage. It can make competitions unfair. Also, often only *wealthier athletes and teams can buy expensive, high-tech equipment. Do we want the best athlete to win or the athlete with the best equipment to win?

The story of high-tech *swimsuits shows how technology can make sports unfair. Several years ago, sports engineers invented a new material for swimsuits. It had many *qualities of *shark skin. When swimmers used the swimsuits made of this material, they swam faster and *floated better. The material also sent more *oxygen to swimmers' *muscles.

Companies introduced these new high-tech swimsuits in 2008. Soon, swimmers using the suits began *breaking world swim records *at a surprising rate. In the 2008 Beijing Olympic Games, swimmers broke 25 world records. Twenty-three of those swimmers wore the high-tech suits. *By comparison, Olympic swimmers broke only eight world records in 2004. Then, in the 2009 *World Championships, swimmers broke 43 world records. People knew that the new suits were helping athletes. In January 2010, *International Swimming Federation banned the high-tech suits. Most swimmers were happy about the *ban. One Olympic swimmer said, "Swimming is actually swimming again. It's not who's wearing what suit. We're all under the same *guidelines."

In the two years after the ban, swimmers broke only two world records. Clearly the expensive, high-tech suits were the reason behind the faster swimming times. The suits gave some swimmers an unfair advantage.

Better equipment is not always a bad thing, of course. New equipment can certainly be good for a sport. For example, tennis rackets *used to be *wooden. The heavy rackets could break and cause *injuries. In the 1980s, companies introduced new high-tech *carbon rackets. They are easier and safer to use. The new rackets have made tennis more *enjoyable for *average tennis players. Technology has improved equipment in all sports, from skiing to *bicycle racing.

The question is this: When does technology create an unfair advantage? In the future, sports engineers may invent an artificial leg that is better than a real leg. Will it be *acceptable for competitions? Do high-tech *contact lenses give *golfers an advantage? Can runners use special shoes to run faster? These questions do not have easy answers. We must *make sure that technology does not make sports unfair. However, we should welcome *improvements that make sports safer for all.

【要約文】

There are many things which (1) athletes to win. Those things include better training, better coaching, better food, and better equipment (2) as shoes, skis, tennis rackets, and swimsuits. To make sports (3), rules about athletes, equipment, and the game are created. As the technology develops, however, more athletes use high-tech equipment to perform (4). Because only wealthy athletes can get such expensive high-tech equipment, it may not be (3). When companies introduced new high-tech swimsuits, a lot of world records were (5). The new swimsuits made the swimmers (6) faster and brought more oxygen to swimmers' muscles. After a swimming organization banned the suits, the number of new world records (7), and many swimmers welcomed the ban. On the other hand, there are some (8) points about such high-tech equipment. For example, new high-tech carbon tennis rackets that were developed in the 1980s are safer to use because they are (9) than wooden rackets. People can enjoy (10) tennis with those new rackets. Technology will keep improving and a lot of new high-tech equipment will be (11) for athletes in the future. We should be (12) when we introduce such high-tech equipment because we want sports to be (3). But we should accept the fact that we can play sports more (13) thanks to high-tech equipment.

（注） training 「トレーニング」 equipment 「用品，用具」 ski 「スキー板」 Greek 「ギリシャ人」
engineering 「工学」 discus 「(競技用の)円盤」 nowadays 「最近は，今日では」
high-tech 「ハイテクな，先端技術を使用した」 artificial 「人工の」 advantage 「有利な点，強み」
wealthy 「裕福な」 swimsuit 「水着」 quality 「特性」 shark 「サメ」 float 「浮かぶ」
oxygen 「酸素」 muscle 「筋肉」 break 「(記録を)破る，更新する」 at a ～ rate 「～な速さで」
by comparison 「対して，比較して」 World Championships 「世界選手権」
International Swimming Federation 「世界水泳連盟」 ban 「禁止」
guideline 「ガイドライン，指針」 used to ～ 「かつては～だった」 wooden 「木製」
injury 「けが」 carbon 「カーボン製」 enjoyable 「楽しめる，楽しい」 average 「普通の」
bicycle racing 「競輪」 acceptable 「容認できる」 contact lens 「コンタクトレンズ」
golfer 「ゴルファー」 make sure that … 「確実に…する」 improvement 「改良」

4 下の英文を読んで，次の問いに日本語で答えなさい。

(1) 下線部(1)とは何か，具体的に２つ答えなさい。

(2) 下線部(2)は，どのようなことに役立ちましたか。

(3) 下線部(3)とは何か，具体的に２つ答えなさい。

In 1867, a baby girl named Sara Breedlove was born on a cotton farm in *Louisiana. Her parents were *freed slaves, and her early life was not easy. At age 7, she became an *orphan. She married at age 14, but her husband died *by the time she was 20, and she had to support her young daughter by herself. Like many other young *African-American women, she left *the South in the late 1880s for a better life in the big cities of the Northern *states. She went to *St. Louis, Missouri and lived with her four brothers there. She began *earning money by washing clothes and cooking.

Most people would *simply *struggle and try to survive. But Sara had a special talent for *turning difficulties into opportunities. She suffered from a health condition that made her hair *fall out. She looked for products in stores that might help. But *none of them were made for

African-American women's hair.

Then her *spirit and *personality *set her apart from others. She worked to solve (1)her problems instead of just accepting them. And then she turned her solution into a successful business. She began by *experimenting with many *homemade *cures and products from stores. And she asked for advice from her brothers working as barbers.

In 1905, she moved to *Denver, Colorado, to work as a *sales agent for Annie Malone, a businesswoman selling *hair-care and beauty products. This job helped her develop *marketing ideas. Then she married Charles J. Walker, a newspaper owner. He *encouraged and helped her to start business. With her new married name, Madam C.J. Walker started a *mail-order sales business, a beauty *salon and a beauty *training school in *Pittsburgh, Pennsylvania. In 1910, she moved to *Indianapolis, Indiana, to start a factory that could make her beauty products for African-American women. *At its peak, her company *employed more than 3,000 people, and her products were sold by more than 15,000 sales agents in the United States and other countries. (2)She also *operated *a chain of beauty colleges. These helped other African-American women find better jobs and start their businesses.

Although her business grew large and *complex, (3)the reasons for her success were simple. She provided services to African-American women in a market which did not sell beauty products to them before. The Madam C.J. Walker *brand offered hair-care products designed to let African-American women *bring out the true beauty of their hair.

As her business became a success, she worked to improve the lives of others. She provided jobs for black women who had few opportunities at the time. She supported black colleges and universities. She died in New York in 1916 at age 51. Her life of struggle, inspiration, success and *service to others has been an *encouraging example ever since.

【Adapted from *Seventeen Motivational Business Stories in English.*】

（注） Louisiana 「ルイジアナ州」　freed slave 「解放された奴隷」　orphan 「孤児」
by the time … 「…までに」　African-American 「アフリカ系アメリカ人の」
the South 「(アメリカ)南部」　state 「州」　St. Louis, Missouri 「ミズーリ州セントルイス(地名)」
earn 「稼ぐ」　simply 「単に」　struggle 「もがく；苦闘」　turn ～ into … 「～を…に変える」
fall out 「抜け落ちる」　none of ～ 「～のうちどれも…ない」　spirit 「気力，情熱」
personality 「性格，人間的魅力」　set ～ apart from … 「～を…と区別する，～を…から隔てる」
experiment with ～ 「～の実験をする」　homemade 「手作りの」　cure 「治療薬」
Denver, Colorado 「コロラド州デンバー(地名)」　sales agent 「販売代理人，販売員」
hair-care 「ヘアケアの，髪の手入れ用の」　marketing 「マーケティング，販売促進活動」
encourage ～ to … 「～が…するように促す」　mail-order sales 「通信販売の」
salon 「(美容の)店，サロン」　training 「訓練，養成」
Pittsburgh, Pennsylvania 「ペンシルバニア州ピッツバーグ(地名)」
Indianapolis, Indiana 「インディアナ州インディアナポリス(地名)」　at its peak 「最盛期に」
employ 「雇う」　operate 「経営する」　a chain of beauty colleges 「美容専門学校のチェーン」
complex 「複雑である」　brand 「ブランド，銘柄」　bring out ～ 「～を引き出す」
service to ～ 「～への奉仕，貢献」　encouraging 「励みとなる」

5 次の英文の意味が通るように，空所 1 から 6 に入れるのに最も適切な選択肢を，後のアからカの中から選び，記号で答えなさい。ただし，同じものを 2 回以上用いてはいけません。

*Soft drink companies *aggressively *advertise to children on TV, in stores, and in other places that attract young children. There are many reasons for this. [1] A young child who drinks a *certain type of *soda will probably become a customer *for life.

[2] *While it is not healthy for adults, it can be very *harmful to younger people and especially children. *Worse, many studies have found that both *regular sodas and *diet sodas are *connected to weight *gain. While it is difficult for an adult to *lose weight, it is more difficult for an *overweight child to lose weight. For this child, losing weight may become a *lifelong battle. In addition, too much soda is connected to serious medical problems such as *diabetes and heart disease, and recently it was found that soda may cause cancer. [3] Some say that all the sugar may *cause younger people to *misbehave.

[4] Recently, things have changed. In many elementary schools in America, sodas and "*sports drinks" (which also have a lot of sugar and no *nutritional value) are not allowed. Some studies say that "diet" sodas cause people to gain weight faster than regular sodas. Diet sodas may have fewer *calories, but they have a mix of chemicals which may cause people to eat more.

To *lessen weight gain and reduce health problems, many countries want to decrease soda sales. [5] Some health experts suggest that, like *alcohol and *cigarettes, soda cans should have *warning labels to let people notice that these drinks have no nutritional value, make people fat, and cause health problems. Soft drink companies disagree with these ideas, of course.

*Compared to other countries, Japan has few overweight children. [6] Experts worry that Japan, too, may soon have these same health problems.

【Adapted from Shimaoka, T., & Berman, J. *Life Topics.*】

ア Many people worry that so much *advertising to children will make them believe that soda is safe and even healthy.

イ However, the number is increasing.

ウ Many people are against advertising to children and want to make sodas expensive by adding a large *tax.

エ It also causes many other health problems including weak *bones and teeth.

オ Probably the most important is that children first begin to develop their taste at a young age.

カ Soda has no nutritional value.

(注) soft drink 「ソフトドリンク」 aggressively 「積極的に」 advertise 「宣伝する」
certain 「特定の」 soda 「炭酸飲料」 for life 「一生にわたって」 while … 「…の一方で」
harmful 「害を及ぼす」 worse 「さらに悪いことに」 regular soda 「砂糖入りの炭酸飲料」
diet soda 「砂糖の代わりに人工甘味料が入った炭酸飲料」 connected to ～ 「～と関係がある」
gain 「増加；増やす」 lose 「減らす」 overweight 「標準体重を超えた」
lifelong battle 「生涯続く奮闘」 diabetes 「糖尿病」 cause ～ to … 「～が…する原因となる」
misbehave 「不適切な行動をとる」 sports drink 「スポーツドリンク」 nutritional value 「栄養価」
calorie 「カロリー」 lessen 「減らす」 alcohol 「酒」 cigarette 「たばこ」
warning label 「警告表示」 compared to ～ 「～と比較して」 advertising 「宣伝すること」
tax 「税金」 bone 「骨」

6 例にならって，次の(1)から(6)の［　］内の語句を，順序を変えずにすべて用い，最低限必要な語を加えて，話の筋が通るように英文を完成させなさい。

【例】 Last week, Emma [went, grandmother's house, forest].

→ went to her grandmother's house in the forest

*　　*　　*　　*　　*

An old woman had two large pots. She used them to carry water. She *hung each of these pots at the ends of a pole which she carried across her neck. One of the pots had a *crack *while the other pot was perfect and carried water up to the *brim. At the end of the long walk from the stream to the house, the cracked pot arrived only half full.

This went on every day for two years. The woman always brought home only one and a half pots of water. Of course, (1)[perfect pot, proud, itself] while the poor cracked pot was *ashamed. It felt sad that it could not *fill fully and be *completely useful to the woman.

So one day, (2)[cracked pot, spoke, woman], "I am ashamed because this crack *causes water to *leak out *all the way back to your house." The old woman smiled, "Did you notice that there are beautiful flowers on your side of the path, but not on the other pot's side?" The pot seemed *puzzled. She continued, "That's because I have always known about your *defect, and so I planted flower seeds on your side of the path. Every day while we walked back from the stream, you watered them. For two years, I (3)[able, pick, these flowers, decorate] the table. There (4)[would, not, these flowers, if, you, not, have, crack]."

Nobody (5)[perfect, and all, us, have, own defects]. But these defects make our lives very interesting and valuable. You just have to *take each person as they are and (6)[look, good points, them].

（注） hung < hang　crack「ひび，割れ目；砕く，ひびを入れる」　while ...「…の一方で」
brim「(鉢の)縁，へり」　ashamed「恥じている」　fill fully「完全に満たす」
completely「十分に」　cause ～ to ...「～が…する原因となる」　leak out「漏れる」
all the way back to ～「～に戻るまでずっと」　puzzled「困惑している」　defect「欠点」
take ～ as they are「～をありのままに受け入れる」

7 次の(1)(2)の日本語の意味になるように，下線部を英語で埋め，文を完成させなさい。

(1) 今年，あなたは映画を何本見ましたか。

____?

(2) 私はあなたに，あなたが映画館で見た映画のうちの1つを，紹介してほしいです。

I ____

____.

【数　学】（50分）〈満点：100点〉

（注意）　1．解答用紙には，特に指示がない限り，計算，説明なども簡潔に記入し，作図に用いた線は消さずに残しておきなさい。

2．根号$\sqrt{\quad}$や円周率πは小数に直さず，そのまま使いなさい。

3．問題用紙の図は必ずしも正確ではありません。

4．携帯電話，電卓，計算機能付き時計を使用してはいけません。

1　次の問いに答えなさい。

(1)　次の方程式を解きなさい。

$$(3x-2\sqrt{2})(2x+\sqrt{2})=\sqrt{2}(\sqrt{2}x-1)(x+\sqrt{2})$$

(2)　次の式を計算し，簡単にしなさい。

$$\left(\frac{\sqrt{3}}{\sqrt{5}-2}-\frac{4\sqrt{3}}{3-\sqrt{5}}\right)^7\times\left(-\sqrt{\frac{1}{9}}\right)^6$$

2　蘭子さんは，丘のふもとのＰ地点から2400ｍ離れた頂上のＱ地点の間を，走って30分間で１往復する。Ｐ地点からＱ地点へ向かう上りと，Ｑ地点からＰ地点へ戻る下りを走る速さの比は４：５とし，上り下りともそれぞれ一定の速さで走る。また，Ｑ地点に着いたらすぐにＰ地点へ引き返すこととする。

また，Ｐ地点とＱ地点の間を片道10分間で往復するバスがあり，バスの速さは上りも下りも同じ速さかつ一定で，PQ間には停留所はなく，Ｐ地点，Ｑ地点では１分間停車しすぐに発車する。

蘭子さんは，８時にＰ地点を出発し，バスは８時１分にＱ地点を発車した。

このとき次の問いに答えなさい。

(1)　蘭子さんがＰ地点からＱ地点へ向かうときの速さは分速何ｍか求めなさい。

(2)　蘭子さんが走り始めてから，初めてバスとすれ違う時刻は８時何分何秒か求めなさい。

(3)　蘭子さんはＱ地点からＰ地点へ戻る途中でバスとすれ違ったが，その後しばらくして足が痛くなり，ある地点からはそれまで走っていた速さの$\frac{1}{3}$の速さで歩き続け，Ｑ地点から下ってきたバスと同時にＰ地点に到着した。蘭子さんが歩いた道のりは何ｍか求めなさい。

3　放物線①$y=sx^2\,(s<0)$と２つの直線②$y=tx$，③$y=-tx\,(t>0)$において，①と②，①と③の原点Ｏでない方の交点をそれぞれ点Ａ，Ｂとおく。△OAB が正三角形で，その面積が$9\sqrt{3}$であるとき，次の問いに答えなさい。

(1)　tの値を求めなさい。

(2)　sの値を求めなさい。

(3)　さらに，放物線④$y=px^2\,(p<0)$を考える。④と②，④と③の原点Ｏでない方の交点をそれぞれ点Ｃ，Ｄとおくとき，点Ｃ，Ｄの座標と△OCD の面積Sをpを用いて表しなさい。

4　次の箱ひげ図は，８人のＡグループと９人のＢグループの10点満点の小テストの結果を表している。このとき下の問いに答えなさい。

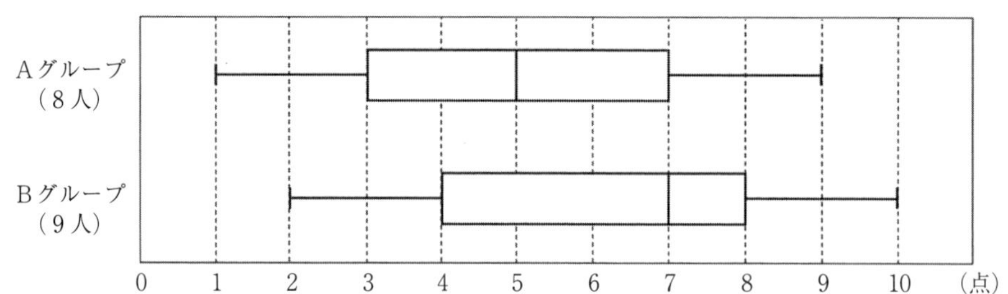

(1)　次の①～④について，正しいものには○，間違っているものには×，正誤が判断できないものには△を記入しなさい。

①　ＡグループとＢグループの範囲および四分位範囲はそれぞれ等しい。

②　Ｂグループは７点以上の人が５人いる。

③　Ａグループの最高点は１人である。

④　Ｂグループの最高点は１人である。

(2)　Ａグループの平均点を求めなさい。

(3)　Ｂグループの平均点は何点以上であるか答えなさい。

5　△ABC に対し，∠ABC の二等分線と辺 AC の交点をＤとする。直線 AB と点Ａで接し，点Ｄを通る円を円Ｏとする。

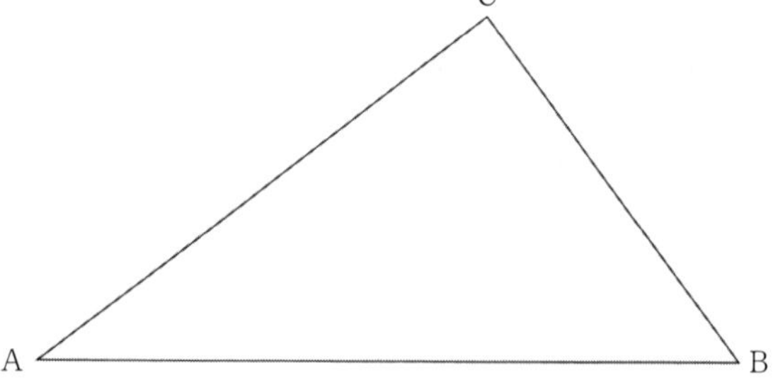

(1)　解答欄の図に，円Ｏを作図しなさい。ただし，作図に用いた線は消さずに残しておくこと。作図に関係のない図や線は書きこまないこと。

(2)　△ABC において，∠ABC の大きさを a° とする。さらに，∠C＝90°，AB＝10，AC＝8 とする。このとき次の問いに答えなさい。

①　直線 BD と円Ｏとの２つの交点のうち点Ｄでない方を点Ｅとする。∠DEA を a° を用いて表しなさい。

②　線分 DA の長さを求めなさい。また，円Ｏの直径を AF とするとき，AF の長さを求めなさい。

③　線分 BD の長さ，および△AFE の面積 S を求めなさい。

【社　会】（50分）〈満点：100点〉

（注意）　解答は原則として漢字で記入しなさい。

1　次の地図を見て，下の各問いに答えなさい。

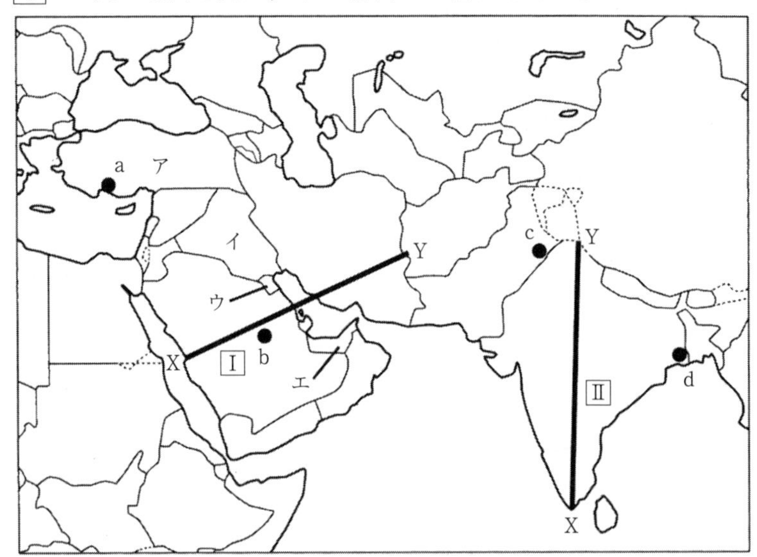

問１　次のアからエは，地図中の線 I および線 II の断面図を示したものである。線 I および線 II の断面図として適切なものを，次のアからエの中からそれぞれ１つ選び，記号で答えなさい。なお，線 I と線 II のXとYは，断面図のXとYに対応している。

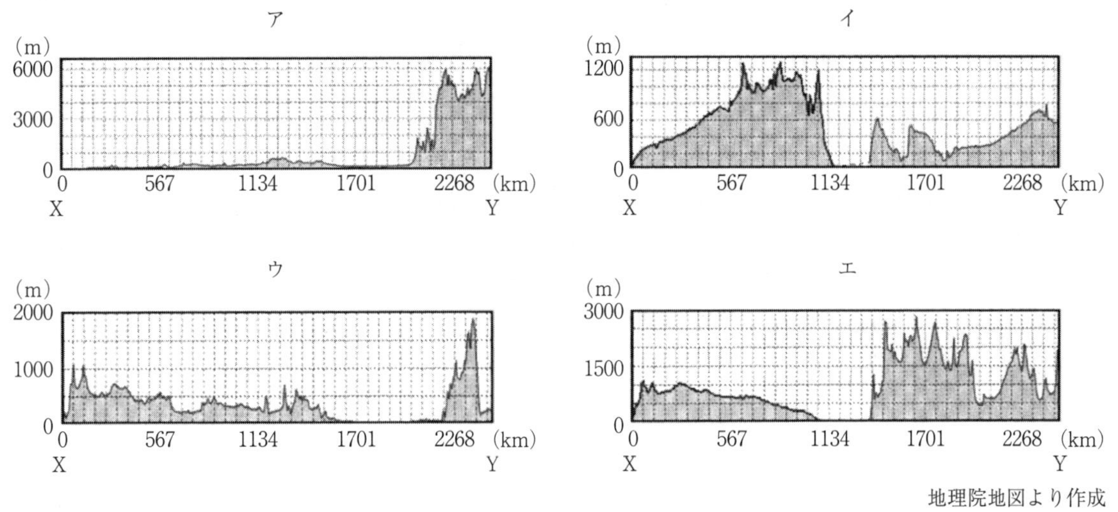

地理院地図より作成

問２　次のアからエの雨温図は，地図中の都市ａからｄのいずれかのものである。都市ａからｄの雨温図として適切なものを，次のアからエの中からそれぞれ１つ選び，記号で答えなさい。

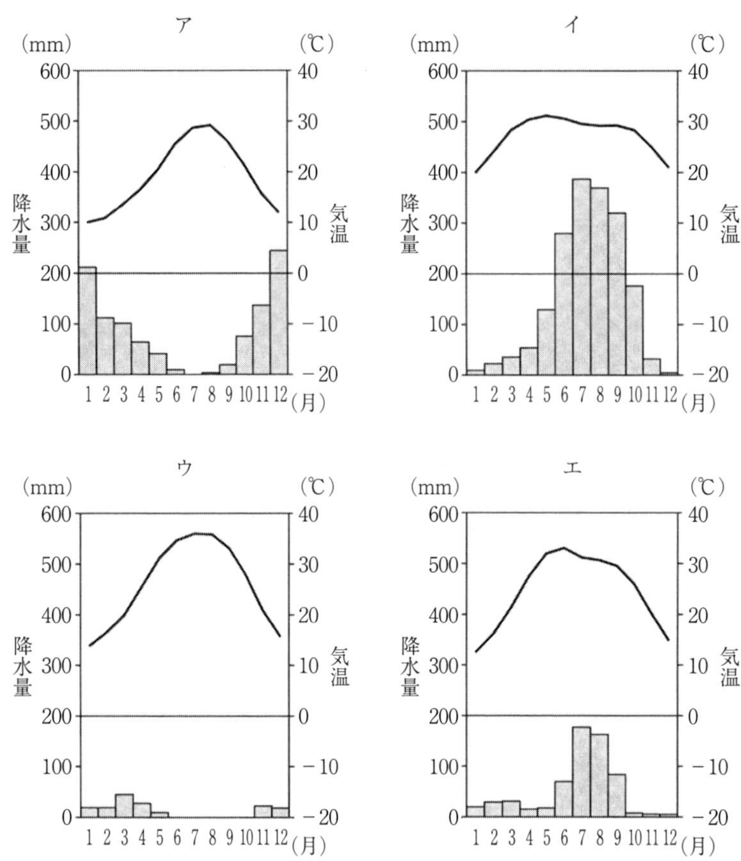

気象庁「世界の天候データツール」より作成

問3　次の文章を読み，下の各問いに答えなさい。

> 中央アジアや西アジアは，鉱産資源の輸出が国の経済を支えている国が多い。石油依存からの脱却をめざして産業の多角化を進める①Aの国では，ドバイに自由貿易地域を設けて地域の運輸・物流の拠点となることをめざしている。②原油の輸出収入が多く比較的人口が少ない国では，1人あたりGDPも高くなる傾向がある。また，これらの地域に住む人々は，③イスラム教を信仰する人が多い。

(1)　文章中の下線部①Aの国の位置として適切なものを，地図中のアからエの中から1つ選び，記号で答えなさい。

(2)　次の図は，文章中の下線部①Aの国の人口ピラミッドを示したものである。この国の人口ピラミッドがこのような形をしているのはなぜか，説明しなさい。

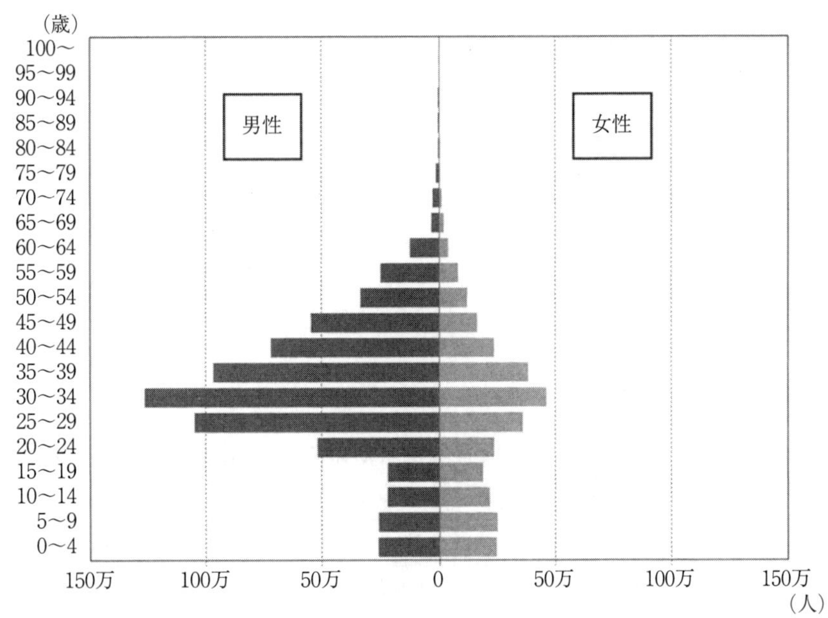

World Population Prospects 2019 より作成

(3) 文章中の下線部②原油に関連して，次の表は世界の原油輸出量(2020年)，世界の原油生産量(2021年)，日本の原油輸入先(2021年)の上位の国とその割合を示したものである。表中のBからDにあてはまる国の組み合わせとして適切なものを，下のアからカの中から1つ選び，記号で答えなさい。なお，表中のAは，文章中の下線部①Aの国である。

世界の原油輸出量

国名	%
(B)	16.3
(C)	11.6
イラク	8.2
(D)	7.7
カナダ	7.6

世界の原油生産量

国名	%
(D)	18.5
(B)	12.2
(C)	12.2
カナダ	6.0
イラク	4.6

日本の原油輸入先(量)

国名	%
(B)	39.1
A	35.0
クウェート	8.4
カタール	7.8
(C)	3.6

『世界国勢図会 2023/24』などより作成

ア B：アメリカ合衆国 C：サウジアラビア D：ロシア
イ B：アメリカ合衆国 C：ロシア D：サウジアラビア
ウ B：サウジアラビア C：アメリカ合衆国 D：ロシア
エ B：サウジアラビア C：ロシア D：アメリカ合衆国
オ B：ロシア C：アメリカ合衆国 D：サウジアラビア
カ B：ロシア C：サウジアラビア D：アメリカ合衆国

(4) 下線部③イスラム教に関連して，国民の多数が信仰している宗教がイスラム教ではない国として適切なものを，次のアからエの中から1つ選び，記号で答えなさい。

ア イスラエル　イ ウズベキスタン　ウ カタール　エ シリア

問4 南アジアでは，気候の違いを生かした農業がみられる。特にインドは，小麦，米，茶，綿花などの大生産地として知られている。次のアからエの表は，小麦(2021年)，米(2021年)，茶(2021年)，綿花(2020年)のいずれかの生産量上位の国と，その割合を示したものである。茶と綿花の表として適切なものを，次のアからエの中からそれぞれ1つ選び，記号で答えなさい。

ア (%)

インド	25.3
中国	24.4
アメリカ合衆国	13.1
ブラジル	11.4
パキスタン	5.0

イ (%)

中国	27.0
インド	24.8
バングラデシュ	7.2
インドネシア	6.9
ベトナム	5.6

ウ (%)

中国	17.8
インド	14.2
ロシア	9.9
アメリカ合衆国	5.8
フランス	4.7

エ (%)

中国	48.8
インド	19.4
ケニア	8.3
トルコ	5.1
スリランカ	4.6

『世界国勢図会 2023/24』より作成

問5 次の表の南アジアの国において，人口に占める信者の割合が最も多い宗教の組み合わせとして適切なものを，次のアからエの中から1つ選び，記号で答えなさい。

	インド	スリランカ	ネパール	パキスタン	バングラデシュ
ア	ヒンドゥー教	仏教	仏教	イスラム教	仏教
イ	仏教	ヒンドゥー教	仏教	ヒンドゥー教	ヒンドゥー教
ウ	ヒンドゥー教	仏教	ヒンドゥー教	イスラム教	イスラム教
エ	イスラム教	ヒンドゥー教	仏教	イスラム教	イスラム教

2 次の文章を読み，下の各問いに答えなさい。

日本列島は，大地の変動が活発な①変動帯に位置している。このため，地震や②火山活動による災害も各地で発生している。地震によって海底の地形が変形した場合には，（ A ）が発生することもあり，2011年に起きた東北地方太平洋沖地震では，沿岸部に大きな被害がもたらされた。

また，毎年のように③台風などによる④大雨に見舞われる地域もある。台風にともなう気圧の低下や強風は，海水面を上昇させる（ B ）を引き起こし，海水が防波堤をこえて沿岸の地域に流れ込むこともある。

日本では，これらの自然災害に対して，⑤さまざまな取り組みが行なわれている。

問1 文章中の空欄（A）と（B）にあてはまる適切な語句を，それぞれ**漢字2字**で答えなさい。

問2 下線部①変動帯に関して，環太平洋地域の変動帯に**含まれないもの**を，次のアからエの中から1つ選び，記号で答えなさい。

ア アンデス山脈　　イ カムチャッカ半島

ウ グレートディバイディング山脈　　エ ロッキー山脈

問3 下線部②火山に関連して，八ヶ岳や浅間山のふもとでみられる農業について述べた文として適切なものを，次のアからエの中から1つ選び，記号で答えなさい。

ア ふもとの高原は，シラスとよばれる火山の噴出物が厚く積もる，水が得にくい土地であったが，農業用水の整備によって，茶の栽培が盛んになった。

イ ふもとの高原は，火山灰が積もる栄養分がとぼしい土地であったが，堆肥などを用いて改良を重ねることで，大規模な小麦の栽培が盛んになった。

ウ ふもとの高原では，温暖な気候を生かし，夏が旬である野菜を端境期にあたる冬から春にかけて出荷する促成栽培が盛んである。

エ ふもとの高原では，暑さに弱い野菜を夏に栽培できる利点を生かして，冷涼な気候を生かしたキャベツやレタスなどの栽培が盛んである。

問４　下線部③台風に関して，次の表は，1951年から2014年の日本における台風の上陸数と，死者・行方不明者200人以上，または家屋倒壊・流出20,000棟以上の被害が生じた台風とその被害状況を示したものである。表から読み取れる被害状況の変化の特徴と，そのような変化が生じた社会的背景を説明しなさい。

年代	上陸数	被害状況		
		年／台風番号	死者・行方不明者数(人)	家屋倒壊・流出数(棟)
1951～1960年	32	1951年／台風15号	943	221,118
		1953年／台風13号	478	86,398
		1954年／台風12号	146	39,855
		1954年／台風15号	1,761	207,542
		1955年／台風22号	68	85,554
		1956年／台風９号	36	37,341
		1956年／台風12号	43	32,044
		1958年／台風22号	1,269	16,743
		1959年／台風７号	235	76,199
		1959年／台風15号	5,098	833,965
1961～1970年	33	1961年／台風18号	202	499,444
		1964年／台風20号	56	71,269
		1965年／台風15号	28	58,951
		1965年／台風23号	73	63,436
		1966年／台風24・26号	318	73,166
		1970年／台風10号	27	48,652
1971～1980年	24	—	—	—
1981～1990年	26	—	—	—
1991～2000年	28	1991年／台風19号	62	170,447
		1998年／台風７・８号	18	21,165
		1999年／台風18号	36	47,150
2001～2010年	28	2004年／台風18号	47	57,466
2011～2014年	11	—	—	—

『気象災害の事典』などより作成

問５　下線部④大雨に関して，次の図は，ハザードマップの一部である。図中で網掛けされている範囲で大雨により発生する可能性のある災害を**漢字３字**で答えなさい。

重ねるハザードマップより作成

問6　下線部⑤に関して，このような取り組みの1つにハザードマップの整備があり，ハザードマップには複数の種類がある。洪水ハザードマップに記載しなくてよい事項として適切なものを，次のアからエの中から1つ選び，記号で答えなさい。

ア　浸水の予想される範囲

イ　液状化現象に注意すべき地域

ウ　想定される浸水の深さ

エ　避難場所や避難経路

3　ある生徒は，銭に関するレポートをまとめました。レポートに用いた年表，図，レポートのまとめを読み，下の各問いに答えなさい。

年表　銭の鋳造(発行)に関する歴史

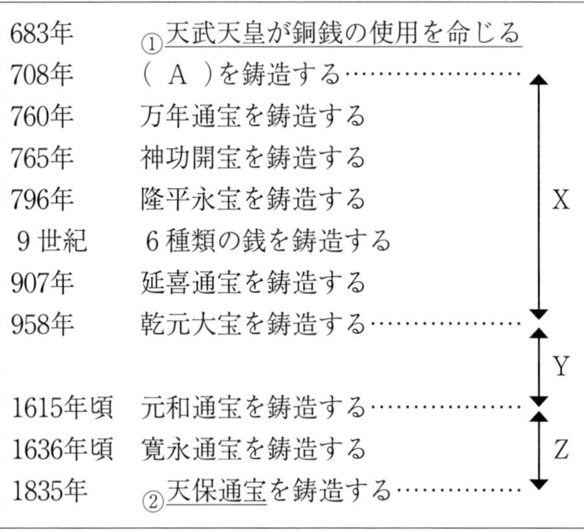

年	できごと	
683年	①天武天皇が銅銭の使用を命じる	
708年	(A)を鋳造する	X（始点）
760年	万年通宝を鋳造する	X
765年	神功開宝を鋳造する	X
796年	隆平永宝を鋳造する	X
9世紀	6種類の銭を鋳造する	X
907年	延喜通宝を鋳造する	X
958年	乾元大宝を鋳造する	X（終点）・Y（始点）
		Y
1615年頃	元和通宝を鋳造する	Y（終点）・Z（始点）
1636年頃	寛永通宝を鋳造する	Z
1835年	②天保通宝を鋳造する	Z（終点）

図　本朝十二銭

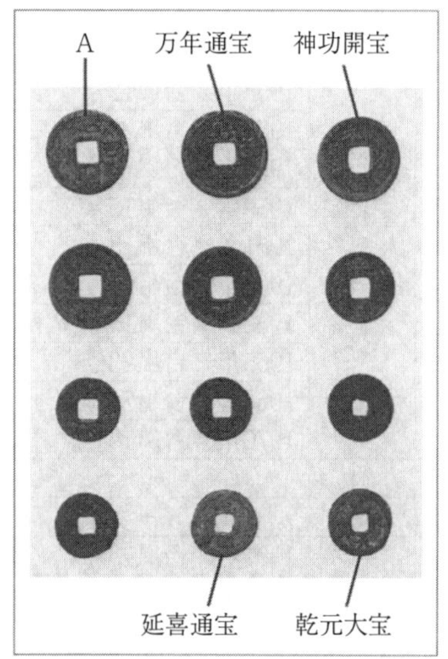

レポートのまとめ

日本では，8世紀から10世紀半ばにかけて，10人の天皇が12種類の銭の鋳造(発行)を命じており，これらを本朝十二銭という。年表や図からは，本朝十二銭はだんだんと(　B　)がわかる。そして(C)の鋳造後，長期にわたって銭は鋳造されなかった。このことから，③10世紀後半には，銭を鋳造することができなくなったのだと考えた。

17世紀前半に最初に鋳造された寛永通宝は，名称を変えずに何度も鋳造され，19世紀半ばまで用いられた。1835年に鋳造された天保通宝は，寛永通宝100枚分の価値を持つとされ，日本で初めての額面を現物に明示する銭となった。

問1　年表中の空欄(A)にあてはまる適切な語句を答えなさい。

問2　レポートのまとめ中の空欄(B)にあてはまる適切なものを，次のアからエの中から**2つ**選び，記号で答えなさい。

ア　大きくなり，質が高まっていったこと

イ　小さくなり，質が下がっていったこと

ウ　新しい貨幣の鋳造を命じられる間隔が狭くなっていったこと

エ　新しい貨幣の鋳造を命じられる間隔が開いていったこと

問3　レポートのまとめ中の空欄(C)にあてはまる適切な語句を答えなさい。

問4　年表中の下線部①に関する次の各問いに答えなさい。

(1)　この内容が記されている，日本で最も古い正史を**漢字4字**で答えなさい。

(2)　これ以前の日本について述べた次のⅠからⅢを年代の古い順に正しく並べたものとして適切なものを，下のアからカの中から1つ選び，記号で答えなさい。

Ⅰ　中大兄皇子が蘇我蝦夷を倒して，中央集権化を進めた。
Ⅱ　聖徳太子が役人の心がまえを示すため，憲法十七条を定めた。
Ⅲ　倭王武らが中国に朝貢し，支配権を認めてもらった。

ア　Ⅰ→Ⅱ→Ⅲ　　イ　Ⅰ→Ⅲ→Ⅱ
ウ　Ⅱ→Ⅰ→Ⅲ　　エ　Ⅱ→Ⅲ→Ⅰ
オ　Ⅲ→Ⅰ→Ⅱ　　カ　Ⅲ→Ⅱ→Ⅰ

問5　年表中の下線部②天保通宝に関連して，この通貨が鋳造された頃の社会について述べた文として**適切でないもの**を，次のアからエの中から1つ選び，記号で答えなさい。

ア　飢饉が続き，多くの餓死者が出たため，大規模な一揆や打ちこわしが起こらなくなった。
イ　農村では貧富の差が拡大し，土地を手放して小作人になる者や，都市部へ出稼ぎに行く者が増えていた。
ウ　都市では貸本屋が多くつくられ，『東海道中膝栗毛』などの文芸作品が多くの人に読まれていた。
エ　薩摩藩などでは，特産品の販売など商業活動に力を入れ，藩の財政を立て直そうとする改革が進められた。

問6　年表中のXの時期に関する次の各問いに答えなさい。

(1)　この時期に最も長くつかわれた京を答えなさい。

(2)　この時期の文化について述べた文として**適切でないもの**を次のアからエの中から1つ選び，記号で答えなさい。

ア　浄土信仰が各地に広まり，藤原頼通は平等院鳳凰堂をつくらせた。
イ　唐の僧鑑真が日本に正式な仏教の教えを伝えた。
ウ　貴族は唐風の文化を好み，漢文の詩を盛んにつくった。
エ　天台宗をはじめた最澄が，比叡山に延暦寺をたてた。

問7　年表中のYの時期に関する次の各問いに答えなさい。

(1)　この時期のできごとについて述べた次のⅠからⅢを年代の古い順に正しく並べたものとして適切なものを，下のアからカの中から1つ選び，記号で答えなさい。

Ⅰ　オスマン帝国がビザンツ帝国をほろぼした。
Ⅱ　チンギス・ハンがモンゴル帝国をたてた。
Ⅲ　ポルトガル人が日本に鉄砲を伝えた。

ア　Ⅰ→Ⅱ→Ⅲ　　イ　Ⅰ→Ⅲ→Ⅱ
ウ　Ⅱ→Ⅰ→Ⅲ　　エ　Ⅱ→Ⅲ→Ⅰ
オ　Ⅲ→Ⅰ→Ⅱ　　カ　Ⅲ→Ⅱ→Ⅰ

(2)　次の図は，Yのある時期に描かれたものである。右の人物が左の人物にお金を貸している場面であり，Yの時期にも日本で銭が用いられたことがわかる。当時，銭を鋳造せずにどこから手に入れたのか，答えなさい。

問8　年表中のZの時期のできごとについて述べた次のⅠからⅢを年代の古い順に正しく並べたものとして適切なものを，下のアからカの中から1つ選び，記号で答えなさい。

Ⅰ　公事方御定書という裁判の基準となる法律を定めた。

Ⅱ　大名が領地と江戸を1年おきに往復する参勤交代が制度化された。

Ⅲ　蝦夷地の調査を行ない，俵物の輸出を拡大した。

ア　Ⅰ→Ⅱ→Ⅲ　　イ　Ⅰ→Ⅲ→Ⅱ

ウ　Ⅱ→Ⅰ→Ⅲ　　エ　Ⅱ→Ⅲ→Ⅰ

オ　Ⅲ→Ⅰ→Ⅱ　　カ　Ⅲ→Ⅱ→Ⅰ

問9　レポートのまとめ中の下線部③に関して，生徒は，10世紀後半に銭を鋳造することができなくなったという仮説を追究していて，次の資料1と2を見つけた。銭が鋳造されなくなったことや，資料1と2から読み取れる内容をふまえて，10世紀頃の日本の政治や社会がどのような状況にあったと考えられるか，説明しなさい。

資料1　延喜の荘園整理令(902年)(一部，要約)

> 諸国の悪賢い人は税や労役を逃れようとして，都の有力な家とつながりを持ち，あるいは田を名目上寄進したといい，役人などが勝手に立ち入らないように標識を立てる。役人はそれがうそだとわかっていても，都の有力者に遠慮してこうした行為を禁止しない。そのため，有力者の荘園であると主張して，税を納めない。

資料2　『古今著聞集』に記された10世紀半ばの政治(一部，要約)

> 村上天皇の時代(946～967年)，天皇が，諸官庁の雑用に使われる老人が南の階段の付近に控えていたのをお呼びになって，「今の政治に対して，世間はどのように申しておるか」とおたずねになったので，「すばらしいと申しております。ただし，雑事を担当する部署に松明(たいまつ)が運び込まれ，調などの一部が保管される場所には草が茂っております」とお答えしたので，天皇はたいそう面目ないと思われた。松明がいるというのは，政務がはんざつになり，儀式が夜までかかっているからである。保管所に草が茂っているというのは，諸国に朝廷の威令(いれい)が届かず，租税が集まらないからであろう。ずいぶん上手に申し上げたものである。

4　次の資料１から資料３を読んで，これに関する下の各問いに答えなさい。なお資料は一部省略・改変し，わかりやすい日本語にしてある。

資料１

> ①ローズベルト大統領，蔣介石大元帥およびチャーチル総理大臣は…次の一般的声明を発した。…三大同盟国は日本国の侵略を制止しかつこれを罰するために今回の戦争を戦っている。…
>
> 同盟国の目的は日本国より…満州，（　Ａ　）および澎湖諸島のような日本国が清国人から盗み取った一切の地域を中華民国に返還することにある。…
>
> 前記三大国は朝鮮の人民の奴隷状態に留意し，やがて朝鮮を自由かつ独立のものとする決意を有する。…
>
> 内閣府ホームページより引用・一部改変

資料２

> ああ，去る11月17日の変は，全世界中でいまだかつてなかった事である。隣国に対して外交を行なうことができず，他人が我々に代わって外交をするというのは，国がないのと同じである。…日本が条約に信を置かず，盟約を守らない罪について言えば，下関条約より日露宣戦書にいたるまで，大韓の自主独立をうたって我が国の領土を保全するとねんごろに述べたことが何度かあったにもかかわらず，みなたやすくこれを廃棄して少なくない難題を突きつけた。…ついには…今回の新条約を結ばせた。さらにソウルに（　Ｂ　）府を設置して，外交権を日本に移し…た。…
>
> 我が国は…名分は中国の藩属（はんぞく）だったとしても，土地と人民と政事は，みな我々の自立・自主のもとにあり，少しも中国の干渉をうけなかった。…②壬辰倭乱でもたとえ大明国の救援があったにせよ，完勝をおさめて国権を回復できたのは，ひとえに我が兵士が倭の70余隻の船を(注)ノリャンで沈没させた功績によるものである。…
>
> 注　ノリャン（露梁）の海戦は，丁酉再乱の際のできごとである。
>
> 『原典朝鮮近代思想史』４より引用・一部改変

資料３

> 米国大統領の（　Ｃ　）氏が提出した③対独講和の基礎的な条件，すなわち十四か条の中に，国際連盟と④民族自決の条件がある。これに対して英，仏，日およびその他各国が内容ではすでに国際連盟に賛同した。だから国際連盟の本領，すなわち平和のための根本的解決である民族自決に対してはもちろん賛成するだろう。各国が賛同の意を表した以上，国際連盟と民族自決は（　Ｃ　）１人の私的な話ではなく，世界の公言であり，希望的な条件ではなく既成の条件となった。…
>
> 『原典朝鮮近代思想史』４より引用・一部改変

問１　資料１から資料３中の空欄（Ａ）から（Ｃ）にあてはまる適切な語句を答えなさい。

問２　資料１中の下線部①ローズベルト大統領のもとで行われた，農産物や工業製品の生産量制限・価格調整やテネシー川流域の総合開発に代表される公共事業など政府が積極的に経済を調整した政策を何とよぶか，答えなさい。

問３　資料２中の下線部②壬辰倭乱はどのようなできごとか，関わった人物を明記して**10字以内**で答えなさい。

問４　資料３中の下線部③対独講和に関して，次の資料は対独講和条約に関する「大阪朝日新聞」の記事である。空欄（Ｄ）にあてはまる適切な語句を答えなさい。ただし，資料は一部省略・改変し，わかりやすい日本語にしてある。また出題の都合上，掲載年月日は示していない。

「南洋統治上の声明」(外務省公表)
…連合国最高会議の決議および対独平和条約の規定の結果として，日本は赤道以北南太平洋諸島の(D)を引き受くることとなり，続いて昨年12月の国際連盟理事会はその統治条項を決定したるをもって，帝国政府はその条項により極力当該(とうがい)地域住民の物質的および精神的幸福ならびに社会的進歩の増進を図らんがために，目下適当なる統治機関の制定準備中にして，近く各島より軍政を撤去するの運びにいたるべし。…

問5 資料3中の下線部④民族自決の考えの影響を受けて，資料3が書かれた時期に朝鮮半島で生じたできごとを答えなさい。

問6 資料1から資料3を出された年代の古い順に正しく並べたものとして適切なものを，次のアからカの中から1つ選び，記号で答えなさい。

ア 資料1→資料2→資料3　イ 資料1→資料3→資料2
ウ 資料2→資料1→資料3　エ 資料2→資料3→資料1
オ 資料3→資料1→資料2　カ 資料3→資料2→資料1

5 次の文章を読み，下の各問いに答えなさい。

今年は万国郵便連合(UPU)の前身である一般郵便連合の創設から150周年にあたる。万国郵便連合は，全世界の住民間の通信を容易にするために郵便業務の質を高めることを任務とする①国連専門機関で，現在は日本人の目時政彦氏が②国際事務局長を務めている。

郵便は情報伝達の重要な手段の一つであり，郵便制度の信頼性を高めるには通信の(A)が守られることが重要である。しかし，第二次世界大戦中の日本では，国防上の理由で郵便物の検閲が行われた。そこで日本国憲法第21条は「(B)，結社及び言論，出版その他一切の(C)の自由は，これを保障する」と定め，さらに「検閲は，これをしてはならない。通信の(A)は，これを侵してはならない」と明記し，権利を保障している。

郵便を用いて，契約書や③訴状などの重要な文書が送られている。選挙の際には，選挙が④公示や告示されると，居住する自治体の選挙管理委員会から投票所入場券が郵送される。この入場券を投票所に持参すると，円滑に投票用紙を受け取ることができる。⑤さまざまな事情があって投票所に行くことが難しい人のために，郵便により投票する仕組みもある。

日本では1871年に郵便制度が創設され，現在は約2万4千の郵便局がある。郵便局は⑥手紙や荷物の送付だけでなく貯金や送金の業務も行なっており，⑦金融機関としての役割もになう。これらは，長きにわたって国営事業だったが，⑧民営化が進められて2007年には日本郵政株式会社を含む複数の⑨株式会社が設立された。ただし，民営化後も郵便料金は政府の認可や政府への届け出が必要とされる(D)としてあつかわれている。日本国内，そしてグローバルな郵便ネットワークは私たちの生活にとって重要な社会基盤であり，これを維持し，発展させていくことが重要である。

問1 文章中の空欄(A)から(D)にあてはまる適切な語句を答えなさい。

問2 文章中の下線部①国連専門機関に関連して，次の文章はある国連専門機関の憲章からの抜粋である。この文章が示す国連専門機関を下のアからエの中から1つ選び，記号で答えなさい。なお資料は一部省略・改変してある。

戦争は人の心の中で生まれるものであるから，人の心の中に平和のとりでを築かなければならない。

相互の風習と生活を知らないことは，人類の歴史を通じて世界の諸人民の間に疑惑と不信をおこした共通の原因であり，この疑惑と不信のために，諸人民の不一致があまりにもしばしば戦争となった。…

政府の政治的および経済的取りきめのみに基づく平和は，世界の諸人民の…永続する誠実な支持を確保できる平和ではない。よって平和は，失われないためには，人類の知的および精神的連帯の上に築かなければならない。

出典は出題の都合上省略

ア　UNICEF　　イ　UNESCO　　ウ　ILO　　エ　IAEA

問３　文章中の下線部②国際事務局長に関連して，次の文章は万国郵便連合一般規則第126条の抜粋である。万国郵便連合の国際事務局長・次長と日本の地方自治体の首長・副知事・副市町村長の選出方法や任期を比較して説明した文として適切なものを，下のアからエの中から１つ選び，記号で答えなさい。

国際事務局長および国際事務局次長は，(注)大会議から大会議までの期間について大会議が選出する。その任期は，４年を下回らないものとし，１回に限って更新することができる。…

注　大会議は加盟国の代表が参加する最高意思決定機関であり，１か国１票の投票権を持つ。

総務省ホームページより引用・一部改変

ア　国際事務局長は大会議によって選出され，日本の地方自治体の首長は地方議会によって選出される。

イ　国際事務局長の任期は，日本の地方自治体の首長の任期よりも短い。

ウ　国際事務局長の任期の更新回数には制限があるが，日本の地方自治体の首長の在任期数に制限はない。

エ　国際事務局次長は国際事務局長の指名のみにより任命され，日本の地方自治体の副知事や副市町村長も首長の指名のみにより任命される。

問４　文章中の下線部③訴状に関連して，民事訴訟について述べた文として**適切でないもの**を，次のアからエの中から１つ選び，記号で答えなさい。

ア　訴えた側を原告，訴えられた側を被告という。

イ　民事訴訟があつかう例として，相続や家族関係の争い，交通事故の損害賠償などがある。

ウ　当事者が判決に従わないとき，裁判所は強制的に判決の内容を執行することができる。

エ　訴状が相手に届き，一度裁判が始まったら，判決が出るまで訴えを取り下げることはできない。

問５　文章中の下線部④公示に関して，国会議員の総選挙の公示は日本国憲法が定める天皇の国事行為に含まれる。天皇の国事行為として**適切でないもの**を，次のアからエの中から１つ選び，記号で答えなさい。

ア　内閣総理大臣の任命

イ　最高裁判所長官の指名

ウ　国会の召集

エ　衆議院の解散

問６　文章中の下線部⑤に関連して，公職選挙法では，有権者が投票所に行って自分で投票することを原則としている。この原則について，次の各問いに答えなさい。

(1)　この原則が定められているおもな理由を２つ答えなさい。

(2)　この原則に対して，公職選挙法によって郵便を用いた投票が認められるのは，どのような場合か。具体例を１つあげなさい。

問7　文章中の下線部⑥に関連して，次の図1は日本の郵便取扱量の推移，図2は日本のインターネット利用率の推移を示している。図1，図2をふまえて，日本の郵便取扱量がなぜ，どのように変化したか説明しなさい。

図1

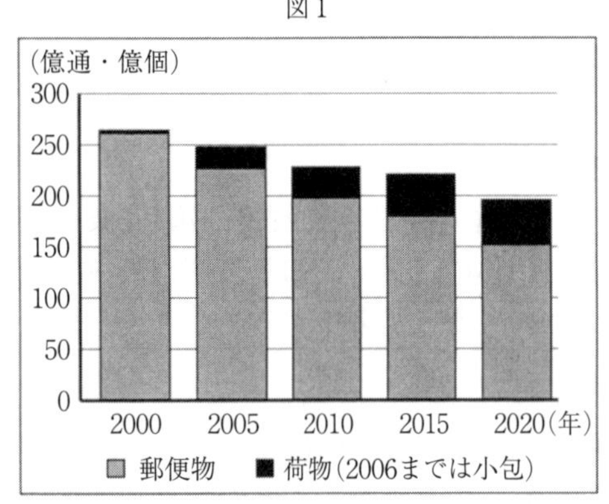

図2

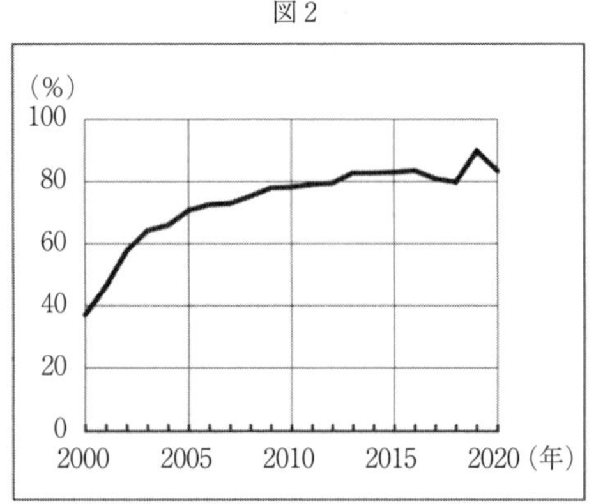

『情報通信白書令和4年版』などより作成

問8　文章中の下線部⑦金融機関について述べた文として適切なものを，次のアからエの中から1つ選び，記号で答えなさい。

ア　民間の金融機関に含まれるのは銀行と郵便局だけであり，保険会社は含まれない。
イ　民間の金融機関は保有する金の範囲内で紙幣を発行することができる。
ウ　市中銀行は家計や企業から預金を預かり，預金者から利子を受け取る。
エ　市中銀行は，日本銀行に自らの銀行口座を開設している。

問9　文章中の下線部⑧民営化に関連して，公企業の民営化をすすめることに反対する主張の根拠として最も適切なものを次のアからエの中から1つ選び，記号で答えなさい。

ア　安全な財やサービスをすべての人に安定して供給するべきだ
イ　人件費などの運営にかかるコストを節約するべきだ
ウ　民間企業同士の競争からより良いサービスが生み出されるべきだ
エ　価格は市場メカニズムを通じて決定されるべきだ

問10　文章中の下線部⑨株式会社に関連して，2006年の会社法によって新たに設立できるようになった会社形態で，株式会社と同様に出資者が有限責任だけを負うものを答えなさい。

【理　科】 (50分) 〈満点：100点〉

1　次の各問いについて，それぞれの解答群の中から答えを選び，記号で答えなさい。なお，「すべて選びなさい」には，１つだけ選ぶ場合も含まれます。

(1)　光の進み方の説明として正しいものをすべて選びなさい。

ア　入射角と反射角は常に同じである。
イ　入射角と屈折角は常に同じである。
ウ　入射角が大きくなるにつれて，屈折角は小さくなる。
エ　入射角が大きくなるにつれて，屈折角は大きくなる。
オ　入射角が大きくなるにつれて，反射角は大きくなる。
カ　物体の表面で光がはね返ることを入射という。
キ　夕方になると影が長くなるのは，屈折の影響である。
ク　水が入ったカップに入れたスプーンが折れて見えるのは，屈折の影響である。

(2)　右図のように同じ質量の箱Ａ，Ｂが角度30°の斜面上に乗って静止している。箱Ａと斜面には摩擦はないが，箱Ｂと斜面には摩擦が生じている。このとき，箱Ｂにはたらく摩擦力の向きと大きさについて正しいものを選びなさい。

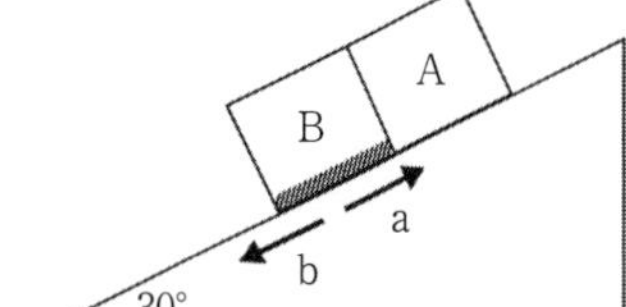

ア　向き：ａ　大きさ：Ａの重力より小さい
イ　向き：ａ　大きさ：Ａの重力と同じ
ウ　向き：ａ　大きさ：Ａの重力より大きい
エ　向き：ｂ　大きさ：Ａの重力より小さい
オ　向き：ｂ　大きさ：Ａの重力と同じ
カ　向き：ｂ　大きさ：Ａの重力より大きい

(3)　３種類の白い粉末があり，それぞれ食塩，砂糖，炭酸水素ナトリウムのいずれかである。それぞれの粉末に対して，実験ａ～ｄのうち２つを行い，３種類の物質を判別したい。このとき，判別することができない実験の組み合わせとして正しいものを選びなさい。

ａ　アルミニウムはくの容器に入れて十分に加熱し，黒色にこげるかを調べる。
ｂ　アルミニウムはくの容器に入れて十分に加熱し，加熱前後の質量を比較する。
ｃ　水に溶かし，水溶液に電気が流れるかを調べる。
ｄ　水に溶かし，フェノールフタレイン溶液を加えて色の変化を観察する。

ア　ａとｂ　　イ　ｂとｃ　　ウ　ｃとｄ　　エ　ａとｃ　　オ　ａとｄ

(4)　サボテンの花弁は１枚ずつ分かれている。このことから，サボテンの特徴として当てはまるものをすべて選びなさい。

ア　離弁花類である　　イ　合弁花類である
ウ　単子葉類である　　エ　双子葉類である
オ　裸子植物である　　カ　被子植物である
キ　茎の断面を見たとき維管束が円形に並んでいる
ク　茎の断面を見たとき維管束が全体に散らばっている

(5)　生物のふえ方や遺伝の説明として正しいものを選びなさい。

ア　単細胞生物は無性生殖のみでふえる。
イ　動物には無性生殖でふえるものはない。
ウ　栄養生殖でふえたサツマイモやジャガイモは，１つずつ形が異なるので遺伝子が異なる。
エ　有性生殖でも染色体の数が親と子で同じなのは，受精後に半分の染色体が消滅するためである。

オ　植物の有性生殖である受粉では，めしべの細胞とおしべの細胞のそれぞれが体細胞の半分の染色体の数になっている。

(6)　①，②のグラフの形として正しいものをそれぞれ選びなさい。

①　飽和水蒸気量と気温の関係について，横軸に気温〔℃〕，縦軸に飽和水蒸気量〔g/m^3〕をとって作成したグラフ

②　BTB溶液を入れた硫酸に，溶液が青色になるまで水酸化バリウム水溶液を加えたとき，横軸に加えた水酸化バリウム水溶液の体積〔mL〕，縦軸に溶液全体のイオンの数をとって作成したグラフ

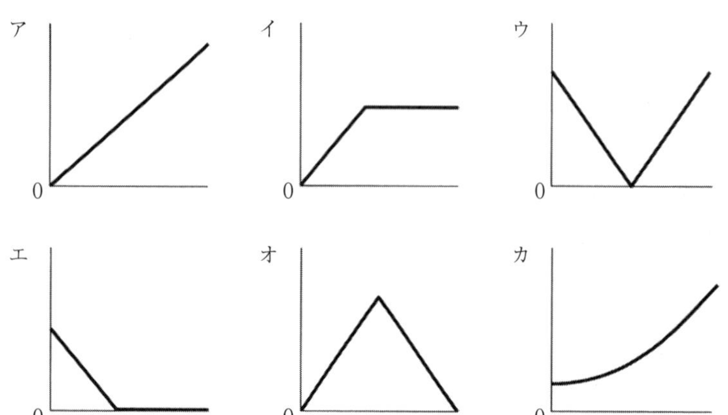

(7)　以下の文章の(A)，(B)に入る語句として正しいものをそれぞれ選びなさい。

右図は四季でいうと(　A　)の特徴的な天気図である。この天気図の等圧線だけから考えると，関東地方に吹く風はほぼ(　B　)の風になるが，地球の自転の影響等で向きが変化し北西の風になる。

ア　春　　イ　夏
ウ　秋　　エ　冬
オ　東　　カ　西
キ　南　　ク　北

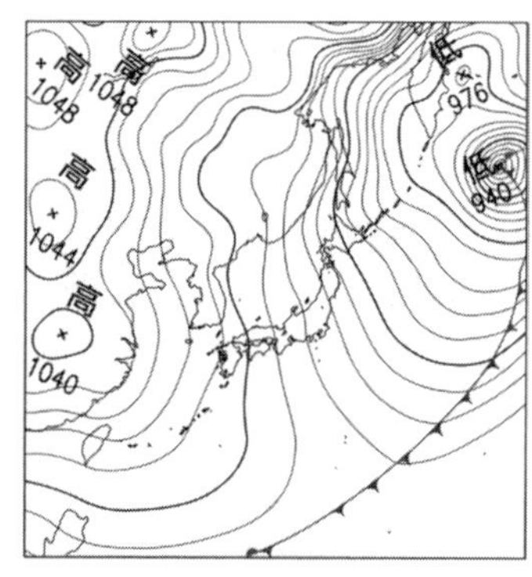

2　次の各問いに答えなさい。

(1)　水の密度は4℃で最大の1.00g/cm^3となる。冷えて氷になると密度は急激に減少し，0℃の氷では0.92g/cm^3である。4℃の水500cm^3を冷やしてすべて0℃の氷にしたとき，体積は何cm^3になるか，整数で答えなさい。

(2)　うすい塩酸に亜鉛板と銅板を入れ，これらの金属板とモーターを導線でつなぐと，モーターが回転した。亜鉛板と銅板の質量の変化をそれぞれ説明しなさい。

(3)　右図のように高さ10cm，底面積10cm^2，質量200gの直方体をばねばかりにつるして水中に沈めていく実験をした。水面から直方体の底面までの距離を深さとする。

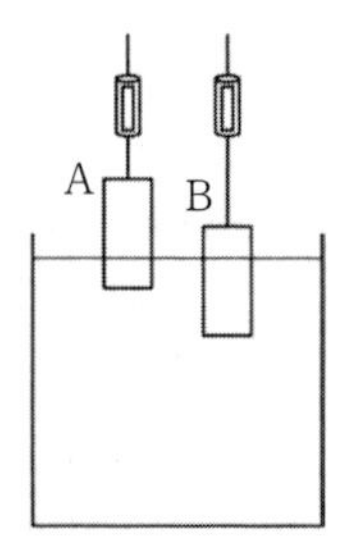

①　深さ2.0cmに沈めたAのとき，ばねばかりは180gをさしていた。深さ8.0cmに沈めたBのとき，浮力の大きさは何Nか。ただし，100gの物体にかかる重力の大きさを1Nとする。

②　直方体を深さ20cmまで沈めたとき，沈めた深さを横軸に，ばねばかりの値

を縦軸にしてグラフを描きなさい。ただし，直方体の底面は水槽の底に付いていないものとする。

(4) 右図はヒトの目を横から見た断面図である。Aの部分は透明で，やわらかく厚みを変えることができる。このような特徴をもつのは何のためか，説明しなさい。

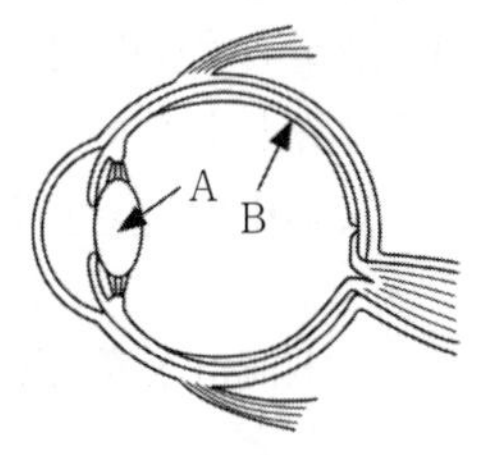

(5) (4)の図のAを通った光がBの膜にある感覚細胞（視細胞）によって光の刺激を受け取る。Bの膜のうち，束ねられた神経があるために，構造上感覚細胞がない部分を○で囲みなさい。

(6) 火成岩の表面をルーペで観察しスケッチをしたところ，右図のようになった。このつくりを何というか答えなさい。

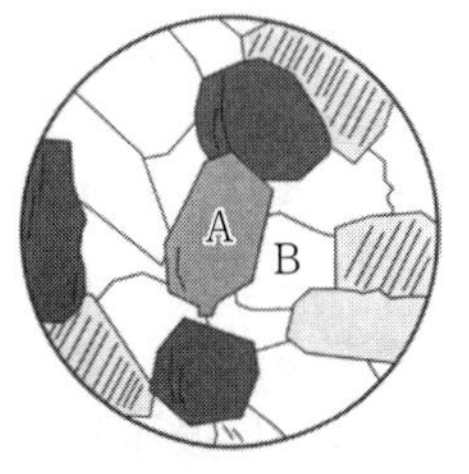

(7) (6)の図のAのように特徴的な形をしている鉱物と，BのようにAの形に沿うような形をしている鉱物が見られる。この形の違いは鉱物が結晶化する温度の違いで生じている。AとBの鉱物が結晶化する温度の違いを説明しなさい。

3 惑星の様々なデータをまとめた表と下の文章をふまえて，以下の各問いに答えなさい。

天体名	密度〔g/cm³〕	質量	公転周期〔年〕	直径	太陽からの距離	平均の表面温度〔℃〕	大気組成〔%〕				大気圧
							N_2	O_2	CO_2	X，He	
土星	0.69	95.2	29.5	9.45	9.55	-180	-	-	-	99以上	※
木星	1.33	317.8	11.9	11.21	5.20	-150	-	-	-	99以上	※
火星	3.93	Y	1.88	0.53	1.52	-60	3.4	-	96	-	0.006
金星	5.24	0.82	0.62	0.95	0.72	460	2.7	-	95	-	90
水星	5.43	0.06	0.24	0.38	0.39	170	ほとんどない				
地球	5.51	1	1	1	1	15	78	21	0.04	-	1

質量，直径，太陽からの距離，大気圧は地球を１としたときの比率である。
※：地表が特定できないため，大気圧を定めることができない。

地球型惑星では，太陽からの距離が［①］ほど，太陽からのエネルギーを多く受け取ることができる。金星は火星よりも密度と直径が大きいことから［②］も大きく，大気を保持しやすい。以上のことから，太陽からの距離が［①］水星や，大気組成が類似している火星よりも，金星は平均の表面温度が高い。地球は，酸素を含む大気を保持し，太陽からの距離がほどよく，［③］が存在するため生命が宿ることができる惑星である。このように，生命が存在し続けられる領域をハビタブルゾーンという。

(1) 表の［X］に入る気体を化学式で答えなさい。

(2) 表の［Y］に入る値を小数点以下第１位まで答えなさい。

(3) 文章中の［①］，［②］に入る語句を答えなさい。

(4) 表から公転周期との関係として，正しいものを選び記号で答えなさい。

ア　密度が大きいほど公転周期が大きい
イ　質量が大きいほど公転周期が大きい
ウ　太陽からの距離が大きいほど公転周期が大きい
エ　直径が大きいほど公転周期が大きい
オ　平均の表面温度が高いほど公転周期が大きい

(5) 太陽は太陽系の全質量の99.86％を担っている。太陽系で２番目に質量が大きい木星と比較したとき，太陽は木星の質量の約何倍か，正しいものを選び記号で答えなさい。

ア　約10倍　　イ　約100倍　　ウ　約1000倍　　エ　約10000倍　　オ　約100000倍

(6)　金星の大気圧から，金星の地表 $1\,\mathrm{cm}^2$ あたりにかかる力は何Nか。地球の大気圧を1000hPaとして計算しなさい。

(7)　文章中の ③ に入る適切な言葉を5文字程度で答えなさい。

4　電流計と電圧計のアナログメーターの部分(「メーター機構」という)の構造はどちらも同一で，図1のように主にコイルと磁石で構成されている。電流が流れることでコイルが回転し，コイルについている針が動く。針の振れる大きさは，流れる電流に対して比例する。このメーター機構には小さいながらも抵抗があり，その抵抗の値は0.02Ωである。メーター機構に電流を流すと500mAで目盛りいっぱいに振れることがわかっている。以下の各問いに答えなさい。

図1

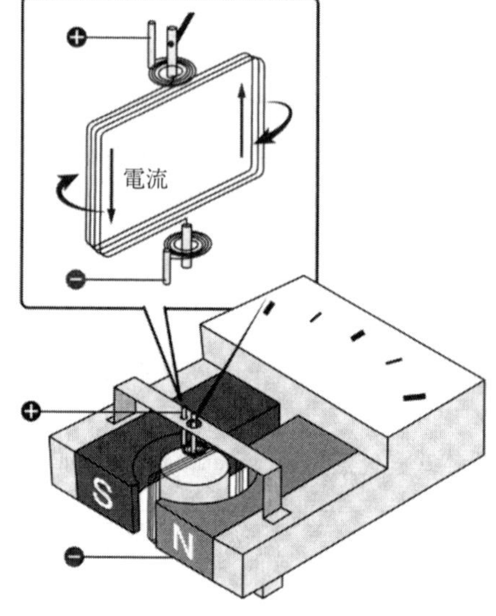

(1)　図1のようにコイルに電流が流れるとき，コイルの磁界の向きとして正しいものを選び記号で答えなさい。

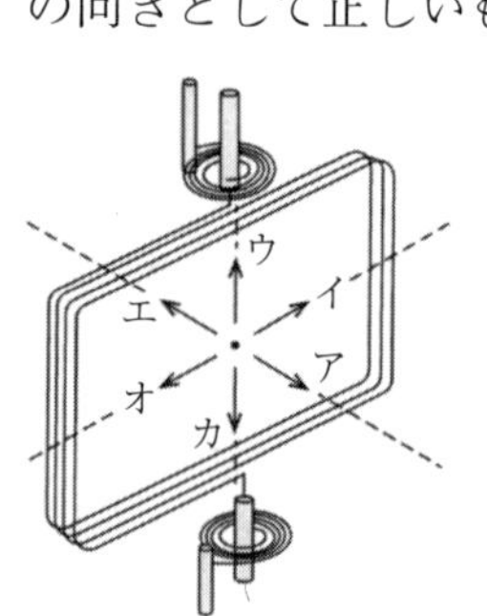

(2)　メーター機構に500mAの電流が流れたとき，メーター機構にかかる電圧は何Vか。

(3)　メーター機構に12.5Ωの抵抗器と3.13Vの電源をすべて直列につないだ。このとき，メーター機構が示す電流の値は何mAか。

(4)　図2のようにメーター機構に0.02Ωの抵抗器と電源装置をつないだ。メーター機構の針が目盛りいっぱいに振れたとき，電源装置に流れる電流は何Aか。

図2

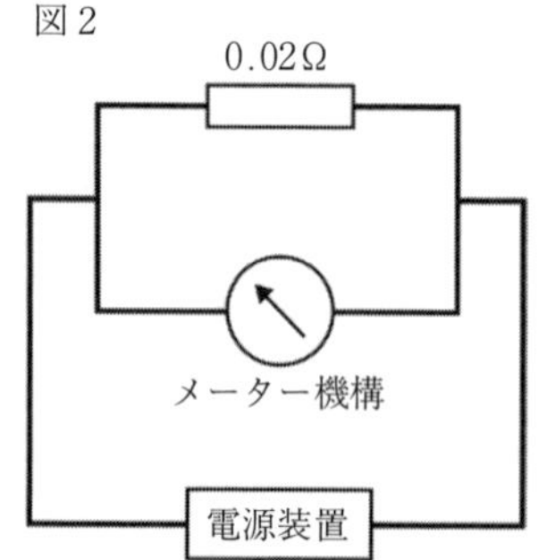

図3

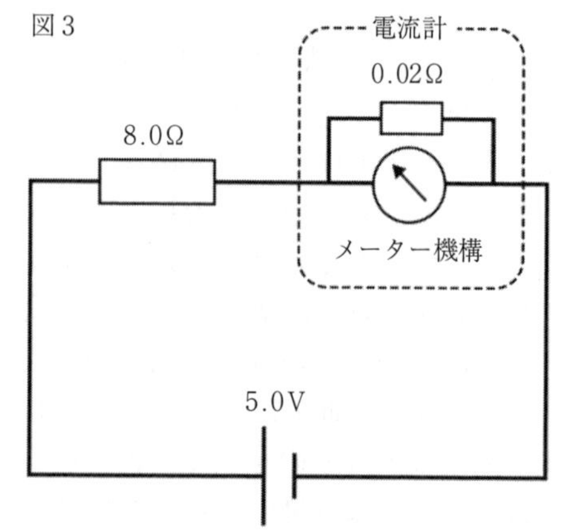

(5)　(4)のように0.02Ωの抵抗器をつないだメーター機構を「電流計」として図3の回路につないで電流を測定した。図3の回路の8.0Ωの抵抗器にかかる電圧は何Vか，小数点以下第2位まで答えなさい。

(6) (5)においてメーター機構の針の様子として正しいものを選び記号で答えなさい。

ア
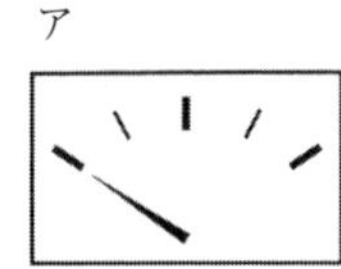
イ
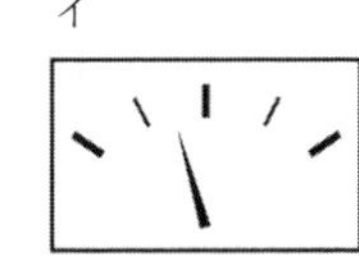
ウ
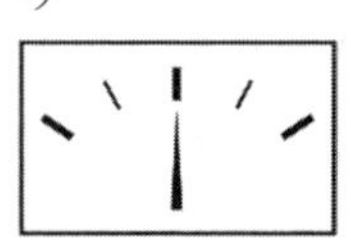
エ
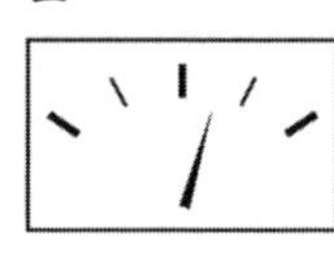
オ
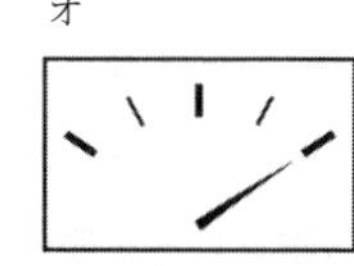

(7) このメーター機構を電圧計として使いたい。メーター機構に20Ωの抵抗器を直列につないで「電圧計」としたとき，最大何V程度まで測定できるか，正しいものを選び記号で答えなさい。

ア 10V程度　イ 12V程度　ウ 15V程度　エ 18V程度　オ 20V程度

(8) より大きい電流や電圧を測定したい場合，メーター機構に抵抗器をどのようにつなげるとよいか，正しいものをそれぞれ選び記号で答えなさい。

ア 抵抗が小さい抵抗器を並列につなぐ　イ 抵抗が小さい抵抗器を直列につなぐ
ウ 抵抗が大きい抵抗器を並列につなぐ　エ 抵抗が大きい抵抗器を直列につなぐ
オ 抵抗器をつながない

5 化学変化について考える際には，物質の性質や変化の様子に着目して考える定性的な視点と，物質の量に着目して考える定量的な視点の両方をもつことが重要である。鉄と硫黄から硫化鉄が生成される変化について，この２つの視点から考察する。以下の各問いに答えなさい。

Ⅰ．定性的に化学変化を考える

鉄粉と硫黄を乳鉢でよく混ぜ合わせ，２本の試験管に分けて入れた。そのうち１本の試験管について，右図のように混合物の上部を加熱し，色が赤色に変わり始めたところで加熱をやめ，しばらく静置した。これを試験管Aとする。もう１本の試験管は，何もしなかった。これを試験管Bとする。

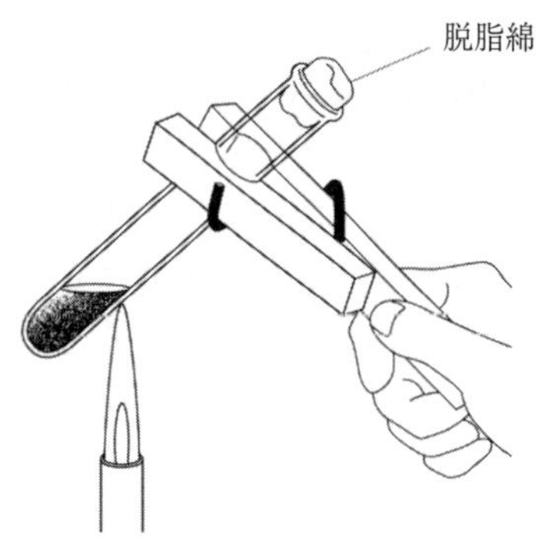

試験管AとBに磁石を近づけると，①Aは磁石に引きつけられなかったが，Bは引きつけられた。また，試験管AとBの中身を少量とり，うすい塩酸を加えたところ，②Aからはにおいのある気体が発生し，Bからはにおいのない気体が発生した。

(1) 鉄と硫黄から硫化鉄が生成される変化を化学反応式で表しなさい。

(2) 下線部①について，この結果からわかることとして正しいものを選び記号で答えなさい。

ア 硫黄と混ぜ合わせることで，鉄が別の物質に変化したことがわかる。
イ 硫黄と混ぜ合わせて加熱することで，鉄が別の物質に変化したことがわかる。
ウ 加熱後の試験管Aには，鉄が残っていることがわかる。
エ 加熱後の試験管Aには，硫黄が残っていることがわかる。
オ 鉄と硫黄を混ぜ合わせることで，磁石を引きつける力が強くなることがわかる。

(3) 下線部②について，試験管AとBで発生した気体の物質名をそれぞれ答えなさい。

(4) 試験管Aでは，加熱をやめた後も反応はそのまま進んだ。一方，銅と酸素の反応では，加熱をやめると徐々に温度が下がり，反応が停止する。この２つの反応はどちらも発熱反応であるが，変化の様子に違いが見られる。試験管Aで加熱をやめた後も反応が進む理由として正しくなるように，次の文章の空欄に適切な文を入れなさい。

鉄と硫黄の反応では，反応によって発生する熱(エネルギー)が［　　　　］。

Ⅱ．定量的に化学変化を考える

水素原子と炭素原子の質量の比は１：12である。この１や12は，原子量と呼ばれ，元素ごとに決まった値をもつ。原子量は，非常に小さな粒子である原子の質量を相対的に表す数値として重要な役割をもつ。

下の表のように鉄粉と硫黄を様々な割合ではかり取り，乳鉢でよく混ぜ合わせて試験管に入れたものを，試験管C～Eとする。これらを試験管Aと同様に加熱した。

	試験管C	試験管D	試験管E
鉄粉〔g〕	10.0	8.0	6.0
硫黄〔g〕	2.0	4.0	6.0

硫黄と鉄の原子量はそれぞれ32，56である。つまり，硫黄原子と鉄原子の質量比は32：56であるため，硫黄32gと鉄56gの中には同じ数の原子が含まれる。このとき含まれる原子の数をN個とすると，化学反応式より，硫黄原子N個と反応する鉄原子の数は［ ③ ］個であるといえる。試験管Eには，反応前に硫黄原子が［ ④ ］個，鉄原子が［ ⑤ ］個含まれているため，加熱後一部の［ ⑥ ］が反応せずに残ることがわかる。

(5) 文章中の［ ③ ］～［ ⑥ ］について，③～⑤はNを用いた文字式を，⑥は「鉄」または「硫黄」を答えなさい。

(6) 加熱後に生成される硫化鉄の質量が最も大きいものを試験管C～Eから選び記号で答えなさい。また，そのとき生成される硫化鉄の質量は何gか。ただし，割り切れない場合は小数点以下第1位まで答えること。

6 茶実子(ちゃみこ)さんは校外学習で牧場を訪れている。蘭子さんとともにウシを観察していると，そこに飼育員がやってきた。飼育員との会話および学校に戻った後の蘭子さんとの会話を読み，以下の各問いに答えなさい。

茶実子「さっきからずっと口をもぐもぐさせているね。お食事中かな？」

蘭　子「でもしばらく見ているけど，牧草を口に入れるところは見てないよね。」

飼育員「これは『反すう』といって，一度胃の中に入ったものをまた口に戻し，多量のだ液と混ぜながら嚙(か)むことを何度も繰り返しているんだよ。1日のうち10時間くらいはもぐもぐしているよ。」

茶実子「すごい！　私もお母さんに『よく嚙んで食べなさい』って言われるから，ウシを見習わなくちゃ。」

蘭　子「Ⅰよく嚙むことで消化がよくなるって先生も言っていたね。」

飼育員「でも，ウシのだ液には消化酵素がなく，草のⅡ繊維質やデンプンを分解することができないんだ。ウシのだ液は，消化とは別の役割をもっているよ。」

茶実子「じゃあ，草しか食べないウシはどうやって栄養を得ているんですか？」

飼育員「その秘密は，胃にある。ウシは，第一胃から第四胃と呼ばれる4つの胃を持っているんだ。第一胃は消化液を出さないけど，微生物が生息しているよ。」

蘭　子「その微生物に草を分解してもらっているということですか？」

飼育員「その通り！　口から取り入れた草は，Ⅲ第一胃で一部の微生物によって分解され，お酢にも含まれる酢酸などの脂肪酸が生成されるんだ。それをもとに，ウシはエネルギーを得ているよ。」

茶実子「他の3つの胃はどんなはたらきをしているんですか？」

飼育員「第二胃は反すうするときに胃の内容物を口に押し戻すポンプのような役割をしているよ。そして，分解が十分に進むと第三胃で水分や一部の養分が吸収され，Ⅳヒトの胃と同じはたらきをもつ第四胃に送られ，消化酵素による消化が進むんだ。」

茶実子「ヒトとは食べているものが違うのに，同じはたらきの胃があるのはなぜだろう。」
飼育員「第四胃では，草の一部も消化するけど主に【 X 】を消化しているんだよ。」
蘭　子「なるほど！　ウシは４つの胃のおかげで，草だけでもこんなに大きな体を保つことができるんですね。」
茶実子「以前，ニュース番組でウシの『げっぷ』が地球温暖化の原因のひとつになっていると聞いたのですが，それも胃のはたらきに関係していますか？」
飼育員「第一胃に存在する微生物のはたらきによってメタンが生成されて，それがげっぷとして体外に排出されているんだ。１頭のウシは１日に約400Ｌのメタンを排出するよ。」
蘭　子「メタンが温室効果ガスのひとつだって理科の授業で習ったよね。でも，ウシのげっぷなんて大した量にならない気がするけど……。」
（後日，学校にて）
茶実子「飼育員さんから聞いた話をもとに，ウシのメタン排出量を計算してみよう。」
蘭　子「１頭から１日に400Ｌ排出されるって言っていたよね。ウシの胃の中の温度にあたる39℃では，メタンは16Ｌで10ｇになるみたい。」
茶実子「１年を365日とすると，１頭から年間で［ A ］kgのメタンが排出されることになるね。」
蘭　子「地球上では約15億頭のウシが飼育されているんだって。化石燃料の採掘や畜産など，人類の活動によるメタン排出量は年間で約６億4000万トンと書いてある記事を見つけたよ。」
茶実子「６億4000万トンの約［ B ］％がウシによるものということになるね。」
蘭　子「メタン排出量の削減に向けて，たしかにこれは無視できない量だね。」
茶実子「最近は，げっぷに含まれるメタンの量を減少させる方法の開発が進んでいるみたい。ウシは私たちの食生活を支えてくれる大切な存在だから，うまく共存していく必要があるね。」

(1)　下線部Ⅰのヒトの理由として正しいものを選び記号で答えなさい。
　ア　よく噛むことで，だ液に含まれる消化酵素の濃度が上がるから。
　イ　よく噛むことで，あごの筋肉が発達し，強い力で噛めるようになるから。
　ウ　よく噛むことで，食べ物が小さく砕かれ，消化酵素と反応しやすくなるから。
　エ　よく噛むことで，食べ物が小さく砕かれ，消化酵素なしでも分解できるから。
(2)　下線部Ⅱについて，次の①，②に答えなさい。
　①　繊維質が主成分で，細胞膜の外側にある植物細胞にのみ存在するつくりを何というか。
　②　草食動物は草の繊維質を食べるのに適した歯の特徴をもつ。その特徴をひとつあげ，どのように適しているか，説明しなさい。
(3)　下線部Ⅲについて，ウシの第一胃は脂肪酸が生成されるにもかかわらず，pH が中性付近に保たれ，微生物がはたらきやすい環境になっている。pH が中性付近に保たれる仕組みを説明しなさい。
(4)　下線部Ⅳについて，次の①，②に答えなさい。
　①　ウシの第四胃の胃液に含まれる酵素の名称を答えなさい。
　②　会話文中の【X】に入る語句を会話文中から抜き出して答えなさい。
(5)　会話文中の［ A ］に入る数値を答えなさい。
(6)　会話文中の［ B ］に入る数値を選び記号で答えなさい。
　ア　3.1　　イ　21.4　　ウ　31.2　　エ　42.6　　オ　68.8　　カ　78.6

ろそかに覚えんやは」の解釈として最も適切なものをあとの中から選び、それぞれ記号で答えなさい。

③「なほざりにて出来たる物にても侍らず」

ア　いつも手に入らずに困っているのです。
イ　いつもは手に入るはずのないものです。
ウ　簡単にできたためしがございません。
エ　簡単に手に入れた物ではございません。
オ　決して手に入れることができません。

④「おろそかに覚えんやは」

ア　いい加減に思うだろうか。
イ　いい加減な対応に思われた。
ウ　劣っている人と思われてしまう。
エ　おろかだと思う人はいないだろう。
オ　おろかだと思わずにはいられなかった。

問六　□Ⅰに入れるのに最も適切な一文を次の中から選び、記号で答えなさい。

ア　あらためて益(えき)なき事は、あらためぬをよしとするなり。
イ　すべて、あはれみの深き事、母の思ひに過ぎたるはなし。
ウ　自ら戒めて、恐るべく慎むべきは、このまどひなり。
エ　もののあはれも知らずなりゆくなん、あさましき。
オ　やがてめでたき人に思はれて、さいはひ人と言はれけり。

中の心細さをや i おしはかりけん、もしまた、事の便りにや、もれ聞こえけん、a ねんごろなる消息あり。都だに跡たえたる雪の中に、雪深き嶺のすまひの心細さなど、常よりも細やかにて、いささかなる物を送りつかはされけり。

思ひ寄らざる程に、いとありがたく ii あはれに覚ゆる。中にも、この使ひの男の、いと寒げに深き雪を分け来たるが b いとほしければ、まづ火など焼きて、この持ち来たる物して食はす。今食はんとする程に、箸うち立て、②はらはらと涙を落して食はずなりぬるを、いと c あやしくて iii 故を問ふ。答へていふやう、「この〔注5〕奉り給へる物は、③なほざりにて出来たる物にても〔注6〕侍らず。方々尋ねられつれども、叶はで、母御前のみづから御ぐしの下を切りて、人に〔注7〕賜びて、その替りを、わりなくして奉り給へるなり。ただ今これを食べむと〔注8〕つかまつるに、かの御志の深きあはれさを思ひ出でて、〔注9〕下臈にては侍れど、いと悲しうて、胸ふたがりて、いかにも喉へ入り侍らぬなり」といふ。これを聞きて、④おろそかに覚えんやは。やや久しく涙流しける。

（『発心集』による。本文を改めたところがある）

Ⅰ

〔注1〕 山…比叡山のこと。
〔注2〕 正算僧都…法性寺第一一代座主（生年未詳～九九〇）。
〔注3〕 西塔…比叡山の三塔の一つ。
〔注4〕 烟…煮炊きする炊事の煙。
〔注5〕 奉り給へる…差し上げなさった。「給へ」は尊敬の意味。
〔注6〕 侍らず…ございません。「侍ら」は丁寧の意味。
〔注7〕 賜びて…お与えになって。
〔注8〕 つかまつる…いたします。
〔注9〕 下臈にては侍れど…身分の低い者ではありますが。

問一 二重傍線部a「ねんごろなる」・b「いとほしければ」・c「あやしくて」のここでの意味として最も適切なものをあとの中から選び、それぞれ記号で答えなさい。

a 「ねんごろなる」
ア 息も絶え絶えの　イ 心のこもった
ウ 親しい仲の　エ 心配な様子の
オ 悩ましい

b 「いとほしければ」
ア いじらしいので　イ 驚いたので
ウ 感動したので　エ 気の毒なので
オ ほしかったので

c 「あやしくて」
ア ありがたく思って　イ かわいそうに思って
ウ 心惹かれて　エ 不思議に思って
オ 理由が知りたくて

問二 波線部i「おしはかりけん」・ii「あはれに覚ゆる」・iii「故を問ふ」の主語を次の中から選び、それぞれ記号で答えなさい。同じ記号を何度使ってもかまいません。
ア 僧都　イ 母　ウ 使ひの男

問三 傍線部①「たえだえしき様」とありますが、ここではどのような様子を表していますか。最も適切なものを次の中から選び、記号で答えなさい。
ア 命が尽きようとしている様子
イ 食事も十分にできない様子
ウ 便りもあまり交わしていない様子
エ 長い間誰も訪れていない様子
オ 雪がたいそう深い様子

問四 傍線部②「はらはらと涙を落して食はずなりぬる」について、次の1・2の各問いに答えなさい。
1 主語を次の中から選び、記号で答えなさい。
ア 僧都　イ 母　ウ 使ひの男
2 それはなぜですか。四〇字以内で答えなさい。

問五 傍線部③「なほざりにて出来たる物にても侍らず」・④「お

〔注11〕散兵線…敵前で兵を密集させず、適当な距離を隔てて散開させた兵で形成した戦闘線。
〔注12〕掩護物…覆い守る物。
〔注13〕畝…畑に作物を植えつけるため、間隔をおいて土を筋状に高く盛り上げた所。
〔注14〕五寸…一寸の五倍。一寸は約三センチメートル。
〔注15〕太沽…「大沽」に同じ。渤海湾にのぞむ天津の外港。
〔注16〕天津…中国華北地区東北部の都市。
〔注17〕子牙河…中国の山西省東部から河北省中部を流れる河川。

問一　二重傍線部a・b・c・d・eのカタカナを漢字に改めなさい。

問二　波線部A「とり止めもない」・B「酸鼻を極めた」・C「卒然として」のここでの意味として最も適切なものをあとの中から選び、それぞれ記号で答えなさい。

A「とり止めもない」
ア　おもしろくない　イ　書き残せない
ウ　黙っていられない　エ　まとまりのない
オ　むずかしくない

B「酸鼻を極めた」
ア　これまでになく珍しい
イ　たえきれないほど不快な
ウ　とてつもなく混乱した
エ　はなはだしく驚くべき
オ　むごたらしく痛ましい

C「卒然として」
ア　あきらかに　イ　あらたに　ウ　しずかに
エ　たしかに　オ　にわかに

問三　傍線部①「今はこの兵の顔をよく覚えておいてやろう」とありますが、それはなぜですか。最も適切なものを次の中から選び、記号で答えなさい。

ア　この兵がどこの中隊か軍の上司に報告しようと思ったから。
イ　この兵の最期に立ち会った人間としての責任だと考えたから。
ウ　この兵の死顔が疲れてはいるものの若くて美しかったから。
エ　この兵のように自分にも死が近づいていることを悟ったから。
オ　この兵をせっかく助けようとしたのに善意が無駄になったから。

問四　傍線部②「乱暴な言葉で、しかし大変に愛情をもった口調で答えてやる」とありますが、この時の軍医はどのような気持ちだと考えられますか。五〇字以内で答えなさい。

問五　傍線部③「冷たい汗が流れていた」とありますが、それはなぜですか。最も適切なものを次の中から選び、記号で答えなさい。

ア　終わりの見えない状況の中で、今後も戦い続けていかなければならないことに絶望したから。
イ　敵弾が靴の踵を貫き靴下が見えていたが、全く傷のないことがわかって冷静になったから。
ウ　敵弾に撃ち抜かれたことによって、死に直面している戦場にいるということを実感したから。
エ　砲弾を避けて土の上に頭を横たえたことで、より緊張感が増して全身の痛みが悪化したから。
オ　皆が死と隣り合わせの戦場で、戦闘中に逃げ出そうとした自分を恥ずかしく思ったから。

問六　不思議な覚醒とは、どのようなことですか。本文全体を踏まえて一〇〇字以内で答えなさい。

三　次の文章を読んで、あとの問いに答えなさい。

〔注1〕山に、〔注2〕正算僧都（しゃうざんそうづ）といふ人ありけり。わが身いみじく貧しくて、〔注3〕西塔の大林（だいりん）といふ所に住みけるころ、歳（とし）の暮れ、雪深く降りて、訪（と）ふ人もなく、ひたすら〔注4〕烟（けぶり）絶えたる時ありけり。京に母なる人あれど、①たえだえしき様なれば、なかなか心苦しうて、ことさらこのありさまをば聞かれじと思へりけるを、雪の

とについては全く考えてはいなかった。
　まことに戦場にあっては、近藤一等兵がたびたび疑問を抱いているように、敵の命をごみ屑のように軽蔑すると同時に自分の命をも全く軽蔑しているようであった。それは〔注9〕身を鴻毛の軽きに置くというほどはっきりした意識をもって自己にその観念を強制したものではなくて、敵を軽蔑しているあいだにいつの間にか我とわが命をも軽蔑する気になって行くもののようであった。彼等は自分の私的生涯ということをどこかに置き忘れ、自分の命と体との大切なことを考える力を失っていたとも言えよう。それは一種の神経衰弱にちかい症状であって、彼等が無傷で戦っているあいだはどれほど戦友が斃れようとも覚醒するときのないはげしいｃムユウ状態のようであった。むしろ戦闘がはげしくなればはげしいほど彼等の昏迷はふかかった。そしてひとたび敵弾が彼等の肉体に穴をあけたとき、Ｃ卒然として生きている自分を発見し死に直面している自分をさとるもののようであった。
　平尾一等兵は翌日の常州城外の残敵〔注10〕掃蕩のとき、この不思議な覚醒を経験した。
　城外の戦場は一面の畑であった。〔注11〕散兵線はこの畑の中の全く〔注12〕掩護物のない平面の上に布かれた。平尾は畑の〔注13〕畝の低みにころげ込んで銃を撃ちつづけていた。畝の高低の差は僅かに〔注14〕五寸である。からだがかくされるｄドウリはなかった。
　そのとき鋭く彼の鉄兜をかすめた敵弾は背の上を水平に通過して靴の踵を貫き、右足は太腿のあたりまで強い衝撃を感じた。
「やられた！」
　彼は全身ぞっと鳥肌立って頭髪がじんと痺れて来るのを自覚した。すると俄かに眼の前にひろがっている戦場の風景がいま始めて見る知らない土地であったように、忽然としてトンネルを出て新しく接した風景であるように感じられた。砲弾の音がはっきりと耳に聞え、小銃機銃の音が一つ一つ明瞭に区別して聞かれた。それ等はいま突然に鳴りだしたものであって今までは何の物音もない所に自分が居たような不思議な覚醒の感じであった。彼ははじめてこの畑に寝そべっている自分を感じ、身のまわりに如何に多くの危険があるかを感じて身ぶるいした。
　彼はできるだけ身を低めて足首を引き寄せて見た。靴の踵は斜めにうち抜かれて汚れた靴下が見えていたが、しかも全く傷のないことが分った。彼は熱い吐息をついてずきずきと顳顬の痛む頭を土の上に横たえた。もう一寸だけ踵が高くなっていたなら彼の足は生涯歩行に苦しむことになったろう。もしも彼の頭がもう一寸高かったならば今は知覚をもたない死骸となってこの畑に横たわっていたであろう。
　額と腋の下から③冷たい汗が流れていた。彼は何とも言えない恐怖を感じて一寸たりとも頭をあげることができなくなってしまった。このような恐怖はこの秋のはじめ〔注15〕太沽に上陸し〔注16〕天津を出て〔注17〕子牙河ｅエンガンの最初の戦闘のころに幾度か経験したもので、その後はまったく知覚を失っていた、それが今はじめて卒然として甦って来たのであった。

（石川達三『生きている兵隊』による。本文を改めたところがある）

〔注1〕常州…一九三七年頃に占領した中国江蘇省南部の都市。
〔注2〕内地…ここでは日本本土のこと。
〔注3〕大連…中国遼東半島の南端に近い港湾都市。
〔注4〕慰問袋…出征兵などを慰めるため、中に娯楽物、日用品などを入れて送る袋。
〔注5〕ゲエトル…厚地の、すねを包む服装品。
〔注6〕外套…防寒、防雨のため洋服の上に着る衣類。
〔注7〕中隊…三、四個の小隊から成る軍隊編制の一つ。
〔注8〕かたわ…身体に完全でない所があること。現在は差別用語。あとの「不具者」も同じ。
〔注9〕身を鴻毛の軽きに置く…ここでは、国家のためならいさぎよく一身を投げ捨てるという意味。
〔注10〕掃蕩…（敵などを）討ちほろぼすこと。

二　次の文章を読んで、あとの問いに答えなさい。

日中戦争時、西沢部隊の近藤一等兵と平尾一等兵らは、占領直後の〔注1〕常州に着き、城内（城壁で囲まれた区域内）に集まっていた。

夜が来ると彼等はまた焚火をかこんでAとり止めもない雑談をしながら眠るのであった。〔注2〕内地の新聞は俺たちの事をどんなに書いているだろうかということ、〔注3〕大連以来郷里からの手紙も〔注4〕慰問袋も貰っていないがどこに溜まっているのだろうかということ。慰問袋というのは後方に居る部隊にばかり渡って前線で本当に働いている部隊には渡らないということ。渡す方法もないのだということ。結局慰問袋は贅沢袋であるに過ぎんじゃないかということ。そして焚火の煙が白く立ちこめて鼻や喉を刺激する中で、〔注5〕ゲエトルも靴もつけたまま〔注6〕外套を引っかぶって欠伸をしながらいつの間にか眠ってしまうのであった。

しかしこの同じ夜、城内の臨時負傷兵収容所の風景はB酸鼻を極めたものであった。

建物は木造に青ペンキを塗った二階建てで何かの役所に使われたもののようであった。二十坪ばかりの広い室の中央に小さいテーブルが置かれ、テーブルの上には一本の蠟燭が長い炎をあげて揺れていた。明りと言ってはこの蠟燭一本だけであったから広い室の中はほとんど物の形もさだかには見えない。この室の床の上に七十六人の負傷兵が横たわっていた。傷が足の方である者や肩の方である者は重傷者の寝る場所をひろげてやるために壁に背をよせかけて踞っている。血の臭いと熱のあるaコキの臭いとが蒸れて眼もくらむような空気が立ち罩めている。重傷者は静かな底ふかい声でかすかに呻きつづけ、彼等の間をかきわけるようにして動いている軍医と看護兵との靴音だけが板張りの床に響いた。しかし軍医一人看護兵三人では中々手が回り切らなかった。しかもこの暗さの中では血の固まりと傷口とを見わけることさえも困難であった。

軍医は一人の手当を終えて次の一人に移って行く。すると彼は自分で無器用に包帯を巻いた左手を慄わせながら隣を指して言うのであった。

「軍医殿、この男を見てやって下さい。いま、死んだかも知れません」

軍医は黙って隣の男の瞼を押しひらき、暗い中で額をちかづけてその瞳をのぞきこみ、それから服のボタンをひらいて胸に手を入れて見た。そして前の兵隊のところへ戻って来た。

「もう駄目ですか？」

軍医はそれには答えないでこの兵の傷の手当にとりかかった。兵は傷にさわられる苦痛をこらえながら顔を横に向けて隣の兵の顔と向いあった。そしてしげしげと死顔を眺めるのであった。どこの〔注7〕中隊の何という兵であるかも知らない、bセイゼンには一度も口をきいたことはなかったであろう。けれども①今はこの兵の顔をよく覚えておいてやろうと思うのであった。その顔はまだ若くて美しかったが、まばらな髯が伸びて永い戦場の疲れが黒い隈のように白い額に翳をつくっていた。

またある兵は腰の関節を弾片でうち砕かれていた。彼は手当をうけながら軍医に向って言った。

「どの位たったら、また戦線へ出られるでしょうか」

軍医は②乱暴な言葉で、しかし大変に愛情をもった口調で答えてやるのであった。

「馬鹿なことを言え。この傷を見ろ」

「〔注8〕かたわになりますか？」

「なるとも」

すると彼は失望してかすかに笑いをうかべ、やがて日本へ帰されて行くであろう自分の病衣を着た姿と、そして故郷の人々との有様を想像して見るのであった。けれどもそのときはまだ不具者になってから何十年の命を生きながらえて行かなければならないというこきない。したがって、複雑な形式を作る場合は「ニャー」や「ギクッ」のような音数では足りず、長ったらしい発話が必要となってしまうであろう。複雑で長いことばは覚えにくいだけでなく、コミュニケーションに支障をきたす恐れがある。言語の構成要素として効率のよい発話をするためには、オノマトペは簡潔である必要があるのである。簡潔であれば、写し取ることができる対象は限られる。オノマトペが物事の一部分しか真似ることができないのはそのためであろう。

（今井むつみ　秋田喜美『言語の本質』
「第1章　オノマトペとは何か」による。
本文を改めたところがある）

〔注1〕デフォルメ…自然な形を変えて表現すること。
〔注2〕チャールズ・サンダース・パース…アメリカの哲学者、数学者、科学者（一八三九〜一九一四）。

問一 □Ⅰ・Ⅱ・Ⅲ・Ⅳ・Ⅴに入れるのに最も適切な語を次の中から選び、それぞれ記号で答えなさい。ただし、同じ記号を二度以上使ってはいけません。

ア　視覚的　　イ　聴覚的　　ウ　具象的
エ　抽象的　　オ　根本的　　カ　末端的

問二 傍線部①「非母語話者には必ずしもわかりやすいとは限らない」とありますが、それはなぜですか。この後に述べられている絵画の例を踏まえて、六〇字以内で答えなさい。

問三 傍線部②「特定の対象が同定できない」とありますが、ここでは具体的にどのようなことですか。三〇字以内で答えなさい。

問四 傍線部③「オノマトペは『身体的』である」とありますが、ここでは具体的にどのようなことですか。三〇字以内で答えなさい。

問五 次に示すのは、授業でこの文章を読んだ後のAさんとBさんの会話です。これを読んであとの1・2の各問いに答えなさい。

A「オノマトペって難しいね。」
B「感覚って人類共通だから誰にでもわかると考えていたけど、[i]には理解が難しいことがわかったよ。」
A「筆者は、オノマトペは母語話者には意味が直感的に理解できるから絵画でいうと抽象絵画よりは具象絵画に近い、と説明していたね。」
B「うん。でも絵画は見るものだから言語や[ii]に関係なく理解できることが多いけど、オノマトペは聞いて理解するものだからこそ難しいんじゃない？」
A「どういうこと？」
B「アイコンも例に出して説明していたよね。アイコンは視覚的な対象を視覚の媒体で表すから一目瞭然だけど、オノマトペが用いるのは音声だから違いが大きいんだよ。」
A「確かにそうだね。視覚だと対象の物事全体を写し取ることが可能だけど、音声だと物事の[iii]しか写し取れないからね。それがオノマトペを理解する難しさなんだ。」
B「そうそう。だからオノマトペを理解するには、[X]んだよ。」
A「なるほど。換喩って連想のことだよね。だから連想できない人には通じないんだ。」
B「しかも長い説明を簡潔に言語化するためにもオノマトペが活躍する。オノマトペが[iv]にしか感覚的にしっくりこないのはそのためなんだね。」

1　□i・ii・iii・ivに入れるのに最も適切な語を本文中からそれぞれ抜き出して答えなさい。

2　□Xに入れるのに適切な語句を、本文を踏まえて二五字以内で答えなさい。

にナイフとフォークを持っていなくとも、ステーキを食べる動作に似ている。

この定義によれば、オノマトペはまさに「アイコン」である。表すもの（音形）と表されるもの（感覚イメージ）に類似性があると感じられる。日本語の母語話者であれば、「ニャー」というオノマトペはネコの声に似ていると感じる。音以外を表すオノマトペであっても、たとえば「ピカピカ」という音連続と明るい点滅は似ている気がするし、「ぶらり」という音形も気軽なお出かけにいかにも似合っているように感じられる。しかし、よくよく考えてみると、この「似ている」という感覚は、それ自体どこか曖昧で興味深い存在である。その感覚の出どころについては第2章と第5章で深く考えることにしよう。いずれにしても、音形が感覚にアイコン的につながっているという点で、③オノマトペは「身体的」である。

しかし、ここで、メールやSNSで使うアイコンや街中で見るアイコンと、少なくともパースの定義では「アイコン」とされるオノマトペがどのように違うのかもちょっと考えてみたい。アイコンは視覚的な対象を、視覚の媒体で表すのが普通である。「☺」という絵文字は笑顔という視覚情報を表す。私たちは、アイコンがもとの対象と「似ている」という感覚を持ち、その感覚からアイコンの指し示す対象が何かを認識できる。とくに漫画的な表現では、音や手触り、心情といった目に見えない要素までも比喩的に視覚化することが可能である。たとえば、「Σ(・□・;)」という顔文字では、心的なショックが「Σ」のギザギザで表されている。いずれの例においても、アイコンは［Ⅱ］な記号である。

他方、オノマトペが用いるのは視覚ではない。音声という［Ⅲ］要素である。音と対象が「似ている」と感じることで、音から対象を認識し、イメージすることができる。しかし、視覚的なアイコンと違い、音では、対象となる事物の全体像は写しにくい。たとえば、アイコンでイヌやネコを表すときには、「🐕」「🐈」のようにその全身の形を写し取ることが可能である。一方、「ワンワン」や「ニャー」といったオノマトペは、イヌやネコの鳴き声を写し取ることはできるものの、これらの動物の全体の形を写し取ることはできない。「ギクッ」というオノマトペも、強い驚きを写してはいるものの、「Σ(・□・;)」という顔文字が表すような表情や汗といった要素までは写しきれていない。

つまり、視覚的アイコンは、一度に複数の要素を写し取ることができる。輪郭も写し取れる。そのため、物事の全体を、場合によってはその詳細まで写し取ることが可能となる。それに対し、音声で写すことができるのは、基本的に物事の一部分である。残りの部分については、「ワンワン」ならイヌ、「ニャー」ならネコ、「ギクッ」なら人に知られたくないことを知られた場面、というように連想で補うことになる。

このような連想は、「換喩（メトニミー）」と呼ばれる。国語の時間に詩の表現技法として習う概念である。換喩は、ある概念を、それと近い関係にある別の概念で捉える。「鍋が食べたい」といえば、料理を作るための器である鍋でもって、その中身の料理を指す。「ワンワン」や「ニャー」も、イヌやネコを特徴づける鳴き声をヒントに、その鳴き声の主の情報を読み込む。「ギクッ」はやや［Ⅳ］であるが、驚いた拍子に体がわずかに動く様子（あるいは関節が鳴る音）を音で模すことで、その動きの原因となった気まずい驚きを換喩的に表している。換喩的思考ができるからこそ、人間の言語はオノマトペを発達させられると言ってもいいだろう。

さて、オノマトペが物事の一部分しか写せないのには、オノマトペの［Ⅴ］性質が関わっているものと思われる。「オノマトペは言語である」という性質である。言語は、単語を組み合わせることでさまざまな物事を表す文・発話を構築する。絵文字・顔文字が物事の全体を詳細に写し取る場合には、「🐈」や「Σ(・□・;)」のようにそれだけ複雑な形式が必要となる。同じことをオノマトペで行うとしたらどうだろう？

我々の声というのは、原則、一度に一つの音しか発することがで

二〇二四年度
お茶の水女子大学附属高等学校

【国　語】〈五〇分〉〈満点：一〇〇点〉

（注意）字数制限のある問いについては、特に指示がない限り、句読点・記号も一字として数えなさい。

一　次の文章を読んで、あとの問いに答えなさい。

　一般に、オノマトペはその言語の母語話者にはしっくりくる。まさに感覚経験を写し取っているように感じられる。ところが、①非母語話者には必ずしもわかりやすいとは限らない。実際、日本語のオノマトペは、外国人留学生が日本語を学ぶ際の頭痛のタネになっている。「髪の毛のサラサラとツルツルはどう違うの？　全然わからない！」と彼らは言う。

　感覚を写し取っているはずなのに、なぜ非母語話者には理解が難しいのか。「感覚を写し取る」というのはそもそもどういうことなのか。この問題は、オノマトペの性質を理解する上でとても重要である。同時にこれは、オノマトペの問題にとどまらず、アートをはじめとしたすべての表現媒体において問われる深い問いなのである。

　オノマトペが感覚イメージを写し取ることについて、もう少し深く考えてみよう。対象を写し取るものとしてもっとも直接的で写実的なのは動画や写真だろう。しかし「感覚」は、外界にあるものではなく、表現者に内在するものである。

　絵画はどうだろう。写真ほど忠実ではないが、やはり対象を写し取っていると言ってよいだろう。しかし、絵画で大事なのは、表現者の「感覚の表現」であり、多かれ少なかれ絵画の中に見えるものは、表現者の「主観的感覚」である。したがって絵画は、その抽象度において大きな差が生まれる。非常に細密に対象を切り取った［Ⅰ］な絵画は、その対象が誰にでもよくわかる（もちろん、それだけではアートにはならず、どんなに具体的に描かれた対象でも、そこに表現者の「感覚」が表現されてはじめて「アート」であると言える）。他方、抽象絵画は表現者の内的な感覚の表現に重点が置かれ、②特定の対象が同定できないこともよくある。

　オノマトペは絵画のように「感覚イメージを写し取る」のであろうか？　オノマトペは、少なくとも当該言語の母語話者はそれぞれ意味を直感的に共有できるので、絵画でいうと、具体的な対象が同定できない抽象絵画よりは、具象絵画に近いだろう。ただし、絵画は原則、鑑賞者の使う言語や文化に関係なく受けとめられることを前提としているが、オノマトペは特定の言語の枠組みの中で理解される。

　アイコンはどうだろうか？　そう、コンピュータ画面でアプリやゴミ箱を示したり、街中でトイレや交番などの場所を示したり、メールやSNSなどのデジタルコミュニケーションで感情を伝えたりするための、アレである。

　アイコンは、アート性よりは、わかりやすさを重視した記号と言ってよいだろう。ちなみに「アイコン」の語源はギリシア語の「エイコーン eikōn」（ラテン語では「イコン icon」）で、〈偶像、崇拝の対象となる像、象徴〉というような意味を持つ。「感覚イメージを写し取る」という観点からアイコンが興味深いのは、かなり抽象化しているのに、対象がわかりやすい点である。「☺」「(・.・)」のような絵文字・顔文字（emoticon）も、かなり〔注1〕デフォルメされているにもかかわらず、笑顔であることが一目瞭然である。

　実は、オノマトペが注目されている大きな理由は、まさにこの「アイコン性 iconicity」にある。アメリカの哲学者〔注2〕チャールズ・サンダース・パースは、「アイコン」ということばを「性質から対象を指示する記号」という特別な意味で用いた。嚙み砕くと、「表すものと表されるものの間に類似性のある記号」のことである。絵や絵文字は、それらを構成する点や線の組み合わせが対象物に似ているので、パースの意味でも「アイコン」である。ジェスチャーの多くもアイコンである。ステーキを食べるジェスチャーは、実際

英語解答

1・**2** 放送文未公表

3 1 help　2 such　3 fair
4 better　5 broken　6 swim
7 decreased　8 good
9 lighter　10 playing
11 invented　12 careful
13 safely

4 (1) (例)髪の毛が抜け落ちるほどの健康状態に苦しんでいたことと，アフリカ系アメリカ人女性向けのヘアケア製品がなかったこと。
(2) (例)他のアフリカ系アメリカ人女性がより良い仕事を見つけ，ビジネスを始めること。
(3) (例)それまでアフリカ系アメリカ人女性に美容製品を販売していなかった市場で彼女たちへのサービスを提供したことと，彼女たちの髪の真の美しさを引き出す製品を提供したこと。

5 1 オ　2 カ　3 エ　4 ア
5 ウ　6 イ

6 (1) (例)the perfect pot was proud of itself
(2) (例)the cracked pot spoke to the woman
(3) (例)have been able to pick these flowers to decorate
(4) (例)would not be these flowers if you did not have the crack
(5) (例)is perfect and all of us have our own defects
(6) (例)look at the good points about them

7 (1) (例) How many movies have you seen this year?
(2) (例) would like you to introduce one of the movies that you saw in the movie theater

1・**2** 放送文未公表

3〔長文読解―要約文完成―説明文〕

≪全訳≫❶古代より，スポーツ選手は常に競技に勝つ方法を模索してきた。スポーツ選手はより良いトレーニング，より良い指導，そしてより良い食事で勝者となることができる。彼らはまた，より良いシューズ，より良いスキー板，またはより良いテニスラケットといったより良い用具でパフォーマンスを向上させることもできる。初期のギリシャ人でさえ投げるのにより良い円盤をつくるために工学を用いていた。しかしながら，人々はスポーツには公平であってほしいと思っている。これが理由で，スポーツ協会はスポーツ選手，用具，そして競技そのものについて規則を定めているのである。❷今日では，新しい科学技術がスポーツ選手を助けている。ハイテクな衣類から義手・義足に至るまで，パフォーマンスを向上させるための多くの新しい方法がある。しかしながら，科学技術が一部のスポーツ選手に強みを与えてしまう可能性があることを多くの人々が懸念している。それにより競技が不公平になる可能性がある。また，多くの場合，より裕福なスポーツ選手とチームだけが高価でハイテクな用具を買うことができる。私たちは最も良いスポーツ選手に勝ってほしいのか，それとも最も良い用具を持った選手に勝ってほしいのか。❸ハイテクな水着の話は，科学技術がいかにスポーツを不公平にしうるかを教えてくれる。何年か前に，スポーツのエンジニアが水着用の新しい素材を発明した。それはサメ皮の多くの特性を持っていた。水泳選手がこの素材でできた水着を使うと，より速く泳ぎ，より良く浮かんだ。その素材はまた水泳選手の筋肉により多くの酸素を送った。❹各社が2008年にこれらの新しいハイテクな水着を発表した。すぐに，その水着を使用した水泳選手たちは驚くべき速さで世界の水泳記録を更新し始めた。2008年の北京オリンピック大会では，水泳選手たちは25の世界記録を更新した。それらの水泳選手のうち23人がハイテクな水着を着用していた。対して，2004年にはオリンピックの水泳選手が更新した世界記録は８つだけだった。そして，2009年の世界選手権では，水泳選手たちは43の世界記録を更新した。人々は新しい水着がスポーツ選手を助けていることを知っていた。2010年１月には，世界水泳連盟がハイテクな水着を禁止した。多くの水泳選手たちがその禁止に満足していた。あるオリンピック水泳選手は「水泳が再び本当に水泳になった。それは誰がどんな水着を着ているかではない。私たちは皆同じガイドラインの下にある」と言った。❺その禁止後２年間で，水泳選手たちはわずか２つの世界記録しか更新しなかった。明らかに，高価でハイテクな水着がより速い水泳のタイムの裏にある理由であった。水着が一部の水泳選手たちに不公平な強みを与えていたのである。❻もちろん，より良い用具が常に悪いものであるわけではない。新しい用具は確かにスポーツに良い可能性がある。例えば，テニスラケットは，かつては木製だった。その重いラケットは壊れたり，けがの原因になったりすることがあった。1980年代に，各社が新しいハイテクなカーボン製ラケットを発表した。それらはより使いやすく，より安全に使えた。新しいラケットは普通にテニスをする人たちにとってテニスをより楽しめるものにした。科学技術はスキーから競輪に至るまであらゆるスポーツの用具を改良してきた。❼問題は，いつ科学技術は不公平な強みを生むか，ということだ。将来，スポーツエンジニアは本当の脚よりも良い義足を発明するかもしれない。それは競技で容認されるだろうか。ハイテクなコンタクトレンズはゴルファーに強みを与えるだろうか。ランナーはより速く走るために特別なシューズを使用してよいだろうか。これらの疑問に簡単な答えなどない。私たちは確実に科学技術がスポーツを不公平にしないようにしなくてはならない。しかしながら，スポーツを全ての人にとってより安全なものにするような改良は歓迎すべきである。

≪要約文全訳≫スポーツ選手が勝つことを助ける多くのものがある。それらには，より良いトレーニング，より良い指導，より良い食事，そしてシューズ，スキー板，テニスラケット，水着といったより良い用具が含まれる。スポーツを公平にするために，スポーツ選手，用具，そして競技についての規則がつくられている。しかしながら，科学技術が発達するにつれて，より多くのスポーツ選手がより良いパフォーマンスをするためにハイテクな用具を使用している。裕福なスポーツ選手だけがそのような高価なハイテクな用具を手に入れることができるので，それは公平でないかもしれない。各社が新しいハイテクな水着を発表すると，多くの世界記録が更新された。新しい水着は水泳選手をより速く泳がせ，選手の筋肉により多くの酸素を供給した。水泳協会がその水着を禁止した後は，新たな世界記録の数は減少して，多くの水泳選手がその禁止を歓迎した。一方で，そのようなハイテクな用具には良い点もある。例えば，1980年代に開発された新しいハイテクなカーボン製のテニスラケットは，木製のラケットよりも軽いので，使うのにより安全である。人々はその新しいラケットでテニスをするのを楽しむことができる。科学技術は改良を続けて，将来は多くの新しいハイテクな用具がスポーツ選手のために発明されるだろう。私たちはスポーツが公平であってほしいので，そのようなハイテクな用具を導入する際は注意深くあるべきである。しかし，ハイテクな用具のおかげでより安全にスポーツをすることができるという事実は認めるべきである。

＜解説＞1．第1段落第2，3文および第2段落第1文参照。トレーニングや食事，用具，新しい科学技術など，多くのものがスポーツ選手が勝つための助けとなっている。'help＋人(＋to) ～' で「〈人〉が～するのを手伝う」。'enable〔allow〕＋人＋to ～'「〈人〉が～することを可能にする」の形にしてもよい。　2．第1段落第3文参照。コロン(:)以下は直前のbetter equipmentの具体例である。これを要約文ではsuch as ～「(例えば)～のような」を使って表す。　3．第1段落最後の2文参照。規則が定められているのはスポーツを「公平に」するため。'make＋目的語＋形容詞'「～を…(の状態)にする」　4．第2段落第2文参照。ハイテクな用具は「パフォーマンスを向上させる」≒「より良くパフォーマンスする」ためのものである。improve ～「～を向上させる，～を改良する」　5．第4段落第1，2文参照。break recordsは「記録を破る，更新する」という意味。要約文は「記録」が主語なので受け身にする。break－broke－broken　6．第3段落終わりから2文目参照。「新しい水着で，水泳選手はより速く泳いだ」は，「新しい水着が水泳選手をより速く泳がせた」と言い換えられる。'make＋目的語＋動詞の原形'「～に…させる」　7．第4段落および第5段落第1文参照。ハイテクな水着が禁止された後，新たな世界記録の数は大幅に「減った」。dropped(drop「減少する」の過去形)も可。　8．第6段落第2文参照。ハイテクな用具には「良い」点もある。positive「肯定的な」なども可。　9．第6段落第3～6文参照。木製のラケットがけがの原因となったのは重かったため。ハイテクなカーボン製のラケットがより安全に使えたのは木製のラケットよりも「軽く」なったからである。light－lighter－lightest　10. 第6段落終わりから2文目参照。「新しいラケットがテニスをより楽しめるものにした」は「人々は新しいラケットでテニスをすることを楽しむことができる」と言い換えられる。enjoy ～ingで「～することを楽しむ」。　11. 第7段落第2文参照。将来，スポーツエンジニアがさらなるハイテクな用具を発明する可能性について言及している。空所の直前にbeがあるので受け身にする。createdやdevelopedも可。　12. 第7段落参照。ハイテクな用具の導入に際しては常に不公平となる可能性を考慮すべきことが提言されている。つまり，「私たちは注意深くあるべきだ」といえる。cautious「用心深い」も可。　13. 第7段落最終文参照。(用具の)改良がスポーツをより安全にしてくれるとあるので，「私たちはハイテクな用具のおかげでより安全にスポーツができる」とする。「安全に」はsafely。

4〔長文読解─要旨・文脈把握─伝記〕

≪全訳≫❶1876年に，サラ・ブリードラブと名づけられた女児がルイジアナの綿花農場に生まれた。彼女の両親は解放された奴隷で，彼女の人生初期は容易ではなかった。7歳で，彼女は孤児となった。彼女は14歳で結婚したが，彼女の夫は彼女が20歳になるまでに亡(な)くなり，彼女は1人で幼い娘を養わなければならなかった。他の若いアフリカ系アメリカ人女性と同様に，彼女は北部の州の大都市でのより良い生活を目指して1880年代後半に南部を離れた。彼女はミズーリ州セントルイスに行って，そこで4人の兄弟と一緒に暮らした。彼女は衣類の洗濯や料理をしてお金を稼ぐようになった。❷ほとんどの人々が単にもがいて生き延びようとしたものだった。しかしサラには困難を好機に変える特殊な才能があった。彼女は髪の毛が抜け落ちるほどの健康状態に苦しんでいた。役に立ちそうな製品を店で探した。

しかし，それらのどれもアフリカ系アメリカ人女性の髪に合うようにつくられてはいなかった。❸そこで彼女の気力と性格が他の人たちと彼女を分けた。彼女は自分の問題をただ受け入れるのではなく，解決するように努めた。そして，自分の解決策をビジネスとして成功させたのである。彼女は多数の手づくりの治療薬と市販の製品で実験をすることから始めた。また，理容師として働いていた兄弟たちから助言を求めた。❹1905年に，彼女はヘアケアと美容製品を販売する女性実業家，アニー・マローネの販売員として働くためにコロラド州デンバーへと引っ越した。この仕事は彼女がマーケティングのアイデアを練るのに役立った。そして彼女は新聞社主のチャールズ・J・ウォーカーと結婚した。彼は彼女が事業を始めるのを促して手伝った。新しい結婚後の名前で，マダム・C・J・ウォーカーはペンシルバニア州ピッツバーグで通信販売事業，美容サロン，そして美容の訓練学校を始めた。1910年に，彼女はアフリカ系アメリカ人女性向けの美容製品を製造できる工場を立ち上げるためにインディアナ州インディアナポリスへと引っ越した。最盛期には，彼女の会社は3000人以上を雇っており，彼女の製品はアメリカ合衆国や他の国々の1万5000人以上の販売代理人によって販売された。彼女は美容専門学校のチェーンも経営した。これらは他のアフリカ系アメリカ人女性たちがより良い仕事を見つけ，ビジネスを始めるのに役立った。❺彼女の事業は大きく複雑に成長したが，彼女の成功の理由は単純だった。彼女はそれまでアフリカ系アメリカ人女性に美容製品を販売していなかった市場で彼女たちへのサービスを提供した。マダム・C・J・ウォーカーブランドはアフリカ系アメリカ人女性たちにその髪の真の美しさを引き出させるように設計されたヘアケア製品を提供したのだ。❻自身のビジネスが成功すると，彼女は他の人々の生活を向上させるように努めた。当時ほとんど好機に恵まれなかった黒人女性たちに職を提供した。黒人大学を支援した。彼女はニューヨークで1916年に51歳で亡くなった。それ以来，彼女の苦闘，ひらめき，成功，他者への奉仕の人生は励みとなる例であり続けている。

＜解説＞(1)下線部を含む文は「彼女は自分の問題をただ受け入れるのではなく，解決するように努めた」という意味。サラが解決しようと努めた問題とは，この後に続く内容から，髪の毛に関することだとわかる。この前の第2段落の第3文以降で，サラは髪の毛が抜け落ちる状態に苦しんでいたこと，および当時，アフリカ系アメリカ人女性の髪に合うようにつくられたヘアケア製品がなかったことが述べられている。　suffer from ～「～に苦しむ」　(2)役立った内容は直後の文で説明されているので，その内容をまとめればよい。　‘help＋目的語＋動詞の原形’「～が…するのに役立つ」　(3)サラの事業が成功した理由は，直後の2文で挙げられている。直後の文は，which 以下が market「市場」を後ろから修飾する主格の関係代名詞節。2つ後の文は，designed で始まる語句が products「製品」を後ろから修飾する形(過去分詞の形容詞的用法)で，to 以下は ‘let＋目的語＋動詞の原形’「～に…させる」の形になっている。

5〔長文読解―適文選択―説明文〕

≪全訳≫❶ソフトドリンクの会社は，テレビや店，それに幼い子どもたちを引きつける他の場所で積極的に子どもたちに対して宣伝している。これには多くの理由がある。1おそらく最も重要なのは，子どもたちはまず幼い頃に味覚を発達させ始めるということだ。特定の炭酸飲料を飲んでいる幼い子どもはおそらく一生にわたって顧客となるだろう。❷2炭酸飲料にはいっさい栄養価がない。それは大人にとって健康に良くない一方で，若者や特に子どもたちにとっては大きな害を与える可能性がある。さらに悪いことに，多くの研究により，砂糖入りの炭酸飲料と砂糖の代わりに人工甘味料が入ったダイエット炭酸飲料も体重増加に関係があることが判明した。大人にとっても体重を減らすことは難しいが，標準体重を超えた子どもたちが体重を減らすのはさらに難しい。このような子どもにとって，体重を減らすことは生涯続く奮闘となるかもしれない。加えて，炭酸飲料の過剰摂取は糖尿病や心臓病といった深刻な疾患と関係があり，最近は，炭酸飲料ががんを引き起こしうることが判明した。3それはまた，弱い骨や歯を含む多くの他の健康問題も引き起こしうる。全ての糖分は若者たちが不適切な行動をとる原因となっているかもしれないと言う人もいる。❸4多くの人々は，子どもたちに対してそんなにたくさん宣伝することは，彼らに炭酸飲料が安全かつ健康的でさえあると信じさせるだろうと心配している。最近，状況は変わってきている。アメリカの多くの小学校では，炭酸飲料と「スポーツドリンク」(これも大量の糖分を含み栄養価はない)が許可されていない。一部の研究によると，「ダイエット」炭酸飲料は，砂糖入りの炭酸飲料よりもより速く人々の体重を増加させる原因になっている。ダイエット炭酸飲料は，カロリーはより低いかもしれないが，人々により多く食べさせる原因となる化学物質が入っているのである。❹体重増加を抑えて健康問題を減少させるために，多くの国々が炭酸飲料の販売を減らしたいと思っている。5多くの人々が子どもへの宣伝に反対しており，高額な税金を課すことで炭酸飲料を高価にすることを望んでいる。健康の専門家の中には，酒やたばこのように，炭酸飲料の缶にも，これらの飲料に栄養価はなく，太る原因となり，健康問題を引き起こすということを人々に気づかせる警告の表示をするべきだと提案する人もいる。もちろん，ソフトドリンクの会社はこれらの考えに同意していない。❺他の国々と比較して，日本には標準体重を超えた子どもはほとんどいない。6しかしながら，その数は増えつつある。専門家たちは日本も近いうちにこれらの同じ健康問題を抱えるかもしれないと心配している。

＜解説＞1．オの内容は，前文の many reasons のうちの最も重要なものを説明している(the most important の後に reason が省略されている)。　2．この段落では一般的な炭酸飲料のデメリットについて説明されている。「栄養価がない」というカは，その一部となる。第1段落の内容から，子どもへの宣伝効果を懸念する内容のアも考えられるが，アは空所4で使うので不可。　3．エは，前後の文と同様に，動詞 cause を使って炭酸飲料がもたらす問題を指摘した文である。　4．直後に Recently, things have changed.「最近，状況は変わってきている」とあり，続く文で炭酸飲料がアメリカの多くの小学校で認められなくなっているという最近の状況が説明されている。アの内容は状況が変化する前の懸念を示しており，アを入れると，「多くの人が炭酸飲料の子どもへの宣伝効果を心配している」→「(しかし)状況は変わってきている」→「炭酸飲料が多くの小学校で認められなくなっている」という流れになる。　5．ウは，前文の，国が炭酸飲料の販売を減らしたがっているという内容の具体的な方法になっている。　6．日本の状況について，直前では現在の安泰な様子が述べられているが，直後では将来への心配が表されていることから，状況が変わりつつあることを指摘する文が入る。

6〔長文読解―条件作文―物語〕

≪全訳≫❶ある年老いた女性が2つの大きな鉢を持っていた。彼女は水を運ぶのにそれらを使っていた。彼女は首にかけて運ぶポールの両端にそれぞれの鉢をつるしていた。片方の鉢はひびが入っていたが，もう一方の鉢は完璧で，その縁まで水を入れて運ぶことができた。小川から家までの長い道のりの果てに，ひびが入った鉢は半分だけ入った状態で到着した。❷これが2年間毎日続いた。その女性はいつも鉢1杯と半分だけの水を家に持ち帰っていた。もちろん，(1)完璧な鉢は自分自身を誇りに思っていたが，粗末なひびが入った鉢は恥じていた。それは，自分が完全に満たして十分に女性の役に立つことができないことを悲しく思っていた。**3**そこである日，(2)ひびが入った鉢は女性に話しかけた。「このひびが家に戻るまでずっと水を漏らしてしまっているので，私は恥ずかしいです」　その年老いた女性はほほ笑んだ。「通り道のお前の側にはきれいな花があるけれど，もう一方の鉢の側にはないのに気づいたかい？」　鉢は困惑しているようだった。彼女は続けて，「それは，私がお前の欠点についてずっと知っていて，それで通り道のお前の側に花の種を植えたからなんだよ。毎日小川から歩いて戻る間，お前がそれらに水をやったんだ。２年間，私はテーブルを(3)飾るためにこれらの花を摘むことができているよ。(4)もしお前にひびがなければ，これらの花はなかっただろう」**4**誰も(5)完璧ではなく，私たち皆が自分自身の欠点を持っている。しかし，それらの欠点が私たちの人生をとてもおもしろく価値あるものにしている。それぞれの人をありのままに受け入れて，(6)彼らの良い点に目を向ければいいのである。

＜解説＞(1)直後の while は‘対比’を表す接続詞。語群の proud から，後ろの節とは対照的に「完璧な鉢は自分自身を誇りに思っていた」という内容にする。完璧な鉢は既出なので，the perfect pot とする。「～を誇りに思う」は be proud of ～。　(2)直後にひびが入った鉢のセリフが続くことと語群の spoke から，speak to ～「～に話しかける」を使って「ひびが入った鉢は女性に話しかけた」という文をつくる。ひびが入った鉢と女性はともに既出なので，それぞれ the cracked pot, the woman とする。　(3) be able to ～で「～することができる」という意味。For two years「２年間」と‘期間’を表す語句があるので，「２年間ずっとこれらの花を摘むことができている」という‘継続’を表す現在完了の文にする。decorate「～を飾る」は文末に the table があるので，‘目的’を表す副詞的用法の to不定詞で「テーブルを飾るために」とする。　(4)語群の would や if から「もしお前にひびがなかったら，これらの花はなかっただろう」という‘現在の事実に反する仮定’を表す仮定法過去の文をつくる。本問では主節が前に出た，‘主語＋助動詞の過去形＋動詞の原形～＋if＋主語＋動詞の過去形…’の形にする。主節は There are these flowers がもとになっているので，‘動詞の原形’は be。crack の前には the または any をつける。　(5)主語の Nobody「誰も～ない」に続く部分。文脈および語群より，「誰も完璧ではなく，私たち皆が自分自身の欠点を持っている」という文になると予想できる。Nobody は単数扱いなので，動詞は is。「私たち皆」は all of us,「～自身の…」は‘～'s own …’の形で表せる。　(6)下線を含む文は，女性の行いを教訓として言い表したものである。女性はひびが入った鉢をそのまま受け入れ，そのひびを利点として生かしたので，下線部は「彼らの良い点に目を向ければよい」といった意味になると考えられる。「彼らの(中に)良い点を探す」と考えて，look for the good points in them などとしてもよいだろう。

7〔和文英訳―完全記述〕

(1)「何本」と‘数’を尋ねているので‘How many＋複数名詞’で始める。「今年」には現在が含まれるので現在とのつながりを示す現在完了で表す(‘経験’用法)。「映画」は films でもよい。

(2)「〈人〉に～してほしい」は‘would like〔want〕＋人＋to ～’の形で表せる。「～の１つ」は‘one of the＋名詞の複数形’の形。「あなたが映画館で見た映画」は目的格の関係代名詞(省略可能)を使って表せばよい。

数学解答

1 (1) $x=\dfrac{\sqrt{2}\pm\sqrt{10}}{4}$　(2) $-\dfrac{\sqrt{3}}{27}$

2 (1) 分速144m　(2) 8時6分52.5秒

(3) 270m

3 (1) $\sqrt{3}$　(2) $-\dfrac{\sqrt{3}}{3}$

(3) $C\left(\dfrac{\sqrt{3}}{p},\ \dfrac{3}{p}\right)$, $D\left(-\dfrac{\sqrt{3}}{p},\ \dfrac{3}{p}\right)$,

$S=\dfrac{3\sqrt{3}}{p^2}$

4 (1) ①…○　②…△　③…△　④…○

(2) 5点　(3) 6点以上

5 (1) 右図

(2) ① $90°-a°$

② $DA=5$, $AF=\dfrac{25}{3}$

③ $BD=3\sqrt{5}$, $S=\dfrac{125}{9}$

(例)

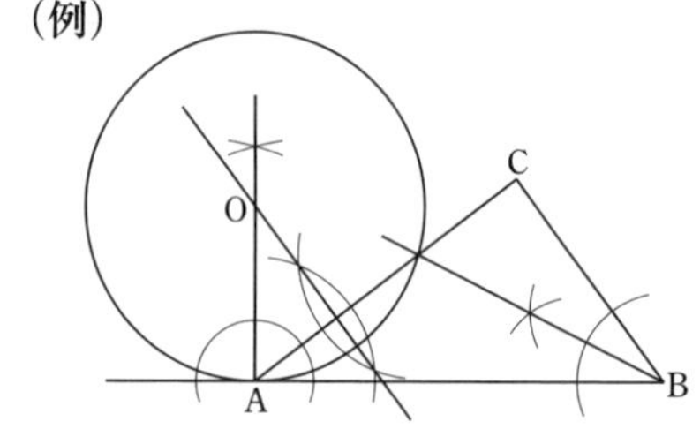

1 〔独立小問集合題〕

(1)＜二次方程式＞$6x^2+3\sqrt{2}x-4\sqrt{2}x-4=\sqrt{2}(\sqrt{2}x^2+2x-x-\sqrt{2})$, $6x^2-\sqrt{2}x-4=\sqrt{2}(\sqrt{2}x^2+x-\sqrt{2})$, $6x^2-\sqrt{2}x-4=2x^2+\sqrt{2}x-2$, $4x^2-2\sqrt{2}x-2=0$, $2x^2-\sqrt{2}x-1=0$となるので，解の公式より，$x=\dfrac{-(-\sqrt{2})\pm\sqrt{(-\sqrt{2})^2-4\times2\times(-1)}}{2\times2}=\dfrac{\sqrt{2}\pm\sqrt{10}}{4}$となる。

(2)＜数の計算＞$\dfrac{\sqrt{3}}{\sqrt{5}-2}-\dfrac{4\sqrt{3}}{3-\sqrt{5}}=\dfrac{\sqrt{3}(3-\sqrt{5})-4\sqrt{3}(\sqrt{5}-2)}{(\sqrt{5}-2)(3-\sqrt{5})}=\dfrac{3\sqrt{3}-\sqrt{15}-4\sqrt{15}+8\sqrt{3}}{3\sqrt{5}-5-6+2\sqrt{5}}=\dfrac{11\sqrt{3}-5\sqrt{15}}{5\sqrt{5}-11}=\dfrac{-\sqrt{3}(5\sqrt{5}-11)}{5\sqrt{5}-11}=-\sqrt{3}$, $-\sqrt{\dfrac{1}{9}}=-\sqrt{\left(\dfrac{1}{3}\right)^2}=-\dfrac{1}{3}$より，与式$=(-\sqrt{3})^7\times\left(-\dfrac{1}{3}\right)^6=-3^3\times\sqrt{3}\times\dfrac{1}{3^6}=-\dfrac{\sqrt{3}}{3^3}=-\dfrac{\sqrt{3}}{27}$となる。

2 〔数と式—一次方程式の応用〕

(1)＜速さ＞蘭子さんがP地点からQ地点へ向かう上りと，Q地点からP地点へ戻る下りを走る速さの比は4：5だから，上りの速さは分速$4t$m，下りの速さは分速$5t$mとおける。P地点からQ地点までの距離は2400mだから，かかる時間は，上りが$2400\div4t=\dfrac{600}{t}$(分)，下りが$2400\div5t=\dfrac{480}{t}$(分)となる。蘭子さんは30分で1往復するので，$\dfrac{600}{t}+\dfrac{480}{t}=30$が成り立つ。これを解くと，$\dfrac{1080}{t}=30$, $1080=30t$, $t=36$となる。よって，$4t=4\times36=144$より，P地点からQ地点へ向かうときの速さは分速144mである。

≪別解≫同じ道のりを進むのにかかる時間は，速さに反比例するから，上りと下りの走る速さの比が4：5より，上りと下りのかかる時間の比は，5：4となる。30分で往復するから，上りにかかる時間は，$\dfrac{5}{5+4}\times30=\dfrac{50}{3}$(分)となる。よって，$2400\div\dfrac{50}{3}=144$より，蘭子さんがP地点からQ地点へ向かうときの速さは分速144mである。

(2)＜時間＞蘭子さんが走り始めてから，初めてバスとすれ違うとき，蘭子さんがP地点から進んだ道のりとバスがQ地点から進んだ道のりの和は2400mとなる。すれ違う時刻を8時x分とする。(1)より，蘭子さんの速さは分速144mだから，進んだ距離は$144x$mである。バスはP地点とQ地点の間を片道10分で往復するので，$2400\div10=240$より，速さは分速240mである。バスは8時1分にQ地点を発車するので，進んだ道のりは$240(x-1)$mとなる。よって，$144x+240(x-1)=2400$

が成り立つ。これを解くと，$144x+240x-240=2400$，$384x=2640$，$x=\frac{55}{8}$となる。$\frac{55}{8}=6+\frac{7}{8}$であり，$\frac{7}{8}$分は$60\times\frac{7}{8}=52.5$(秒)だから，求める時刻は8時6分52.5秒である。

(3)<道のり>蘭子さんがQ地点からP地点へ戻る途中ですれ違ったバスがP地点に到着するとき，バスがP地点に到着するのは2回目となる。バスは8時1分にQ地点を発車し，片道10分で往復して，P地点，Q地点ではそれぞれ1分間停車するので，2回目にP地点に到着する時刻は，$1+10+1+10+1+10=33$より，8時33分である。これより，蘭子さんがP地点に到着する時刻も8時33分となる。蘭子さんは8時にP地点を出発し，(1)より，上りでかかる時間は$\frac{600}{t}=\frac{600}{36}=\frac{50}{3}$(分)だから，Q地点に到着するのは8時$\frac{50}{3}$分となる。よって，Q地点からP地点へ戻るときにかかった時間は$33-\frac{50}{3}=\frac{49}{3}$(分)である。(1)より，$5t=5\times36=180$だから，蘭子さんの下りの走る速さは分速180mである。歩く速さは走る速さの$\frac{1}{3}$だから，$180\times\frac{1}{3}=60$より，分速60mとなる。蘭子さんが歩いた道のりをymとすると，走った道のりは$2400-y$mとなり．歩いた時間は$\frac{y}{60}$分，走った時間は$\frac{2400-y}{180}$分と表せる。したがって，$\frac{y}{60}+\frac{2400-y}{180}=\frac{49}{3}$が成り立つ。これを解くと，$3y+2400-y=2940$，$2y=540$より，$y=270$(m)となる。

3 〔関数―関数$y=ax^2$と一次関数のグラフ〕

≪基本方針の決定≫(1)　放物線$y=sx^2$はy軸について対称である。また，直線$y=tx$と直線$y=-tx$もy軸について対称である。

(1)<比例定数>右図で，線分ABとy軸の交点をMとする。放物線$y=sx^2$はy軸について対称であり，直線$y=tx$と直線$y=-tx$もy軸について対称なので，2点A，Bはy軸について対称である。よって，OM⊥ABである。△OABは正三角形なので，△OAMは3辺の比が$1:2:\sqrt{3}$の直角三角形となり，AM：OM＝$1:\sqrt{3}$である。これより，直線OAの傾きは$\frac{\mathrm{OM}}{\mathrm{AM}}=\frac{\sqrt{3}}{1}=\sqrt{3}$だから，$t=\sqrt{3}$となる。

(2)<比例定数>右図で，OA＝AB＝mとすると，$\mathrm{OM}=\frac{\sqrt{3}}{2}\mathrm{OA}=\frac{\sqrt{3}}{2}m$となる。△OAB＝$9\sqrt{3}$より，$\frac{1}{2}\times\mathrm{AB}\times\mathrm{OM}=9\sqrt{3}$であるから，$\frac{1}{2}\times m\times\frac{\sqrt{3}}{2}m=9\sqrt{3}$が成り立つ。これを解くと，$m^2=36$，$m=\pm6$となるので，$m>0$より，$m=6$である。AB＝6だから，$\mathrm{AM}=\mathrm{BM}=\frac{1}{2}\mathrm{AB}=\frac{1}{2}\times6=3$となり，点Bの$x$座標は3である。$\mathrm{OM}=\frac{\sqrt{3}}{2}m=\frac{\sqrt{3}}{2}\times6=3\sqrt{3}$だから，点Bの$y$座標は$-3\sqrt{3}$である。よって，B$(3,\ -3\sqrt{3})$となる。点Bは放物線$y=sx^2$上の点でもあるので，$-3\sqrt{3}=s\times3^2$より，$s=-\frac{\sqrt{3}}{3}$となる。

(3)<座標，面積>右上図で，(1)より，点Cは，放物線$y=px^2$と直線$y=\sqrt{3}x$の交点となる。2式からyを消去して，$px^2=\sqrt{3}x$，$px^2-\sqrt{3}x=0$，$x(px-\sqrt{3})=0$　$\therefore x=0,\ \frac{\sqrt{3}}{p}$　よって，点Cのx座標は$\frac{\sqrt{3}}{p}$であり，$y=\sqrt{3}\times\frac{\sqrt{3}}{p}=\frac{3}{p}$だから，$\mathrm{C}\left(\frac{\sqrt{3}}{p},\ \frac{3}{p}\right)$である。2点A，Bと同様，2点C，Dも$y$軸について対称だから，$\mathrm{D}\left(-\frac{\sqrt{3}}{p},\ \frac{3}{p}\right)$となる。CDは$x$軸に平行だから，$\mathrm{CD}=-\frac{\sqrt{3}}{p}-\frac{\sqrt{3}}{p}=$

$-\dfrac{2\sqrt{3}}{p}$となり，△OCDの底辺を辺CDと見ると，高さは$0-\dfrac{3}{p}=-\dfrac{3}{p}$となるから，$S=$△OCD$=\dfrac{1}{2}\times\left(-\dfrac{2\sqrt{3}}{p}\right)\times\left(-\dfrac{3}{p}\right)=\dfrac{3\sqrt{3}}{p^2}$である。(前ページの図は，$p<s<0$の場合である。$s<p<0$の場合，ABとCDの位置関係がそれぞれ逆になるだけで，2点C，Dの座標，△OCDの面積Sは，$p<s<0$の場合と同様である。)

4〔データの活用―箱ひげ図〕

(1)＜正誤問題＞①…○。Aグループは，最小値が1点，最大値が9点だから，範囲は$9-1=8$(点)である。第1四分位数が3点，第3四分位数が7点だから，四分位範囲は$7-3=4$(点)である。また，Bグループは，最小値が2点，最大値が10点だから，範囲は$10-2=8$(点)である。第1四分位数が4点，第3四分位数が8点だから，四分位範囲は$8-4=4$(点)である。　②…△。Bグループの人数は9人で，中央値は7点だから，小さい方から5番目は7点である。これより，5番目以降の5人は7点以上となる。第1四分位数は4点で，これは最小値を含む方の4人の点数の中央値だから，小さい方から2番目と3番目の平均が4点となる。よって，小さい方から4番目は4点以上7点以下となり，4番目の点数は，7点でないときと，7点のときが考えられるので，7点以上は5人か6人となる。　③…△。Aグループの人数は8人で，中央値は5点だから，小さい方から4番目と5番目の平均が5点となる。これより，5番目以降は5点以上となる。第3四分位数は7点で，これは最大値を含む方の4人の点数の中央値だから，大きい方から2番目と3番目，つまり，小さい方から6番目と7番目の平均が7点となる。6番目と7番目の合計は$7\times2=14$(点)だから，5点と9点であることも考えられれば，これ以外の点数の組も考えられる。Aグループの最高点が9点より，小さい方から7番目が最高点になることもあるので，最高点の人数は1人か2人となる。④…○。②より，Bグループの小さい方から5番目は7点で，6番目以降は7点以上となる。第3四分位数は8点で，これは最大値を含む方の4人の点数の中央値だから，大きい方から2番目と3番目，つまり，小さい方から7番目と8番目の平均が8点となる。これより，7番目と8番目の合計は$8\times2=16$(点)である。Bグループの最高点は10点だから，8番目が最高点の10点とすると，7番目は$16-10=6$(点)となり，適さない。よって，8番目は最高点ではないので，最高点は1人である。

(2)＜平均点＞Aグループの最小値は1点だから，小さい方から1番目は1点である。Aグループの人数は8人だから，第1四分位数は最小値を含む方の4人の点数の中央値となり，2番目と3番目の点数の平均となる。これが3点だから，2番目と3番目の合計は$3\times2=6$(点)である。(1)③より，4番目と5番目の平均は5点だから，合計は$5\times2=10$(点)となり，6番目と7番目の合計は14点となる。最大値は9点だから，8番目は9点である。よって，Aグループの点数の合計は$1+6+10+14+9=40$(点)だから，平均点は$40\div8=5$(点)である。

(3)＜平均点＞Bグループの最小値は2点だから，小さい方から1番目は2点である。(1)②より，2番目と3番目の平均は4点だから，合計は$4\times2=8$(点)となる。5番目は7点である。(1)④より，7番目と8番目の合計は16点となる。最大値は10点だから，9番目は10点である。平均点が最小となるとき，点数の合計も最小だから，4番目，6番目の点数で最も小さくなるときを考えると，4番目は4点，6番目は7点である。よって，Bグループの点数の合計が最小となるとき，その合計は$2+8+7+16+10+4+7=54$(点)だから，平均点は$54\div9=6$(点)以上である。

5〔平面図形―三角形，円〕

≪基本方針の決定≫(2)②，③　三角形の相似を利用する。

(1)＜作図＞次ページの図1で，円Oは直線ABと点Aで接するので，OA⊥ABとなる。また，円O

は点Dを通るので，△OADはOA＝ODの二等辺三角形となる。これより，点Oは線分ADの垂直二等分線上にある。よって，∠ABCの二等分線を引いて辺ACとの交点Dを求め，点Aを通り直線ABに垂直な直線と線分ADの垂直二等分線を引くと，その交点が円Oの中心となる。点Oを中心として半径OAの円をかく。解答参照。

図1

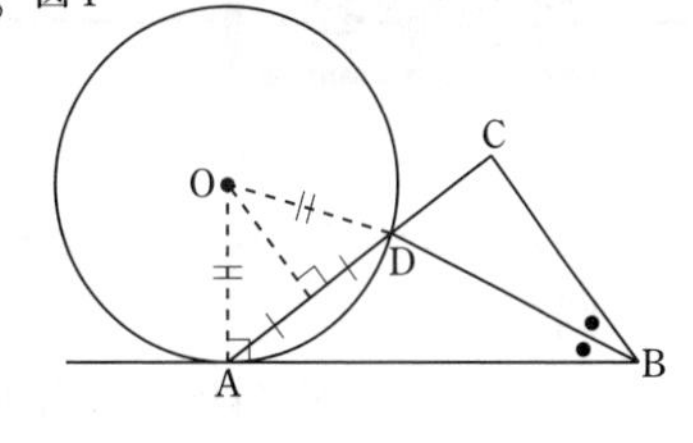

⑵＜角度，長さ，面積＞①右図2の△ABCで，$\angle BAC=180^\circ-\angle ACB-\angle ABC=180^\circ-90^\circ-a^\circ=90^\circ-a^\circ$である。⑴より，$\angle OAB=90^\circ$だから，$\angle OAD=\angle OAB-\angle BAC=90^\circ-(90^\circ-a^\circ)=a^\circ$となる。△OADはOA＝ODの二等辺三角形だから，$\angle ODA=\angle OAD=a^\circ$であり，$\angle DOA=180^\circ-(\angle OAD+\angle ODA)=180^\circ-(a^\circ+a^\circ)=180^\circ-2a^\circ$となる。よって，$\overset{\frown}{DA}$に対する円周角と中心角の関係より，$\angle DEA=\frac{1}{2}\angle DOA=\frac{1}{2}\times(180^\circ-2a^\circ)=90^\circ-a^\circ$と表せる。　②図2で，$\angle ACB=90^\circ$だから，△ABCで三平方の定理より，$BC=\sqrt{AB^2-AC^2}=\sqrt{10^2-8^2}=\sqrt{36}=6$となる。点Dから辺ABに垂線DHを引くと，$\angle DCB=\angle DHB=90^\circ$となる。∠DBC＝∠DBH，BD＝BDだから，△BDC≡△BDHである。よって，BH＝BC＝6だから，AH＝AB－BH＝10－6＝4となる。また，$\angle ACB=\angle AHD=90^\circ$，∠BAC＝∠DAHより，△ABC∽△ADHである。これより，BA：DA＝AC：AHだから，10：DA＝8：4が成り立ち，DA×8＝10×4，DA＝5となる。次に，2点D，Fを結ぶ。線分AFが円Oの直径より，$\angle FDA=90^\circ$となるので，$\angle ACB=\angle FDA=90^\circ$である。①より，$\angle ABC=\angle FAD=a^\circ$だから，△ABC∽△FADとなる。よって，BA：AF＝CB：DAより，10：AF＝6：5が成り立つ。これを解くと，AF×6＝10×5，$AF=\frac{25}{3}$となる。　③図2で，②より，BC＝6であり，DA＝5より，DC＝AC－DA＝8－5＝3となる。よって，△BDCで三平方の定理より，$BD=\sqrt{BC^2+DC^2}=\sqrt{6^2+3^2}=\sqrt{45}=3\sqrt{5}$である。次に，∠BDC＝∠ADEであり，$\overset{\frown}{AE}$に対する円周角より，∠ADE＝∠AFEだから，∠BDC＝∠AFEである。また，線分AFが円Oの直径より，$\angle FEA=90^\circ$だから，$\angle DCB=\angle FEA=90^\circ$である。よって，△BDC∽△AFEとなり，相似比は$BD:AF=3\sqrt{5}:\frac{25}{3}=9\sqrt{5}:25$だから，$\triangle BDC:\triangle AFE=(9\sqrt{5})^2:25^2=81:125$である。$\triangle BDC=\frac{1}{2}\times DC\times BC=\frac{1}{2}\times3\times6=9$だから，$S=\triangle AFE=\frac{125}{81}\triangle BDC=\frac{125}{81}\times9=\frac{125}{9}$である。

図2

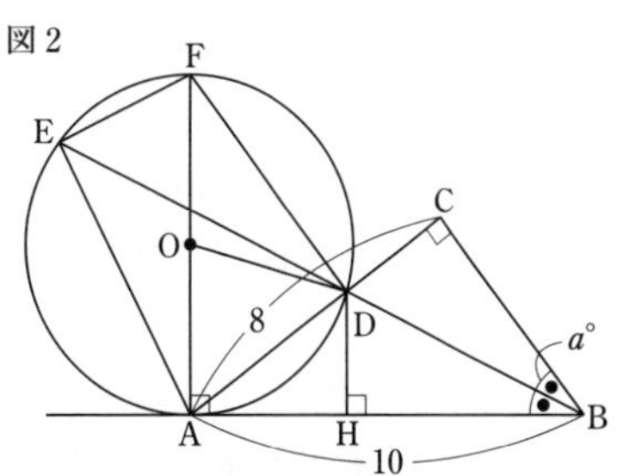

═読者へのメッセージ═

4は箱ひげ図を用いた問題でした。箱ひげ図は，アメリカの数学者，統計学者のジョン・テューキー(1915～2000)の著書で初めて使われたといわれています。1970年代のことですので，かなり新しいものといえます。

社会解答

1 問1 Ⅰ…エ Ⅱ…ア
問2 a…ア b…ウ c…エ d…イ
問3 (1)…エ
(2) (例)外国から出稼ぎに来る男性労働者が多いため。
(3)…エ (4)…ア
問4 茶…エ 綿花…ア 問5 ウ

2 問1 A…津波 B…高潮 問2 ウ
問3 エ
問4 (例)高度経済成長期に，テレビの普及で予報や警報の伝達速度が上昇し，家屋の強度も向上したため，1970年代以降は甚大な被害が出ることが少なくなった。
問5 土石流 問6 イ

3 問1 和同開珎 問2 イ，エ
問3 乾元大宝
問4 (1)…日本書紀 (2)…カ
問5 ア 問6 (1)…平安京 (2)…ア
問7 (1)…ウ (2) (例)宋や明
問8 ウ
問9 (例)貴族への荘園寄進が増えるなど律令制度がくずれる中で，調や庸などの税が集まらなくなり，国の財政の維持が困難になっていた。

4 問1 A…台湾 B…(韓国)統監 C…ウィルソン
問2 ニューディール
問3 (例)豊臣秀吉の朝鮮侵略
問4 委任統治
問5 三・一独立運動 問6 エ

5 問1 A…秘密 B…集会 C…表現 D…公共料金
問2 イ 問3 ウ 問4 エ
問5 イ
問6 (1) ・(例)有権者本人であるかを確認するため。
・(例)有権者の自由意思による投票を保障するため。
(2) (例)身体に重い障害がある場合。
問7 (例)インターネットが普及し，電子メールやSNSの利用が増えたため郵便物の取扱量が減ったが，インターネット・ショッピングが広まったことで荷物の取扱量は増えた。
問8 エ 問9 ア
問10 合同会社

1 〔世界地理─南アジア・西アジア〕

問1＜南アジア・西アジアの断面図＞線Ⅰは，アラビア半島の中央部を横断してペルシャ湾を通り，イランの南部に至る。アラビア半島の中央部は砂漠の広がる平坦(へいたん)な地形で，イランの南部はザグロス山脈やイラン高原が広がる標高の高い地域である。この地形に当てはまる断面図はエとなる。線Ⅱは，インドの国土を南から北へ縦断している。海を通っていないため，標高０ｍの場所があるイ，ウの断面図は当てはまらず，アの断面図が当てはまる。Ｙの付近にはヒマラヤ山脈が通っているため，アの断面図の右側（Ｙに近い場所）は，標高が6000ｍ前後と高くなっている。

問2＜南アジア・西アジアの気候＞地中海に面するトルコの都市ａ（アンタルヤ）は，温帯の地中海性気候に属することから，温暖で夏の降水量が少ないアが当てはまる。アラビア半島の中央部に位置するサウジアラビアの都市ｂ（リヤド）は，乾燥帯の砂漠気候に属することから，一年中ほとんど降水のないウが当てはまる。パキスタン東部に位置する都市ｃ（ラホール）は，乾燥帯のステップ気候に属することから，年降水量が少ないが雨が降る時期もあるエが当てはまる。季節風〔モンスーン〕

の影響を強く受けるインド東部に位置する都市ｄ(コルカタ)は，熱帯のサバナ気候に属することから，一年中高温で雨季と乾季があるイが当てはまる。

問３＜西アジアの国々＞⑴下線部①の後に「ドバイ」とあることから，Ａの国はアラブ首長国連邦である。ドバイは，アラブ首長国連邦を構成する首長国の１つで，自由貿易地域を中心とする運輸業や物流業，金融業のほか，商業や観光業などが発展している。なお，地図中のアはトルコ，イはイラク，ウはクウェートである。　⑵アラブ首長国連邦をはじめとする西アジアの産油国では，石油で得た豊富な資金をもとに，高層ビルやリゾート施設などの建設が進められた。そのため，建設現場などでの労働力が不足し，南アジアなどの国々から出稼ぎの労働者が多くやってくるようになった。アラブ首長国連邦の人口ピラミッドでは，20歳～64歳の男性の人口が女性に比べて著しく多くなっているが，これは外国からの出稼ぎ労働者の多くがこの年代の男性であるためである。

⑶日本の最大の原油輸入先であり，原油輸出量が世界最大であるＢはサウジアラビアである。日本は原油を主に西アジアの国々から輸入しており，日本の原油輸入先の上位４か国までは西アジアの国となっている。次に，原油生産量が世界最大であるＤはアメリカ合衆国である。アメリカ合衆国は，シェールオイルと呼ばれる地中深くの硬い岩石(頁岩(けつがん)，シェール)層に含まれる原油を採取する技術を開発したことにより，近年大きく原油生産量を増やし，世界最大の産油国となった。そして，日本の原油輸入先の第５位であり，原油の輸出量・生産量とも世界有数であるＣはロシアである。

⑷イスラエルは，第二次世界大戦後にユダヤ人によって建国された国であり，国民の７割以上がユダヤ教を信仰している。なお，ウズベキスタン，カタール，シリアでは，国民の多くがイスラム教を信仰している。

問４＜農産物の主な生産国＞インドと中国はア～エの全てで上位に見られるため，その他の国で判断する。まず，イは，生産量上位の国が全てアジア州の国であることから米である。アは，アメリカ合衆国やパキスタンが含まれることから綿花である。パキスタンでは，せんい産業が主要な産業の１つであり，その原料である綿花の栽培が盛んである。ウは，ロシアやフランスが含まれることから小麦である。EU〔ヨーロッパ連合〕最大の農業国であるフランスでは，大規模な小麦栽培が行われている。エは，ケニアやスリランカが含まれることから茶である。ケニアの高地やスリランカの国土であるセイロン島は，茶の世界的な産地となっている。

問５＜南アジアの宗教＞インド，パキスタン，バングラデシュは，かつてイギリスの植民地であったが，第二次世界大戦後，ヒンドゥー教徒の多い地域がインド，イスラム教徒の多い地域がパキスタンとしてそれぞれ独立した。その後1970年代になり，東パキスタンと呼ばれていた地域がパキスタンから独立し，バングラデシュとなった。このような歴史から，インドではヒンドゥー教，パキスタンとバングラデシュではイスラム教を信仰する人の割合が最も多い。また，スリランカでは仏教，ネパールではヒンドゥー教を信仰する人の割合が多数を占める。

2〔日本地理―日本の地域的特色と諸地域，地形図〕

問１＜津波と高潮＞Ａ．津波は，地震に伴う海底の地形の変化や海底火山の噴火などにより，波長の長い波が発生する現象である。通常の波とは異なり，海底から海面までの全ての海水がかたまりのようになって非常に速い速度で押し寄せるため，建物が破壊されるなどの大きな被害をもたらす。

Ｂ．高潮は，台風などの際，気圧の低下によって海面が吸い上げられたり，強風で海水が海岸へ吹き寄せられたりすることで，海水面が異常に上昇する現象である。

問２＜環太平洋地域の変動帯＞変動帯は，プレート境界沿いに分布する帯状域で，地震の震源や火山が多く大地の変動が活発な地域である。このうち，環太平洋地域の変動帯には，日本列島のほか，アンデス山脈やロッキー山脈，ロシア東部のカムチャッカ半島，ニュージーランドなどが含まれる。なお，オーストラリア東部のグレートディバイディング山脈は，現在の変動帯よりも古い時代に大地の変動が活発であった場所にある。

問３＜高原野菜の栽培＞八ヶ岳や浅間山のふもとの高原では，夏でも冷涼な気候を生かし，暑さに弱いキャベツやレタスなどの野菜を夏に栽培し，高原野菜として出荷している。このように，冷涼な気候や照明などを利用して作物の成長を抑え，通常よりも遅い時期に出荷する栽培方法を抑制栽培という。なお，アのシラスが分布するのは鹿児島県などの九州南部であり，ウの促成栽培が盛んなのは温暖な九州の宮崎平野や四国の高知平野などである。

問４＜台風の被害状況の変化と社会的背景＞表中には，死者・行方不明者200人以上，または家屋倒壊・流出20000棟以上という甚大な被害が生じた台風のみが記されている。表を見ると，台風の上陸数はどの年代でもそれほど大きな差がないが，甚大な被害が生じた台風の数は，1951～1960年には10件，1961～1970年には６件，1971～1980年と1981～1990年には０件となっており，おおむね1970年代以降に大きく減少していることが読み取れる。その社会的な背景としては，高度経済成長期の1960年代にテレビが急速に普及したことが挙げられる。これにより，台風に関する予報や警報，避難情報などを多くの人にすばやく伝達することが可能になった。また，この時期に建築技術も進歩し，家屋の強度が向上した。

問５＜地形図の読み取りと災害＞特にことわりのないかぎり，地形図上では上が北となる。このハザードマップに示された地域は，東部が山地，西部が平地となっており，「福島」と書かれた辺りが山地と平地の境となっている。また，「福島」から東に進んだ場所は，等高線が標高の高い方へ向かって入り込んでおり，山地の谷になっていることがわかる。図中で網掛けされているのは，この谷から西側の平地にかけての場所である。この場所では，豪雨などの際，土砂や水が谷底へ流れ落ち，さらにそこから標高の低い西側の平地に向かって押し流される危険があると考えられる。このように，土砂と水が一体となって斜面を流れ落ちる現象を土石流という。

問６＜洪水ハザードマップの記載事項＞液状化は，地震の振動によって地盤が液体のような状態になる現象であり，洪水とは関連しない(イ…×)。

３ 〔歴史―古代～近世の日本と世界〕

問１＜和同開珎＞平城京に都が移される710年の少し前の708年，和同開珎と呼ばれる貨幣が鋳造された。和同開珎は，平城京の東西に置かれた市などで流通した。

問２＜本朝十二銭の変化＞年表中のＸの時期には，８世紀初めに発行された和同開珎(Ａ)から10世紀に発行された乾元大宝まで，12種類の銭が発行されている。これらをまとめて本朝〔皇朝〕十二銭という。これらの銭が鋳造された間隔を年表中で大まかに見ていくと，８世紀には和同開珎から隆平永宝までの４種類，９世紀には６種類が鋳造されているのに対し，10世紀には２種類の銭しか鋳造されておらず，新しい貨幣の鋳造を命じられる平均的な間隔が開いていったことがわかる(ウ…×，エ…○)。また，図を見ると，鋳造された銭の大きさがしだいに小さくなっていったことがわかる(ア…×，イ…○)。大きさが小さくなるとともに，銭に含まれる銅の割合も減少していき，質が下がっていった。

問３＜年表の読み取り＞年表では，平安時代の958年に乾元大宝が鋳造されてから，江戸時代の1615年頃に元和通宝が鋳造されるまで，600年以上にわたって銭が鋳造されていない。

問４＜日本書紀，年代整序＞⑴奈良時代には，国の成り立ちや天皇による支配の由来などを明らかにしようとする動きがおこり，神話や伝承などをもとにした歴史書である『古事記』と『日本書紀』

がつくられた。このうち『日本書紀』は，朝廷によって公式に編さんされた正史であり，漢文体を用い，中国の歴史書にならった編年体(出来事を年代順に記述する方法)で書かれている。『日本書紀』には，神代から持統天皇の時代までが扱われており，年表中の天武天皇の時代も含まれている。『日本書紀』がつくられた後，平安時代までに5つの正史が編さんされており，これらを『日本書紀』と合わせて六国史と呼ぶ。　⑵年代の古い順に，Ⅲ（5世紀—古墳時代），Ⅱ(7世紀初め—飛鳥時代)，Ⅰ(7世紀半ば—飛鳥時代)となる。

問5＜天保期の社会＞江戸時代の後期に当たる1830年代には，天保のききんが発生し，多くの餓死者が出た。このような中で，年貢の軽減などを求める百姓一揆や，都市で米商人の家などを破壊する打ちこわしがたびたび起こった(ア…×)。

問6＜8～10世紀の都と文化＞⑴Xの時期に都が置かれていた場所は，708～10年が藤原京，710～84年が平城京(一時的に別の都への遷都あり)，784～94年が長岡京，794～958年が平安京である。したがって，この時期に最も長く使われた京は平安京となる。　⑵藤原頼通が平等院鳳凰堂をつくらせたのは，平安時代の11世紀のことである(ア…×)。なお，イは奈良時代の8世紀半ば，ウは奈良時代から平安時代にかけての8～9世紀頃，エは平安時代の9世紀初めの様子である。

問7＜年代整序，宋銭や明銭＞⑴年代の古い順に，Ⅱ(13世紀初め—鎌倉時代)，Ⅰ(15世紀半ば—室町時代)，Ⅲ(16世紀半ば—戦国時代)となる。　⑵年表中のYの時期には，日本国内で正式な銭は鋳造されなかったが，平安時代後半から鎌倉時代に行われた日宋貿易や室町時代に行われた日明貿易によって，宋銭や明銭が輸入され，流通していた。図は，鎌倉時代の金融業者(右の人物)がお金を貸す場面を描いたものであり，縁側にはひもで長くつながれた宋銭と見られる銭が置かれている。

問8＜年代整序＞年代の古い順に，Ⅱ(17世紀前半—徳川家光の政治)，Ⅰ(18世紀前半—徳川吉宗の政治)，Ⅲ(18世紀後半—田沼意次の政治)となる。

問9＜10世紀頃の政治や社会＞資料1には，10世紀初めには，税負担を逃れるために田を都の有力者に寄進する行為が広がっていることが書かれている。また，資料2には，10世紀半ばには，諸国から都まで運ばれるはずの調などの品物が朝廷の保管所に届いていないことが書かれている。これらから，10世紀頃には，戸籍に登録された人々が口分田を耕作して租・調・庸などの税を納める律令制度の仕組みが崩壊していることがわかる。そのため，税収入が不足して国の財政を維持することが困難になっており，新たな銭を鋳造することもできなくなったと考えられる。

4〔歴史—近世～近代の日本と世界〕

問1＜台湾，統監府，ウィルソン＞A．空欄Aの後に「日本国が清国人から盗み取った一切の地域」とあることから，日本が戦争などを通じて清から獲得した地域を考えると，空欄Aの後に書かれた「満州」と「澎湖諸島」の他に当てはまるのは台湾となる。日本は，日清戦争(1894～95年)後に結ばれた下関条約により，台湾・澎湖諸島・遼東半島を獲得した(このうち遼東半島は，ロシア・ドイツ・フランスの三国干渉によって講和条約発効直後に清に返還した)。資料1は，第二次世界大戦中の1943年にアメリカ，イギリス，中華民国が発表したカイロ宣言の一部である。　B．空欄Bに入るのは，日本が韓国のソウルに設置した役所であり，空欄Bの後に「外交権を日本に移し」とあることから，韓国統監府が当てはまる。日露戦争(1904～05年)後の1905年，日本は韓国の外交権を奪って保護国とし，韓国統監府を設置した。資料2中の「11月17日の変」とは，この出来事を指す。その後，日本は1910年に韓国を併合して植民地とし，朝鮮総督府を設置した。　C．文章中に「十四か条」という言葉や国際連盟や民族自決についての記述があることから，ウィルソンが当てはまる。アメリカ大統領のウィルソンは，第一次世界大戦(1914～18年)中に「十四か条の平和原則」を発表し，民族自決の原則や国際平和機構の設立などを唱えた。大戦後の1920年，ウィルソンの提案に基づいて国際連盟が設立された。

問２＜ニューディール＞1929年，アメリカのニューヨークでの株価急落をきっかけに，世界恐慌が始まった。恐慌下でアメリカ大統領となったローズベルトは，農産物や工業製品の生産量制限・価格調整を行ったり，テネシー川流域の総合開発などの公共事業によって雇用を増やしたりすることで，景気の回復をはかった。これらの政策をニューディール(新規まき直し)と呼ぶ。

問３＜豊臣秀吉の朝鮮侵略＞下線部②の後の記述から，「壬辰倭乱」では日本(「倭」)と朝鮮が戦い，明の救援があったこと，朝鮮が勝利を収めたことなどがわかる。また，「注」の文中に「丁酉再乱」とあることから，再び戦いが起こったこともうかがえる。以上から，この出来事は豊臣秀吉による朝鮮侵略を指すと判断できる。秀吉は，明の征服を目指し，1592年に朝鮮へ大軍を送った(文禄の役)が，朝鮮水軍の反撃や民衆の抵抗運動によって苦戦した。その後，1597年に再び派兵を行った(慶長の役)が，秀吉が病死したのを機に全軍が引き上げた。「壬辰倭乱」は文禄の役，「丁酉再乱」は慶長の役を指す。

問４＜南洋諸島の委任統治＞「対独講和条約」とは，第一次世界大戦(1914～18年)後の1919年に結ばれたベルサイユ条約である。第一次世界大戦に連合国側で参戦した日本は，ベルサイユ条約で，それまでドイツ領であった赤道以北の南太平洋の島々(南洋諸島)の委任統治権を得た。委任統治とは，国際連盟によって委任された戦勝国が，敗戦国の植民地や領土であった地域を統治した制度である。

問５＜三・一独立運動＞民族自決は，それぞれの民族は外部からの干渉を受けずに自らの政治的運命を決定する権利を持つとする考え方である。この考え方に基づき，第一次世界大戦後のアジアでは植民地からの独立を目指す動きが高まった。このうち朝鮮では，1919年３月１日，京城(ソウル)で日本からの独立を宣言する集会とデモ行進が行われ，独立運動が全国に広がった。これを三・一独立運動という。

問６＜年代整序＞年代の古い順に，資料２(1905年―韓国統監府の設置)，資料３(1919～20年―ベルサイユ条約の締結，国際連盟の発足)，資料１(1943年―カイロ宣言)となる。

5〔公民―総合〕

問１＜集会・結社・表現の自由，公共料金＞Ａ～Ｃ．通信の秘密とは，手紙や電話，電子メールなどの通信の内容や関連するいっさいの事柄を，当事者以外の第三者に知られないことをいう。日本国憲法第21条では，集会・結社・表現(言論や出版など)の自由と，通信の秘密が保障されている。これは，自由権のうちの精神の自由に含まれる権利である。　　Ｄ．郵便料金のほか，電気料金や水道料金，鉄道運賃などのように，価格の変動が国民生活に大きな影響を与えるものについては，政府(国や地方公共団体)による価格の認可や政府への価格の届け出が必要とされている。これを公共料金と呼ぶ。

問２＜UNESCO＞国際連合の専門機関の１つであるUNESCO〔国連教育科学文化機関〕は，文化の面から世界平和に貢献することを目的とし，世界遺産をはじめとする文化財の保護や識字教育などの活動を行っている。問題に示された文章は，UNESCO設立の根拠として1945年に採択されたユネスコ憲章である。なお，UNICEFは国連児童基金，ILOは国際労働機関，IAEAは国際原子力機関の略称である。

問３＜資料の読み取りと地方自治の仕組み＞国際事務局長の任期の更新は１回に限られるが，日本の地方自治体の首長の在任期数に法的な制限はない(ウ…○)。なお，日本の地方自治体の首長は，直接，住民の選挙によって選出される(ア…×)。国際事務局長の任期は「４年を下回らない」と定められており，日本の地方自治体の首長の任期も４年である(イ…×)。国際事務局次長は，大会議によって選出される(エ…×)。

問４＜民事訴訟＞民事訴訟では，原告(訴えた側)と被告(訴えられた側)がそれぞれ言い分を主張するが，裁判の過程で当事者間の和解が成立することがあり，その場合は判決が下されることなく裁判が終了する(エ…×)。

問５＜天皇の国事行為＞天皇が内閣の助言と承認に基づいて行う国事行為には，国会議員の総選挙の公示のほか，内閣総理大臣の任命，法律の公布，国会の召集，衆議院の解散，最高裁判所長官の任命などがある。なお，最高裁判所長官の指名は，内閣が行う仕事である。

問６＜投票に関する規定＞⑴有権者は，原則として投票所に行って自分で投票しなければならない。その理由は，有権者の本人確認を行い，他人がなりすまして投票したりするのを防ぐため，また，有権者が他者から干渉を受けたりすることなく，自由な意思に基づいて投票できるようにするためである。これは，選挙の４原則である普通選挙，平等選挙，直接選挙，秘密選挙を守るための仕組みの１つである。　⑵公職選挙法では，身体障害者手帳などを持っていて一定の要件を満たしている人や，介護保険制度で「要介護５」に認定されている人など，身体に重い障害がある場合に，郵便を用いた投票が認められている。

問７＜郵便取扱量の推移とインターネット利用率の推移＞図１を見ると，郵便物(手紙やはがきなど)の取扱量は減少し続けているが，荷物の取扱量は増加していることがわかる。また，図２を見ると，インターネット利用率は2000年代に大きく上昇し，現在は80％を超えていることがわかる。これらのことから，郵便物の取扱量が減少している理由は，手紙やはがきに代わって電子メールやSNSが使われるようになったためと考えられる。また，荷物の取扱量が増加している理由は，インターネットを通じて商品を購入するインターネット・ショッピングが普及したためと考えられる。

問８＜金融機関＞民間の金融機関には，銀行，保険会社，証券会社などが含まれる(ア…×)。紙幣を発行することができるのは中央銀行である日本銀行のみであり，また現在は金本位制(金を貨幣の価値の基準とし，金と貨幣をいつでも交換することができる制度)ではなく管理通貨制度(政府や中央銀行が貨幣量を管理・調整する制度)がとられているため，金の保有量と貨幣の発行量には関連がない(イ…×)。市中銀行は，家計や企業から預金を預かり，預金者に利子を支払う(ウ…×)。

問９＜民営化への反対の根拠＞公企業の民営化を行う目的は，行政にかかる費用を削減するとともに，民間企業の自由な経済活動や市場での競争にまかせ，コストの節約やよりよいサービス，効率的な運営などを実現することである(イ～エ…×)。一方で，民営化により，十分な利益が出ない事業が廃止・縮小され，財やサービスを受け取れない人が出てくるなどのおそれもある(ア…○)。

問10＜合同会社＞会社法では，株式会社，合同会社，合資会社，合名会社の４つの会社形態が規定されている。このうち，株式会社と合同会社では，会社が倒産した場合，出資者は自分が出資した範囲の金額を失うが，それ以上の負担を負うことはない。この仕組みを有限責任という。なお，個人の財産を用いてでも負債の返済を行わなければならない仕組みを無限責任という。合資会社には無限責任を負う出資者と有限責任を負う出資者が存在し，合名会社には無限責任を負う出資者のみが存在する。

理科解答

1 (1) ア，エ，オ，ク　(2) イ
(3) エ　(4) カ　(5) オ
(6) ①…カ　②…ウ
(7) A…エ　B…カ

2 (1) $543cm^3$
(2) (例)質量は，亜鉛板では減少し，銅板では変化しない。
(3) ① 0.8N　② 右下図1
(4) (例)厚みを変えることで焦点距離を変えるため。
(5) 右下図2　(6) 等粒状組織
(7) (例)結晶化する温度は，Aの鉱物の方がBの鉱物より高い。

3 (1) H_2　(2) 0.1
(3) ①…近い　②…重力　(4) ウ
(5) ウ　(6) 900N
(7) (例)液体の水

4 (1) ア　(2) 0.01V　(3) 250mA
(4) 1.0A　(5) 4.99V　(6) エ
(7) ア　(8) 電流…ア　電圧…エ

5 (1) $Fe+S \longrightarrow FeS$　(2) イ
(3) A…硫化水素　B…水素
(4) (例)反応を進めるのに必要な熱よりも大きいから
(5) ③…N　④…$\frac{3}{16}N$　⑤…$\frac{3}{28}N$
⑥…硫黄
(6) 試験管…D　質量…11.0g

6 (1) ウ
(2) ① 細胞壁
② (例)臼歯が平らで，草をすりつぶしやすい。
(3) (例)だ液がアルカリ性で，反すうにより第一胃の内容物を中和する。
(4) ①…ペプシン　②…微生物
(5) 91.25　(6) イ

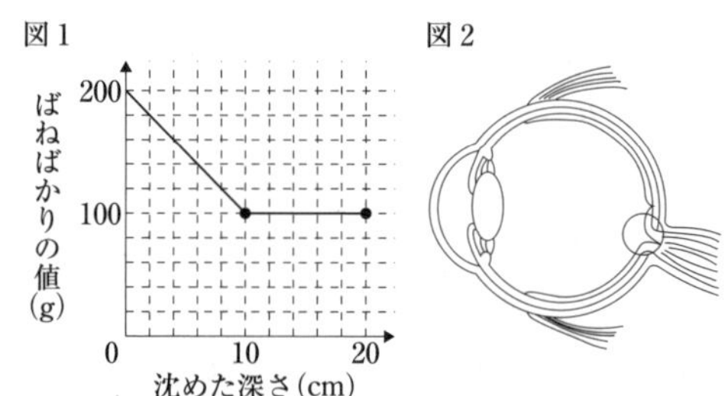

1 〔小問集合〕

(1)<光の進み方>ア，オ…正しい。反射の法則より，入射角と反射角は常に等しいので，入射角が大きくなるにつれて，反射角は大きくなる。　エ…正しい。一般に，入射角が大きくなるにつれて，屈折角も大きくなる。ただし，入射角が一定以上大きくなると，光は屈折せず，水と空気の境界面で全て反射する(全反射)。　ク…正しい。光は，水中から空気中に出るときに屈折するため，水中の部分が実際よりも浅く見えることによる。　イ…誤り。光が種類の異なる物質に進むとき，境界面で曲がる現象を屈折という。そのため，入射角と屈折角は異なる。　ウ…誤り。　カ…誤り。物質の表面で光がはね返ることを反射という。なお，入射とは，光などが異なる物質の境界面に達することである。　キ…誤り。夕方になると影が長くなるのは，太陽の高度が低くなり，光が空気中を直進するためである。

(2)<力のつり合い>右図のように，斜面上にある物体には，物体にはたらく重力の斜面に平行な分力がはたらく。斜面の角度が30°のとき，物体にはたらく重力と斜面に平行な分力を2辺とする直角三角形は，3辺の比が$1:2:\sqrt{3}$となる。よって，物体にはたらく重力と斜面に

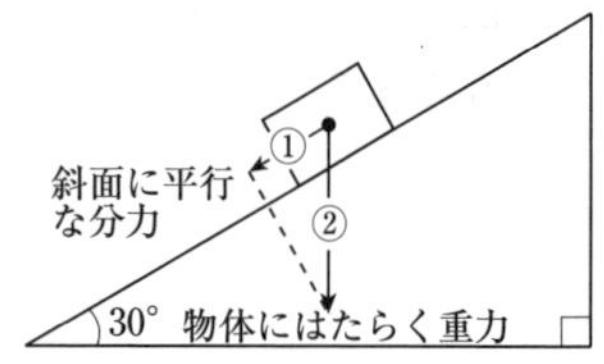

平行な分力の大きさの比は，2：1になるから，斜面に平行な分力の大きさは，重力の$\frac{1}{2}$である。また，同じ質量の箱A，Bが斜面上で静止していて，箱Bと斜面の間だけに摩擦が生じている場合，2つの箱を1つの物体として考えると，はたらく重力は，箱Aにはたらく重力の2倍となり，斜面に平行な分力の大きさも，箱Aだけのときの2倍になる。つまり，2つの箱の斜面に平行な分力の大きさは，箱Aにはたらく重力の大きさと等しい。このとき，2つの箱が斜面上で静止しているのは，この斜面に平行な分力と箱Bにはたらく摩擦力とがつり合っているためである。よって，摩擦力がはたらく向きは，図のaの向きで，その大きさは箱Aにはたらく重力の大きさと同じである。

(3)<物質の判別>aでは，有機物の砂糖だけが黒色に焦げ，bでは，食塩の質量は変わらず，砂糖と炭酸水素ナトリウムの質量は，生じた水(水蒸気)と二酸化酸素が空気中に逃げるため，減少する。また，cでは，非電解質である砂糖の水溶液に電気は流れず，電解質である食塩と炭酸水素ナトリウムの水溶液に電気が流れる。dでは，フェノールフタレイン溶液は，アルカリ性の水溶液に加えると赤色に変化するが，酸性や中性の水溶液に加えても透明のまま変化しないため，中性を示す砂糖水と食塩水の色は変化せず，アルカリ性を示す炭酸水素ナトリウム水溶液は赤色に変化する。以上より，aとb，aとd，bとc，bとd，cとdの2つの実験をそれぞれ行うことで，3種類の物質を判別することができるが，aとcの2つの実験を行っても，砂糖以外の2種類の物質を判別することはできない。

(4)<植物の分類>サボテンの花は花弁を持つことから，果実をつくる被子植物であるといえる。なお，被子植物のうちの単子葉類でも，花弁が1枚ずつ分かれているものもあるため，双子葉類の離弁花類であるとはいえない。

(5)<生殖>オ…正しい。植物の有性生殖である受粉では，めしべでつくられる生殖細胞(卵細胞)とおしべでつくられる生殖細胞(精細胞)の染色体の数は，体細胞の染色体の数の半分になっている。
ア，イ…誤り。ゾウリムシやアメーバなどの原生動物は，栄養が十分あるときは分裂による無性生殖を行ってふえ，栄養が不十分なときは接合などの有性生殖を行う。　ウ…誤り。栄養生殖は無性生殖の一種で，新しい個体の遺伝子は，もとの個体と同じである。　エ…誤り。染色体数が親と子で同じなのは，有性生殖のための生殖細胞をつくるとき，染色体数が半減する減数分裂を行うためである。

(6)<グラフ>①飽和水蒸気量は気温が高いほど大きくなるが，一定の割合で増えるわけではなく，気温が高くなるほど飽和水蒸気量の増え方も大きくなる。よって，グラフの形として正しいものはカである。　②硫酸と水酸化バリウム水溶液の中和反応では，生じた塩の硫酸バリウムが水に溶けにくいため，中和が進むにつれて溶液中のイオンの数は減少し，完全に中和すると，その数はほぼ0になる。その後は，水酸化バリウム水溶液を加えるほど，溶液中のイオンの数は増加する。よって，グラフの形として正しいものはウである。

(7)<天気図>天気図は，気圧配置が西高東低で，等圧線がせまい間隔で南北に引かれているため，冬に特徴的なものである。また，風は気圧の高い方から低い方に向かって吹き，地球の自転などの影響を考えないと，等圧線に垂直に吹く。よって，天気図で，関東地方にかかる等圧線はほぼ南北方向に引かれているため，風は，西側の高気圧から東に向かって吹く西の風となるが，地球の自転の影響などで風の向きが時計回り(右回り)に変化するため，北西の風になる。

2 〔小問集合〕

⑴＜密度と体積＞4℃の水の密度が1.00g/cm^{3}だから，水500cm^{3}の質量は，1.00×500＝500(g)である。よって，0℃の氷の密度が0.92g/cm^{3}なので，水500gが0℃の氷になったときの体積は，500÷0.92＝543.4…より，543cm^{3}である。

⑵＜電池＞うすい塩酸に亜鉛板と銅板を入れ，導線でつなぐと電池となり，電流が流れる。このとき，銅より亜鉛の方がイオンになりやすいため，亜鉛は電子を放出し，陽イオンとなって塩酸に溶け出す。亜鉛が放出した電子は，導線を通って銅板に移動し，銅板では移動してきた電子をうすい塩酸中の水素イオンが受け取り，気体の水素が発生する。よって，亜鉛板では亜鉛がイオンとなって溶け出しているため，質量が減少する。一方，銅板では水素が発生するため，銅板の質量は変化しない。

⑶＜浮力＞①質量200gの直方体を深さ2.0cmに沈めたAのとき，ばねばかりが示す質量は，200－180＝20(g)減少している。これは，直方体が浮力を受けたためで，このとき受けた浮力の大きさは，20÷100＝0.2(N)である。また，浮力の大きさは，物体の水に沈んだ部分の体積に比例する。よって，直方体を深さ8.0cmに沈めたBのとき，直方体の水に沈んでいる部分の体積は，Aのときの，8.0÷2.0＝4(倍)になる。したがって，浮力の大きさも4倍になり，0.20×4＝0.8(N)である。
②まず，沈めた深さが0cmのときは，直方体は水に沈んでいないので，ばねばかりの値は直方体の質量200gを示す。次に，直方体の高さは10cmなので，沈めた深さが10cmまでは，①より，ばねばかりの値は2.0cm沈めるごとに20g減少するから，沈めた深さが10cmのとき，ばねばかりの値は，20×(10÷2.0)＝100(g)減少して，200－100＝100(g)を示す。そして，このとき，直方体は全体が水に沈んだことになるので，さらに，直方体を20cmの深さまで沈めても，水に沈んでいる部分の体積は変わらず，浮力の大きさは変わらない。よって，ばねばかりの示す値は，100gで一定になる。解答参照。

⑷＜目のつくり＞図のAの部分はレンズ(水晶体)である。レンズは透明で，やわらかく厚みを変えることができる。これは，厚さを変えることで，焦点距離を調節し，網膜上にピントの合った像を結ぶためである。

⑸＜目のつくり＞図のBの膜は網膜である。網膜には光の刺激を受け取る感覚細胞(視細胞)が分布しているが，視細胞から伸びる神経が束ねられた部分には，感覚細胞は存在しない。この部分は盲点と呼ばれる。解答参照。

⑹＜火成岩＞図の火成岩のように，大きく成長した鉱物の結晶がかみ合ったつくりを等粒状組織という。このようなつくりを持つ火成岩は，マグマが地下の深い所でゆっくり冷え固まってできる深成岩である。

⑺＜火成岩＞図で，Bの鉱物の結晶がAの形に沿うような形をしているのは，Bの鉱物がAの鉱物より後に結晶化したためである。よって，Aは，マグマがまだ高温のときに結晶化し，その後，マグマの温度が下がったときにBが結晶化したと考えられる。

3 〔地球と宇宙〕

⑴＜惑星＞木星や土星の大気中に最も多く含まれる気体は水素である。よって，XにはH_2が入る。

⑵＜惑星＞表より，地球と火星の体積比は，1^3：0.53^3だから，質量比は，5.51×1：3.93×0.53^3であり，

$3.93\times0.53^3=0.5850\cdots$より，およそ5.51：0.585となる。よって，$Y=0.585\div5.51=0.10\cdots$より，$Y=$ 0.1である。

(3)＜惑星＞太陽からのエネルギーは，太陽に近い惑星ほど多く受け取ることができる。また，惑星の密度と直径が大きい方が，惑星の重力も大きくなる。大気は，惑星の重力によって，引きつけられているので，重力が大きいと保持されやすい。

(4)＜惑星＞表より，太陽からの距離が大きくなるほど公転周期も大きくなっている。よって，正しいものはウである。なお，地球は密度が最も大きいが，公転周期は火星や木星などより小さく，木星は質量も直径も最も大きいが，公転周期は土星より小さい。また，金星は平均の表面温度が最も高いが，公転周期は地球や木星などより小さい。

(5)＜太陽系＞太陽系の全質量は，太陽と惑星の質量の合計にほぼ等しい。よって，太陽系の全質量の99.86％が太陽の質量なので，全惑星の質量の合計の割合は，$100-99.86=0.14$(％)となる。また，表と(2)より，天王星と海王星を除く太陽系の惑星の質量を合計すると，$95.2+317.8+0.1+0.82+0.06+1=414.98$となるが，太陽系の全惑星の質量の合計に対して天王星と海王星の質量の合計は比較的小さいので，全惑星の質量の合計を414.98とする。よって，太陽系の全質量に対する木星の質量の割合は，$0.14\times(317.8\div414.98)=0.1072\cdots$より，約0.11％である。これより，木星に対する太陽の質量の割合は，$99.86\div0.11=907.8\cdots$より，約1000倍となる。

(6)＜金星＞表より，金星の大気圧は地球の90倍である。よって，地球の大気圧を1000hPaとするとき，金星の大気圧は，$1000\times90=90000$(hPa)より，$90000\times100=9000000$(Pa)となる。つまり，金星の地表1 m^2当たりにかかる力は9000000Nだから，1 m^2が$100\times100=10000$(cm^2)より，1 cm^2当たりにかかる力は，$9000000\div10000=900$(N)である。

(7)＜地球＞地球で，最初に生命が誕生したのは海であることが示すように，生命の誕生には液体の状態の水が必要である。

4〔電流とその利用〕

(1)＜電流と磁界＞コイルに流れる電流の向きに，右手の親指以外の4本の指の先を合わせると，つき出した親指の向きがコイルに生じる磁界の向きになる。よって，図1のようにコイルに電流が流れるとき，コイルに生じる磁界の向きは，図中のアである。

(2)＜オームの法則＞メーター機構に500mA，つまり，0.5Aの電流が流れるとき，メーター機構にかかる電圧は，オームの法則〔電圧〕＝〔抵抗〕×〔電流〕より，$0.02\times0.5=0.01$(V)である。

(3)＜直列回路＞メーター機構と抵抗器を直列につなぐと，回路全体の抵抗は，それぞれの抵抗の合計となるから，$12.5+0.02=12.52$(Ω)となる。よって，電源の電圧が3.13Vのとき，メーター機構が示す電流の値は，$3.13\div12.52=0.25$(A)より，250mAである。

(4)＜並列回路＞図2のように，抵抗が同じ0.02Ωのメーター機構と抵抗器を並列につなぐと，メーター機構と抵抗器には等しい大きさの電流が流れる。また，メーター機構の針が目盛りいっぱいに振れたときに流れる電流は500mAである。よって，抵抗器に流れる電流も500mAなので，回路全体に流れる電流，つまり，電源装置に流れる電流は，$500+500=1000$(mA)より，1.0Aである。

(5)＜電流計＞図3で，抵抗が同じ0.02Ωのメーター機構と抵抗器を並列につないだ部分(電流計)の合成抵抗は，$0.02\times\frac{1}{2}=0.01$(Ω)となる。この部分と8.0Ωの抵抗器は直列につながれているので，電流計と8.0Ωの抵抗器にかかる電圧の比は，それぞれの抵抗の比に等しく，0.01：8.0＝1：800となる。よって，8.0Ωの抵抗器にかかる電圧は，$5.0\times\frac{800}{800+1}=4.993\cdots$より，4.99Vである。

(6)<電流計>図3の回路の合成抵抗は，8.0＋0.01＝8.01(Ω)なので，回路全体を流れる電流は，5.0÷8.01＝0.6242…より，0.624Aとなる。これより，メーター機構に流れる電流は，0.624÷2＝0.312(A)より，312mAである。メーター機構の最大目盛りが500mAなので，針が312mAを指しているのはエである。

(7)<電圧計>メーター機構と20Ωの抵抗器を直列につなぐと，この部分の合成抵抗は，0.02＋20＝20.02(Ω)となる。これを電圧計として使う場合は測定部分に並列につなぐので，この部分にかかる電圧が測定できる電圧となる。メーター機構に流れる最大電流は500mA，つまり，0.5Aなので，このとき，この部分にかかる電圧は，0.5×20.02＝10.01(V)となる。よって，メーター機構と20Ωの抵抗器を直列につないで電圧計として使う場合，最大で10V程度まで測定できる。

(8)<電流計・電圧計>メーター機構に抵抗器をつないで電流計として使う場合，回路に大きい電流が流れてもメーター機構に500mA以下の電流が流れるようにすればよい。よって，メーター機構に，抵抗が小さい抵抗器を並列につなげばよい。また，メーター機構に抵抗器をつないで電圧計として使う場合，大きい電圧がかかってもメーター機構には最大で500mA以下の電流が流れるようにすればよい。したがって，メーター機構に，抵抗が大きい抵抗器を直列につなげばよい。

5〔化学変化と原子・分子〕

(1)<化学反応式>鉄(Fe)と硫黄(S)が結びつくと，硫化鉄(FeS)が生じる。化学反応式は，矢印の左側に反応前の物質の化学式，右側に反応後の物質の化学式を書き，矢印の左右で原子の種類と数が等しくなるように化学式の前に係数をつける。

(2)<化学変化>試験管Aの中には，鉄と硫黄が結びついた硫化鉄という，鉄や硫黄とは別の物質が入っている。そのため，試験管Aは磁石に引きつけられなかったのである。一方，試験管Bの中には，鉄と硫黄が混じったものが入っているだけで，鉄および硫黄はそのまま残っている。そのため，試験管Bは磁石に引きつけられたのである。よって，正しいのはイである。

(3)<化学変化>試験管Aの中の硫化鉄にうすい塩酸を加えると，くさった卵のようなにおいのする硫化水素(H_2S)が発生する。また，試験管Bの中の硫黄はうすい塩酸とは反応しないが，鉄はうすい塩酸と反応して水素(H_2)を発生する。

(4)<反応熱>鉄と硫黄の反応では大きな熱が発生し，その熱は加熱をやめた後も反応が進むのに必要な熱より大きい。そのため，反応が始まれば加熱の必要はなくなる。これに対して，銅と酸素などの反応では，発生する熱だけでは十分に反応が進まないため，加熱をやめると反応が停止する。

(5)<化学変化と原子の個数>(1)の化学反応式より，鉄原子と硫黄原子は，1：1の数の比で結びつくため，硫黄原子N個と反応する鉄原子の数もN個である。試験管Eには硫黄も鉄も6.0g入っているので，硫黄原子の数は，$N\times\frac{6.0}{32}=\frac{3}{16}N$(個)，鉄原子の数は，$N\times\frac{6.0}{56}=\frac{3}{28}N$(個)である。よって，$\frac{3}{16}N>\frac{3}{28}N$より，加熱によって反応した硫黄原子と鉄原子の数はそれぞれ$\frac{3}{28}N$個だから，加熱後，一部が反応せずに残るのは硫黄である。

(6)<化学変化と物質の質量>生成される硫化鉄の質量は，反応した硫黄原子と鉄原子の数が多いほど大きい。(5)と同様に考えると，反応した硫黄原子と鉄原子の数は，試験管Cでは$\frac{1}{16}N$個，試験管

Dでは$\frac{1}{8}N$個であり，(5)より，試験管Eでは$\frac{3}{28}N$個である。よって，$\frac{1}{8}N>\frac{3}{28}N>\frac{1}{16}N$より，生成する硫化鉄の質量が最も大きいのは，試験管Dである。また，試験管Dで反応した硫黄は4.0g全部で，鉄原子N個の質量が56gであることより，反応した鉄原子$\frac{1}{8}N$個の質量は，$56\times\left(\frac{1}{8}N\div N\right)=7.0$(g)となるから，質量保存の法則より，生成する硫化鉄の質量は，4.0＋7.0＝11.0(g)である。

6〔生物の体のつくりとはたらき〕

(1)<消化>食べ物をかむことで，食べ物は小さく砕かれ，消化酵素と触れ合う面積が大きくなって消化酵素と反応しやすくなる。

(2)<消化>①細胞膜の外側にある植物細胞にのみ存在するつくりは細胞壁である。細胞壁の主成分は繊維質である。　②草食動物の臼歯は平らになっていて，草をすりつぶすのに適している。なお，門歯(前歯)は刃物のように鋭くなっていて，植物をかみ切るのに適している。ただし，ウシには門歯は下あごにしかない。

(3)<消化>ウシの第一胃に送られた食べ物は，再び口の中に戻され，多量のだ液と混ぜ合わされる。だ液は弱いアルカリ性なので，第一胃に送られただ液は，第一胃の中で生成される脂肪酸によって酸性に傾き，pHが小さくなった胃の内容物を中和してpHを上げ，中性付近に保っている。

(4)<消化器官>①ウシの第四胃はヒトの胃と同じはたらきを持つので，ウシの第四胃にはヒトの胃と同じペプシンというタンパク質消化酵素が分泌されている。　②草食動物であるウシは，第四胃で大量の微生物を消化している。

(5)<メタン排出量>1頭のウシから1日に400Lのメタンが排出される。また，39℃で，メタン16Lの質量が10gになることより，メタン400Lの質量は，$10\times\frac{400}{16}=250$(g)である。よって，1頭から1年(365日)間に排出されるメタンの質量は，250×365÷1000＝91.25(kg)である。

(6)<メタン排出量>(5)より，1頭のウシから1年間に排出されるメタンの質量は91.25kgだから，15億頭のウシから1年間に排出されるメタンの質量は，91.25×15億÷1000＝1.36875億より，約1.37億トンである。これは，1年間の人類の活動によるメタン排出量6億4000万トン，つまり，6.4億トンの，1.37億÷6.4億×100＝21.40…より，約21.4%となる。

国語解答

一 問一 Ⅰ…ウ Ⅱ…ア Ⅲ…イ Ⅳ…エ Ⅴ…オ

問二 鑑賞者の使う言語や文化とは無関係に受けとめられる絵画と違い，オノマトペは，表現者の母語の枠組みの中でのみ理解されるから。（60字）

問三 表現者が何を描いているのかが鑑賞者にはわからないということ。（30字）

問四 音形とそれが表すものとの類似性のとらえ方が感覚的であること。（30字）

問五 1 ⅰ 非母語話者 ⅱ 文化 ⅲ 一部分 ⅳ 母語話者

2 写し取れていない部分を換喩的思考で補う必要がある（24字）

二 問一 a 呼気 b 生前 c 夢遊 d 道理 e 沿岸

問二 A…エ B…オ C…オ

問三 イ

問四 重傷の自覚もなく戦うことしか頭にない兵にあきれると同時に，そこまで追い込まれている兵を哀れむ気持ち。（50字）

問五 ウ

問六 戦場にいる間は，敵の命を軽視するだけでなく，戦友や自分自身の命と体の大切さを考えることもできなくなっていたが，自分が敵に撃たれたことで，死の危険にさらされている現実に突然気づいた，ということ。（96字）

三 問一 a…イ b…エ c…エ

問二 ⅰ…イ ⅱ…ア ⅲ…ア

問三 ウ

問四 1…ウ

2 苦労して僧都のために食べ物を入手した母の深い愛を思い，胸がいっぱいになったから。（40字）

問五 ③…エ ④…ア 問六 イ

一〔論説文の読解—芸術・文学・言語学的分野—言語〕出典：今井むつみ・秋田喜美『言語の本質』「オノマトペとは何か」。

≪本文の概要≫オノマトペは，その言語の母語話者には，感覚経験を写し取っているように感じられてしっくりくるが，非母語話者にとってはわかりにくい。それは，感覚が表現者に内在するもので，しかもオノマトペは，特定の言語の枠組みの中で理解されるものだからである。表すもの（音形）と表されるもの（感覚イメージ）に類似性があるという点では，オノマトペは「アイコン」的である。しかし，視覚的な対象を，視覚の媒体で表すのが普通であるアイコンとは違って，オノマトペが用いるのは，音声という聴覚的要素である。音で写すことができるのは，基本的に物事の一部分で，残りの部分については換喩的思考で補うことになる。オノマトペが物事の一部分しか写せないのは，オノマトペが言語だからである。言語の構成要素として効率のよい発話をするためには，オノマトペは簡潔である必要がある。簡潔であれば，写し取ることができる対象が限られるため，オノマトペは，物事の一部分しかまねることができないということになる。

問一＜表現＞Ⅰ．「非常に細密に対象を切り取った」絵画は，対象を「具体的に」描いたものである。　Ⅱ．アイコンは「視覚的な対象を，視覚の媒体で表す」のが普通である。　Ⅲ．絵文字や顔文字が「視覚の媒体」で表現するのとは異なり，オノマトペが用いるのは，「音声」である。　Ⅳ．「鍋が食べたい」「ワンワン」「ニャー」が指すものは具体的であるが，「ギクッ」は，それほど具体的ではない。　Ⅴ．オノマトペは，そもそも「言語である」という性質を持っている。

問二＜文章内容＞オノマトペは，「感覚イメージを写し取る」ものではあるが，「感覚」は，「外界にあるものではなく，表現者に内在するもの」である。絵画も，「対象を写し取って」いて，表現者の「主観的感覚」が表されている。オノマトペは，「その言語の母語話者にはしっくりくる」ので，絵画でいえば，描かれている対象が「誰にでもよくわかる」具象絵画に近いといえる。ただし，「絵画は原則，鑑賞者の使う言語や文化に関係なく受けとめられることを前提としている」が，オノマトペは「特定の言語の枠組みの中で理解される」ため，その「特定の言語」以外の言語を用いる者にとっては，よくわからないということが起こる。

問三＜文章内容＞「非常に細密に対象を切り取った」具象絵画では，描かれている「対象が誰にでもよくわかる」が，「表現者の内的な感覚の表現に重点が置かれ」ている抽象絵画の場合は，描かれている対象が何であるかわからないことがよくある。

問四＜文章内容＞アイコンとは「表すものと表されるものの間に類似性のある記号」であり，オノマトペでは「表すもの(音形)と表されるもの(感覚イメージ)」との間に「類似性」がある。ただし，その「類似性」は，例えば「ピカピカ」と「明るい点滅」との関連のように，「感覚」によるものである。その意味で，オノマトペは，「身体的」だといえる。

問五＜文章内容＞1．ⅰ・ⅳ．オノマトペは，「その言語の母語話者」には，「まさに感覚経験を写し取っているように感じられ」て「しっくり」くる(…ⅳ)。しかし，「非母語話者」には「必ずしもわかりやすいとは限らない」のであり，「実際，日本語のオノマトペは，外国人留学生が日本語を学ぶ際の頭痛のタネになって」いる(…ⅰ)。　ⅱ．絵画は，「原則，鑑賞者の使う言語や文化に関係なく受けとめられることを前提としている」が，オノマトペは，「特定の言語の枠組みの中で理解」される。　ⅲ．「視覚的アイコン」は「物事の全体を，場合によってはその詳細まで写し取ることが可能となる」のに対し，「音声で写すこと」ができるのは，「基本的に物事の一部分」である。　2．アイコンのように視覚的なものは，「物事の全体を，場合によってはその詳細まで写し取ること」ができる。しかし，「音声で写すこと」ができるのは「基本的に物事の一部分」であり，「残りの部分」については，「連想で補う」ことになる。このような連想は「換喩(メトニミー)」と呼ばれるもので，「換喩的思考ができるからこそ，人間の言語はオノマトペを発達させられる」といえる。

二〔小説の読解〕出典：石川達三『生きている兵隊』。

問一＜漢字＞a．「呼気」は，吐く息のこと。　b．「生前」は，すでになくなっている人が生きていたときのこと。　c．「夢遊」は，本人は覚えていないが，寝ている間に急に起き出して歩き回るなどの行動をする症状のこと。　d．「道理」は，理屈のこと。　e．「沿岸」は，海や川に沿った陸地のこと。

問二＜語句＞A．「とり止め」は，まとまりのこと。　B．「酸鼻」は，むごたらしく，いたましいさま。　　C．「卒然」は，突然であるさま。

問三＜心情＞兵は，自分も傷を負っているのに，軍医が近づいてくると，死んだかもしれないので隣の男を「見てやって下さい」とまず言った。そして，兵は，隣の男の死顔を「しげしげと」見る中で，「どこの中隊の何という兵であるかも知らない」し「生前には一度も口をきいたことはなかった」と思われるが，それでも，その男の死に目に居合わせたことで，死を見届けて記憶にとどめておくことが，自分の人間としての責務だと思ったのである。

問四＜心情＞軍医は，どのくらいたったら，また戦線へ出られるかを問う兵に対して，「馬鹿なことを言え。この傷を見ろ」と言い，兵がさらに「かたわになりますか？」と尋ねると，「なるとも」と答えた。この兵は，「腰の関節を弾片でうち砕かれ」て「かたわ」になるほどの重傷を負っているにもかかわらず，そのことへの自覚が薄く，何よりも戦線へ戻ることを考えていた。軍医は，この兵が自分の体のことを顧みることができずに戦線へ出ようとすることにあきれるとともに，そのようにならざるをえない現実を思って兵に同情し，哀れみの気持ちを抱いているのであろう。

問五＜文章内容＞平尾は「畑の畝の低みにころげ込んで銃を撃ちつづけていた」が，そのとき，敵弾が靴の踵を貫いた。そこで平尾は，「はじめてこの畑に寝そべっている自分を感じ，身のまわりに如何に多くの危険があるかを感じ」て，自分が戦場で死に直面していることを実感し，恐怖を覚えたのである。

問六＜文章内容＞戦線に出ている兵は，「自分の私的生涯ということをどこかに置き忘れ，自分の命と体との大切なことを考える力を失って」いて，「どれほど戦友が斃れようとも覚醒するときのないはげしい夢遊状態のよう」になっている。しかし，彼らは，「ひとたび敵弾が彼等の肉体に穴をあけたとき，卒然として生きている自分を発見し死に直面している自分をさとるもの」のようだった。平尾もまた，「畑の畝の低みにころげ込んで銃を撃ちつづけていた」ときは，自分の状況について何とも思わなかったが，ひとたび靴の踵を敵弾が貫くと，「はじめてこの畑に寝そべっている自分を感じ，身のまわりに如何に多くの危険があるかを感じ」た。それまでが自分の置かれている状況について何とも思わない「夢遊状態」だったとすれば，自分の現実に気づくことは，「覚醒」である。

三〔古文の読解―随筆〕出典：鴨長明『発心集』第五ノ十五。

≪現代語訳≫比叡山に，正算僧都という人がいた。我が身はたいそう貧しくて，西塔の大林という所に住んでいた頃，年の暮れに，雪が深く降り積もって，訪ねてくる人もなく，すっかり(炊事の)煙が絶えてしまったときがあった。京に母である人がいたが，便りもあまり交わしていない様子なので，(便りをするのも)かえって心苦しく，(母には)特にこのありさまは聞かれまいと思っていたが，雪の中の心細さを想像したのか，あるいはまた，何かの折に，漏れ聞こえたのか，(母から僧都のもとへ)心のこもった手紙が届いた。都でさえ人の足も途絶えている雪の中で，雪深い峰の住まいの心細さなど，ふだんよりも細やかに(思いやって)，少しばかりの物を送ってよこされた。

思いもよらないことで，(僧都は)たいそうありがたくしみじみとした気持ちになった。そのような中でも，この使いの男が，とても寒そうで深い雪をかき分けて来たのが気の毒なので，まず火などたいて，この持ってきた物を食べさせる。(使いの男は)さて食べようとする頃に，箸をつけて，はらはらと涙を落として食べなくなるのを，(僧都は)とても不思議に思って理由を尋ねる。(使いの男は,)「この差し上げなさった物は，簡単に手に入れた物ではございません。あちこちお訪ねになったものの，かなわず，母御前がご自分の御ぐしの下を切って，人にお与えになって，その代金で，やっとのことで(手に入れて)差し上げなさったのです。今これを食べようといたしますと，そのお気持ちの深い愛情を思い出して，身分の低い者ではありますが，とても切なくて，胸がいっぱいになって，どうにも喉へ入らないのです」と答えて言う。これを聞いて，いいかげんに思うだろうか。しばらくの間(僧都も)涙を流した。

〈全てにおいて，慈悲の深いことで，母の思いにまさるものはない。〉

問一<古語>a.「ねんごろなり」は，細やかに心を配っている，という意味。　b.「いとほし」は，ここでは，かわいそうだ，気の毒だ，という意味。　c.「あやし」は，ここでは，不思議だ，という意味。

問二<古文の内容理解>ⅰ. 母は，雪深い山での僧都の心細さを推察したのか，手紙をよこした。　ⅱ. 母からの手紙と少しばかりの物を受け取った僧都は，とてもありがたく思い，しみじみとした気持ちになった。　ⅲ. 使いの男が涙をこぼしたので，僧都は，理由を尋ねた。

問三<古文の内容理解>僧都は貧しく，いよいよ「烟」が絶えるときも出てくるほど困窮した。しかし，日頃母とは便りもあまり交わさない疎遠な関係になっていたため，このようなときだけ助けを求めることは心苦しくてできないと，僧都は思った。

問四<古文の内容理解>1. 僧都が使いの男に，男が持ってきた母からの贈り物を食べさせようとしたところ，男は，食べかけたところで涙をこぼし，食べられなくなった。　2. 使いの男は，この贈り物は僧都の母がとても苦労して，最後は自分の髪を切って人に与えてやっと手に入れたものであることを話し，母の志の深さ，僧都を思う愛情の深さを思うと，胸がいっぱいになると，食べられなくなった理由を答えた。

問五<現代語訳>③「なほざり」は，苦労なく簡単であること。「にても侍らず」は，〜ではございません，という意味。　④「おろそか」は，いいかげんであること。「覚えんやは」は，思うだろうか(，いや，思わない)，という意味。

問六<古文の内容理解>僧都の母は，僧都を思いやり，苦心して食べ物を手に入れて僧都に送り届けた。母の使いで僧都に届け物をした男は，その母の愛情の深さを思うと，食べ物も喉を通らないほど胸がいっぱいになった。これらのことから，本文は，母の子を思う気持ちはこのうえなく強いことを述べようとしたものと考えられる。

═読者へのメッセージ═

オノマトペは，基本的には擬音語のことですが，実際には広く擬態語も含めてオノマトペと称されています。この語源は，古代ギリシア語の「名づける」「造語する」ことを意味する「オノマトポイーア」で，古代ギリシアにおいて「名づけ」は，事物・事象の音声を写し取るという仕方で行われていたことによるそうです。

2023年度 お茶の水女子大学附属高等学校

【英　語】（50分）〈満点：100点〉

（注意）1．試験開始3分後に，放送による問題を行います。試験が始まったら，問題の[1]と[2]に目を通しておきなさい。

2．文中の＊のついている語句には，問題の最後に注があります。

［注意］

問題の[1]と[2]は放送による問題です。放送の指示に従って答えなさい。なお必要ならば，聞きながらメモをとってもかまいません。〈編集部注：放送文は未公表につき掲載してありません。〉

[1] **【聞き取りの問題】** 英文が1回のみ読まれます。よく聞いて，次の問いの答えとして最も適切なものを，アからエの中から1つ選び，記号で答えなさい。

(1) Why does the speaker visit some music websites?

ア Because she wants to listen to popular foreign music.

イ Because she wants to send messages to her fans.

ウ Because she wants to know other people's opinions about her music.

エ Because she wants to see what her fans say.

(2) Why does the speaker drink lots of water during the day?

ア Because the air in the *studio is dry.

イ Because there is no cafe around the studio.

ウ Because Indian food makes her thirsty.

エ Because she takes care of her throat.

(3) What does the speaker usually do around 4 p.m.?

ア She practices singing.

イ She supports the other members.

ウ She checks e-mails from her fans.

エ She drives a car.

(4) What does the speaker sometimes do after she returns to the city?

ア She appears on a TV show and talks about music.

イ She watches her favorite TV shows until midnight.

ウ She goes to a Japanese restaurant with the other members.

エ She cooks and eats foreign food with her boyfriend.

（注） studio 「スタジオ」

[2] **【書き取りの問題】** 英文が3回読まれます。よく聞いて，下線部を正しく埋めなさい。ただし，英文は2回目のみゆっくり読まれます。

(1) We use *social networking sites ______________________________

______________________________.

(2) They ______________________________

______________________________.

(3) But sometimes we ____
____.

（注） social networking sites 「ソーシャル・ネットワーキング・サイト，SNS」

3 次の英文を読んで，その内容と一致するように，後の**【要約文】**の空所１から13に適切な英語一語を入れなさい。

In our long history, technology has changed both our daily lives and views of our towns and cities. For example, 120 years ago, there were *stables for horses instead of gas stations in towns. There were no supermarkets or convenience stores; instead, there were many small shops that sold a limited *range of products. If modern time travelers entered one of these shops, they would be surprised to find that there was no *self-service. The *shopper would stand in front of a *counter and order *items *one by one from the clerk on the other side. Imagine how much time this would take.

After World War II, supermarkets were introduced and became very popular. They were more convenient because they offered many kinds of products. They soon *replaced small shops. When people started to have their own cars, first in the United States and later in much of the world, *shopping malls were built, often at the edge of town, and people started to go shopping by car. More recently, "*big-box" stores began appearing at these shopping malls. These stores are very large and usually sell *general merchandise or *specialties such as clothes, books, or electronic goods. Once again, changes *benefit the consumer with a large range of products and low prices.

Another change is now happening. In 1995, Amazon began an online bookstore. Customers could order books through the Internet, and they arrived a few days later. This became very popular for several reasons. Often the prices of the books at Amazon were lower than the prices of books in *conventional bookstores, and Amazon offered a wider range of books than the largest bookstore did. Amazon soon started to sell other products such as music and clothes, and other online stores did the same. Today, it is possible to buy almost anything online. If you use online stores, prices are low, there is a wide range of goods, and you don't have to travel and shop in crowded stores.

For conventional *retailers, it is hard to *compete with online stores. Their stores have only limited space, so they cannot have many different kinds of goods like online stores. The prices of their products will always be higher because they have to pay for the *maintenance of the store. Today, some shoppers come to conventional stores just to see a product or *try on some clothes. They may even take pictures of products or product *barcodes and then order the product from an online store such as Amazon. This is called "*showrooming," and there are even smartphone *applications that *enable shoppers to check and compare prices at several stores. Of course, this makes conventional retailers very angry, but there is nothing they can do about it.

Conventional retailers are the victims of the new technologies that have changed people's shopping behavior greatly. However, this is nothing new; businesses are always influenced by change. It is true that shoppers cannot get the same degree of personal service from an online retailer *compared with an *actual store, but shoppers have already *voted with their wallets and online *retailing may be the way of the future.

【Adapted from Charles Browne, Brent Culligan and Joseph Phillips, *In Focus Level 3 Student's Book with Online Resources* ©Cambridge University Press 2014. Reproduced with permission of the Licensor through PLSclear.】

【要約文】

The (1) of technology has often changed our daily lives greatly. For example, the shops today are very (2) from the shops of 120 years ago. There were many small shops that sold only a few, specific products, and there people had to ask the shop staff to (3) things they wanted. After World War Ⅱ, many of such small shops (4) because people started to use supermarkets which sold a wide range of products. When people got cars, they started driving to shopping malls which were far from the (5) of town. People were able to buy things at lower prices at big stores in shopping malls. Now we are experiencing another change of (6) we buy things: online shopping. We can buy things on the Internet, and (7) a few days, the product will be (8) to our home. Many people like online shopping because products are (9) and various goods are offered. Also, shoppers don't need to go to actual stores which are (10) of people. Some shoppers (11) actual stores just to check out products. Conventional retailers are (12) from changing technologies, but it actually happens quite often. Just like supermarkets replaced small shops, businesses always change. Shoppers have already shown that they prefer online shopping by spending more (13) online.

（注） stable 「馬小屋」 range 「範囲，品揃え」 self-service 「セルフサービス(客が購入したい商品を自分で陳列棚から取り，レジに持っていく買い物の仕方)」 shopper 「買い物客」
counter 「カウンター」 item 「品物，商品」 one by one 「一つずつ」 replace 「取って代わる」
shopping mall 「ショッピングモール」 big-box store 「大型店」
general merchandise 「日用品，生活雑貨」 specialty 「専門店で売られている商品」
benefit ～ with ... 「～に…という恩恵をもたらす」 conventional 「従来型の」 retailer 「小売店」
compete with ～ 「～と競う」 maintenance 「維持，管理」 try on ～ 「～を試着する」
barcode 「バーコード」 showrooming 「ショールーミング」 application 「アプリ」
enable ～ to ... 「～が…するのを可能にする」 compared with ～ 「～と比べて」
actual store 「実店舗」 vote 「投票する，投票で意思表示をする」 retailing 「小売業」

4 下の英文を読んで，次の問いに日本語で答えなさい。

(1) 下線部(1)は，誰が何をしなかったことを意味しますか。これより後の内容をふまえて具体的に答えなさい。

(2) 下線部(2)を，Ben は何をすることと引き換えに受け取りましたか。

(3) 下線部(3)のような行動をとったのは，Jane が何を恐れていたからですか。

(4) 下線部(4)のような気持ちに Jane がなったのは，なぜですか。

"I don't know what has happened to you recently, Jane," Mother said. "You were so good to your little brother, but now you are *ignoring him."

Unfortunately, Ben walked into the room just then and heard this conversation.

My little brother, Ben! I hated him not only because he was a *liar, but because actually I was more *guilty than he was. But I just didn't know when to *confess everything.

I didn't expect that he would win the prize and that he would be known all over the city. Tomorrow morning Ben was going to read his *composition in the *assembly, and the whole program would be *broadcast over the radio throughout our city!

"I know, Jane," Mother was saying now. "In your heart, you are proud of him. Ben's composition won first prize out of all those thousands of students in the school."

Mother *turned to Ben and said, "It is time for you to go to bed so you can be *fresh for your big moment tomorrow." Maybe if he confessed the whole thing now, we could still do something. Tomorrow would be too late, and he and I, and Mother and Father too, would be *disgraced before all the school and the whole city.

(1)<u>But no.</u> He only said good night to Mother and went to his room.

His composition started so *innocently two weeks before. Mother invited many guests for a tea party, so she borrowed some *silver from her friend, Mrs. Brown. After the guests left and the dishes were washed, Mother asked me to return the silver. But I was busy, so I asked Ben to do so. "Sure," he said, "I'll do it if you give me five dollars. But I don't have time because I have homework to do."

"What homework?" I asked.

"Some composition."

"I can *fix that *in a moment," I said *cheerfully.

I opened my notebook, took out an essay I wrote that week on 'If I Had My Wish' and *handed it to him. I don't usually worry about compositions. My English teacher actually *marked my composition with an 'A' and I read it to the class.

"Be sure to *copy it in your own *handwriting," I told Ben, when I handed him the paper and (2)<u>five dollars</u>. "*Leave out some sentences and *misspell a few words."

The *fatal morning arrived at last. Mother, Father, and I sat together during the assembly. The program started and it went on and on like something in a dream.

Now Ben was standing in the center of the stage. (3)<u>I looked at my English teacher and my classmates.</u> Soon they would all recognize the words I read in the classroom only a few weeks before. I shut my eyes when Ben began to speak. His voice was loud and clear as he read the title: 'If I Had My Wish.'

"If I had my wish, I would want our team to win every game this season because they are great players and *deserve it. They are also a nice group of *fellows and are like *the United Nations of all *races, colors, and *religions. If I had my wish, there would be teams like ours all over the world. Peter is the best *pitcher we ever had." Ben kept talking about each player for maybe two or three minutes. But it seemed to me a second or forever.

Slowly I sank into my seat, and I was *sobbing. Mother put her arms around me.

After we got back home, I confessed everything to Mother and Father. Though they *scolded me, I felt I deserved it.

That evening, when I *hugged my brother, I asked Ben what happened to my composition after all.

His face *turned red. "I put your paper in my pocket," he explained, "but I lost it somewhere because it wasn't there when I got to school. Ms. Anderson told me to stay after school and write one. I remembered your title, so I wrote that down. But I couldn't copy the whole thing. I'm lucky I lost it."

My composition was about an *imaginary trip to *Hollywood. I hugged him again, and then I *apologized to him.

"I am so *ashamed," I said.

"Forget it, Sister," he said, and his face turned redder.

(4)I'm just so proud of my little brother.

【出典：開隆堂出版・Shorter English Readers 1(英読403)(昭和47年度)】

（注） ignore 「無視する」 liar 「嘘つき」 guilty 「うしろめたい，罪の意識がある」
confess 「打ち明ける」 composition 「作文」 assembly 「集まり，集会」
broadcast 「放送する」 turn to ～ 「～の方を向く」 fresh 「元気である」
disgraced 「面目をつぶされる」 innocently 「悪気なく，悪意なく」 silver 「銀の食器」
fix 「上手く対処する」 in a moment 「すぐに」 cheerfully 「機嫌よく」 hand 「手渡す」
mark ～ with an 'A' 「～にAという成績をつける」 copy 「写す」 handwriting 「手書き」
leave out 「省く，除く」 misspell 「つづりを誤る」 fatal 「運命の」
deserve 「値する，受けるに足りる」 fellow 「仲間」 the United Nations 「国際連合」
race 「人種」 religion 「宗教」 pitcher 「(野球の)投手，ピッチャー」 sob 「泣きじゃくる」
scold 「叱る」 hug 「抱きしめる」 turn red 「赤くなる」 imaginary 「想像上の，架空の」
Hollywood 「ハリウッド(米国の都市)」 apologize 「謝る」 ashamed 「恥じている」

5 次の英文の意味が通るように，空所1から5に入れるのに最も適切なものを，下のアからオの中から選び，記号で答えなさい。ただし，同じものを2回以上用いてはいけません。

Young elephants grow up within a *matriarchal family: their mother, sisters, cousins, aunts, grandmothers, and friends. [1] Young elephants stay close to their mothers and other family members ― males until they are about 14, *females *for life. According to Daphne Sheldrick, *founder and director of an *elephant orphanage in Kenya for over 30 years, "When we get a new baby here, the others will come and *lovingly put their *trunks on its body to *comfort it. [2]"

[3] Elephants express *emotions by using their trunk, ears, head, and *tail. When they need to communicate *over longer distances, they use powerful *low-frequency, *rumbling *calls that can be heard by others more than a *mile away.

After a death, family members show signs of *grief. Elephants try to *lift the dead body and cover it with *dirt and *brush. A scientist once watched a female that *stood guard over her dead baby for three days. Her head, ears, and trunk were hanging in grief. [4]

"Elephants are very *human animals," says Sheldrick. "Their emotions are exactly like ours." [5] The elephant brain also has many *spindle cells. They are related to *empathy and *social awareness in humans.

【Adapted from Charles Siebert, *"Orphans No More"*】

ア Studies show that elephant brains are very similar to human brains *in the way they *process emotions.

イ These *bonds continue throughout their lives that can be about 70 years.

ウ Elephants may visit the *bones for many months, even many years, and touch them with their trunks.

エ　A *complex communication system helps the elephants stay close to each other.

オ　They have such big hearts.

（注） matriarchal 「メスが支配している」　female 「メス」　for life 「死ぬまで」
founder 「創設者」　elephant orphanage 「ゾウの孤児院」　lovingly 「愛情をこめて」
trunk 「ゾウの鼻」　comfort 「なだめる」　emotion 「感情」　tail 「しっぽ」
over long distances 「長距離にわたって」　low-frequency 「低周波の」
rumbling 「ゴロゴロ鳴る」　call 「鳴き声」　mile 「マイル（1 mile≒1.6 km）」
grief 「深い悲しみ」　lift 「持ち上げる」　dirt 「泥」　brush 「低木」
stand guard over ～ 「～を見張る」　human 「人間らしい」　spindle cell 「紡錘細胞」
empathy 「共感」　social awareness 「社会性」　in the way … 「…という点で」
process 「処理する，整理する」　bond 「絆」　bone 「骨」　complex 「複雑な」

6　例にならって，次の(1)から(4)の[　]内の語句を与えられている順にすべて用い，さらに最低限必要な語を加えて，話の筋が通るように英文を完成させなさい。

【例】 Ms. Williams is a teacher and [there, thirty, children, class].
→ there are thirty children in her class

*　*　*　*　*

A young woman *milked her cow and was *on her way to town to sell the milk. As she *walked down the *path, she *balanced the bucket of milk on her head. It (1)[early, the morning and, sun, bright]. The flowers smelled sweet, and she felt good!

As she walked, she said to herself, "This milk (2)[going, make enough money, buy, eight eggs]. I'll take the eggs back to the farm and put them under my four best *hens. Soon the eggs will *hatch into eight *chicks. I'll feed them, and the chicks will grow big and fat. Then they will have (3)[lot, eggs, will turn, chickens], too. Then I'll take all the chickens and sell them, and I'll (4)[get, most expensive dress, world and, go, nicest party] on Christmas. Everyone will ask me to dance, and *all night long, I'll dance and *twirl."

As she talked to herself, she gave a little *hop and did a dance step, but when she started to twirl around, the milk bucket on her head was *thrown off balance. The milk was *spilled and her plans were *spoiled.

"Oh, I've done a stupid thing," she cried. "I counted my chickens before they hatched."

【Adapted from Lewis, S. *One-minute Bedtime Stories*.】

（注） milk 「（動物の）乳を絞る」　on her way to ～ 「～へ向かう途中」　walk down 「歩いていく」
path 「小道，細道」　balance 「バランスを保つ」　hen 「めんどり」
hatch into ～ 「（卵が）かえって～になる」　chick 「ひよこ」　all night long 「一晩中」
twirl 「くるくる回る」　hop 「片足跳び」　throw ～ off balance 「～のバランスを崩す」
spill 「こぼす」　spoil 「台無しにする」

7　本を読まない若者が増えていますが，あなたは高校生は本を読むべきだと思いますか。自分の意見とその理由を40語程度の英語で述べなさい。なお，解答の末尾には使用した語数を記すこと。

【数　学】（50分）〈満点：100点〉

（注意）　1．解答用紙には，計算，説明なども簡潔に記入し，作図に用いた線は消さずに残しておきなさい。
　　　　　2．根号$\sqrt{\ }$や円周率πは小数に直さず，そのまま使いなさい。
　　　　　3．問題用紙の図は必ずしも正確ではありません。
　　　　　4．携帯電話，電卓，計算機能付き時計を使用してはいけません。

1　次の各問いに答えなさい。

(1)　$x=\sqrt{7}+\sqrt{5}$，$y=\sqrt{7}-\sqrt{5}$ のとき，$\dfrac{(\sqrt{x}-\sqrt{y})}{(\sqrt{x}+\sqrt{y})}$ の値を求めなさい。

(2)　aを定数とする。

連立方程式 $\begin{cases} x-\dfrac{a+5}{2}y=-2 \\ 2ax+15y=1 \end{cases}$

は $y=\dfrac{1}{3}$ を解にもつ。このとき，定数aの値として考えられるものをすべて求めなさい。

(3)　図のような座席番号がふられている４つの座席がある。また，袋の中に，１番から４番の番号が書かれたカードがそれぞれ１枚ずつ合計４枚入っている。A，B，C，Dの４人がこの順に，袋の中からカードを１人１枚ずつ取り出し，書いてある番号の座席に座る。このとき，AとBが隣り合わず，かつ，BとCが隣り合う座席に座る確率を求めなさい。ただし，どのカードを取り出す場合も同様に確からしいとする。

1	2	3	4

(4)　∠A＝30°，AB＝AC である二等辺三角形 ABC で辺 BC が直線 l 上にあるものを作図せよ。作図に用いた補助線は消さずに残しておくこと。点Aと直線 l は解答用紙にあるものを用いなさい。

2　川の下流にＰ地点，上流にＱ地点がある。PQ間の距離は600ｍである。静水に対する蘭子さんのボートの速度を毎分xｍ，梅子さんのボートの速度を毎分yｍとし，川の流れの速さを毎分zｍとする。①蘭子さんが，川のＰ地点とＱ地点の間をボートで往復したところ16分かかった。次に，②蘭子さんはＰ地点からＱ地点へ向かって，梅子さんはＱ地点からＰ地点へ向かってそれぞれボートを同時にスタートさせたところ５分後に２人は出会った。さらに，③蘭子さん，梅子さんがともにＰ地点から同時にボートを漕ぎはじめ，Ｐ地点とＱ地点の間を往復したところ，蘭子さんがＰ地点に到着してから24分後に梅子さんがＰ地点に到着した。蘭子さんと梅子さんのボートの速度，および川の流れの速さはそれぞれ常に一定であるとし，折り返しの際は休まずにすぐ折り返したものとする。このとき，次の問いに答えなさい。

(1)　下線部①，②，③について，それぞれ，x，y，zを用いて方程式を作ったとき，□に当てはまる式を答えなさい。

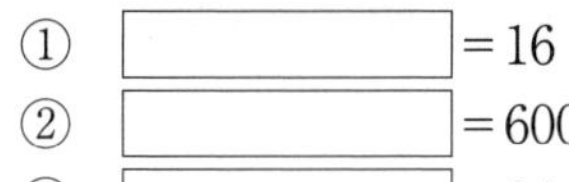

① □ $=16$

② □ $=600$

③ □ $=24$

(2) xの値を求めなさい。

3 図のような１辺の長さ１の正方形がある。頂点A，B，C，Dのx座標，y座標はすべて正であり，点B，Cのy座標はともに$\frac{1}{2}$である。この正方形ABCDを，頂点Bを中心に反時計回りに60°回転させたものを正方形A′BC′D′とすると，直線A′D′は原点Oを通った。さらに，正方形A′BC′D′を直線A′Bに関して対称に移動したものを正方形A′BC″D″とすると，正方形A′BC″D″とx軸は２点で交わった。この２つの交点を原点Oに近い方から点E，Fとする。ただし，点A′，C′，D′はそれぞれ点A，C，Dが移った点，点C″，D″はそれぞれ点C′，D′が移った点とする。このとき，次の問いに答えなさい。

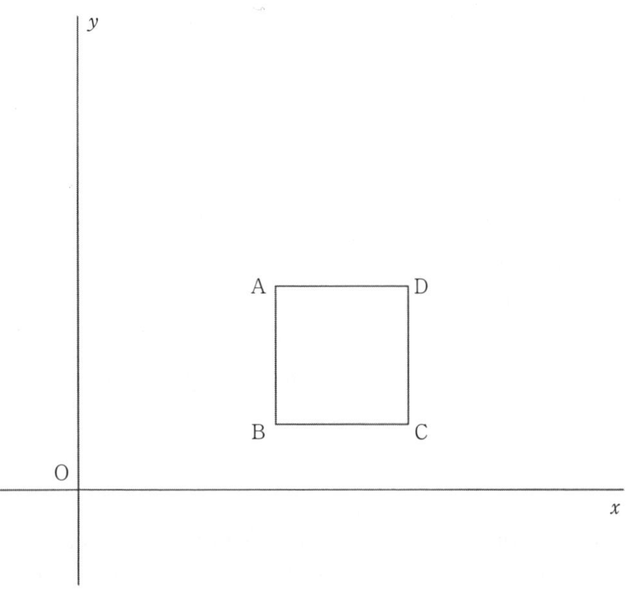

(1) 直線A′D′の式および点Bのx座標を求めなさい。

(2) 点Fのx座標を求めなさい。

(3) △C″EFの面積を求めなさい。

4 図のような１辺の長さが１の立方体ABCD-EFGHがある。

４点A，F，G，Hを頂点とする三角すいSと４点C，F，E，Hを頂点とする三角すいTがあるとき，次の問いに答えなさい。

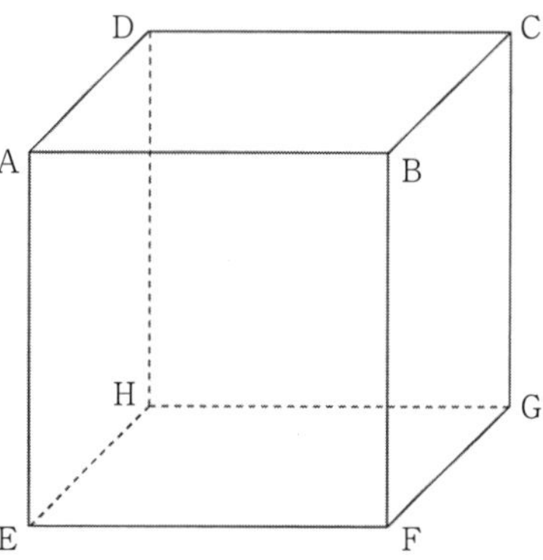

(1) 三角すいSの表面積を求めなさい。

(2) 辺AE上にAP：PE＝m：nとなるような点Pをとり，点Pを通り底面EFGHに平行な平面でこの２つの三角すいS，Tを切ったとき，２つの立体SとTの切り口の図形が重なった部分の面積をMとする。

① $m:n=2:1$のときのMの値を求めなさい。

② $m:n=7:2$のときのMの値を求めなさい。

【社　会】（50分）〈満点：100点〉

（注意）解答は原則として漢字で記入しなさい。

1　次のキクさんとウメさんの会話文を読み，下の各問いに答えなさい。

キク　2022年は，身近な食品の値上げがあいつぎました。

ウメ　私の住んでいる地域では，給食費も上がり，献立からパンや揚げ物が減るなどの変化がありました。なぜこのようなことになったのか疑問に思ったので，①世界三大穀物価格の推移について調べてみました。右の図を見てください。

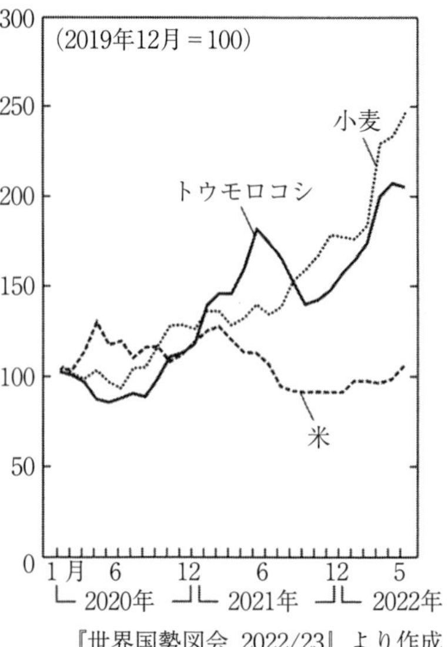

『世界国勢図会 2022/23』より作成

キク　2019年12月の価格を100とすると，小麦やトウモロコシの価格が大きく上昇していることがわかります。

ウメ　そうですね。世界的な②人口増加による需要増加や気候変動に加えて，日本にとっては，特に2022年は（　A　）により輸入原材料の価格が上昇していることや，それにともない③輸送コストが上昇していることも大きく影響しているようです。給食には欠かせない④牛乳も値上げがさけられない状況です。

キク　祖母は，「いろいろなものが値上げされて，石油危機の頃のようだ」と言っていました。

ウメ　1970年代の日本では，石油危機をきっかけに，⑤エネルギー政策の転換や技術面での変化もあったようです。そう考えてみると，コロナ禍でも，非接触やオンラインなどの技術を使いこなすのが当たり前になるなどの変化がありました。食品の値上がりの危機についても，乗り越える方法を探ってみたくなりました。

問１　会話文中の空欄（A）にあてはまる適切な語句を答えなさい。

問２　会話文中の下線部①世界三大穀物に関して，次の表１と表２は，2020年のおもな生産国と輸出国を示したものであり，穀物あ から う は，小麦，米，トウモロコシのいずれかである。表を見て，下の各問いに答えなさい。

表１　世界三大穀物のおもな生産国（単位：万トン）

穀物あ

国名	生産量
中国	21,186
（ a ）	17,830
（ b ）	5,490
インドネシア	5,464
世界計	75,674

穀物い

国名	生産量
（ c ）	36,025
中国	26,067
ブラジル	10,396
アルゼンチン	5,839
世界計	116,235

穀物う

国名	生産量
中国	13,425
（ a ）	10,759
（ d ）	8,589
（ c ）	4,969
世界計	76,092

表２　世界三大穀物のおもな輸出国（単位：万トン）

穀物あ

国名	輸出量
（ a ）	1,446
（ e ）	568
タイ	566
パキスタン	394
世界計	4,559

穀物い

国名	輸出量
（ c ）	5,183
アルゼンチン	3,688
ブラジル	3,443
（ f ）	2,795
世界計	19,289

穀物う

国名	輸出量
（ d ）	3,726
（ c ）	2,613
カナダ	2,611
フランス	1,979
世界計	19,852

『世界国勢図会 2022/23』より作成

(1)　次の文章中の（B）から（D）にあてはまる穀物あ から う の組み合わせとして適切なものを，

下のアからカの中から１つ選び，記号で答えなさい。

> 穀物（ B ）は生産面でも輸出面でも他の２つの穀物に比べて，第１位の国への集中度が高い。穀物（ C ）は他の２つの穀物よりも国際市場での取引量が多い。それに対して，穀物（ D ）は国際市場での取引量が他の２つの穀物よりも大幅に少ないことから，もっとも自給的な性格の強い穀物だと考えられる。

ア　B：あ　C：い　D：う　　イ　B：あ　C：う　D：い
ウ　B：い　C：あ　D：う　　エ　B：い　C：う　D：あ
オ　B：う　C：あ　D：い　　カ　B：う　C：い　D：あ

⑵　表１と表２の（a）と（c）と（d）にあてはまる国名の組み合わせとして適切なものを，次のアからカの中から１つ選び，記号で答えなさい。

ア　a：アメリカ合衆国　c：インド　d：ロシア
イ　a：アメリカ合衆国　c：ロシア　d：インド
ウ　a：インド　c：アメリカ合衆国　d：ロシア
エ　a：インド　c：ロシア　d：アメリカ合衆国
オ　a：ロシア　c：アメリカ合衆国　d：インド
カ　a：ロシア　c：インド　d：アメリカ合衆国

⑶　世界三大穀物の生産について述べた文として適切なものを，次のアからエの中から１つ選び，記号で答えなさい。

ア　トウモロコシは，北アメリカやヨーロッパでは食用の割合が高く，アフリカでは飼料にすることが多い。
イ　小麦は，世界各地で栽培されており，北半球と南半球の収穫期の違いなどによって，おおむね一年を通じてどこかで収穫されている。
ウ　ヒンドスタン平原では，降水量の多いガンジス川上流部では稲作が，降水量の少ない下流部では小麦の栽培が盛んに行なわれている。
エ　米の１haあたりの収穫量を比較すると，一般に日本よりも東南アジアの国々の方が高い。

⑷　世界三大穀物の貿易について述べた文として**適切でないもの**を，次のアからエの中から１つ選び，記号で答えなさい。

ア　日本が2020年に輸入したトウモロコシの９割以上は，中国から輸入したものである。
イ　2020年のロシア産小麦のおもな輸出先としては，中東やアフリカの国々があげられる。
ウ　米はインディカ種がおもに熱帯地方で，ジャポニカ種が日本や中国北部で栽培されており，国際市場で取引される米はインディカ種が多い。
エ　穀物をあつかう巨大企業である穀物メジャーは，世界の穀物の価格に大きな影響を与えている。

問３　会話文中の下線部②人口増加に関して，2011年から2021年の平均人口増加率がマイナスとなる国として適切なものを，次のアからエの中から１つ選び，記号で答えなさい。

ア　オーストラリア　　イ　タンザニア
ウ　イラク　　エ　ギリシャ

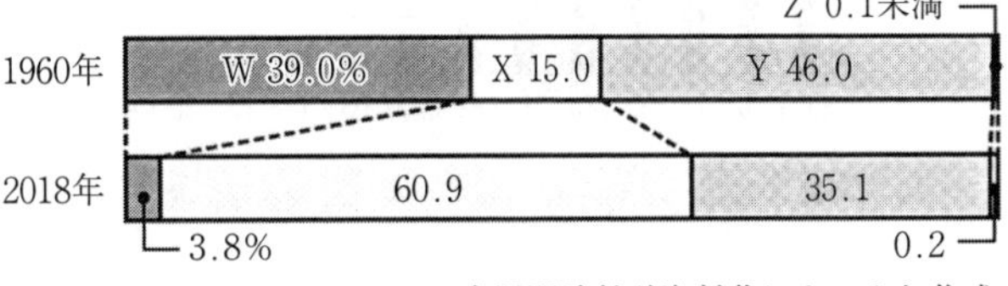

交通関連統計資料集ほかにより作成

問４　会話文中の下線部③輸送に関して，右の図は日本国内の貨物輸送の内訳の変化を示したものであり，図中のWからZは，航空機，自動車，鉄道，船舶のいずれかである。XとYの輸送の特徴として適切なものを，次のアからエの中から１つずつ選び，記号で答えなさい。

ア　速度が遅いが，重量や容積の大きい貨物を低運賃で遠くまで運ぶことができる。

イ　レールの敷設や整備に費用がかかるが，大量の貨物を予定通りの時間で運ぶことができる。

ウ　一度に輸送できる量は少ないが，目的地まで積み替えなしで貨物を運ぶことができる。

エ　一度に輸送できる量は少ないが，地形や海洋の影響をほとんど受けることなく貨物を運ぶことができる。

問５　会話文中の下線部④に関連して，右の略地図を見て，次の各問いに答えなさい。

(1)　略地図中の斜線で示した酪農が盛んな台地を答えなさい。

(2)　次の図は，略地図中の　え　の都市における日照時間の月別平均値を示したものである。図のような夏季の日照時間の特徴が生じる要因について，下の文の空欄（Ｅ）から（Ｇ）にあてはまる適切な言葉を答えなさい。ただし，空欄（Ｅ）は８方位で答えなさい。

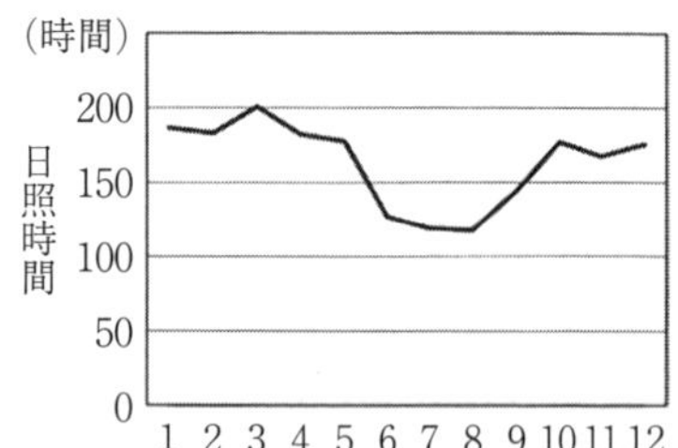

気象庁ウェブページより作成

> この地域では，夏には（　Ｅ　）の季節風が（　Ｆ　）海流によって冷やされることで，（　Ｇ　）が発生するため。

(3)　次の図は，1965年から2020年の日本における酪農家戸数の変化，乳牛の飼育頭数の変化を示したものである。図を見て，日本の酪農の動向について，説明しなさい。

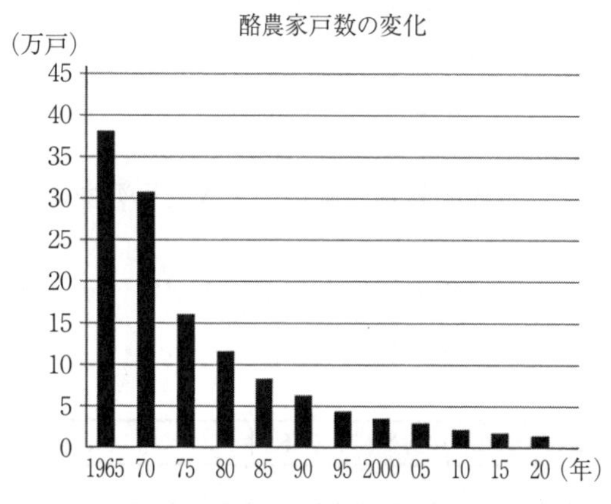

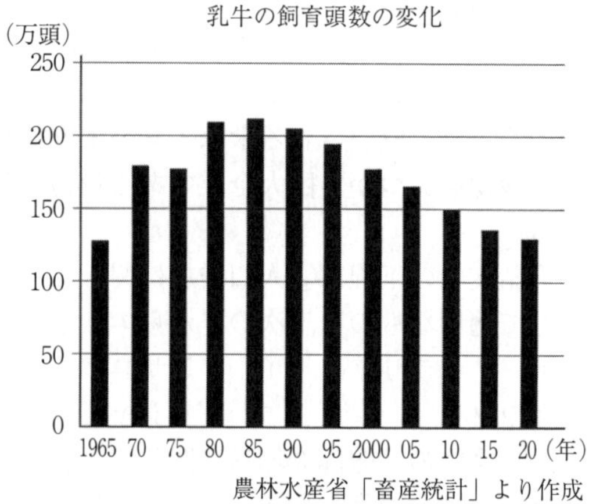

農林水産省「畜産統計」より作成

(4) 次の図は，日本の乳牛１頭あたり年間費用構成(左図)と牛乳小売価格と配合飼料価格の推移(右図)を示したものである。図を見て，牛乳の値上げがさけられない状況にある理由を，説明しなさい。

乳牛１頭あたり年間費用構成(2020年)

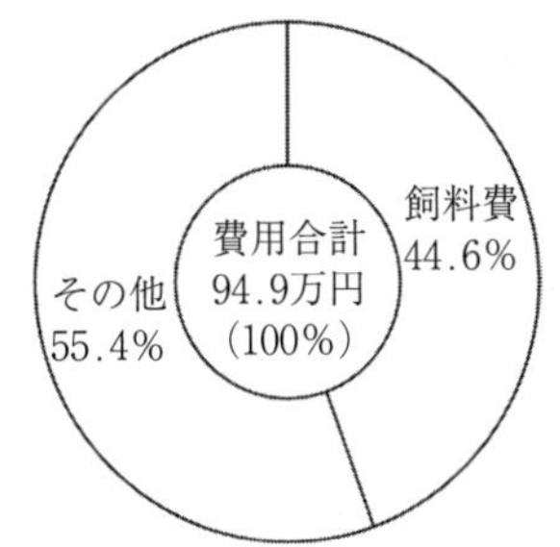

農林水産省「畜産物生産費統計」より作成

牛乳小売価格
(東京，円／500cc，右軸)
(円)
120,000
110,000
100,000
90,000
80,000
70,000
60,000
50,000
40,000
(円)
120
110
100
90
80
70
60
50
配合飼料価格
(円／トン，左軸)
1985 90 95 2000 05 10 15 2022

「資材価格高騰下における生乳価格引き上げの意義と課題」より作成

問６ 会話文中の下線部⑤エネルギーに関して，次の図は，1973年度，2010年度，2019年度のいずれかにおける日本の一次エネルギー供給構成の推移を示したものである。ⅠからⅢを年代の古い順に正しく並べたものを，下のアからカの中から１つ選び，記号で答えなさい。なお，一次エネルギーとは，加工されていないエネルギーのことである。

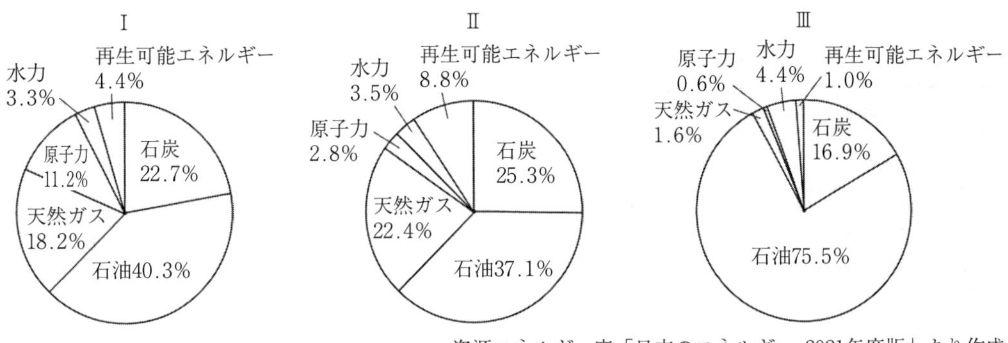

資源エネルギー庁「日本のエネルギー 2021年度版」より作成

ア Ⅰ→Ⅱ→Ⅲ　　イ Ⅰ→Ⅲ→Ⅱ
ウ Ⅱ→Ⅰ→Ⅲ　　エ Ⅱ→Ⅲ→Ⅰ
オ Ⅲ→Ⅰ→Ⅱ　　カ Ⅲ→Ⅱ→Ⅰ

2 ランさんは，自動車産業に興味をもち，関連することがらについて調べた。次の各問いに答えなさい。

問１ 愛知県瀬戸市では，ファインセラミックスを素材とする自動車部品を製造している。この素材に生産技術が応用されている瀬戸市の工芸品として適切なものを，次のアからエの中から１つ選び，記号で答えなさい。

ア 織物　　イ 漆器　　ウ 鉄器　　エ 陶磁器

問２ 次の図中のアからエは，愛知県，大阪府，東京都，福岡県のいずれかの製造品出荷額等割合を示したものである。愛知県，福岡県にあてはまる適切なものを，次のアからエの中から１つずつ選び，記号で答えなさい。

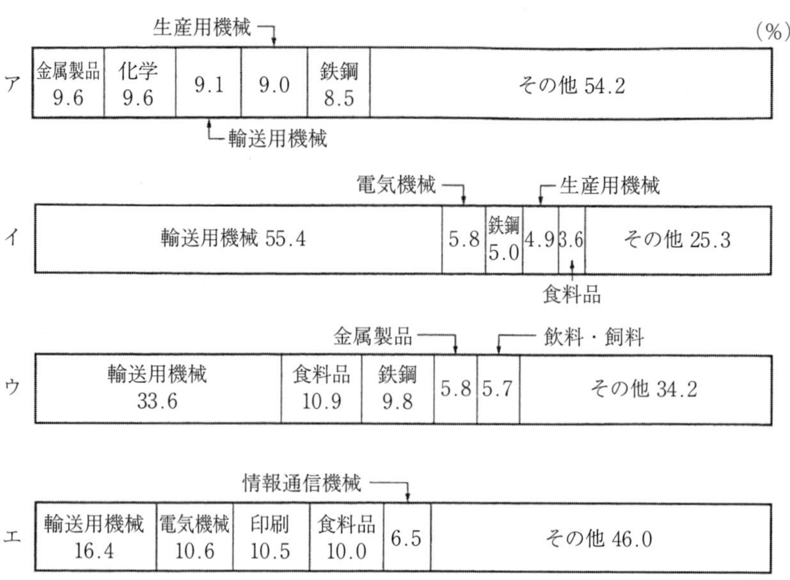

『データでみる県勢 2022』より作成

問3　国内で生産された自動車の一部は，名古屋からロサンゼルスへ船で輸出されている。略地図中において両都市を直線で結んだ点線 a の長さと，線アからウの略地図上の長さはそれぞれ等しい。実際の距離を比較したとき，点線 a より長いものを線アからウの中から１つ選び，記号で答えなさい。

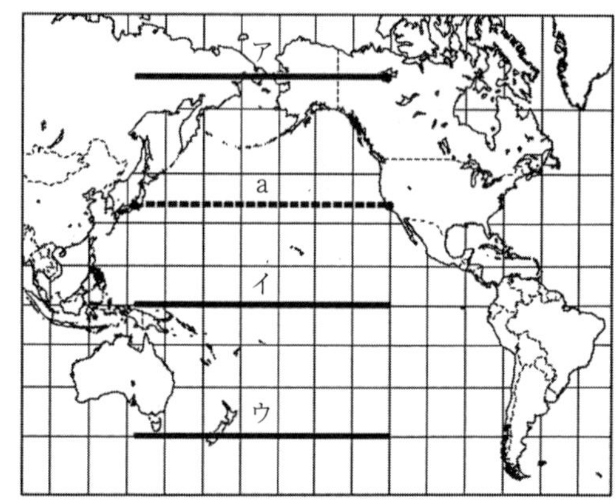

（注）　緯線と経線が直角に交わる地図である。

問4　自動車の燃料としても使用されている，バイオ燃料に関する次の各問いに答えなさい。

(1)　右の図は，バイオ燃料の原料となる，ある農作物の2020年における国別生産量の割合を示したものである。この農作物名を答えなさい。

(2)　バイオ燃料を使用することの長所と短所を，説明しなさい。

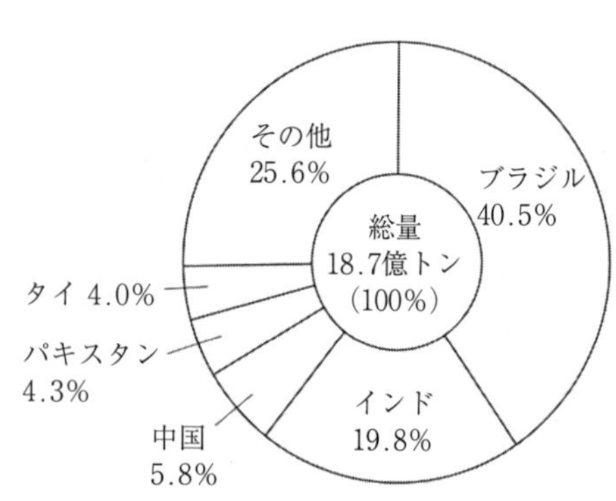

『世界国勢図会 2022/23』より作成

問5　次の図は，アメリカ合衆国，韓国，中国，日本の自動車生産の推移を示したものである。日本にあてはまる適切なものを，図中のアからエの中から１つ選び，記号で答えなさい。

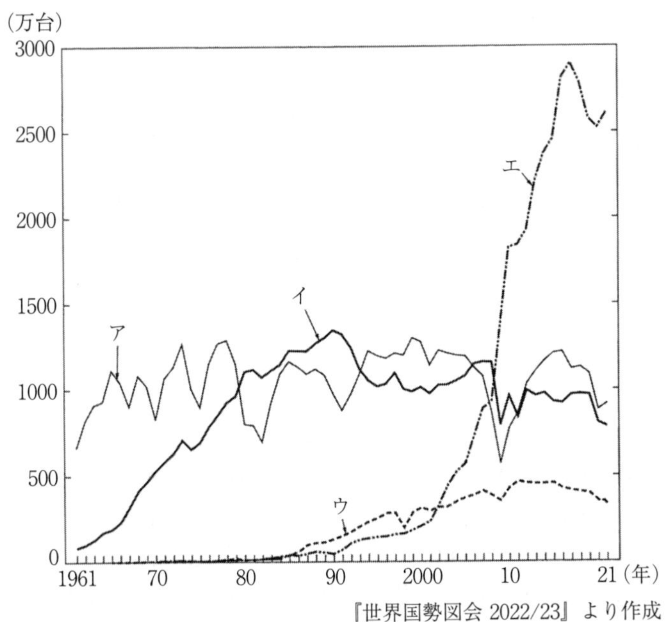

『世界国勢図会 2022/23』より作成

3 次の史料1から史料4と説明文を読み，下の各問いに答えなさい。なお，史料はわかりやすく要約してある。

史料1 ①『吾妻鏡』1192年8月5日

> 以前は，下文(くだしぶみ)には頼朝様の花押(かおう)が記されていたが，政所を置いてからは，花押入りの下文を返却させて，政所下文が与えられたところ，千葉介常胤(ちばのすけつねたね)がたいそう抗議した。「政所下文は家来が署名し花押を記した書類であり後日の証拠にならない。私は頼朝様の花押を記した下文をいただき，子孫までの証拠としたい。」と。

史料2（複製）

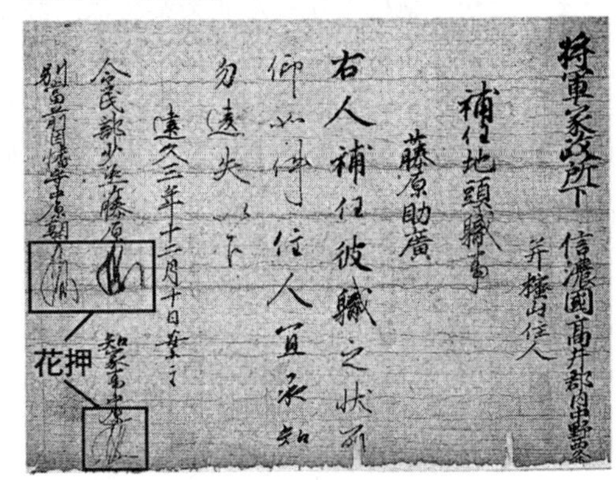

史料3

> 一　守護の任務は，頼朝様の時に定められたように，京都の御所の警備とむほんや殺人などの取り締まりだけである。近年，代官をおいたり，村々に課役を割り当てたり，国司ではないのに行政を行ない，地頭ではないのに土地からの利益を得ようとするものがいるが，これらは道理に合わないことであり，禁止する。
>
> 一　集めた年貢を納めない②地頭は，本所の訴えがあれば，すぐに年貢を本所に納めること。納めない場合は，地頭の職を解任する。
>
> 一　女性が養子をとることは，③律令ではゆるされていないが，頼朝様の時代以来現在にいたるまで，子どものいない女性が養子に土地をゆずり与える例は武家の慣習として数えきれず，何の問題もない。

史料４

この式目を作るにあたっては，何かの法典を根拠にしてはいません。ただ道理の指し示すところを記したものです。あらかじめ御成敗のありかたを定めて，人の身分の高下にかかわらず，かたよりなく判断されるように，細かなことを記録しておいたものです。この式目は，律令と異なるところも少々ありますが，もっぱら武家の人々へのはからいのためばかりのものです。これによって，京都の朝廷でのとりきめや律令のおきては，少しも改まるべきものではありません。京都の人々が非難を加えることがありましたなら，こうした趣旨を心得た上で対応してください。

説明文

鎌倉時代，将軍と主従関係を結んだ武士は御家人と呼ばれた。御家人は，将軍の指示に従って（　A　）を果たし，将軍は，御家人の所有している領地を保護したり，新しい領地を与えたりした。史料１は，有力御家人千葉介常胤が，自らの領地について，源頼朝に願い出た内容を記したものである。史料１からは，御家人の領地支配を保証する際，下文という書類が発行されていたことがわかる。④史料２はそうした下文の１つであり，１行目に「下(くだす)」と記されている。３行目には「地頭職補任の事」と記されており，地頭の職に任ずることを命じたものであることがわかる。史料１によると，常胤は幕府の（　B　）が発行した下文では後々の備えにならず，⑤頼朝直筆の花押が記された下文にこだわったという。

頼朝の死後，北条氏を中心とした政治の体制が築かれていく。幕府は，当時の上皇が起こした（　C　）に勝利すると，朝廷より優位に立ち，西国への支配を強めた。北条氏の指導力もさらに強まったが，執権となった北条泰時は，評定を設けて有力な御家人による合議を制度化した。また，1232年には⑥御成敗式目(史料３)を制定した。御成敗式目には，守護や地頭の役割などが明文化されたほか，寺社の修理や祭り，僧侶の務めなど，⑦宗教に関する項目もあった。

史料４は，泰時が，弟の北条重時に，御成敗式目制定の趣旨を説明するために送った手紙である。当時，重時は，京都で（　D　）として朝廷の監視や西国武士の統率にあたっていた。

問１　説明文中の空欄(A)から(D)にあてはまる適切な語句を答えなさい。

問２　史料１中の下線部①『吾妻鏡』には，源頼朝の挙兵から文永３年までのできごとが記されている。『吾妻鏡』に記載されているできごととして適切なものを，次のアからエの中から１つ選び，記号で答えなさい。

ア　借金の帳消しを求めた民衆が起こした一揆を，幕府が鎮圧した。

イ　朝廷が，新しく開墾した土地の私有を認める法令を出した。

ウ　年貢米を大阪の蔵屋敷に運ぶため，西廻り航路が開かれた。

エ　平泉を拠点に力を持った奥州藤原氏が，戦いに敗れて滅びた。

問３　史料３中の下線部②地頭について述べた文として**適切でないもの**を，次のアからエの中から１つ選び，記号で答えなさい。

ア　地頭は，荘園ごとにおかれ，荘園の管理や治安維持を行なった。

イ　地頭は，農民から年貢を集めて荘園領主に納める役割をになった。

ウ　地頭は，御家人が領地支配を保証される際に任じられた役職である。

エ　地頭は，将軍に領地支配を保証され，解任されることはなかった。

問４　史料３中の下線部③律令に関する次の各問いに答えなさい。

(1)　701年に日本で最初に成立した律令を，答えなさい。

(2)　律令国家の成立をめざした天智天皇の死後に起きた，後継者をめぐる争いを，答えなさい。

(3) 日本の律令政治について述べた文として適切なものを，次のアからエの中から1つ選び，記号で答えなさい。

ア 6歳以上のすべての人に，同じ面積の口分田が与えられた。

イ 成人男子には，調や庸などの税や，兵役などの義務が課された。

ウ 政治は貴族により行なわれ，天皇は政治にはかかわらなかった。

エ 都と地方を結ぶ五街道や脇街道と呼ばれる交通網が整備された。

問5 説明文中の下線部④に関して，史料2はどちらの下文か，次のアとイから1つ選び，記号で答えなさい。

ア 源頼朝直筆の花押が記された下文

イ 幕府の機関が発行した下文

問6 説明文中の下線部⑤に関して，千葉介常胤がこのようなこだわりを見せた理由と考えられることを，次のアからエの中から1つ選び，記号で答えなさい。

ア 当時の御家人は，源頼朝個人を信頼していたから。

イ 当時の御家人は，幕府の組織や役職を信頼していたから。

ウ 当時の御家人は，紙に書かれた文書を信頼していなかったから。

エ 当時の御家人は，源頼朝や幕府を信頼していなかったから。

問7 説明文中の下線部⑥御成敗式目に関する次の各問いに答えなさい。

(1) 御成敗式目について述べた文として**適切でないもの**を，次のアからエの中から1つ選び，記号で答えなさい。

ア 御成敗式目は，武家の道理に基づいて定められた。

イ 御成敗式目は，源頼朝が定めたことに基づいて定められた。

ウ 御成敗式目では，地頭が集めた年貢を勝手に自分のものにすることが禁止された。

エ 御成敗式目では，子どものいない女性が養子に領地を相続させることが禁止された。

(2) 1232年に北条泰時が御成敗式日を制定したのはなぜだと考えられるか，史料3と4および説明文の内容をふまえて説明しなさい。

問8 説明文中の下線部⑦宗教に関する問いに答えなさい。

(1) 仏教について述べた次のⅠからⅢを年代の古い順に正しく並べたものを，下のアからカの中から1つ選び，記号で答えなさい。

Ⅰ 阿弥陀如来の力で極楽往生することを願う，浄土信仰が広まった。

Ⅱ 宗門改により，寺院は人々が仏教徒であることを証明した。

Ⅲ 行基は道路や橋をつくりながら，一般の人々にも仏教を広めた。

ア Ⅰ→Ⅱ→Ⅲ　イ Ⅰ→Ⅲ→Ⅱ　ウ Ⅱ→Ⅰ→Ⅲ

エ Ⅱ→Ⅲ→Ⅰ　オ Ⅲ→Ⅰ→Ⅱ　カ Ⅲ→Ⅱ→Ⅰ

(2) キリスト教が伝来した頃の日本について述べた文として適切なものを，次のアからエの中から1つ選び，記号で答えなさい。

ア 村のおきてをつくり，有力農民を中心に自治を行なう惣が発達していた。

イ 都市が発達し，民衆の間では浮世草子や浮世絵が流行していた。

ウ かな文字が発明され，『古今和歌集』などの文学作品が生みだされていた。

エ 豊臣秀吉が検地を行ない，全国の土地の生産力を把握していた。

4 次の資料は，当時のソビエト社会主義共和国連邦（ソ連）の指導者が1990年にノーベル平和賞を受賞したことにより行なった演説の一部である。資料を読み，これに関する下の各問いに答えなさい。なお，問題の都合上，資料は一部改変・省略してある。

> 平和とは，似たものの統一ではなく，多様性の中の統一，違いの比較や同意の中での統一です。…私は，あなた方ノーベル委員会の決定を，①ソ連で起きた変化に大きな国際的意義を認めてくれたものと理解しています。20世紀の終わりには，②世界政治を動かす主要な手段としての武力や兵器は退かざるを得ないという確信に基づいた，我々の新思考政策への信任として理解しています。…現代の国家は，連帯するに値するものでなければなりません。言いかえれば，国内問題でも国際問題でも，自らの国民の利益と世界共同体の利益とを結びつける方向に導かなくてはなりません。…③西側と東側は軍拡競争で疲れ果てながら，軍事対立の論理にしばられていました。こうなってしまった体制をどう解体するか，それについて考えることさえ簡単ではありませんでした。しかし，国内的にも国際的にも，避けることのできない悲劇的結末に事態が進んでいるという認識こそが，我々に歴史的な選択をする力を与えてくれました。…
>
> 東西の対立が弱まり，あるいはなくなった状況で，核の脅威の前では二次的だと思われていた古い対立が表に現れ，（　A　）の氷で身動きできなかったかつての紛争や不満が解凍され，まったく新しい問題が急速な勢いで蓄積されています。…
>
> これらすべてに世界共同体はどう対処すべきでしょうか。…私は確信しています。それらを解決するためには，型にはまらない新たな相互協力の形を探し出し，身につける以外に道はない，と。
>
> 出典は出題の都合上，表記していません

問1　資料中の空欄（A）にあてはまる，東西の対立を表す適切な語句を**漢字2字**で答えなさい。

問2　この演説を行なった人物を答えなさい。

問3　資料中の下線部①ソ連に関連して，次の資料1はソ連を構成していた共和国であった国々の間で生じているできごとに触れた，国際連合広報センターの刊行物（2022年7月）から抜粋したものである。これを読み，下の各問いに答えなさい。なお，資料1は一部省略・改変してある。

資料1

> (a)国連安全保障理事会（安保理）が戦争にはどめをかけることができなかったのに対し，すべての国連加盟国で構成される国連（　B　）が活発化し，まさに40年ぶりに安保理の要請をうけて「平和のための結集決議」に基づく緊急特別会期を開くにいたっています。緊急特別会期では，ロシアの（　C　）侵攻を非難する決議や国連人権理事会でのロシアの理事国資格を停止する決議が採択されました。…忘れてはならないのは，（　C　）での戦争は紛争当事国と周辺諸国にとどまらず，憂慮（ゆうりょ）すべき連鎖的なショックを，…すでに疲弊（ひへい）している世界経済に与えているということです。
>
> 国際連合広報センター　Dateline UN vol.103 2022年7月より

(1)　資料1中の（B）と（C）にあてはまる語句を答えなさい。

(2)　資料1中の下線部(a)に関して，資料1にある事例について，安全保障理事会が戦争にはどめをかけることができなかった理由を説明しなさい。

問4　資料中の下線部②に関連して，次の資料2は1978年の第84国会・衆議院本会議決議の一部である。これに関する下の各問いに答えなさい。ただし，資料2は一部改変・省略してある。

資料２

> 唯一の被爆国であり，(b)非核三原則を国是として堅持する我が国は，特に（　Ｄ　）を真に実効あらしめるために，すべての核兵器国に対し，地下核実験を含めた包括的核実験禁止条約の早期締結および核兵器の削減ならびに核兵器が二度と使われないよう要請するとともに同条約未加盟国について強く訴えること。
>
> 外務省ウェブページより

(1)　資料２中の下線部(b)非核三原則の内容を答えなさい。

(2)　資料２中の（Ｄ）には，核保有国を増やさないことを取り決めた1968年に調印された条約があてはまる。この条約を答えなさい。

問５　資料中の下線部③に関連して，アメリカ合衆国を中心とする資本主義諸国が1949年につくった軍事的な組織を答えなさい。

5　高校２年生と中学３年生の姉妹の会話文を読み，下の各問いに答えなさい。

妹　（　Ａ　）の改正が施行されて，2022年４月１日から①成年年齢が18歳になったと授業で習ったよ。お姉ちゃんももうすぐ「大人」の仲間入りだね。

姉　自分が「大人」だっていう実感はないけどね。

妹　私から見ると，高校生は「大人」だよ。18歳選挙権が実現して，②国政選挙に参加する高校生もいたから，「大人」という意識があると思ってた。

姉　次の表を見て。③内閣府が平成25年に行なった「（　Ａ　）の成年年齢に関する世論調査」から私が作った表だけど，どんなことが読み取れるかな。

（%）

18歳以上の3,119人が回答	自分がしたことについて自分で責任をとれる	自分自身で判断する能力が十分ある	精神的に成熟をしている	経済的に自立をしている	肉体的に成熟をしている
子どもが「大人」になるための条件（複数回答）	72.8	70.9	69.4	52.3	26.1
今の18歳，19歳にあてはまること（複数回答）	19.0	21.7	12.8	6.2	48.2

内閣府ウェブページより作成

妹　この表からは，（　　Ｂ　　）ということを読み取れると思う。でも，どうして成年年齢を引き下げたのかな。

姉　法改正のきっかけの１つとなった法制審議会の報告書にはこう書いてあるよ。

> 現在の日本社会は，急速に④少子高齢化が進行しているところ，我が国の将来をになう若年者には，社会・経済において，積極的な役割を果たすことが期待されている。（　Ａ　）の成年年齢を20歳から18歳に引き下げることは，18歳，19歳の者を「大人」としてあつかい，社会への参加時期を早めることを意味する。これらの者に対し，早期に社会・経済におけるさまざまな責任をともなった体験をさせ，社会の構成員として重要な役割を果たさせることは，これらの者のみならず，その上の世代も含む若年者の「大人」としての自覚を高めることにつながり，個人および⑤社会に大きな活力をもたらすことになるものと考えられる。
>
> 法制審議会第159回会議（平成21年９月17日開催）配布資料１より，一部改変

妹　へぇ。この資料から法制審議会の専門家は（　　Ｃ　　）と考えていたことがわかったよ。

姉　もともと，20歳になっても「大人」の条件を必ずしも満たせるわけではなかったと思う。成年年齢を過ぎたら自動的に「大人」になるわけではなくて，いろいろな経験をしてだんだんと「大人」になっていくことに変わりはないと思うんだ。ただ，成年になると⑥契約の際の責任は重くなるから，中学校や高校できちんと学ぶことが大切ね。

問１　会話文中の空欄（A）にあてはまる法律を漢字で答えなさい。

問２　次の文章あ から え のうち，会話文中の空欄（B）と（C）にあてはまる文章の組み合わせとしてもっとも適切なものを，下のアからエの中から１つ選び，記号で答えなさい。

あ　子どもが「大人」になるための条件として重視する人がもっとも多い項目は，「経済的に自立をしている」ことである

い　子どもが「大人」になるための条件として７割以上の人が選んだ項目について，今の18歳，19歳にあてはまると回答した人の割合はどちらも25％未満である

う　成年年齢を引き下げることで，18歳，19歳の人の「大人」としての自覚を高めることが期待できる

え　18歳，19歳の人が「大人」になるための条件を満たしているから，成年年齢を引き下げることができる

ア　B：あ　C：う　　イ　B：あ　C：え

ウ　B：い　C：う　　エ　B：い　C：え

問３　会話文中の下線部①に関する次の文章の空欄（D）と（E）にあてはまる適切な語句を答えなさい。

> 成年年齢が引き下げられて18歳から有効期間10年の旅券（パスポート）を申請できるようになり，人，物，資金，情報などが国境を越えて地球規模で移動する（　D　）化が進む現代において利便性が高まるだろう。また，18歳，19歳が地方裁判所で行なわれる重大な（　E　）事件の裁判に裁判員として参加する可能性もでてきた。

問４　会話文中の下線部②国政選挙に関連する次の各問いに答えなさい。

(1)　次の図は1990年から2020年までに日本で実施された衆議院議員総選挙と参議院議員通常選挙について，20歳代の投票率と50歳代の投票率の推移をそれぞれ示したものである。参議院議員通常選挙の20歳代の投票率を示すものを，図中のアからエの中から１つ選び，記号で答えなさい。

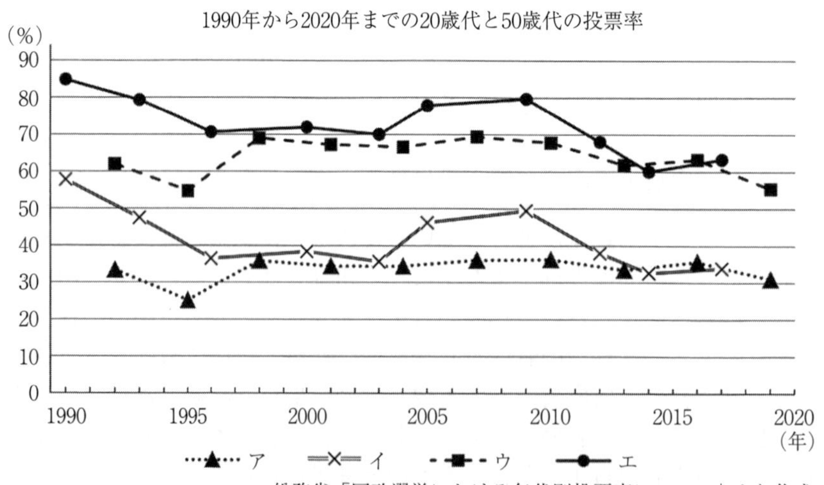

総務省「国政選挙における年代別投票率について」より作成

(2)　国会の説明として**適切でないもの**を，次のアからエの中から１つ選び，記号で答えなさい。

ア　審議を慎重に行なうために，衆議院と参議院からなる二院制をとっている。

イ　法律案について，衆議院が可決し，参議院が異なる議決をしたとき，衆議院において出席議員の３分の２以上の賛成により再び可決すれば法律として成立する。

ウ　衆議院もしくは参議院で出席議員の過半数の賛成で内閣不信任を決議し，もう一方の院でも同様に内閣不信任を決議した場合，内閣は総辞職しなければならない。

エ　予算について，両院協議会を開いても意見が一致しないときや，参議院が衆議院の可決した予算を受け取った後30日以内に議決しないときは，衆議院の議決どおりに予算が成立する。

問５　会話文中の下線部③内閣府は，中央省庁等改革基本法に基づく省庁再編により設置されたが，省庁再編のおもな目的を説明しなさい。

問６　会話文中に示された資料中の下線部④少子高齢化に関して，次の表が示すように日本の家族のあり方が変化してきた。下の各問いに答えなさい。

世帯類型の構成割合の推移　(%)

年	単独世帯	（ Ｆ ）世帯			その他の世帯
		夫婦のみの世帯	夫婦と子どもから成る世帯	ひとり親と子どもから成る世帯	
1990	23.1	15.5	37.3	6.8	17.4
1995	25.6	17.3	34.2	7.0	15.8
2000	27.6	18.9	31.9	7.6	14.1
2005	29.5	19.6	29.8	8.3	12.8
2010	32.4	19.8	27.9	8.7	11.1
2015	34.6	20.1	26.9	8.9	9.4

『令和２年版厚生労働白書』より作成

(1)　表中の空欄（Ｆ）にあてはまる適切な語句を**漢字３字**で答えなさい。

(2)　1990年から2015年にかけて単独世帯（ひとり暮らし）が増加している。その内訳を年齢構成別に分析した場合に，増加した要因として考えられるおもな要因を２つ説明しなさい。

問７　会話文中に示された資料中の下線部⑤に関連して，国の経済的な活力を示す指標として国内総生産（GDP）がある。国内総生産の説明としてもっとも適切なものを，次のアからエの中から１つ選び，記号で答えなさい。

ア　一定期間に国内で新しくつくられた財やサービスの付加価値の合計である。

イ　一定期間に国内で販売された財やサービスの価格の合計である。

ウ　一定期間に日本人が働いて得た給与の合計である。

エ　国内総生産には外国で働いている日本人の収入額が含まれる。

問８　会話文中の下線部⑥契約に関する次の各問いに答えなさい。

(1)　次の文は契約の特徴について述べたものである。空欄（Ｇ）にあてはまる適切な語句を**漢字２字**で答えなさい。

> 契約は，当事者が（ Ｇ ）な意思に基づいて結ぶものなので，いったん成立すると自分の都合で勝手に契約をやめることはできない。

(2)　訪問販売などによって商品を購入した場合に，一定期間内であれば理由に関わりなく契約を解除できる制度を答えなさい。

(3)　商品について事実と異なる説明をするなど，事業者の不適切な勧誘で消費者が契約した場合に，１年以内に契約を取り消せることを定めた法律を答えなさい。

(4)　(2)や(3)のような消費者を守るための制度が設けられている理由を説明しなさい。

【理　科】（50分）〈満点：100点〉

1　次の各問いについて，それぞれの解答群の中から答えを選び，記号で答えなさい。なお，「すべて選びなさい」には，１つだけ選ぶ場合も含まれます。

(1)　半円形レンズにレーザー光線を当てたとき，円の中心を通った光の道筋として正しいものを選びなさい。

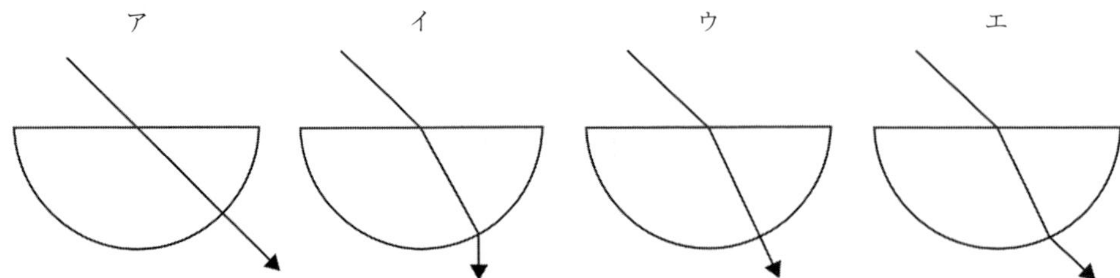

(2)　放射線に関する単位Bq（ベクレル）とSv（シーベルト）を用いて表す値について，誤っているものを選びなさい。

ア　Bqでは，同じ放射性物質でも質量によって値が異なる。

イ　Bqでは，同じ放射性物質でも経過年数によって値が異なる。

ウ　Svでは，同じ放射性物質でも測定する距離によって値が異なる。

エ　Svでは，人工放射線と自然放射線とではそれ以外の条件が同じでも値が異なる。

(3)　次の現象のうち，化学変化によって化学エネルギーが他のエネルギーに移り変わる例として，正しいものをすべて選びなさい。

ア　水を電気分解すると，酸素と水素が発生する。

イ　マグネシウムに点火すると，燃焼して酸化マグネシウムが生成される。

ウ　抵抗を乾電池につなぐと，電流が流れる。

エ　植物の葉に日光が当たると，デンプンなどの養分がつくられる。

オ　炭酸水素ナトリウムを加熱すると，熱分解して３種類の物質が生成される。

(4)　酸化銀 Ag_2O の粉末1.45ｇを加熱し，銀と酸素に分解したところ，1.35ｇの銀が得られた。銀原子１個の質量と酸素原子１個の質量の比として，正しいものを選びなさい。

ア　29：2　　イ　29：4　　ウ　29：8

エ　27：2　　オ　27：4　　カ　27：8

(5)　マツに関する説明として正しいものを３つ選びなさい。

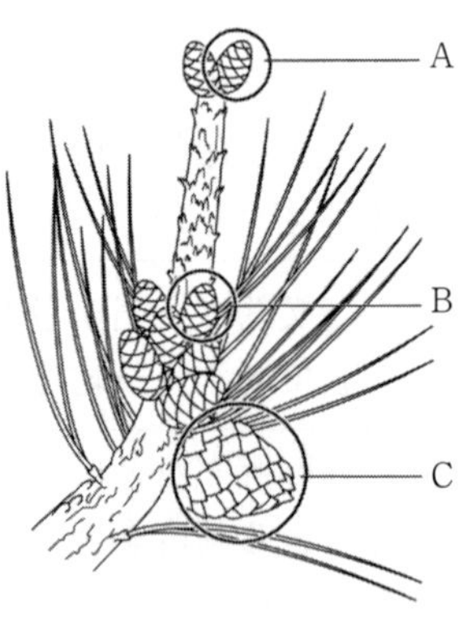

ア　右図の花のＡにある花粉のうから出た花粉は，他の花のＢにある胚珠につく。

イ　右図の花のＢにある花粉のうから出た花粉は，他の花のＡにある胚珠につく。

ウ　花粉は風によって運ばれる。

エ　花粉は昆虫によって運ばれる。

オ　右図のＣは昨年受粉したＡにあたる部分である。

カ　右図のＣは昨年受粉したＢにあたる部分である。

(6)　両生類の心臓のつくりを考えたとき，血液の流れや含まれる酸素の濃度について正しいものをすべて選びなさい。

ア　全身から右心房に戻ってきた血液の一部は，肺へ送り出されず，全身へ送り出される。

イ　全身から左心房に戻ってきた血液の一部は，肺へ送り出されず，全身へ送り出される。

ウ　肺から右心房に戻ってきた血液の一部は，全身へ送り出されず，肺へ送り出される。
エ　肺から左心房に戻ってきた血液の一部は，全身へ送り出されず，肺へ送り出される。
オ　血液に含まれる酸素の濃度は，大静脈より肺動脈のほうが高い。
カ　血液に含まれる酸素の濃度は，大動脈より肺静脈のほうが高い。

(7)　次の文章の(A)，(B)に入る値として正しいものをそれぞれ選びなさい。

地軸は公転軌道面に垂直な方向に対して23.4度傾いている。北緯35.7度にあるお茶高で，夏至の日に観測される南中高度は(　A　)度となる。またこの日，北緯(　B　)度以上では太陽が１日中沈まない現象を見ることができる。

ア　11.1　　イ　22.2　　ウ　33.3　　エ　44.4　　オ　55.5
カ　66.6　　キ　77.7　　ク　88.8　　ケ　99.9

2　次の各問いに答えなさい。

(1)　右図のような回路を作成して，6.0Ωの抵抗を20℃の水150ｇが入ったビーカーに入れた。

①　4.0Ωの抵抗に流れる電流は何Ａか。

②　この回路で210秒間電流を流した場合，水の温度は何℃になるか。ただし，１ｇの水を１℃上昇させるのに必要な熱量を4.2Ｊとし，抵抗で発生した熱は，すべて水の温度上昇に使われるものとする。

(2)　下の表は食塩水の濃度と密度の関係を表している。水100cm^{3}に食塩25ｇを溶かしてできる食塩水の体積は何cm^{3}か，四捨五入して小数第１位まで答えなさい。ただし，表中の濃度０％は純粋な水である。

濃度〔%〕	0	5	10	15	20	25
密度〔g/cm^3〕	1.00	1.04	1.07	1.11	1.15	1.19

(3)　酸化銅の粉末に炭素の粉末をよく混ぜ合わせて試験管に入れ，加熱したところ，気体が発生し，試験管内の物質の色が変化した。この変化を化学反応式で表しなさい。

(4)　ヒトの目では，暗い場所から急に明るい場所へ移動したとき，「無意識に起こる運動」が見られる部分がある。「無意識に起こる運動」が見られる部分の名称とそのはたらきを説明しなさい。

(5)　植物の根の成長のしかたを明らかにするため，発根したばかりのソラマメの根を酢酸オルセイン溶液で染色し，顕微鏡で観察した。その結果，右図のＡの部分とＢの部分では見え方が異なっていた。Ｂの部分では細胞の大きさや細胞の中の様子はどのようになっているか，説明しなさい。

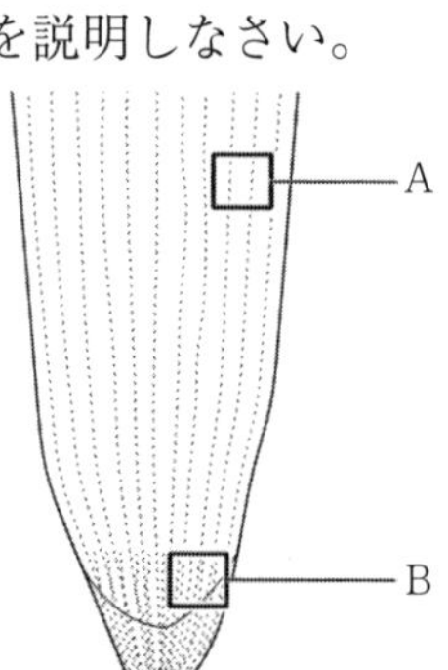

(6)　下図は，温暖前線付近の特徴を表したものである。下図のように，寒冷前線付近を説明した図をかきなさい。その際，図の中に「寒気」，「暖気」，雲(ができる位置)を明記しなさい。

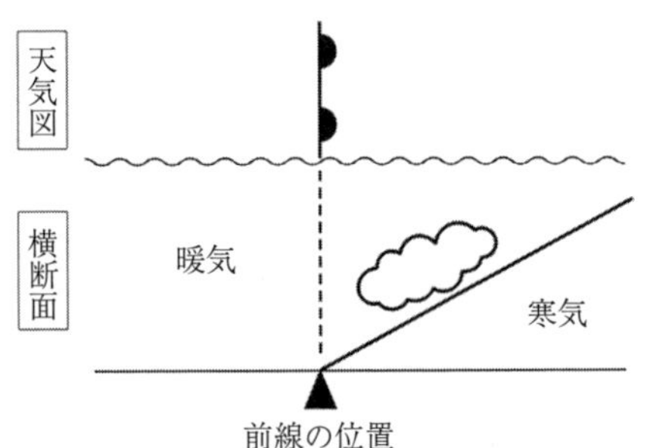

3　次の文章を読み，以下の各問いに答えなさい。

地震のゆれは波として伝わり，最初に小さな波，しばらくしてやや大きな波が観測でき，最初の波を$_A$P波，次の波をＳ波という。Ｐ波は衝撃を押し引きで伝える縦波が，Ｓ波はプレートや断層のずれ(動き)を伝える横波が主なゆれである。そのため，自然に発生する地震波と，$_B$地下や地面を叩くなどして起こす人工地震での地震波は区別ができる。また，波は一般的に硬い物質ほど振幅が小さくならず速く伝わる。

プレートの境界は主に海洋のプレートができる［　X　］と，海洋のプレートが大陸のプレートに沈み込んでいる［　Y　］がある。［　Y　］付近では，$_C$2011年の東北地方太平洋沖地震など大きな地震が発生することが多く，さらに海底が動くことによって海洋に通常の波とは異なる大きな［　Z　］が生じて甚大な被害をもたらすこともある。

地震のゆれの大きさは，基本的に$_D$震源の真上である位置から近いほど大きく，遠くなるほど小さくなる。しかし，$_E$非常に深いところまで沈み込んだプレートの内部で発生した地震は，震源の真上である位置から近いところよりも，$_F$遠いところで大きくゆれることがある。

(1)　［X］～［Z］に入る適切な語句をそれぞれ答えなさい。ただし，［Z］は漢字で答えなさい。

(2)　下線部Aの「Ｐ波」のＰを示しているものとして正しいものを選び記号で答えなさい。

ア　passion　　イ　peace　　ウ　positive　　エ　primary　　オ　princess

(3)　下線部Ｂの説明として正しいものを選び記号で答えなさい。

ア　Ｐ波よりもＳ波が先に到達する　　イ　Ｐ波よりもＳ波の振幅が大きい
ウ　Ｓ波よりもＰ波の振幅が大きい　　エ　Ｐ波がほとんど観測されない
オ　Ｓ波がほとんど観測されない

(4)　下線部Ｃで東北地方はこの地震後に大きく位置がずれた。主にどの方向にずれたか正しいものを選び記号で答えなさい。

ア　東　　イ　西　　ウ　南　　エ　北

(5)　下線部Ｄを何というか，漢字２字で答えなさい。

(6)　下線部Ｅについて，おおよその深さとして正しいものを選び記号で答えなさい。

ア　50m　　イ　500m　　ウ　5km
エ　50km　　オ　500km　　カ　5000km

(7)　下線部Ｆについて，ゆれはどのように伝わっていると考えられるか，説明しなさい。

4　図１のような，摩擦のないレールの端Ａに軽く伸び縮みするばねを取り付け，このばねを縮めて質量200ｇのカートを走らせる実験を行った。レールの水平位置Ｂには速度センサーがあり，角度が30度のなめらかに繋がっている坂Ｃをカートが登る仕組みになっている。表はばねの縮みに対して，手がカートを押す力の大きさと速度センサーでの速さを表している。この装置を用いて様々な実験を行った。質量100ｇにはたらく重力の大きさを１Ｎとして，以下の各問いに答えなさい。なお，$\sqrt{2}=1.41$，$\sqrt{3}=1.73$ を用いよ。

図１

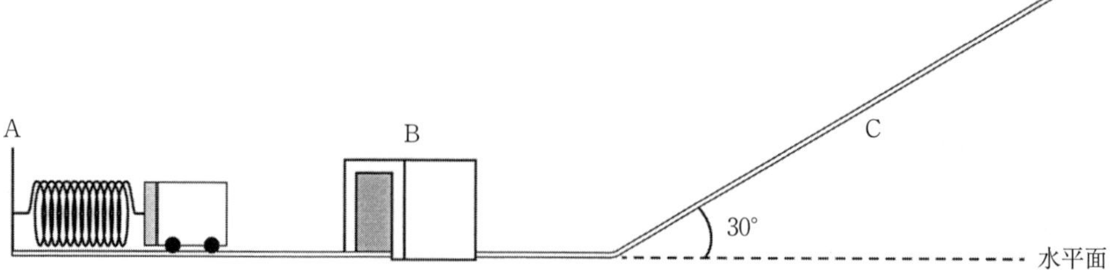

表　ばねの縮みと力の大きさ，Bでの速さの関係

ばねの縮み〔cm〕	1.0	2.0	3.0	4.0	5.0
力の大きさ〔N〕	3.2	6.4	9.6	X	16.0
Bでの速さ〔m/s〕	0.40	0.80	Y	1.6	2.0

(1)　図2のようにカートの右端を手で押して，ばねを縮ませた。このとき，手がカートを押す力と常に同じ大きさになる力として正しいものをすべて選び記号で答えなさい。

図2

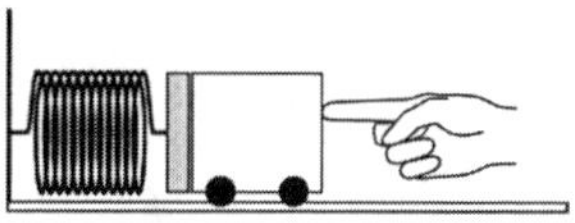

ア　カートの重力　　　　　イ　カートの垂直抗力

ウ　カートが手を押す力　　エ　カートがばねを押す力

オ　ばねがカートを押す力

(2)　(1)の選択肢の中で，左向きの力をすべて選び記号で答えなさい。

(3)　カートとばねの接続部分には，それぞれ1辺が4cmの正方形の板がついており，均等に力がかかるようになっている。ばねを2.5cm縮ませたとき，この板にかかる圧力は何Paか。

(4)　表のX，Yに入る値を答えなさい。

(5)　カートが坂Cを登るとき，カートが坂から受ける垂直抗力の大きさは何Nか。

(6)　ばねの縮みを5.0cmにしたとき，カートは坂Cに沿って40cm登って停止した。このとき，重力がカートにした仕事の大きさは何Jか。

次に，質量は変えずカートに磁石を乗せて，図3のようなコイルに発光ダイオードを取りつけたトンネル(以下コイルトンネル)を水平位置Bに設置した。

図3

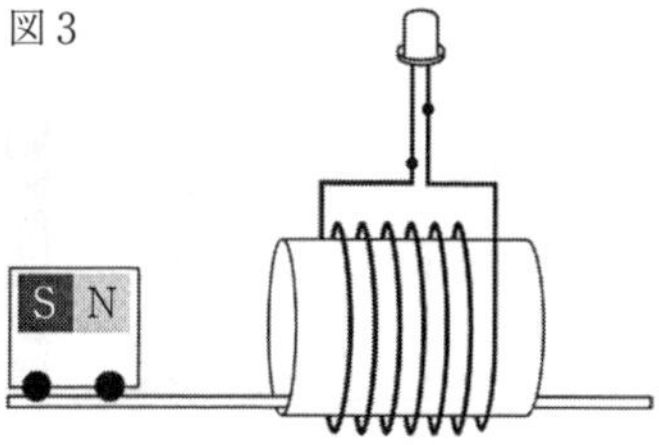

図4は，カートが動き始めてからの時間と発光ダイオードの点灯の関係を示したものであり，▬▬ は点灯している時間である。ばねの縮み1.0cmでカートを走らせたら図4の(*)のように点灯した。

(7)　次の文章においてコイルトンネルとカートの状況の説明として正しくなるように，［①］～［③］に入る適切な1字をそれぞれ答えなさい。

カートがコイルトンネルに入るとき，コイルを磁石に見立てると，コイルトンネルの入口は［①］極になる。同様に，カートがコイルトンネルから出たとき，コイルトンネルの出口は［②］極になる。これはカート上の磁石によってコイルで電磁誘導が起こるためである。よって，カートが坂Cを登る高さはコイルトンネル設置前と比べて［③］くなる。

図4

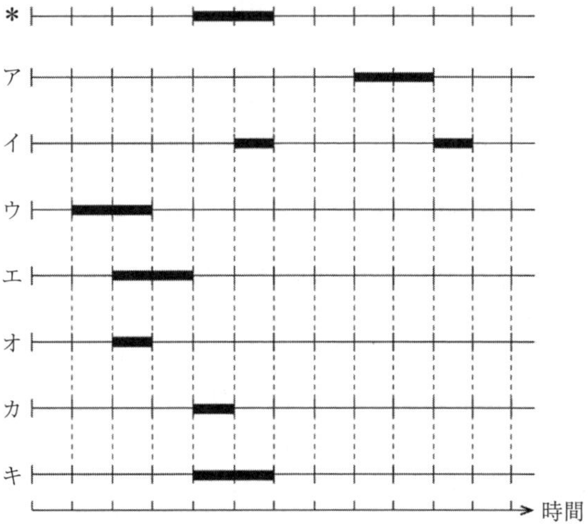

(8)　①磁石を逆向きにしてばねの縮み1.0cmで走らせた場合，②磁石の向きはそのままでばねの縮み2.0cmで走らせた場合の発光ダイオードの点灯の仕方を図4からそれぞれ選び記号で答えなさい。

5　樹木の枝先にバッタやカエルが串刺(くしざ)しにされた奇妙な光景を目にすることがある(図１)。これは，捕えた獲物をとがった場所に突き刺すモズという鳥類の習性によるもので，「はやにえ」という。自然界では $_A$<u>生物どうしが食べたり食べられたりする関係が複雑につながっている(図２)</u>が，モズがはやにえを作る理由は解明されていなかった。

図１　　図２

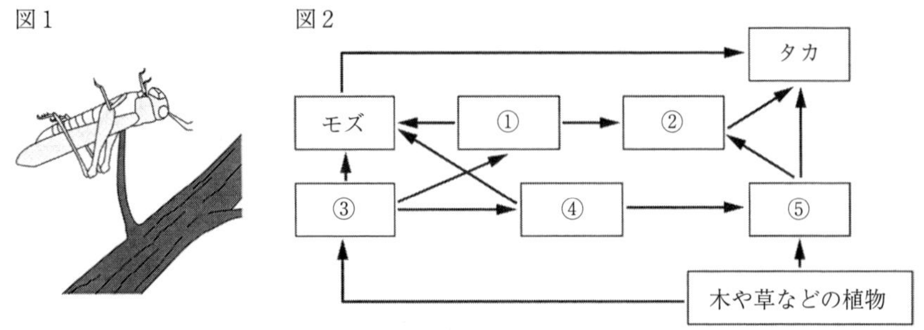

大阪市立大学と北海道大学の研究者たちは「はやにえは餌(えさ)が少ない冬に備えた保存食である」という仮説を立て，大阪府の里山で調査を実施した。モズのオスの縄張りで月ごとのはやにえの個数を調べ，平均最低気温とともにまとめた(図３)。

図３

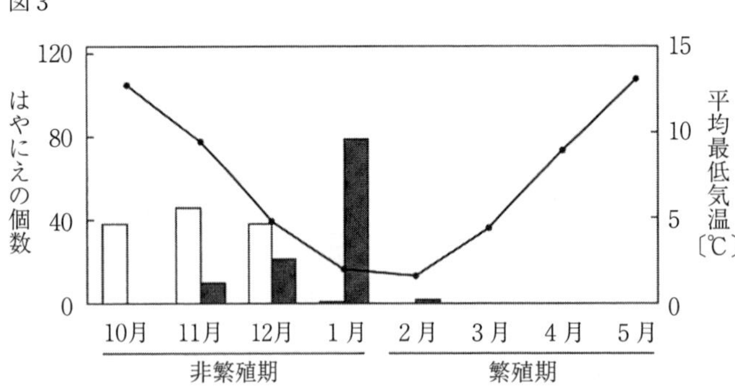

白い棒グラフははやにえの生産数，黒い棒グラフははやにえの消費数，折れ線グラフは平均最低気温を示す。

図４

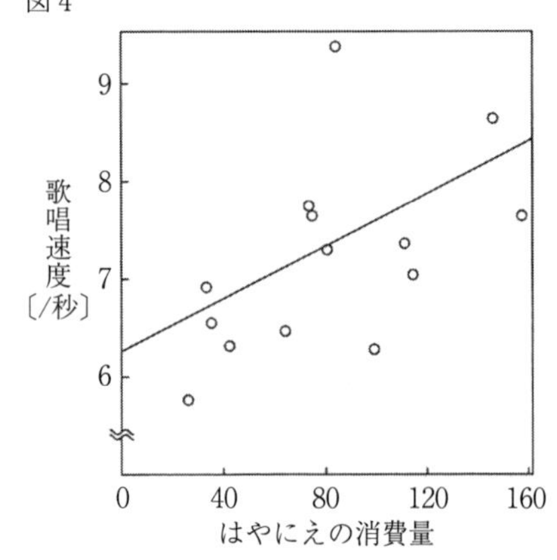

$_B$<u>この結果から，冬の保存食であることは示唆されたが，研究者たちはそれ以外の可能性もあると考えた</u>。モズは一夫一妻制で繁殖するが，$_C$<u>歌唱速度が高いオスほどメスに好まれる</u>という先行研究と照らし合わせ，【　X　】という新たな仮説を立てた。この仮説を検証するため，繁殖期のオスの縄張りを回って歌を録音し，歌唱速度とはやにえの消費量を調べた(図４)。

図４の結果を先行研究と結び付けると，【　X　】ということが示唆された。

(図３，４，６，７は大阪市立大学・プレスリリース(2019年５月13日)に基づいて作図。)

(1)　下線部Aについて，図２のような自然界における関係を何というか，漢字で答えなさい。

(2)　下線部Aについて，図２の ① ～ ⑤ にはカエル，カマキリ，ネズミ，バッタ，ヘビが１つずつ入る。 ② と ⑤ に入る生物を答えなさい。

(3)　下線部Bについて，はやにえが冬の保存食としての役割だけであるとしたら，図３の結果はどのようになっていると考えられるか，答えなさい。

(4)　下線部Cについて，鳥類の耳のつくり(図５)はヒトの耳と共通する点がある。aとbの部位は，ヒトの耳のつくりの何という部位に相当すると考えられるか。それぞれの名称を答えなさい。

図５

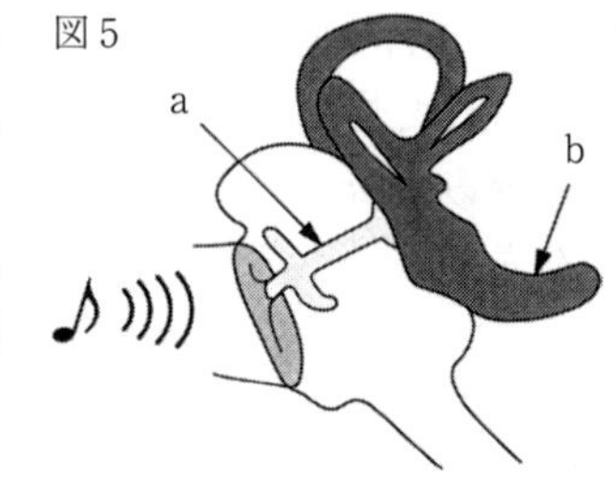

(5)　【X】に入る文を答えなさい。

仮説【X】をさらに検証するため，はやにえに対する操作実験を行った。縄張り内のはやにえを取り除いた除去群，はやにえへの操作を行わない対照群，通常のはやにえの３倍量の餌を与えた給餌群を用意して，各群の歌唱速度を比較した(図６)。また，それぞれの群でつがいとなるメスの獲得成功率を調べたところ，図７のようになった。

図６

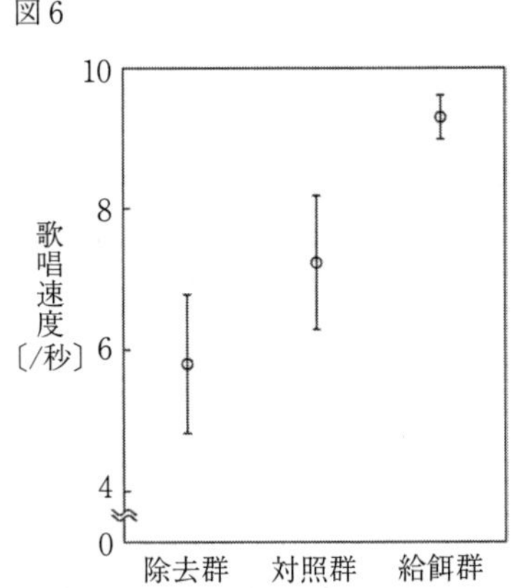

各群の○は平均値，上下の線はデータのばらつきを示す。

図７

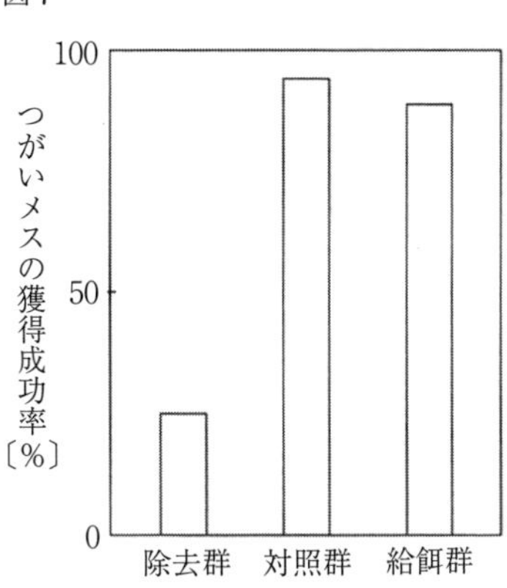

(6) 研究全体から考えられることを３つ選び記号で答えなさい。

ア　はやにえの消費量が少ないと，歌唱速度が速くなり，メスの獲得に失敗しやすい。

イ　はやにえの消費量が少ないと，歌唱速度が遅くなり，メスの獲得に失敗しやすい。

ウ　通常のはやにえの３倍量を消費すると，歌唱速度はより速くなり，通常量のはやにえを消費したときよりも，メスの獲得成功率は高くなる。

エ　通常のはやにえの３倍量を消費すると，歌唱速度はより速くなるが，通常量のはやにえを消費したときとメスの獲得成功率に大きな差は見られない。

オ　通常のはやにえの消費量で歌唱速度は上限となるため，通常のはやにえの３倍量を消費しても，メスの獲得成功率に大きな差は見られない。

カ　通常のはやにえの３倍量を消費しても，通常量のはやにえを消費したときとメスの獲得成功率に大きな差は見られなかったため，「はやにえを消費することで，オスはより多くのメスを獲得できる」という新たな仮説を立てることは適切である。

キ　通常のはやにえの３倍量を消費しても，通常量のはやにえを消費したときとメスの獲得成功率に大きな差は見られなかったため，「はやにえを消費することで，オスはより早い時期にメスを獲得できる」という新たな仮説を立てることは適切である。

6 茶実子（ちゃみこ）さんはカフェに立ち寄った際，使用後の水を浄化して再利用する循環型の手洗い場を見つけた。そこで水の浄化に興味をもった茶実子さんは，これについて調べ，レポートにまとめることにした。茶実子さんのレポートを読み，以下の各問いに答えなさい。

キレイな水を得るには

動機と目的

カフェに行ったとき，一度使用した水を再利用する手洗い場を見つけた。調べてみると，Ⅰ手を洗った後の水をフィルターでろ過して汚れを取り除き，紫外線や塩素で殺菌・消毒を行って水を再利用するものだった。しかし，ろ過では水に溶けていない固体は分離できても，水に溶けている物質を取り除くことはできない。

▼

水溶液から純粋な水を得る方法を調べてみた

方法1．蒸留

Ⅱ蒸留とは，液体を沸騰させ，出てきた気体を冷やすことで再び液体として取り出す方法である。蒸留することで，混合物から純物質を分離することができる。

国際宇宙ステーションでも，尿を蒸留したり，Ⅲ空気中の水蒸気を冷やしたりして，貴重な水を再利用している。

方法2．イオン交換樹脂

イオン交換樹脂とは，水溶液中に含まれているイオンを別のイオンに取り替えるはたらきをもつ高分子化合物である。図1のような樹脂を詰めたガラス管を用いて，水溶液を上から流し込むと下からイオンが交換された溶出液が得られる。

イオン交換樹脂には，陽イオンを水素イオンに取り替える陽イオン交換樹脂や，陰イオンを水酸化物イオンに取り替える陰イオン交換樹脂がある。これらのイオン交換樹脂に電解質の水溶液を順番に通すことで，純粋な水を得ることができる(図2)。

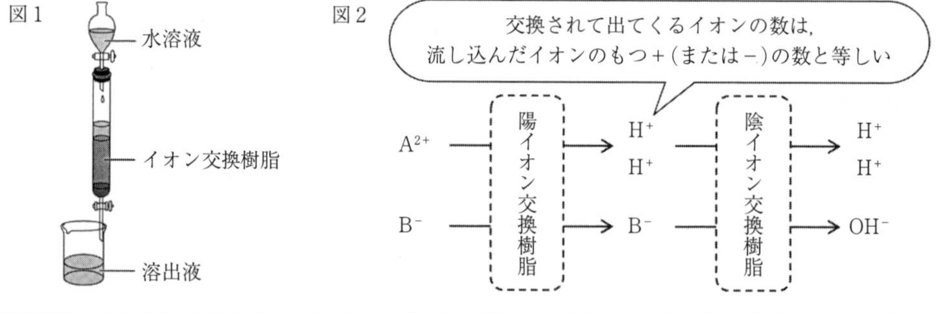

(1) 下線部Ⅰについて，ろ過によって混合物を分離できる仕組みを「粒子」という語句を用いて説明しなさい。

(2) 物質の状態と構成する粒子について，誤っているものをすべて選び記号で答えなさい。

ア 固体では，粒子は規則正しく並び，運動が停止している。

イ 一般に固体から液体に変化すると，粒子間の距離が広がり，体積が大きくなる。

ウ 液体では，粒子は比較的自由に移動でき，物質の形状も自由に変わる。

エ 液体から気体に変化すると，粒子の数が減り，質量が小さくなる。

オ 気体では，粒子は激しく運動し，自由に飛びまわっている。

(3) 下線部Ⅱについて，エタノールと水の混合物を蒸留したとき，80℃に近づいた時点で温度上昇がゆるやかになった。この時点で取り出された液体について正しいものを選び記号で答えなさい。また，その理由を説明しなさい。

ア　純粋な水である

イ　主成分は水で，わずかにエタノールを含んでいる

ウ　純粋なエタノールである

エ　主成分はエタノールで，わずかに水を含んでいる

(4) 下線部Ⅲについて，温度25℃，湿度80％の閉め切った部屋の温度を15℃まで下げたとき，液体として得られる水は何gか。ただし，部屋の体積は50m^3とし，飽和水蒸気量は下の表の値を使うこと。

空気の温度〔℃〕	0	5	10	15	20	25
飽和水蒸気量〔g/m^3〕	4.8	6.8	9.4	12.8	17.3	23.1

(5) 次の溶出液A～Eについて，以下の①，②に答えなさい。

A：５％食塩水を陽イオン交換樹脂に通したときの溶出液

B：５％食塩水を陰イオン交換樹脂に通したときの溶出液

C：２％食塩水を陽イオン交換樹脂に通したときの溶出液

D：２％食塩水を陰イオン交換樹脂に通したときの溶出液

E：２％食塩水を陽イオン交換樹脂と陰イオン交換樹脂の両方に通したときの溶出液

①　A～EをpHの小さい順に並べなさい。

②　２％塩化マグネシウム水溶液を陽イオン交換樹脂に通したときの溶出液は，溶出液CとpHがほぼ等しかった。このことから，次の文章の□に当てはまるものを選び記号で答えなさい。

「同じ質量の食塩と塩化マグネシウムでは，含まれる陽イオンの数は□」

ア　等しい　　イ　塩化マグネシウムの方が多い　　ウ　食塩の方が多い

(6) 純粋な水を得るために，イオン交換樹脂を用いるのではなく蒸留を行う必要がある水溶液をすべて選び記号で答えなさい。

ア　塩化銅水溶液　　イ　エタノール水溶液　　ウ　水酸化ナトリウム水溶液

エ　砂糖水　　オ　硫酸亜鉛水溶液

オ　目下の者に思って

問三　二重傍線部ｉ「同じくは」とありますが、どのようなことですか。四〇字以内で答えなさい。

問四　二重傍線部ⅱ「これ」は何をさしますか。簡潔に答えなさい。

問五　本文の内容と合うものは○を、違うものは×をそれぞれ答えなさい。

ア　侍や主殿の官人も加わって庭に高い雪の山を作った。

イ　作者は作った雪の山が年を越しても消えないと主張した。

ウ　中宮定子は作者の雪の山が年を越すとの主張を支持した。

エ　作者は冷静に考えた上で雪の山が消える日を変えた。

オ　十二月二十日に雨が降って、雪の山は消えてしまった。

問六　この文章の作者を漢字四文字で答えなさい。

でぬ。[注9]袍(うへのきぬ)など着たるは、さて[注10]狩衣(かりぎぬ)にてぞある。「ⅱこれいつまでありなむ」と、人々に[注11]のたまはするに、「十日はありなむ」「十余日はありなむ」など、ただこのごろのほどを③ある限り申すに、「いかに」と[注12]問はせたまへば、「正月(むつき)の十余日までは侍りなむ」と申すを、[注13]御前にも、「えさはあらじ」とおぼしめしたり。女房は、すべて、「年のうち、つごもりまでもえあらじ」とのみ申すに、「あまり遠くも申しつるかな。げにえしもやあらざらむ。ついたちなどぞ言ふべかりける」と、④下には思へど、「さはれ、さまでなくとも、言ひそめてむ事は」とて、かたうあらがひつ。

二十日のほどに、雨降れど、消ゆべきやうもなし。すこしたけぞおとりもて行く。「[注14]白山(しらやま)の観音、これ消えさせたまふな」と祈るも物ぐるほし。

(『枕草子』による。本文を改めたところがある)

[注1] 縁…家の外側の細長い板敷きの部分。縁側。
[注2] 作らせはべらむ…「作らせましょう」の意味。「はべら」は丁寧語。
[注3] 侍…中宮の侍所の職員と思われる。
[注4] 主殿の官人…主殿寮の下級役人。主殿寮は清掃・灯火・薪炭などを担当する役所。
[注5] 宮司…中宮職(中宮のお世話をする役所)の上級役人。
[注6] 日三日賜ぶべし…「三日の出勤を授けよう」の意味。
[注7] 同じ数とどめむ…「同じ日数(三日)欠勤したことにしよう」の意味。
[注8] 絹二ゆひ…巻いた絹を幾本も束ねたものを二くくり。
[注9] 袍…正装。
[注10] 狩衣…略装。正装に着替えなければならないのに、この場面では略装のままでいる。
[注11] のたまはするに…「おっしゃったところ」の意味。中宮定子の動作。
[注12] 問はせたまへば…「お尋ねになるので」の意味。「たまへ」は尊敬語。
[注13] 御前…作者の主人、中宮定子をさす。
[注14] 白山の観音…石川県の白山(はくさん)の御前峰(ごぜんほう)頂上にある白山比咩(しらやまひめ)神社の十一面観音。

問一 Ⅰ 師走 について、次の1・2の各問いに答えなさい。

1 読み方をひらがな・現代仮名遣いで答えなさい。

2 何月のことですか。漢数字で答えなさい。

問二 傍線部①「言加へ興ず」・④「下には思へど」の解釈として最も適切なものを・②「作り果てつれば」・③「ある限り申すに」・④「下には思へど」の解釈として最も適切なものをあとの中から選び、それぞれ記号で答えなさい。

① 「言加へ興ず」

ア 口出しして指図する
イ 叫んで興奮する
ウ 助言しおもしろがる
エ 話しかけて妨害する
オ 余計なことをして怒られる

② 「作り果てつれば」

ア 疲れてしまったので
イ 作り終えてしまったので
ウ 作り終えなければならず
エ 作るのに飽きてしまったので
オ もし作り終えてしまったならば

③ 「ある限り申すに」

ア 完ぺきに予想するが
イ すべて告白すると
ウ 全部を話し終えると
エ 話が尽きてしまうが
オ 場の全員が申し上げると

④ 「下には思へど」

ア こっそり考えたので
イ 下手に出ようと思うが
ウ 内心では思うけれど
エ 反発してしまったので

問三　傍線部①「自分は馬を書きながらも志村は何を書いているかという問いを常に懐いていたのである」とありますが、この時の「自分」はどのような気持ちですか。五〇字以内で答えなさい。

問四　傍線部②「自分は学校の門を走り出た」とありますが、この時の「自分」の気持ちとして最も適切なものを次の中から選び、記号で答えなさい。

ア　自分の絵が一番になるように、さっそく新しい技法を試したいとはやる気持ち。

イ　自分の絵が、画題でも色彩でも劣っていたことが口惜しくてやり場のない気持ち。

ウ　自分の絵のどこが劣っていたのか、馬屋に行って確かめたいとあせる気持ち。

エ　仲間の嫌味に耐えられず、ひとりになって自分を見つめ直したいという気持ち。

オ　ひとりになって頭を冷やしてから志村をほめたたえようという冷静な気持ち。

問五　傍線部③「さりとて引き返すのはなお嫌だし、どうしてくれよう」とありますが、この時の「自分」の気持ちとして最も適切なものを次の中から選び、記号で答えなさい。

ア　自分が書こうとした画題を志村も書いていると知って、これで志村に勝つことができるとほくそえむ気持ち。

イ　自分が書こうとした画題なのに志村が先に書いているのを知って、対抗して書こうか、それとも違う画題にしようか迷う気持ち。

ウ　自分が書こうとした画題なのに志村が先に書いているのを知って、度重なる不幸に自分をのろいたくなる気持ち。

エ　わざわざチョークまで買って新しいことに挑戦しようとしているのに、あきらめざるをえない残念な気持ち。

オ　わざわざチョークまで買って新しいことに挑戦しようとしているのに、早々に負けて父親に申し訳ない気持ち。

問六　[Ｉ]に入れるのに最も適切な言葉を、本文中から一語で抜き出して答えなさい。

問七　傍線部④「コロンブスはよく出来ていたね、僕は驚いちゃッた」とありますが、この時の「自分」はどのような状態だと考えられますか。最も適切なものを次の中から選び、記号で答えなさい。

ア　絵を描いているうちにわだかまりが消え、素直になっている。

イ　自分の本当の実力は志村を上回っていると確信している。

ウ　志村にお世辞を言うことで絵を教えてもらおうとたくらんでいる。

エ　次の作品では負けないぞと気持ちを新たにしている。

オ　やっと志村とふたりきりで話ができ、ほっとしている。

問八　「自分」の志村に対する心情の変化について、一〇〇字以内で説明しなさい。

三

次の文章は『枕草子』の一節である。これを読んで、あとの問いに答えなさい。

Ⅰ[師走]の十余日のほどに、雪いみじう降りたるを、女官どもなどして、[注1]縁(えん)にいとおほく置くを、「i同じくは、庭にまことの山を[注2]作らせはべらむ」とて、[注3]侍(さぶらひ)召して、仰(おほ)せ言にて言へば、あつまりて作る。[注4]主殿(とのもり)の官人の、御きよめにまゐりたるなども、みな寄りて、いと高う作りなす。[注5]宮司(みやづかさ)などもまゐりあつまりて、①言加へ興ず。三四人まゐりつる主殿寮(とのもづかさ)の者ども、二十人ばかりになりにけり。里なる侍召しにつかはしなどす。「今日この山作る人には[注6]日三日賜(た)ぶべし。また[注7]同じ数とどめむ」など言へば、聞きつけたるは、まどひまゐるもあり。里遠きはえ告げやらず。

②作り果てつれば、宮司召して、[注8]絹二ゆひ取らせて縁に投げ出(い)だしたるを、一つ取りに取りて、拝みつつ腰にさしてみなまか

そのままそこに腰を下ろして、志村その人の写生に取りかかった。それでも感心なことには、画板に向かうと最早志村もいまいましい奴など思う心は消えて書く方に全く心を奪られてしまった。

彼は頭を上げては水車を見、また画板に向かう、そして折り折りさも愉快らしい微笑を頬に浮かべていた。彼が微笑するごとに、自分も我知らず微笑せざるを得なかった。

そうするうちに、志村は突然立ち上がって、その拍子に自分の方を向いた、そして何にも言いがたき e柔和な顔をして、にっこりと笑った。自分も思わず笑った。

「君は何を書いているのだ。」と聞くから、

「君を写生していたのだ。」

「僕は最早水車を書いてしまったよ。」

「そうか、僕はまだ出来ないのだ。」

「そうか。」と言って志村はそのまま再び腰を下ろし、もとの姿勢になって、

「書き[注11]給え、僕はその間にこれを直すから。」

自分は書き始めたが、書いているうち、彼を［ I ］と思った心は全く消えてしまい、かえって彼が可愛くなって来た。そのうちに書き終わったので、

「出来た、出来た！」と叫ぶと、志村は自分の傍に来り、

「おや、君はチョークで書いたね。」

「初めてだからまるで画にならん、君はチョーク画を誰に習った。」

「そら先だって東京から帰って来た奥野さんに習った。しかしまだ習いたてだから何にも書けない。」

「④コロンブスはよく出来ていたね、僕は驚いちゃッた。」

それから二人は連れ立って学校へ行った。この以後自分と志村は全く仲が良くなり、自分は心から志村の天才に服し、志村もまた元来がおとなしい少年であるから、自分をまたなき朋友として親しんでくれた。二人で画板を携え野山を写生して歩いたことも幾度か知れない。

（国木田独歩「画の悲み」による。本文を改めたところがある）

[注1] 仕立物…縫い上げた衣服。縫い物。
[注2] 一丁…「丁」は、長さの単位で、一丁は約一〇九メートル。
[注3] コロンブス…一四五一年頃～一五〇六年。イタリアの航海者。新大陸を発見したことで有名。
[注4] チョーク…石灰の粉末などを固型化した棒状の筆記具で、ここでは画材として使われている。
[注5] 髭髯…口ひげとあごひげ。
[注6] さなきだに…そうでなくてさえ。
[注7] 彼奴…「あいつ」の意味。
[注8] 蒼々たる…青々とした。
[注9] 淙々…水が流れそそぐ音。
[注10] 四、五十間…「間」は、長さの単位で、一間は約一・八二メートル。
[注11] 給え…丁寧な命令。

問一 二重傍線部a・b・c・d・eについて、漢字はその読み方をひらがなで記し、カタカナは漢字に改めなさい。

問二 波線部A「殊に」・B「得ならぬ」・C「不案内」のここでの意味として最も適切なものをあとの中から選び、それぞれ記号で答えなさい。

A 「殊に」
ア 一番に　イ 故意に　ウ さしあたって
エ とりわけ　オ 妙に

B 「得ならぬ」
ア さわやかな　イ 利益にならない
ウ 特別な　エ なんとも言えない
オ 不意に

C 「不案内」
ア 教えられていない　イ 興味がない
ウ 心得がない　エ 説明がない
オ 適切でない

いていたのである。

さて展覧会の当日、恐らく全校数百の生徒中もっとも胸を轟かして、展覧室に入った者は自分であろう。図画室は既に生徒及び生徒の父兄姉妹でいっぱいになっている。そして二枚の大画(今日のいわゆる大作)が並べて掲げてある前は最も見物人がたかっている。

二枚の大画は言わずとも志村の作と自分の作。

一見自分は先ず荒胆を抜かれてしまった。志村の画題は[注3]コロンブスの肖像ならんとは！　しかも[注4]チョークで書いてある。元来学校では鉛筆画ばかりで、チョーク画は教えない。自分もチョークで書くなど思いもつかんことであるから、画の善悪はともかく、先ずこの一事で自分は驚いてしまった。その上ならず、馬の頭と[注5]髭髯面を被う堂々たるコロンブスの肖像とは、一見まるで比べものにならんのである。かつ鉛筆の色はどんなに巧みに書いても到底チョークの色には及ばない。画題といい色彩といい、自分のは要するに少年が書いた画、志村のは本物である。技術の c巧拙は問うところでない、掲げて以て衆人の展覧に供すべき製作としては、いかに我慢強い自分も自分の方が良いとは言えなかった。[注6]さなきだに志村崇拝の連中は、これを見て歓呼している。「馬も良いがコロンブスはどうだ！」などいう声があっちでもこっちでもする。

②自分は学校の門を走り出た。そして家には帰らず、すぐ田甫へ出た。止めようと思うても涙が止まらない。口惜しいやら情けないやら、前後夢中で川の岸まで走って、川原の草の中にぶっ倒れてしまった。

足をばたばたやって大声を上げて泣いて、それで飽き足らず起き上がってそこらの石を dヒロい、四方八方に投げ付けていた。

こう暴れているうちにも自分は、[注7]彼奴何時の間にチョーク画を習ったろう、誰が彼奴に教えたろうとそればかり思い続けた。

泣いたのと暴れたのでいくらか胸がすくと共に、次第に疲れて来たので、いつかそこに臥てしまい、自分は[注8]蒼々たる大空を見上げていると、川瀬の音が[注9]淙々として聞こえる。若草を薙いで来る風が、B得ならぬ春の香を送って面を掠める。良い心持ちになって、自分は暫時くじっとしていたが、突然、そうだ自分もチョークで書いてみよう、そうだという一念に打たれたので、そのまま飛び起き急いで宅に帰り、父の許しを得て、すぐチョークを買い整え画板を提げすぐまた外に飛び出した。

この時まで自分はチョークを持ったことがない。どういうふうに書くものやらまるでC不案内であったがチョークで書いた画を見たことは度々あり、ただこれまで自分で書かないのは到底まだ自分どもの力に及ばぬものとあきらめていたからなので、志村があのくらい書けるなら自分もいくらか出来るだろうと思ったのである。

再び先の川辺へ出た。そして先ず自分の思いついた画題は水車、この水車はその以前鉛筆で書いたことがあるので、チョークの手始めに今一度これを写生してやろうと、堤を辿って上流の方へと、足を向けた。

水車は川向こうにあってその古めかしいところ、木立の繁みに半ば被われているあんばい、蔦葛が這い纏うている具合、少年心にも面白い画題と心得ていたのである。これを対岸から写すので、自分は堤を下りて川原の草原に出ると、今まで川柳の蔭で見えなかったが、一人の少年が草の中に座って頻りに水車を写生しているのを見つけた。自分と少年とは[注10]四、五十間隔たっていたが自分は一見して志村であることを知った。彼は一心になっているので自分の近づいたのに気もつかぬらしかった。

おやおや、彼奴が来ている、どうして彼奴は自分の先へ先へと廻るだろう、いまいましい奴だと大いに癪に触ったが、③さりとて引き返すのはなお嫌だし、どうしてくれようと、そのまま突っ立って志村の方を見ていた。

彼は熱心に書いている。草の上に腰から上が出て、その立てた膝に画板が寄せ掛けてある、そして川柳の影が後ろから彼の全身を被い、ただその白い顔の辺りから肩先へかけて柳を洩れた薄い光が穏やかに落ちている。これは面白い、彼奴を写してやろうと、自分はところで[注5]エベレストの高さは海抜八・九キロで、海の一番深い所といわれる[注6]エムデン海溝が一〇・八キロの深さである。それで現在知られている地表上の凹凸の差の極限は一九・七キロに過ぎない。即ち地球の表面の凹凸は、極限がこの図の線の幅の半分以下である。従って地球表面の普通の山や海の凹凸を忠実に描いてみても、大体この線の幅の十分の一程度の凹凸になってしまうので、それではいくら鉛筆の頭を尖らしても、到底描けるものではない。

次に地球が楕円形になっている程度であるが、それも案外少ないので、赤道面内の半径よりも、南北の半径が約二十二キロ短いだけである。即ち楕円体といっても、前の図の線の幅の半分程度長短があるに過ぎないので、ちゃんとした楕円体に描いてみても、結局このコンパスで描いた円と同じ形になってしまうはずである。

こう考えてみれば、地球の形を図に描いてみるとなると、結局コンパスで円い円を描くより仕方がない。即ち③小学生の答えが一番本当に近いということになってしまうわけである。少し胡麻化したようにみえるが、この話の秘訣は、鉛筆で描いた線には幅があるという点に帰するのである。

（中谷宇吉郎「地球の円い話」による。本文を改めたところがある）

[注1] アポロ計画…米航空宇宙局（NASA）が一九六二年に開始した有人による月探査計画。
[注2] 月周回衛星「かぐや」…宇宙航空研究開発機構（JAXA）が二〇〇七年に打ち上げた月探査機。「月周回衛星」は、月を中心とした周回軌道に打ち上げられた衛星。
[注3] 「菜の花や……」の俳句…江戸時代の俳人与謝蕪村の「菜の花や月は東に日は西に」の句。
[注4] ゼオイド…「ジオイド」に同じ。地球の重力の方向に垂直で、かつ平均海水面とほぼ一致する曲面。
[注5] エベレスト…ネパールと中国の国境にある世界最高の山。
[注6] エムデン海溝…フィリピン諸島の東側に沿い、フィリピン海溝中にある深所。当時、最深部と言われていた。

問一 傍線部①「この歌が大嫌いだった」とありますが、それはなぜですか。五〇字以内で答えなさい。

問二 傍線部②「衝撃をもって思い出すことになった」とありますが、それはなぜですか。六〇字以内で答えなさい。

問三 傍線部③「小学生の答えが一番本当に近い」と言えるのはなぜですか。七〇字以内で答えなさい。

問四 文章Ⅰと文章Ⅱに共通する考え方とは、どのようなことですか。【科学】および【人間】という語を用いて、八〇字以内で答えなさい。

二

次の文章を読んで、あとの問いに答えなさい。

ある日学校で生徒の製作物の展覧会が開かれた。その出品は主に習字、図画、女子は[注1]仕立物等で、生徒の父兄姉妹は朝からぞろぞろと押しかける。取りどりの評判。製作物を出した生徒は気が気でない、皆そわそわして展覧室を出たり入ったりしている。自分もこの展覧会に出品するつもりで画紙一枚に大きく馬の頭を書いた。馬の顔を斜に見たところで、無論少年の手には余る画題であるのを、自分はこの一挙によってぜひ志村にうち勝とうという意気込みだから一生懸命、学校から宅に帰ると一室に籠って書く、手本を本にして生意気にも実物の写生を試み、幸い自分の宅から[注2]一丁ばかり離れた桑畑の中に借馬屋があるので、幾度となくその厩に通った。輪郭といい、陰影といい、aウンピツといい、自分は確かにこれまで自分の書いたものはもちろん、志村が書いたものの中でこれに比ぶべき出来はないと自信して、これならば必ず志村に勝つ、いかに不公平な教員や生徒でも、今度こそ自分の実力に圧倒さるるだろうと、大勝利をbヨキして出品した。

出品の製作は皆な自宅で書くのだから、何人も誰が何を書くのか知らない、また互いに秘密にしていた。A殊に志村と自分は互いの画題を最も秘密にして知らさないようにしていた。であるから①自分は馬を書きながらも志村は何を書いているかという問いを常に懐ていただきたい。この下敷きの表面がつるっとなめらかだと、下敷きに当たった光は、ほとんどは、鏡で反射するような決まった角度に反射して進む。光が反射する方向から見ると、この平面はぴかっと光って見えるが、それ以外の角度から見ると暗く見える。一方で、この平面が砂地のように荒れていると、入射した光は四方八方に散乱されて跳ね返るので、この平面をどの角度から見ても、同じような明るさに見える。このような平面を拡散反射面という。

月はレゴリスという粉体に覆われているので、月面は拡散反射面の性質を持っているのだ。光を当てる物体が球体だとどうなるだろうか。盆のように見えるのは、「まんまるい」月、すなわち満月である。満月の状態というのは、[注3]「菜の花や……」の俳句のとおり、太陽・地球・月がほぼ一直線に並んでいる状態で、太陽の光が月に差し込む方向と、我々が月を見る視線の方向がほとんど同じである。この時、月面がつやつやピカピカの滑らかな平面であった場合は、中心付近は光がまっすぐ跳ね返って明るく見えるが、満月の周辺部では、光は、地球方向ではなく、宇宙方向に跳ね返っていく。そうすると、満月は中心が明るく、周辺は暗い球体のように見える。一方で現実の月は、レゴリスで覆われているために、月面が太陽光線に対してどういう角度になっていても、同じような明るさに見える。そのために、実際の満月の中心と周辺部は同じ明るさに見えて、まるで盆のように見えるのだ。

（佐伯和人『月はすごい』による。本文を改めたところがある）

文章Ⅱ

地球が円いという話は、何も珍しいことではない。今日では大抵の小学生が皆知っているとおりである。

もっとも地球が完全な球形であるというのは本当は間違いで、第一に地球の表面にはヒマラヤの山もあれば、日本海溝もあるので、詳しく言えば、凹凸のあることは勿論である。それに中学生くらいならば、地球はそれらの凹凸を平均しても、やはり完全に円くはないので、南北方向に縮んだ楕円形になっていることを知っているであろう。

次に大学生になると、もっとも理学方面の学問を学んでいる連中のことであるが、地球の形を高低平均するといっても意味が曖昧なので、海の平均水準面を陸地の内部まで延長して、いわゆる[注4]ゼオイドなる平均海面を考える必要があることを教えられる。そして地球の形は楕円体でもないので、擬似楕円体と称すべきであるなどということになる。

さらに地球物理学者にきくと、地球の形は、それらのいずれでもないので、「狐の色が狐色であるごとく、地球の形は地球形である」という返事をされるであろう。

こうなると話に切りがなくなるので、結局地球の形はどんなものかどころではなく、地球の形というのは何を指すのかも一般の素人には一寸わからなくなってしまう。

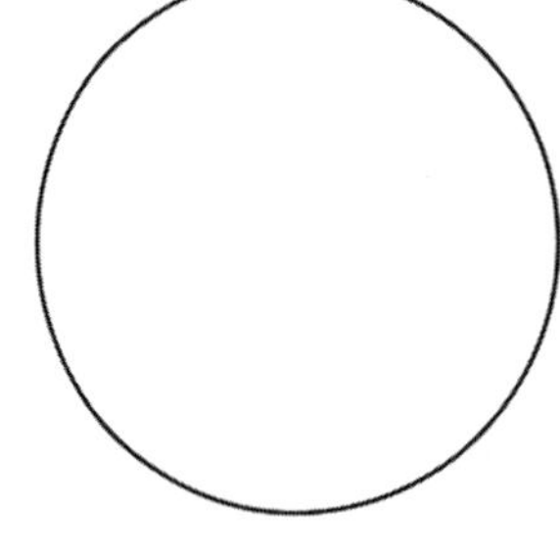

ところがこれ等のいろいろの説明の中で、一番真に近いのは、結局小学生の答えであって、地球は完全に円い球であると思うのが、一般の人々にとっては一番本当なのである。というのは、図に示した形は、コンパスで描いた図であるが、これが地球の形の代表的なものである。コンパスで描いた以上、この図形は線の幅の範囲内では、完全な円である。そして実際に地球は、この線の幅の範囲内では、丁度この円のような形をしているのである。それでは地球が円いというのも不思議ではないであろう。

その真偽をためすためには、次のような簡単な計算をしてみれば、問題は極めて明瞭になる。この円が直径六センチあって、線の幅は〇・二ミリであるとする。それでこの円を地球とみると、地球の直径一万三千キロを六センチに縮尺して描いたことになる。この縮尺率から計算すると、線の幅〇・二ミリは四十四キロに相当する。

二〇二三年度 お茶の水女子大学附属高等学校

【国　語】（五〇分）〈満点：一〇〇点〉

（注意）字数制限のある問いについては、特に指示がない限り、句読点・記号も一字として数えなさい。

一　次の文章Ⅰと文章Ⅱを読んで、あとの問いに答えなさい。

文章Ⅰ

月には大気がないので、一ミリメートルよりも小さな隕石でも大気で減速することなく、秒速一〇キロメートル以上の速度で落ちてくる。月面の岩石は大小の隕石に砕かれて粉々になっていき、そのうちに細かな砂になる。この月面の砂をレゴリスと呼ぶ。

このレゴリスは少々やっかいな物質で、月面活動をしていると、宇宙服や観測機器に静電気でくっついてくる。（中略）レゴリスは家にあるような綿埃ではなく、岩石の粒なので、機械の歯車に入って回転を妨げる可能性があるし、カメラのレンズなどについた場合、拭き取るとレンズに傷をつけてしまう。眼に入ったらものすごく痛い。月がレゴリスで覆われていることは、実は人類が行く前から想定されていた。それは、月の見え方からである。

ヒントは、「月」という歌にあった。こんな歌詞である。

　出た出た月が　まるいまるいまんまるい　盆のような月が

この歌は文部省唱歌と言って、文部省、現在の文部科学省が、明治後期から昭和初期に小学校の音楽教育用に作った歌である。その後も、長らく幼稚園や小学校の音楽の時間で歌われており、著者も幼稚園のころから習って歌っていた。最近は学校で歌われておらず、若い世代には知られていないようだ。

それはともかく、幼稚園のころから私は①この歌が大嫌いだった。［注1］アポロ計画で人類が月に着陸したのは一九六九年で、私が二歳の時だった。当時は子ども向けの本にまでアポロ計画の様子が詳しく解説されていたので、幼稚園児の私も月が球体であることを知っていた。そして、こう思ったのである。

「盆のような月だって。それじゃあ学芸会のために幼稚園の先生が段ボール紙で作った月みたい。なんてつまらない見方をしているんだ」

こう思ったことは、実は大人になるころには忘れていたのだが、［注2］月周回衛星「かぐや」の地形・地質カメラの開発メンバーになった時に、②衝撃をもって思い出すことになった。

私はもともと隕石を切断して電子顕微鏡で観察したり、小さな鉱物の化学組成を測定したりすることを専門としていたので、「かぐや」のように、月の上空からカメラで画像を撮影して、その画像を分析するという手法の研究はやったことがなかった。そこで、月惑星探査のさまざまな論文を読みながら、大学の屋上に望遠鏡を担ぎ上げて撮影した月画像をコンピューターで解析しつつ、勉強をしていた。

そしてとある論文の中にこのような文を見つけたのである。「月は、表面の特性によって平板な円盤(flat disk)に見える」。この文を読んだ瞬間に、文部省唱歌「月」を突然に思い出したのである。文部省唱歌の作詞者は不詳ということになっているが、もちろん、天体の光観測の論文を読んだはずはない。おそらく、純粋に月を見て「お盆に見える」と思ったのだろう。それに引き換え、自分は月が球体であるという先入観から、きちんと月を見ることもできていなかったのか……不詳の作詞者の観察眼への敬服、自分の浅はかさへの恥じらい、何気ない観察に科学の本質が隠されていたことへの驚き、さまざまな感情が一度に湧き上がってしばらく茫然としてしまった。

盆に見える秘密はこうである。まずは下敷きのような平面を考え

英語解答

1・**2** 放送文未公表

3 1 development　2 different
3 take　4 disappeared
5 center　6 how　7 in
8 delivered　9 cheaper
10 full　11 visit
12 suffering　13 money

4 (1) (例)ベンが，一等賞を取った作文はジェーンの作文を写したものであることを母に打ち明けなかったこと。
(2) (例)ブラウンさんに借りた銀の食器を返しに行くこと。
(3) (例)ベンの作文はジェーンが書いたものだということが，英語の先生とクラスメイトにわかってしまうこと。
(4) (例)ベンが実際には自分の実力で作文の一等賞を取ったことがわかったから。

5 1 イ　2 オ　3 エ　4 ウ
5 ア

6 (1) was early in the morning and the sun was bright
(2) is going to make enough money to buy eight eggs
(3) a lot of eggs that〔which〕 will turn into chickens
(4) get the most expensive dress in the world and go to the nicest party

7 (例) I think that high school students should read books because it has some good points. First, reading books is good for their brain. Second, it gives you a lot of new ideas and knowledge, and helps them solve some problems. (40語)

1・**2** 放送文未公表

3〔長文読解─要約文完成─説明文〕

≪全訳≫❶人類の長い歴史において，科学技術は私たちの日常生活と，町や都市の景色を変えてきた。例えば，120年前，町にはガソリンスタンドではなく馬小屋があった。スーパーもコンビニもなく，その代わりに，品ぞろえの限られた商品を販売する小さな店がたくさんあった。もしも現代の旅行者がこういった店の１つに入れば，セルフサービスなどないことを知って驚くだろう。買い物客はカウンターの前に立ち，カウンターの向こうにいる店員に１つずつ商品を注文することになるだろう。これにどのくらいの時間がかかるのかを想像してみてほしい。❷第二次世界大戦後，スーパーが導入され，大人気になった。数多くの種類の商品を提供したので，スーパーの方が便利だった。スーパーはまもなく小さな店に取って代わった。人々が自家用車を持ち始めると，まずアメリカで，その後世界の多くの地域で，多くの場合郊外にショッピングモールが建設され，人々は車で買い物に行き始めた。さらに最近になると，こういったショッピングモールに「大型」店が姿を現し始めた。こういった店は非常に大きく，通常，日用品や，あるいは衣服，書籍，電化製品といった専門店で売られている商品を販売している。またもや，変化は消費者に広範囲の商品や低価格という恩恵をもたらしている。❸別の変化が今起こりつつある。1995年，アマゾンがオンライン書店を始めた。客はインターネットで書籍を注文することができ，書籍は数日後に届いた。これは，いくつかの理由により大人気となった。多くの場合，アマゾンの書籍は従来型の書店より安く，アマゾンは最大の書店よりも品ぞろえが豊富だった。まもなくアマゾンは，音楽や衣服のような他の商品も販売し始め，他のオンラインストアもそれにならった。今日，ほとんどどんな物もオンラインで買うことができる。オンラインストアを利用すれば，低価格で品ぞろえは豊富，さらに出かけていって混雑した店で買い物をする必要もないのだ。❹従来型の小売店にとっては，オンラインストアと競うのは困難だ。限られたスペースしかないため，オンラインストアのようにさまざまな種類の商品をそろえることができない。店の維持費を支払わなければならないため，商品の価格は常に高くなる。今日では，商品を見るためだけ，あるいは服を試着するためだけに従来型の店に来る買い物客もいる。商品や商品のバーコードの写真を撮って，注文はアマゾンのようなオンラインストアにすることさえあるかもしれない。これは「ショールーミング」と呼ばれており，買い物客がいくつかの店の価格を確認，比較できるスマートフォンのアプリさえある。もちろん，従来型の小売店はこれにとても腹を立てているが，彼らがそれに対してできることは何もないのである。❺従来型の小売店は，人々の購買行動を大きく変えた新しい科学技術の犠牲者だ。しかし，これは新しいことではない。ビジネスは常に変化の影響を受けている。確かに，オンラインの小売店からは実店舗と同程度の個人的なサービスを受けることはできないが，買い物客はすでに自分たちの財布を使って投票しており，オンラインの小売業が未来の方法であるだろう。

≪要約文全訳≫科学技術の発展は，しばしば私たちの日常生活を大きく変えてきた。例えば，今日の店は120年前の店とは大きく違っている。わずかな数の特定の商品を販売するたくさんの小さな店があり，店で人々は店員に欲しい物を持ってきてもらうよう頼まなければならなかった。第二次世界大戦後，人々は幅広い品ぞろえのスーパーを利用し始めたため，そのような小さな店の多くは姿を消した。車を手に入れると，人々は町の中心から離れた場所にあるショッピングモールに車で行き始めた。ショッピングモールにある大型店では，より安く商品を買うことができた。今では，買い物の仕方に別の変化が起こっている。それはオンラインショッピングだ。私たちはインターネットで買い物をすることができ，数日後には商品が自宅に配達される。商品が安くて品ぞろえが豊富なため，オンラインショッピングを好む人は多い。また，買い物客は人でいっぱいの実店舗に行く必要がない。商品を検討するためだけに実店舗を訪れる買い物客もいる。従来型の小売店は科学技術の変化に苦しんでいるが，これは実のところ頻繁に起こっている。スーパーが小さな店に取って代わったように，ビジネスは常に変化する。オンラインでより多くのお金を使うことによって，オンラインショッピングの方が好きだということを，すでに買い物客は明らかにしている。

＜解説＞1．第1段落第1文参照。私たちの日常生活を変えてきたのは「科学技術の発展」だといえる。progress「進歩」や advance〔advancement〕「発達，進歩」も可。　2．第1段落第3～5文参照。スーパーやコンビニといった現在の店は120年前の店とは大きく違っている。　3．第1段落第5文参照。「店員に1つずつ商品を注文する」は「店員に欲しい物を取るように頼む」と言い換えられる。　4．第2段落第3文参照。「スーパーはまもなく小さな店に取って代わった」は「そのような小さな店の多くは姿を消した」と言い換えられる。 disappear「消える，なくなる」　5．第2段落第4文参照。at the edge of town「町はずれに，郊外に」は，「町の中心から離れた場所に」と言い換えられる。　6．第3段落参照。この段落で説明されている Another change「別の変化」とはオンラインショッピングの出現のこと。これは「買い物の仕方〔どのように買い物をするか〕」の変化である。　7．第3段落第3文参照。a few days later「数日後に」とあるので「数日で，数日たてば」とする。この in は，現在を基準として「(ある期間)の後に，(ある期間)がたてば」の意味。　8．第3段落第3文参照。本文の arrive(d)を，要約文では前に be があるので受け身で「配達される」とする。　9．第3段落第5文参照。the prices of the books at Amazon were lower「アマゾンの書籍は安かった」とあるので，「品物がより安い」とすればよい。本文では，主語の中心が the prices であるため形容詞 low が使われているが，要約文の主語はproductsであるため形容詞cheapを使う。　10. 第3段落最終文参照。crowded stores「混雑した店」を「人でいっぱいの実店舗」と言い換える。　11. 第4段落第4文参照。some shoppers come to conventional stores「従来型の店に来る買い物客もいる」を「実店舗を訪れる買い物客もいる」と言い換える。空所には1語しか入れることができないので，他動詞visitを使う。　12. 第5段落第1文参照。are the victims of the new technologies「新しい科学技術の犠牲者だ」とあるので「科学技術の変化に苦しんでいる」とする。suffer from ～で「～に苦しむ，～で損害を被る」の意味。　13. 第5段落最終文参照。shoppers have already voted with their wallets「買い物客はすでに自分たちの財布を使って投票している」とは，「お金」を使うことで支持を表明しているということである。

4〔長文読解─要旨・文脈把握─物語〕

≪全訳≫❶「最近あなたに何があったのかは知らないわ，ジェーン」と母は言った。「あなたは弟にとても優しかったのに，今は無視しているわね」❷運悪く，ちょうどそのときベンが部屋に入ってきて，この会話を聞いたのだった。❸私の弟，ベン！　私が弟を嫌いなのは，単に弟がうそつきだからではなく，実のところ私の方が弟よりも後ろめたい気持ちが強かったからだった。でも，私はただいつ全てを打ち明ければいいのかがわからなかったのだ。❹弟が賞をもらって，町中で知られるようになろうとは，私は思っていなかった。明日の朝，ベンは集会で作文を読むことになっていて，全プログラムが町中にラジオ中継される予定だった。❺「わかってるわ，ジェーン」と母は言っていた。「心の中では，ベンを誇りに思っているのね。ベンの作文が学校の何千人という全生徒の中で一等賞を取ったんだから」❻母はベンの方を向いて，「明日の晴れ舞台できびきびしていられるように，もう寝なさい」と言った。ひょっとして今ベンが何もかも打ち明けてくれれば，私たちはまだ手を打てるだろう。明日では遅すぎて，ベンと私，それに母と父も，学校中の人と町中の人の前で面目をつぶされるだろう。❼しかし，ダメだった。ベンは母におやすみとだけ言い，自分の部屋に行ってしまった。❽ベンの作文の件は2週間前に悪気なく始まった。母はたくさんの客をお茶会に招待したので，友人のブラウンさんから銀の食器を借りた。客が帰って食器洗いが終わった後，母は私に銀の食器を返しに行くように頼んだ。でも，私は忙しかったので，ベンにそうしてもらうように頼んだ。「いいよ」とベンは言った。「5ドルくれるなら返しに行くよ。でも，しなきゃいけない宿題があるから時間がないんだ」❾「どんな宿題なの？」と私は尋ねた。❿「作文だよ」⓫「すぐに片づけられるわ」と私は機嫌良く言った。⓬私はノートを開けて，その週に私が書いた「もしも夢を描くなら」という作文を取り出し，ベンに手渡した。私は普通作文のことで悩むことはない。実際英語の先生は私の作文にAをつけてくれて，私はクラスのみんなに作文を読んだのだ。⓭作文と5ドルを渡すときに，「必ず自分の手で写すのよ」と私はベンに言った。「文をいくつか省いて，つづりをちょっと間違うのよ」⓮ついに運命の朝がきた。母，父そして私は集会の間一緒に座っていた。プログラムが始まり，夢の中の出来事であるかのように続いていった。⓯ベンは舞台の中央に立っていた。私は英語の先生とクラスメイトたちを見た。すぐに彼ら全員が，ほんの数週間前に私が教室で読んだ文章だとわかるだろう。ベンが読み始めたとき，私は目を閉じた。「もしも夢を描くなら」というタイトルを読むときのベンの声は，大きくてはっきりしていた。⓰「もしも夢を描くなら，それは今シーズン僕たちのチームが全部の試合に勝つことです，というのは，選手はすばらしく，勝利に値するからです。それにみんなはすてきな仲間で，全ての人種，肌の色，宗教からなる国際連合のようです。もしも夢を描くなら，それは僕たちのチームのようなチームが世界中にあることです。ピーターはこれまでで最高のピッチャーです」　ベンはたぶん2，3分の間，各選手について話し続けた。でも，私には一瞬か永遠のように思えた。⓱ゆっくりと席に沈み込み，私は泣きじゃくっていた。母が両腕で私を抱いてくれた。⑱帰宅した後，私は母と父に全てを打ち明けた。２人は私を叱ったが，叱られて当然だと私は思った。⑲その日の晩，私はベンを抱きしめ，結局私の作文はどうなったのか尋ねた。⑳ベンの顔は赤くなった。「お姉ちゃんの作文をポケットに入れたんだ」とベンは説明した。「でも，学校に着いたときにポケットにはなかったから，どこかでなくしたんだ。アンダーソン先生は，放課後残って作文を書きなさいって言ったんだ。タイトルは覚えていたから，それを書いたよ。でも，全部を写すことはできなかった。なくして運が良かったんだ」㉑私の作文の内容は，ハリウッドへの架空の旅行だった。私はもう一度ベンを抱きしめて，それから謝った。㉒「とても恥ずかしいと思ってるわ」と私は言った。㉓「忘れちゃいなよ，お姉ちゃん」とベンは言って，さらに顔を赤くした。㉔私は弟のことを本当に誇りに思っている。

<解説>⑴直後の，ベンがおやすみしか言わずに部屋に行ってしまった，という内容から，ベンは，ジェーンが期待していたことをしなかったことがわかる。ジェーンが期待していたことは，第６段落第２文の Maybe で始まる仮定法過去の文で表されている。「今ベンが何もかも打ち明けてくれれば」というのは，具体的にはベンの作文がジェーンの書いたものであることを打ち明けてくれればということである。　⑵第８段落参照。ここでベンは，５ドルくれればジェーンの代わりに銀の食器を返しに行くと言っている。　⑶第12，13段落参照。ジェーンは，銀の皿を返しに行ってもらう代わりに，自分がクラスの前で読んだ作文をベンの作文の宿題に使わせている。その作文が賞を取ったことでみんなの前で発表されることになり，不正が英語の先生とクラスメイトにばれるとジェーンは思ったのである。　⑷ジェーンはずっとベンが自分の作文で賞を取ったと思っていたが，実際には，ベンが自力で作文を書いていた(第20段落)。作文の一等賞はベンの実力であることがわかったため，ジェーンはベンを誇りに思ったのである。

5〔長文読解─適文選択─説明文〕

≪全訳≫❶幼い象はメスが支配している家族，すなわち，母親，姉，いとこ，おば，祖母，そして友人の中で成長する。$_{1}$この絆は約70年にもなりえる一生の間続く。幼い象は，オスは14歳頃まで，メスは死ぬまで，母親や他の家族の近くにとどまる。ケニアの象の孤児院の創設者であり，30年以上にわたって理事を務めているダフネ・シェルドリックによれば，「ここで新たに赤ちゃんが生まれれば，他の象たちがみんなやってきて，赤ちゃんをなだめるために赤ちゃんの体に愛情を込めて鼻をくっつけるのです。$_{2}$彼らはそのような広い心を持っているのです」❷$_{3}$複雑なコミュニケーションのとり方が，象が互いの近くにとどまるのに役立っている。象は鼻，耳，頭，尻尾を使って感情を表現する。さらに長距離にわたってコミュニケーションをとる必要があるときには，象は１マイル以上離れている他の象に聞こえる，強力で低周波のゴロゴロ鳴る鳴き声を使う。❸死後，家族は深い悲しみを示す。象は死体を持ち上げて，泥と低木で覆おうとする。ある科学者はかつて，死んだ赤ちゃんを３日間見張っていたメス象を見たことがある。メス象の頭，耳，鼻は深い悲しみで垂れ下がっていた。$_{4}$象は何か月もの間，場合によっては何年もの間，骨のもとを訪れ，鼻で骨に触れるかもしれない。❹「象はとても人間的な動物です」とシェルドリックは言う。「象の感情は，私たちの感情そっくりなのです」　$_{5}$感情を処理するという点で象の脳は人間の脳にとても似ていることを，研究が示している。象の脳にもたくさんの紡錘細胞がある。この細胞は人間の共感や社会性と関連している。

<解説>１．イの These bonds は，空所前の幼い象とその家族との絆を表していると考えられる。　２．オの such big hearts は，空所前の新たに生まれた赤ちゃん象に対する象たちの愛情のこもった行動を反映した表現である。　３．空所後の２つの文では，象の体を使ったコミュニケーションと鳴き声を使ったコミュニケーションについて具体的に述べられている。これを抽象的に表している

のが，エのA complex communication systemであると考えられる。　4．第3段落では，死んだ象に対する他の象の行動について述べられている。ウのthe bonesは死んだ象の骨を表していると考えられる。　5．第4段落では，象と人間の似ている点が説明されている。 be similar to ～「～と似ている」

6〔長文読解─条件作文─物語〕

≪全訳≫❶若い女性が牛の乳を搾り，搾った牛乳を売るために町へ向かう途中だった。小道を歩いていくとき，彼女は牛乳の入ったバケツを頭に載せてバランスを保っていた。(1)早朝で，太陽は明るかった。花の甘い香りがして，彼女は気分が良かった！❷歩きながら，彼女は心の中で思った。「この牛乳は，(2)8個卵を買えるお金になるわ。その卵を農場に持って帰って，4羽の一番いいめんどりの足元に置こう。すぐに卵はかえって，8羽のひよこになる。エサをやれば，ひよこは大きく太る。そしてそれも，(3)ニワトリにかえる卵をたくさん産むわ。それから，ニワトリを全部捕まえて売り，(4)世界で一番高いドレスを買って，クリスマスには一番すてきなパーティーに行くのよ。誰もが私にダンスをしようと求め，一晩中ダンスをしてくるくる回るのよ」❸ひとり言を言いながら，彼女は片足で小さく跳び，ダンスのステップをしたが，くるくる回り始めたとき，頭に載せたバケツのバランスが崩れた。牛乳はこぼれて，彼女の計画は台無しになった。❹「ああ，バカなことをしてしまった」と彼女は嘆いた。「ニワトリがかえる前に，私はニワトリの数を数えてしまったわ」

＜解説＞(1)情景描写の場面なので前半はIt was early in the morning「早朝で(あった)」とする。このItは，‘時間’を表す文の主語となるもの。また，太陽は1つしかないため，the sunとする。(2)これからのことを想像している場面。This milk is going to makeとする。また，moneyとbuyをtoを使ってつなぐと，形容詞的用法のto不定詞になる。 ‘enough ～ to …’「…するのに十分な～」　(3)eggsを先行詞とする関係代名詞を補い，turn into chickens「ニワトリにかえる，ニワトリになる」とつなぐ。このintoは‘変化’を表し，「(ある物や状態)へ変化して」の意味。これは，語注にあるhatch into ～のintoと同じ用法。　(4)most expensive, nicestは最上級であるため，theを補う。また，goは自動詞なのでtoを補い，「世界の中で」という意味になると考えてin the worldとする。

7〔テーマ作文〕

まず，自分の意見をI think (that) high school students should ～, I don't think (that) high school students should ～などと述べてから，次に，その理由を書く。難しいことを書く必要はなく，論理的な文章であるかどうか，正確な英語であるかどうかを重視しよう。なお，自分の意見はIn my opinion, high school students should ～のように書くこともできる。 (別解例) I don't think high school students should read books because most of them have too many things to do. Reading books takes a very long time, so they should first try to spend time studying, playing sports, or doing some volunteer activities. (42語)

数学解答

1 (1) $\dfrac{\sqrt{35}-\sqrt{10}}{5}$ (2) 3，4 (3) $\dfrac{1}{3}$

(4) 右下図

2 (1) ①…(例)$\dfrac{600}{x-z}+\dfrac{600}{x+z}$

②…(例)$5(x-z)+5(y+z)$

③…(例)$\dfrac{600}{y-z}+\dfrac{600}{y+z}-16$

(2) 80

3 (1) 直線A′D′…$y=\sqrt{3}x$

点Bのx座標…$\dfrac{5\sqrt{3}}{6}$

(2) $\dfrac{2\sqrt{3}}{3}$ (3) $\dfrac{2\sqrt{3}}{3}-1$

4 (1) $\dfrac{1+2\sqrt{2}+\sqrt{3}}{2}$

(2) ① $\dfrac{1}{9}$ ② $\dfrac{16}{81}$

(例)

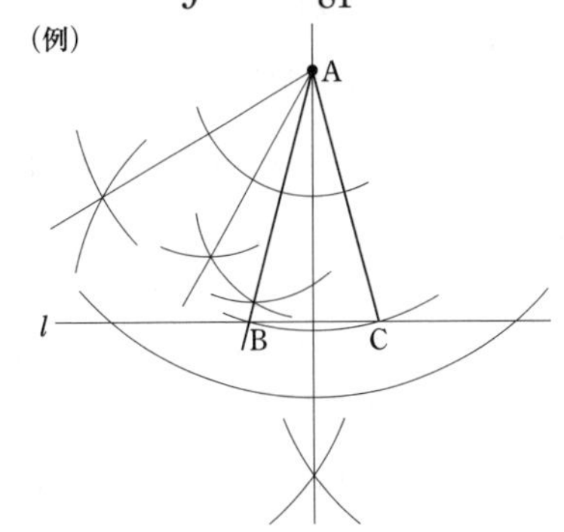

1 〔独立小問集合題〕

(1)＜数の計算＞与式＝$\dfrac{(\sqrt{x}-\sqrt{y})\times(\sqrt{x}-\sqrt{y})}{(\sqrt{x}+\sqrt{y})\times(\sqrt{x}-\sqrt{y})}=\dfrac{x-2\sqrt{xy}+y}{x-y}=\dfrac{x+y-2\sqrt{xy}}{x-y}$と変形できる。ここで，$x+y=(\sqrt{7}+\sqrt{5})+(\sqrt{7}-\sqrt{5})=2\sqrt{7}$，$xy=(\sqrt{7}+\sqrt{5})(\sqrt{7}-\sqrt{5})=7-5=2$，$x-y=(\sqrt{7}+\sqrt{5})-(\sqrt{7}-\sqrt{5})=\sqrt{7}+\sqrt{5}-\sqrt{7}+\sqrt{5}=2\sqrt{5}$だから，与式＝$\dfrac{2\sqrt{7}-2\sqrt{2}}{2\sqrt{5}}=\dfrac{\sqrt{7}-\sqrt{2}}{\sqrt{5}}=\dfrac{(\sqrt{7}-\sqrt{2})\times\sqrt{5}}{\sqrt{5}\times\sqrt{5}}=\dfrac{\sqrt{35}-\sqrt{10}}{5}$となる。

(2)＜連立方程式―解の利用＞$x-\dfrac{a+5}{2}y=-2$……①，$2ax+15y=1$……②とする。①，②の連立方程式が$y=\dfrac{1}{3}$を解に持つから，$y=\dfrac{1}{3}$を①に代入して，$x-\dfrac{a+5}{2}\times\dfrac{1}{3}=-2$より，$x-\dfrac{a+5}{6}=-2$，$x=-2+\dfrac{a+5}{6}$，$x=\dfrac{a-7}{6}$……③となり，②に代入して，$2ax+15\times\dfrac{1}{3}=1$より，$2ax+5=1$，$2ax=-4$，$ax=-2$……④となる。③を④に代入すると，$a\times\dfrac{a-7}{6}=-2$，$a(a-7)=-12$，$a^2-7a+12=0$，$(a-3)(a-4)=0$より，$a=3$，4となる。

(3)＜確率―カード＞カードの取り出し方は，Aが4通り，Bが3通り，Cが2通り，Dが1通りより，全部で$4\times3\times2\times1=24$(通り)あるから，A，B，C，Dの4人の座席の座り方は24通りある。このうち，AとBが隣り合わないで，BとCが隣り合う座り方は，(1，2，3，4)＝(A，C，B，D)，(A，D，B，C)，(A，D，C，B)，(B，C，A，D)，(B，C，D，A)，(C，B，D，A)，(D，A，C，B)，(D，B，C，A)の8通りある。よって，求める確率は$\dfrac{8}{24}=\dfrac{1}{3}$である。

(4)＜平面図形―作図＞右図で，△ABCは，2点B，Cが直線l上にあり，AB＝AC，∠BAC＝30°の二等辺三角形だから，点Aから直線lに垂線AHを引くと，∠BAH＝$\dfrac{1}{2}$∠BAC＝$\dfrac{1}{2}\times30°=15°$となる。$15°=\dfrac{1}{2}\times30°$，$30°=\dfrac{1}{2}\times60°$だから，線分AHを1辺とする正三角形APHを考え，∠PAHの二等分線と線分PHの交点をQとすると，線分ABは∠QAHの二等分線となる。解答参照。

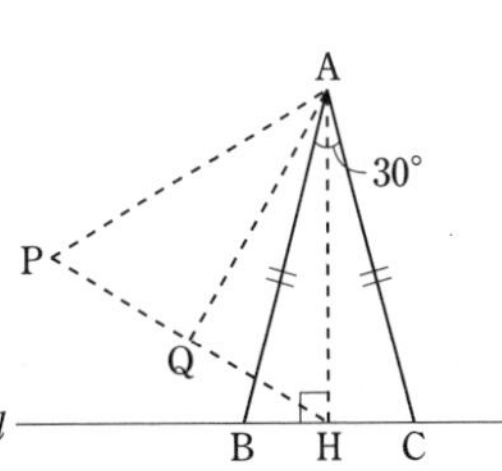

2 〔数と式―連立方程式の応用〕

(1)<立式>ボートの速度は，P地点から上流のQ地点に向かうとき，静水のときの速度より川の流れの速度の分だけ遅くなり，Q地点から下流のP地点に向かうとき，静水のときの速度より川の流れの速度の分だけ速くなる。蘭子さんのボートの静水のときの速度は毎分xm，川の流れの速度は毎分zmだから，P地点からQ地点に向かうときの速度は毎分$x-z$m，Q地点からP地点に向かうときの速度は毎分$x+z$mと表される。PQ間の距離は600mだから，P地点からQ地点までにかかる時間は$\frac{600}{x-z}$分，Q地点からP地点までにかかる時間は$\frac{600}{x+z}$分である。往復で16分かかったから，$\frac{600}{x-z}+\frac{600}{x+z}=16$……㋐が成り立つ。また，梅子さんのボートの静水のときの速度は毎分ymだから，P地点からQ地点に向かうときの速度は毎分$y-z$m，Q地点からP地点に向かうときの速度は毎分$y+z$mと表せる。蘭子さんはP地点からQ地点に向かい，梅子さんはQ地点からP地点に向かい，同時にスタートして5分後に出会ったから，蘭子さんの進んだ距離が$5(x-z)$m，梅子さんの進んだ距離が$5(y+z)$mより，$5(x-z)+5(y+z)=600$……㋑となる。さらに，梅子さんがP地点からQ地点までにかかる時間は$\frac{600}{y-z}$分，Q地点からP地点までにかかる時間は$\frac{600}{y+z}$分である。P地点を同時にスタートしてP地点とQ地点の間を往復すると，梅子さんが24分遅れてP地点に到着するので，梅子さんと蘭子さんの往復にかかる時間の差は24分である。蘭子さんの往復にかかる時間は16分だから，$\frac{600}{y-z}+\frac{600}{y+z}-16=24$……㋒が成り立つ。

(2)<連立方程式>(1)の㋐より，$600(x+z)+600(x-z)=16(x-z)(x+z)$，$600x+600z+600x-600z=16(x^2-z^2)$，$1200x=16(x^2-z^2)$，$x^2-z^2=75x$……㋐′となり，㋑より，$5x-5z+5y+5z=600$，$5x+5y=600$，$x+y=120$……㋑′となり，㋒より，$\frac{600}{y-z}+\frac{600}{y+z}=40$，$600(y+z)+600(y-z)=40(y-z)(y+z)$，$600y+600z+600y-600z=40(y^2-z^2)$，$1200y=40(y^2-z^2)$，$y^2-z^2=30y$……㋒′となる。㋐′－㋒′より，$x^2-y^2=75x-30y$，$(x+y)(x-y)=75x-30y$だから，これに㋑′を代入して，$120(x-y)=75x-30y$，$120x-120y=75x-30y$，$45x=90y$，$y=\frac{1}{2}x$……㋓となる。㋓を㋑′に代入すると，$x+\frac{1}{2}x=120$，$\frac{3}{2}x=120$，$x=80$となる。

3 〔関数―座標平面上の図形〕

《基本方針の決定》(1)　3辺の比が$1:2:\sqrt{3}$の直角三角形を利用できる。

(1)<直線の式，x座標>右図で，正方形A′BC′D′は正方形ABCDを頂点Bを中心に反時計回りに60°回転させたものだから，∠C′BC＝60°である。頂点C′から辺BCに垂線C′Hを引くと，△BC′Hは3辺の比が$1:2:\sqrt{3}$の直角三角形になるので，直線BC′の傾きは$\frac{C'H}{BH}=\frac{\sqrt{3}}{1}=\sqrt{3}$である。A′D′∥BC′だから，直線A′D′の傾きも$\sqrt{3}$であり，この直線は原点Oを通るので，その式は$y=\sqrt{3}x$となる。次に，辺CBの延長と直線A′D′との交点をIとすると，∠A′IB＝∠C′BC＝60°，∠IA′B＝90°より，△A′IBは3辺の比が$1:2:\sqrt{3}$の直角三角形となる。BA′＝1だから，$IB=\frac{2}{\sqrt{3}}BA'=\frac{2}{\sqrt{3}}\times1=\frac{2\sqrt{3}}{3}$である。また，点Iは直線$y=\sqrt{3}x$上にあり，$y$座標が$\frac{1}{2}$だから，$\frac{1}{2}=\sqrt{3}x$，$x=\frac{\sqrt{3}}{6}$となり，点Iの$x$座標は$\frac{\sqrt{3}}{6}$である。よって，点Bの$x$座標は$\frac{\sqrt{3}}{6}+\frac{2\sqrt{3}}{3}=\frac{5\sqrt{3}}{6}$となる。

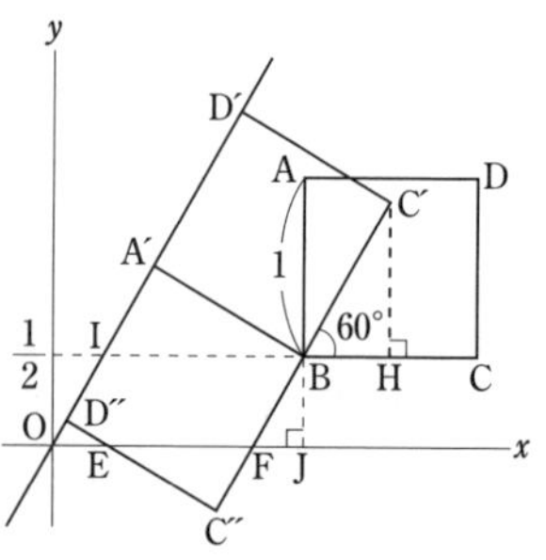

(2)<x座標>右上図で，(1)より，直線BC′の傾きは$\sqrt{3}$だから，その式は$y=\sqrt{3}x+b$とおける。

$B\left(\frac{5\sqrt{3}}{6},\ \frac{1}{2}\right)$を通るから，$\frac{1}{2}=\sqrt{3}\times\frac{5\sqrt{3}}{6}+b$，$b=-2$となり，直線BC′の式は$y=\sqrt{3}x-2$である。点Fは直線BC′と$x$軸との交点だから，$y=0$を代入して，$0=\sqrt{3}x-2$より，$x=\frac{2\sqrt{3}}{3}$となり，点Fの$x$座標は$\frac{2\sqrt{3}}{3}$である。

(3)＜面積＞前ページの図で，点Bからx軸に垂線BJを引く。$\angle BFJ=\angle C''BC=60^\circ$より，△BFJは3辺の比が$1:2:\sqrt{3}$の直角三角形だから，$BF=\frac{2}{\sqrt{3}}BJ=\frac{2}{\sqrt{3}}\times\frac{1}{2}=\frac{\sqrt{3}}{3}$である。よって，$C''F=BC''-BF=1-\frac{\sqrt{3}}{3}$となる。$\angle EFC''=\angle BFJ=60^\circ$，$\angle EC''F=90^\circ$より，△C″EFも3辺の比が$1:2:\sqrt{3}$の直角三角形だから，$EC''=\sqrt{3}C''F=\sqrt{3}\times\left(1-\frac{\sqrt{3}}{3}\right)=\sqrt{3}-1$となる。よって，$\triangle C''EF=\frac{1}{2}\times C''F\times EC''=\frac{1}{2}\times\left(1-\frac{\sqrt{3}}{3}\right)\times(\sqrt{3}-1)=\frac{1}{2}\times\left(\sqrt{3}-1-1+\frac{\sqrt{3}}{3}\right)=\frac{1}{2}\times\left(\frac{4\sqrt{3}}{3}-2\right)=\frac{2\sqrt{3}}{3}-1$である。

4〔空間図形―立方体〕

≪基本方針の決定≫(2)　2つの三角錐は合同だから，切り口の図形も合同である。

(1)＜面積＞右図1で，三角錐Sの表面積は，△FGH＋△AFG＋△AHG＋△AFHである。$\angle FGH=90^\circ$より，$\triangle FGH=\frac{1}{2}\times1\times1=\frac{1}{2}$である。また，GF⊥〔面AEFB〕より，$\angle AFG=90^\circ$であり，△AEFは直角二等辺三角形だから，$AF=\sqrt{2}AE=\sqrt{2}\times1=\sqrt{2}$である。これより，$\triangle AFG=\frac{1}{2}\times1\times\sqrt{2}=\frac{\sqrt{2}}{2}$となる。同様に，$\triangle AHG=\frac{\sqrt{2}}{2}$である。次に，△AFHの全ての辺は1辺の長さが1の正方形の対角線だから，$FH=AH=AF=\sqrt{2}$であり，△AFHは正三角形である。点AからFHに垂線AIを引くと，△AFIは3辺の比が$1:2:\sqrt{3}$の直角三角形となるから，$AI=\frac{\sqrt{3}}{2}AF=\frac{\sqrt{3}}{2}\times\sqrt{2}=\frac{\sqrt{6}}{2}$となり，$\triangle AFH=\frac{1}{2}\times\sqrt{2}\times\frac{\sqrt{6}}{2}=\frac{\sqrt{3}}{2}$となる。以上より，三角錐Sの表面積は$\frac{1}{2}+\frac{\sqrt{2}}{2}+\frac{\sqrt{2}}{2}+\frac{\sqrt{3}}{2}=\frac{1+2\sqrt{2}+\sqrt{3}}{2}$である。

(2)＜面積＞①右図2で，点Pを通り面EFGHに平行な平面と線分AF，AG，AH，辺CGの交点をそれぞれJ，K，L，Nとし，PNとJLの交点をOとする。三角錐Sの切り口は△JKLである。AP：PE＝2：1のとき，△APK∽△AEGより，PK：EG＝AP：AE＝2：(2＋1)＝2：3だから，$PK=\frac{2}{3}EG=\frac{2}{3}PN$となり，四角形PJKLは正方形となるから，$PO=OK=\frac{1}{2}PK=\frac{1}{2}\times\frac{2}{3}PN=\frac{1}{3}PN$である。$KN=PN-PK=PN-\frac{2}{3}PN=\frac{1}{3}PN$だから，PO＝OK＝KNとなり，2点O，Kは線分PNを3等分する点となる。また，右上図3で，点Pを通り面EFGHに平行な平面と線分CF，CE，CHの交点をそれぞれQ，R，Uとし，PNとQUの交点をVとする。三角錐Tの切り口は△QRUである。同様に考えると，2点R，Vも線分PNを3等分する点となる。よって，2点R，Vは，それぞれ図2の2点O，Kと一致するか

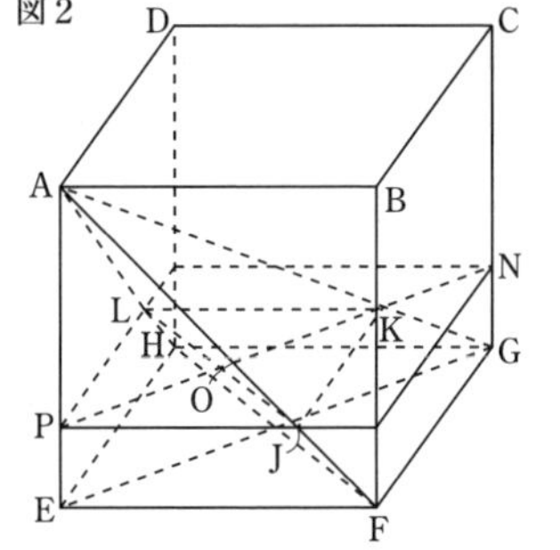

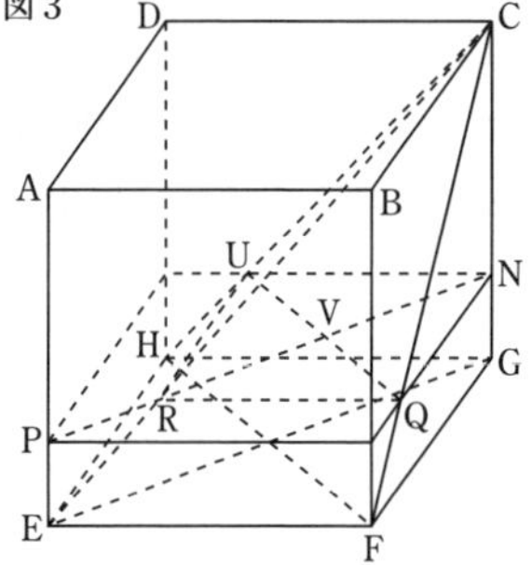

ら，2つの三角錐S，Tの切り口である△JKLと△QRUの重なる部分は，右図4の影をつけた部分となる。図4のように，2点W，Xを定めると，四角形OWKXは正方形であり，OK：PN＝1：3より，OWと立方体ABCD-EFGHの1辺の長さの比は1：3である。これより，OW＝$\frac{1}{3}$×1＝$\frac{1}{3}$だから，求める面積は，M＝〔正方形OWKX〕＝$\left(\frac{1}{3}\right)^2$＝$\frac{1}{9}$となる。　②前ページの図2で，AP：PE＝7：2のとき，①と同様にして，PK：EG＝AP：AE＝7：(7＋2)＝7：9だから，PK＝$\frac{7}{9}$EG＝$\frac{7}{9}$PNとなり，PO＝OK＝$\frac{1}{2}$PK＝$\frac{1}{2}$×$\frac{7}{9}$PN＝$\frac{7}{18}$PNとなる。KN＝PN－PK＝PN－$\frac{7}{9}$PN＝$\frac{2}{9}$PNだから，PO：OK：KN＝$\frac{7}{18}$PN：$\frac{7}{18}$PN：$\frac{2}{9}$PN＝7：7：4となる。前ページの図3で，同様にして，NV：VR：RP＝7：7：4となる。よって，2つの三角錐S，Tの切り口である△JKLと△QRUの重なる部分は，右図5の影をつけた部分となる。PR＝KN＝$\frac{2}{9}$PNより，RK＝PN－KN－PR＝PN－$\frac{2}{9}$PN－$\frac{2}{9}$PN＝$\frac{5}{9}$PNだから，RK：PN＝$\frac{5}{9}$PN：PN＝5：9であり，RW＝$\frac{5}{9}$×1＝$\frac{5}{9}$，〔正方形RWKX〕＝$\left(\frac{5}{9}\right)^2$＝$\frac{25}{81}$である。次に，4点Y，Z，Y′，Z′を定める。PK：PN＝$\frac{7}{9}$PN：PN＝7：9より，PJ＝$\frac{7}{9}$×1＝$\frac{7}{9}$であり，RO＝PO－PR＝$\frac{7}{18}$PN－$\frac{2}{9}$PN＝$\frac{1}{6}$PNとなる。△ORY∽△OPJだから，RY：PJ＝RO：PO＝$\frac{1}{6}$PN：$\frac{7}{18}$PN＝3：7より，RY＝$\frac{3}{7}$PJ＝$\frac{3}{7}$×$\frac{7}{9}$＝$\frac{1}{3}$となる。これより，△RYZ＝$\frac{1}{2}$×$\frac{1}{3}$×$\frac{1}{3}$＝$\frac{1}{18}$となる。同様にして，△KY′Z′＝$\frac{1}{18}$となるから，求める面積は，M＝〔六角形YWY′Z′XZ〕＝〔正方形RWKX〕－△RYZ－△KY′Z′＝$\frac{25}{81}$－$\frac{1}{18}$－$\frac{1}{18}$＝$\frac{16}{81}$となる。

図4

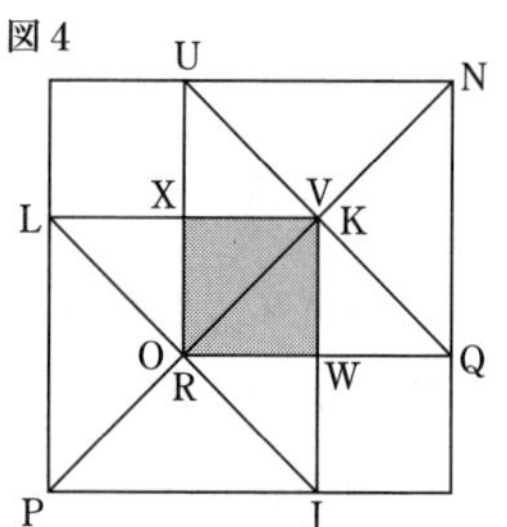

図5

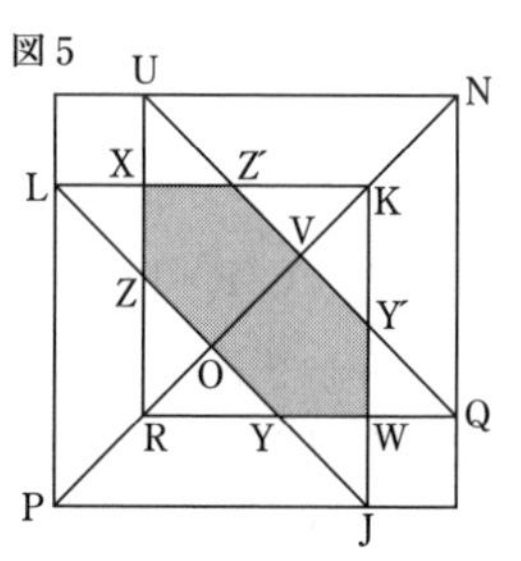

═読者へのメッセージ═

1(4)は，作図の問題でした。2点から等距離にある点の集まりが，その2点を結ぶ線分の垂直二等分線になり，2直線から等距離にある点の集まりが，その2直線がつくる角の二等分線になるのですが，では，1つの点と1本の直線から等距離にある点の集まりは，どのようになると思いますか。これは，放物線になります。高校で学習します。

社会解答

1 問1 円安
問2 (1)…エ (2)…ウ (3)…イ (4)…ア
問3 エ 問4 X…ウ Y…ア
問5 (1)…根釧
(2) E…南東 F…千島
G…濃霧
(3) (例)酪農家戸数が減少し，一戸あたりの乳牛の飼育頭数は増加している。
(4) (例)乳牛1頭あたり年間費用構成の4割以上を占める飼料の価格が大きく上昇している一方，牛乳小売価格はほとんど上昇していないため。
問6 オ

2 問1 エ 問2 愛知…イ 福岡…ウ
問3 イ
問4 (1)…さとうきび
(2) (例)二酸化炭素の排出量を抑えられるが，森林伐採や食料不足を招く可能性がある。
問5 イ

3 問1 A…奉公 B…政所
C…承久の乱 D…六波羅探題
問2 エ 問3 エ
問4 (1)…大宝律令 (2)…壬申の乱
(3)…イ
問5 イ 問6 ア
問7 (1)…エ
(2) (例)御家人や荘園領主らの間で土地などを巡る争いが増え，特に承久の乱後はその傾向が目立った。そのため，公平に裁判を行うための基準として御成敗式目が定められた。
問8 (1)…オ (2)…ア

4 問1 冷戦 問2 ゴルバチョフ
問3 (1) B…総会 C…ウクライナ
(2) (例)常任理事国の1つでもある当事国のロシアが拒否権を行使した結果，決議案が否決されたため。
問4 (1) (例)核兵器を持たず，つくらず，持ち込ませず
(2)…核拡散防止条約〔核兵器不拡散条約〕
問5 北大西洋条約機構〔NATO〕

5 問1 民法 問2 ウ
問3 D…グローバル E…刑事
問4 (1)…ア (2)…ウ
問5 (例)「縦割り行政」を改善し，無駄のない効率的な行政を実現すること。
問6 (1)…核家族
(2) ・(例)未婚化の進展
・(例)配偶者と死別した高齢者の増加
問7 ア
問8 (1)…自由 (2)…クーリング・オフ
(3)…消費者契約法
(4) (例)消費者は事業者に比べ，情報や交渉力などで不利な立場に置かれやすいため。

1〔地理―総合〕

問1＜貿易＞2022年は，円安が進んだために輸入品の価格が上昇した。為替相場が1ドル＝100円から1ドル＝120円に変動するような変化を円安(ドル高)といい，円安になると，ドルで購入する商品にこれまでより多くの円を支払わなければならなくなるため，輸入原材料などの価格が上昇する。

問2＜世界三大穀物の生産と輸出＞(1)表1・2より，生産国と輸出国をアジア諸国が占めており，生産量に対し輸出量が少ない自給的な性格が強い穀物あ．は米(D)，生産国と輸出国にブラジルが含

まれており，生産量と輸出量が第1位の国に偏っている穀物い．はトウモロコシ(B)，輸出国にカナダ・フランスが含まれており，生産量に対し輸出量が多く国際市場の取引量が多い穀物う．は小麦(C)を表している。　(2)米の生産量と輸出量，小麦の生産量が上位に入っているａはインド，トウモロコシの生産量と輸出量が第1位で，小麦の生産量と輸出量が上位に入っているｃはアメリカ合衆国，小麦の生産量が第3位で輸出量が第1位のｄはロシアである。なお，米の生産量が第3位のｂはバングラデシュ，米の輸出量が第2位のｅはベトナム，トウモロコシの輸出量が第4位のｆはウクライナである。　(3)小麦は，収穫する時期によって冬小麦と春小麦に分けられる。また，オーストラリア，アルゼンチンなどを含む南半球諸国でも生産されており，おおむね1年を通して収穫されている(イ…○)。なお，北アメリカやヨーロッパでは小麦が主食であり，トウモロコシは飼料として消費されている(ア…×)。降水量の少ないガンジス川上流部では小麦の栽培が，降水量の多い下流部では稲作が盛んである(ウ…×)。機械化が進められ，効率化されている日本の農業の生産性は高く，1ha当たりの収穫量は東南アジアの国々より多い(エ…×)。　(4)日本のトウモロコシ輸入量の第1位はアメリカ合衆国で，中国はトウモロコシの輸入国である。

問3＜人口増加率＞出生率が死亡率を上回っているアジアやアフリカ，オセアニア諸国では人口が増加している国が多い。ヨーロッパでは人口が減少している国もあり，ギリシャの2011年から2021年の平均人口増加率は－0.5%だった。

問4＜貨物輸送＞1960年から2018年にかけて割合が増加しているXは自動車で，トラックを用いた輸送では一度に輸送できる量は少なく，渋滞などで予定どおりに運ぶことが難しいが，目的地まで積み替えなしで貨物を運ぶことができる(X…ウ)。1960年と2018年でともに貨物輸送の割合が高いYは船舶で，速度は遅いが，低運賃で遠くまで運べることから，海外から資源を輸入したり，外国へ自動車を輸出したりする際に用いられる(Y…ア)。なお，Wとイは鉄道，Zとエは航空機を表している。

問5＜日本の酪農＞(1)北海道南東部にあり，夏でも涼しい気候を利用して酪農が盛んに行われている台地は，根釧台地である。　(2)日本付近の季節風は，夏には南東から，冬には北西から吹く。太平洋岸には，北からは寒流の千島海流〔親潮〕，南からは暖流の日本海流〔黒潮〕が流れている。北海道東部では，夏の南東季節風が千島海流で冷やされて発生する濃霧のため，日照時間が少なくなる。(3)1965年から2020年にかけて，日本の酪農家戸数は減少し続けており，1965年と2020年を比べると約4％程度まで減っている。しかし，酪農家戸数の減少に対して乳牛の飼育頭数は減少しておらず，酪農家1戸あたりの飼育頭数が増加していると考えられる。　(4)左図より，乳牛1頭あたり年間費用構成の約45%が飼料費であることが読み取れる。また，右図中の下の折れ線グラフより2000年以降に配合飼料価格がおよそ上昇し続けていることが，上の折れ線グラフから2000年以降に牛乳小売価格がほとんど上昇していないことがわかる。これらのことから，牛乳の値上げがさけられない状況にあるといえる。

問6＜エネルギー＞1973年は第一次石油危機が起こった年，2010年は東日本大震災に伴って福島第一原子力発電所事故の起こった2011年の前年である。石油危機以前は石油の割合が高く(Ⅲ)，石油危機後，石油の割合が減少し原子力の割合が増加した(Ⅰ)。2011年以降，定期検査によって原子力発電所が停止したことから原子力の割合が減少した(Ⅱ)。なお，この期間に再生可能エネルギーの割合はおおむね増加傾向にあるので，このことからも判断できる。

2〔地理―自動車産業を題材とした問題〕

問1＜瀬戸＞愛知県瀬戸市は，陶磁器の瀬戸焼が有名で，瀬戸焼の生産技術を応用したファインセラミックスを素材とする自動車部品の製造が行われている。

問２＜都道府県ごとの工業＞愛知県は，豊田市を中心とする自動車工業が盛んなので，輸送用機械の割合が高いイが当てはまる。また，福岡県は，かつては八幡製鉄所の製鉄が中心だったが，現在は鉄鋼や金属製品の割合が小さくなり，輸送用機械や食料品の割合が高くなっている。なお，アは大阪府，エは東京都を表している。

問３＜メルカトル図法＞地図では，およそ球形である地球を平面に表すため，地図の特徴によってさまざまなゆがみが生じる。緯線と経線が直角に交わった地図であるメルカトル図法では，赤道から両極へと緯度が高くなるほど実際の面積よりも大きく表示されるので，地図上において緯度が同じ長さで表されていても，赤道から離れるほど実際の距離は短くなる。

問４＜バイオ燃料＞(1)バイオ燃料の原料となる主な農作物はトウモロコシとサトウキビであり，図はサトウキビの生産国を表している。　(2)植物を原料とするバイオ燃料は，植物が光合成で二酸化炭素を吸収していることから，燃焼させたときに二酸化炭素を排出しても，石油などの化石燃料を使うより，地球全体の二酸化炭素を増加させないと考えられている。このような二酸化炭素の排出量と吸収量を均衡させるという考え方を，カーボンニュートラルという。一方，トウモロコシやサトウキビをバイオ燃料の原料として大量に使用することで，トウモロコシやサトウキビを生産する畑の面積を増やすために森林が破壊されることや，食料や飼料としての消費量が圧迫されることが懸念される。

問５＜自動車の生産＞近年，急速に自動車の生産量を増加させているエは中国を，1970年代まで世界一の自動車生産量を誇っていたアはアメリカ合衆国を，1980年代に一時期，自動車生産量が世界一となったイは日本を表している。

3 〔歴史─古代から中世の日本〕

問１＜封建制度，承久の乱＞Ａ，Ｂ．将軍は御家人の所有している領地を保護し(御恩)，御家人は将軍に忠誠を誓い軍役につく(奉公)ことで結ばれた土地を仲立ちとした主従関係からなる社会制度を封建制度という。御家人は将軍との間で主従関係を結んでいたため，幕府機関である政所の発行した書類である下文ではなく，将軍直筆のものを得ようとした。　Ｃ，Ｄ．源氏将軍家が途絶えた後，後鳥羽上皇は政権を取り戻そうと1221年に承久の乱を起こした。しかし，東国の武士は幕府に味方し，およそ１か月で上皇方が敗れた。承久の乱後，鎌倉幕府は，朝廷の監視や西国の統率のために，京都に六波羅探題を置いた。

問２＜鎌倉幕府の成立＞1185年の壇ノ浦の戦いで平氏が滅ぼされると，源頼朝の支配の強大化を恐れた後白河法皇が源義経に頼朝追討を命じたが，頼朝はこれを受けて軍勢を京都に送り，反対に後白河法皇に守護・地頭を任命する権利などを認めさせた。その後，頼朝は義経をかくまったとして1189年に奥州藤原氏を滅亡させ，1192年には征夷大将軍となり，これによって名実ともに鎌倉幕府が成立した。なお，アは室町時代，イは奈良時代，ウは江戸時代の出来事である。

問３＜地頭＞史料３の御成敗式目の２つ目の項目に，「集めた年貢を納めない地頭は，本所の訴えがあれば，すぐに年貢を本所に納めること。納めない場合は，地頭の職を解任する」とあり，地頭が荘園領主に年貢を納めない場合，地頭を解任されることがあると示されている。

問４＜律令＞(1)701年に成立した日本で初めての律令は，大宝律令である。　(2)天智天皇の死後の672年に起こった天皇の後継ぎを巡る，天智天皇の弟である大海人皇子と天智天皇の子である大友皇子の争いを壬申の乱といい，戦いに勝った大海人皇子は天武天皇として即位した。　(3)律令では，成人男子に庸や調などの税のほか，兵役の義務が課された(イ…○)。なお，支給される口分田の面積は，男女で差があった(ア…×)。律令制度が実施された時代には，聖武天皇や桓武天皇のように直接政治を行った天皇がいた(ウ…×)。交通網としての五街道や脇街道が整備されるのは江戸時代のことである(エ…×)。

問5＜下文＞史料2の1行目に「将軍家政所下」と記されており，幕府の機関である政所が発行したものだとわかる。なお，史料1にあるように，花押は源頼朝のものではない。

問6＜御恩と奉公＞将軍と御家人との間で結ばれた御恩と奉公の主従関係は，命を懸けて戦うことを誓う御家人にとっては源頼朝個人との間で成立していた関係だった。

問7＜御成敗式目＞(1)史料3の3つ目の項目に，律令では許されていないという前置きの後に，「子どものいない女性が養子に土地をゆずり与える例は武家の慣習として数えきれず，何の問題もない」とあり，御成敗式目では子どものいない武家の女性が養子に領地を相続させることを認めていた。　(2)鎌倉時代になり，武士が社会の中心となるにしたがって，御家人どうしや，史料3の2つ目の項目にあるような荘園領主に年貢を納めない御家人などによる，土地などを巡る争いが増えていった。また，1221年の承久の乱以降は，東国の御家人が西国に領地を得ることもあり，土地を巡る争いはさらに増加していった。鎌倉幕府はそうした土地を巡る争いを公平に裁くための基準として，武家社会の慣例などをもとに1232年に御成敗式目を制定したと考えられる。

問8＜年代整序，惣＞(1)年代の古い順に，Ⅲ(奈良時代の行基の活動)，Ⅰ(平安時代後半からの浄土信仰の広まり)，Ⅱ(江戸時代の宗門改)となる。　(2)フランシスコ=ザビエルによって日本にキリスト教が伝えられたのは，1549年のことである。室町時代後半にあたるこの時期，村の自治的な組織である惣が発達していた。なお，浮世草子や浮世絵が流行したのは江戸時代のこと，『古今和歌集』が編まれたのは平安時代のこと，豊臣秀吉の検地は安土桃山時代のことである。

4〔歴史・公民総合―第二次世界大戦後の日本と世界〕

問1＜冷戦＞第二次世界大戦後の，アメリカ合衆国を中心とする資本主義陣営〔西側諸国〕と，ソ連を中心とする社会主義陣営〔東側諸国〕の東西の対立は，両陣営が直接戦争をすることはなかったため，冷戦〔冷たい戦争〕と呼ばれる。

問2＜ゴルバチョフ＞1990年に，東西冷戦の緩和に功績があったとして，ノーベル平和賞を受賞したソ連の指導者は，ゴルバチョフである。

問3＜国際連合＞(1)国際連合は，戦争を防ぎ，世界の平和と安全の維持を最大の目的とする組織で，全ての加盟国が参加する総会では世界のさまざまな問題が取り上げられる。総会の決議では全ての国が平等に1票を投じる。また，2022年2月，ロシアがウクライナの東側の地域を中心に侵攻を開始した。　(2)国際連合の主要機関である安全保障理事会〔安保理〕は，5つの常任理事国と10の非常任理事国で構成され，重要事項の議決には，全ての常任理事国を含む9理事国の賛成が必要となる。安保理では，大国一致の原則に基づき，常任理事国が1か国でも反対すれば議決が成立しない。これを拒否権といい，ロシアのウクライナ侵攻を非難する決議案を安保理で議決しようとしても，常任理事国のロシアが拒否権を行使すれば，決議案は否決される。

問4＜核兵器削減＞(1)日本政府は，唯一の核兵器被爆国として，「核兵器を持たず，つくらず，持ち込ませず」という非核三原則を表明している。　(2)1968年に調印されたのは，核拡散防止条約〔核兵器不拡散条約／NPT〕である。核拡散防止条約は，核兵器を保有しない国が核兵器を持つことを禁止することで，核兵器保有国を増やさないことを目指すものである。

問5＜NATO＞1949年，第二次世界大戦後の冷戦構造の中で成立した，アメリカ合衆国を中心とする資本主義諸国の軍事的な組織は，北大西洋条約機構〔NATO〕である。

5〔公民―総合〕

問1＜成年年齢＞2018年に民法が改正され，2022年4月から成年年齢が18歳に引き下げられた。これに先立ち，2015年に公職選挙法が改正され，2016年から選挙権年齢が満18歳以上に引き下げられている。

問２＜資料の読み取り＞Ｂ．子どもが「大人」になるための条件として７割以上の人が選んだ項目は「自分がしたことについて自分で責任をとれる」ことと「自分自身で判断する能力が十分ある」である。この２つの項目について今の18歳，19歳に当てはまると答えたのは「自分がしたことについて自分で責任をとれる」が19.0％，「自分自身で判断する能力が十分ある」が21.7％で，どちらも25％未満である(い…○)。なお，子どもが「大人」になるための条件として重視する人が最も多い項目は，「自分がしたことについて自分で責任をとれる」である(あ…×)。　Ｃ．法制審議会の報告書には，「成年年齢を20歳から18歳に引き下げることは，18歳，19歳の者を『大人』としてあつかい，社会への参加時期を早めることを意味する」とあり，このことが「若年者の『大人』としての自覚を高めること」につながるとしている(う…○)。なお，今の18歳，19歳の人が「大人」になるための条件を満たしているとは書かれていない(え…×)。

問３＜グローバル化，裁判員裁判＞Ｄ．人，物，資金，情報が国境を越えて地球規模で移動するようになることを，グローバル化という。　Ｅ．2023年から満18歳以上の国民が裁判員候補者名簿に記載され，その中からくじなどで選ばれた人が裁判員になれることになった。裁判に裁判員が参加するのは，重大な犯罪について行われる刑事裁判の第一審である。

問４＜投票率，衆議院の優越＞⑴参議院では３年ごとに議席の半数が改選されるため，グラフで３年ごとに投票率が示されているアとウが参議院議員通常選挙のものだとわかる。また，若年層の方が高年齢層より投票率が低いので，参議院議員通常選挙の20歳代の投票率を示すものはア，50歳代の投票率を示すものはウである。なお，イは衆議院議員総選挙の20歳代の投票率，エは衆議院議員総選挙の50歳代の投票率である。　⑵衆議院は参議院よりも任期が短く，任期の途中でも解散されることがあるため，より民意を反映していると考えられていることから，参議院が持たない内閣不信任〔信任〕の決議権を衆議院が持つことや，予算の先議権などの，衆議院の優越が認められている。

問５＜省庁再編＞中央省庁が行う行政の仕事は「縦割り行政」とも呼ばれ，省庁間の連携が悪かったり業務が重複したりして，効率が悪いことへの批判が高まっていたことと，行政機関に対する内閣，総理大臣の権限を強化する必要があることなどから，2001年，中央省庁の再編が行われた。

問６＜核家族，単独世帯＞⑴夫婦のみ，あるいは親と子どもからなる家族を核家族世帯という。第二次世界大戦後の日本では核家族世帯が増加した。　⑵ひとり暮らしの単独世帯が増加している原因として，若年層の未婚化や晩婚化と，高齢者のひとり暮らし，すなわち，子どもが独立した後に配偶者(夫婦の一方)が死亡したことによるひとり暮らしが増加することなどが考えられる。

問７＜国内総生産＞国内総生産〔GDP〕は，一定期間内に国内で新しくつくられた財やサービスの付加価値の合計のことで，国内の総生産額から原材料などの中間生産物の金額を差し引くことで求められる。GDP には，国内で外国人や外国企業が生産した付加価値が含まれるが，外国で日本人や日本企業が生産した付加価値は含まれない(ア…○，エ…×)。なお，イは国内の総生産額，ウは国民総所得〔GNI〕を説明している。

問８＜契約＞⑴契約は，当事者どうしが個人の自由な意思に基づいて結ぶものである。これを契約自由の原則という。　⑵訪問販売など，消費者が冷静な判断がしにくい状況で結ばれた契約を一定期間内であれば理由に関係なく解除できる制度を，クーリング・オフ制度という。　⑶契約上のトラブルから消費者を保護するために2000年に消費者契約法が制定された。　⑷契約は，売り手と買い手が，自由な意思に基づいて結ぶものであるが，一般に，買い手の消費者は，売り手である事業者に比べて商品についての知識と情報が少なく，交渉力においても差がある。したがって，買い手が不利にならないように，法律で消費者を保護する必要がある。

理科解答

1 (1) ウ　(2) エ　(3) イ，ウ
(4) オ　(5) イ，ウ，オ
(6) ア，エ，オ，カ
(7) A…キ　B…カ

2 (1) ①　3.0A　②　28℃
(2) $108.7cm^3$
(3) $2CuO + C \longrightarrow 2Cu + CO_2$
(4) 名称…虹彩
はたらき…(例)レンズに入る光の量を調節する。
(5) (例)細胞の大きさは小さく，中に染色体が見られるものがある。
(6)

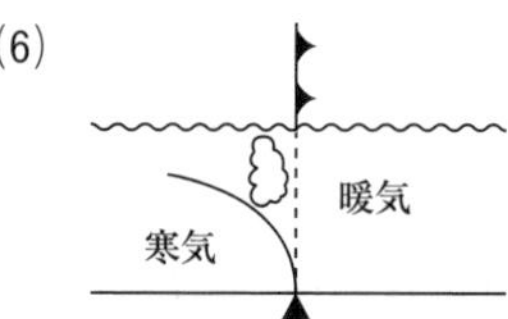

3 (1) X…海嶺　Y…海溝　Z…津波
(2) エ　(3) オ　(4) ア
(5) 震央　(6) オ
(7) (例)地震のゆれは，ゆれが弱まりにくい海洋プレートの内部を伝わる。

4 (1) ウ，エ，オ　(2) エ
(3) 5000Pa　(4) X…12.8　Y…1.2
(5) 1.73N　(6) －0.40J
(7) ①…N　②…N　③…低
(8) ①…ウ　②…オ

5 (1) 食物網
(2) ②…ヘビ　⑤…ネズミ
(3) (例)はやにえの消費数が2月も多くなっていると考えられる。
(4) a…耳小骨　b…うず巻き管
(5) (例)はやにえの消費量が多いと，オスの歌唱速度が高まり，メスの獲得成功率が高くなる
(6) イ，エ，キ

6 (1) (例)フィルターの穴より小さい粒子だけを通すことで，混合物を分離する。
(2) ア，エ
(3) 記号…エ
理由…(例)エタノールは沸点に達して気体に変化し，水は沸点に達していないが蒸発しているから。
(4) 284g
(5) ①　A＜C＜E＜D＜B　②…ウ
(6) イ，エ

1〔小問集合〕

(1)<光の進み方>半円形のレンズの平面の部分の中心に斜めに入射したレーザー光線は，入射角＞屈折角となるので，境界面から遠ざかるように屈折する。また，レーザー光線がレンズの弧の部分から空気中へ出ていくときは，弧の接線に対して垂直に入射するので，ウのように直進する。

(2)<放射能>エ…誤り。Sv(シーベルト)は，放射線が人体に与える影響の大きさを表す単位で，放射線の種類によって値が変化することはない。　ア…正しい。Bq(ベクレル)は，放射性物質の放射能の強さを表す単位で，1秒間に1個の割合で原子核が崩壊して放射線を出すときの放射能の強さを1Bqとする。よって，放射性物質の質量が変われば，崩壊する原子核の数も変化するため，Bqの値も変化する。　イ…正しい。放射性物質は，放射線を出すと別の物質に変化するため，放射能の強さはしだいに減少する。よって，Bqの値は経過年数によって変化する。　ウ…正しい。放射性物質からの距離が遠くなれば，同じ放射性物質から出る放射線が人体に与える影響は小

さくなる。

(3)＜エネルギーの移り変わり＞イ…正しい。化学エネルギーが熱エネルギーや光エネルギーに変化している。　ウ…正しい。化学エネルギーが電気エネルギーに変化している。　ア…誤り。電気エネルギーが化学エネルギーに変化している。　エ…誤り。光エネルギーが化学エネルギーに変化している。　オ…誤り。熱エネルギーが化学エネルギーに変化している。

(4)＜原子の質量比＞銀1.35gと結びついている酸素の質量は，1.45－1.35＝0.10(g)である。よって，酸化銀(Ag_2O)は銀原子と酸素原子が2：1の個数の比で結びついているので，原子１個の質量比は，(1.35÷2)：0.10＝0.675：0.1＝27：4となる。

(5)＜マツのつくり＞図で，花粉のうはBの雄花のりん片にあり，花粉のうから出た花粉は他の雌花(A)にある胚珠につく。マツの花は風媒花で，花粉は風によって運ばれる。花粉には空気袋がついている。また，Cは松かさ(松ぼっくり)で，１年前に受粉した雌花に当たる部分である。よって，正しいのは，イとウ，オである。

(6)＜両生類の血液循環＞両生類の心臓のつくりは２心房１心室で，全身から大静脈を通って右心房に戻ってきた静脈血と，肺から肺静脈を通って左心房に戻ってきた動脈血は，ともに心室に送られ，混じり合う。そして，心室から肺動脈を通って肺と，大動脈を通って全身へ送り出される。よって，血液に含まれる酸素の濃度は，高い順に，肺静脈＞大動脈＞肺動脈＞大静脈となる。以上より，正しいのは，アとエ，オ，カである。

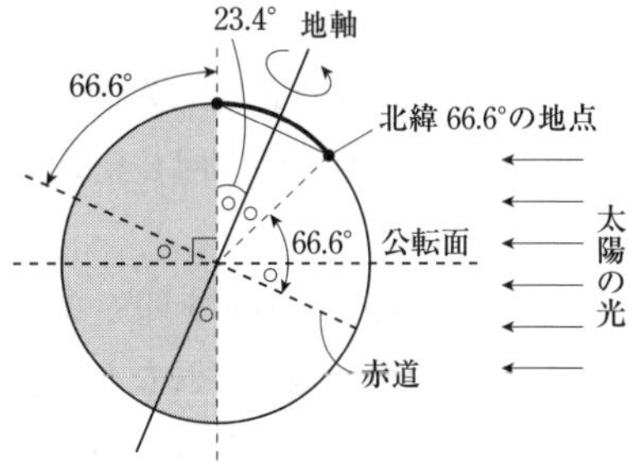

(7)＜太陽の動き＞夏至の日の北緯35.7°における太陽の南中高度は，〔南中高度〕＝90°－〔緯度〕＋23.4°より，90°－35.7°＋23.4°＝77.7°となる。また，この日の地球への太陽からの光の当たり方は右図のようになるので，90°－23.4°＝66.6°より，北緯が66.6°以上の地点では１日中太陽が沈まない。

2〔小問集合〕

(1)＜電流と発熱＞①図の回路で，２本の抵抗は並列につながれているから，どちらの抵抗にも電源の電圧と同じ12Vの電圧が加わる。よって，4.0Ωの抵抗に流れる電流はオームの法則〔電流〕＝〔電圧〕÷〔抵抗〕より，12÷4.0＝3.0(A)である。　②6.0Ωの抵抗にも12Vの電圧が加わるから，この抵抗に流れる電流は，12÷6.0＝2.0(A)である。よって，6.0Ωの抵抗が消費する電力は，〔電力(W)〕＝〔電圧(V)〕×〔電流(A)〕より，12×2.0＝24(W)となるから，電流を210秒間流したときの発熱量は，〔発熱量(J)〕＝〔電力(W)〕×〔時間(s)〕より，24×210＝5040(J)である。このとき，水150gの温度は，5040÷(4.2×150)＝8(℃)上昇し，20＋8＝28(℃)になる。

(2)＜濃度と密度＞表より，水の密度は1.00g/cm^{3}だから，水100cm^{3}の質量は，100×1.00＝100(g)で，これに25gの食塩を溶かしてできる食塩水の濃度は，$\frac{25}{100+25}\times 100 = 20$(%)となる。よって，表より，20%の食塩水の密度は1.15g/cm^{3}なので，この食塩水125gの体積は，125÷1.15＝108.69…より，約108.7cm^{3}である。

(3)＜酸化銅の還元＞酸化銅(CuO)に炭素(C)の粉末を加えて加熱すると，二酸化炭素(CO_2)が発生し，試験管内に赤褐色の銅(Cu)が残る。化学反応式は，矢印の左側に反応前の物質の化学式，右側に反応後の物質の化学式を書き，矢印の左右で原子の種類と数が等しくなるように化学式の前に係数をつける。

(4)＜目のつくり＞目の虹彩の中央部には黒く見える瞳(瞳孔)があり，虹彩が大きくなったり小さくなったりして瞳の大きさを変えることで，レンズに入る光の量を調節している。暗い場所から急に明るい場所に出ると，虹彩が大きくなって瞳を小さくし，レンズに入る光の量を抑える。この反応は無意識に起こる反射の１つである。

(5)＜細胞分裂＞図のＢの部分は成長点で，細胞分裂が盛んに行われている。一方，Ａの部分では，細胞分裂は行われず，分裂した後の細胞が，成長して大きくなっている。よって，Ｂの部分では分裂したばかりの細胞や分裂中の細胞が多いため，Ａの部分に比べて，細胞の大きさは小さく，細胞中には染色体が観察できるものも見られる。

(6)＜寒冷前線＞寒冷前線は，寒気が暖気の下にもぐり込み，暖気を押し上げるように進む前線面が地表と交わる所である。前線面の傾きは急で，前線の上空には強い上昇気流が生じていて上にのびる積乱雲が発達している場合が多い。

3〔大地の変化〕

(1)＜プレート＞海洋プレートができる場所を海嶺$_{X}$といい，海洋プレートが大陸プレートの下に沈み込んでいる場所を海溝$_{Y}$という。また，震源が海底の場合，海底が大きく動くことにより，海洋に大きな波を生じる。この波を津波$_{Z}$といい，陸地に津波が達すると大きな被害が出ることがある。

(2)＜Ｐ波＞Ｐ波のＰは，英語で「最初の」という意味を持つ「primary」の頭文字のＰを示している。なお，Ｓ波のＳは，同じく英語で「２番目の」という意味を持つ「secondary」の頭文字のＳを示している。

(3)＜縦波＞地下や地面を叩くなどして起こす人工地震では，衝撃を押し引きで伝える縦波が生じるが，プレートや大地のずれなどは起こらないため，横波は生じない。よって，Ｐ波は観測されるが，Ｓ波はほとんど観測されない。なお，地下で行われる核実験による人工地震では，Ｐ波より小さいＳ波が生じることが知られている。

(4)＜東北地方太平洋沖地震＞2011年の東北地方太平洋沖地震は，太平洋プレートと北アメリカプレートの境界の日本海溝付近が震源の海溝型地震である。東日本全体が東方向へずれたことや東北地方の太平洋沿岸で地盤沈下が起こったことなどが観測された。

(5)＜震央＞震源は地下で地震の原因となる断層などが生じた場所で，その真上の地表上の地点を震央という。震央は地表上で最も震源に近い地点なので，地震のゆれの大きさは震央から近いほど大きく，遠くなるほど小さくなる。

(6)＜異常震域＞震源が深い場合，震源に近い所よりも遠い所の方が，ゆれが大きいことがある。このような現象，またはこのような現象が起きた地域を異常震域という。異常震域をもたらす地震の震源は，地下数百キロほどの深さにあることが多い。よって，正しいのはオである。

(7)＜異常震域＞地下深くに沈み込んだ海洋プレートの内部で発生した地震の場合，真上方向に進む地震波は弱まりやすい所を通過するが，海洋プレートの内部を進む地震波はあまり弱まることなく伝わる。そのため，震央付近よりも，海洋プレートの内部を通って地震波が伝わった遠い所で大きくゆれる場合がある。このような現象を異常震域という。

4 〔身近な物理現象，運動とエネルギー，電流とその利用〕

(1)，(2)＜力のつり合い，作用・反作用＞まず，問題の図２で，カートは手が左向きに押す力とばねが右向きに押す力を受けて静止しているので，この２力はつり合い，ばねがカートを押す力の大きさは，手がカートを押す力の大きさに等しい(オ)。次に，作用・反作用の法則より，手がカートを左向きに押すとき，手はカートから同じ大きさの力を逆の右向きに受ける(ウ)。同様に，ばねがカートを右向きに押しているので，ばねはカートから同じ大きさの力を逆の左向きに受ける(エ)。以上より，手がカートを押す力と常に同じ大きさになる力はウとエ，オで，このうち，左向きの力はエである。なお，アは鉛直方向下向きの力で，イは鉛直方向上向きの力である。

(3)＜フックの法則，圧力＞圧力は，〔圧力(Pa)〕＝〔面に垂直にはたらく力の大きさ(N)〕÷〔力がはたらく面積(m^2)〕で求められる。表より，ばねの縮みと力(ばねを押す力)の大きさは比例しているので，ばねを2.5cm縮ませたときに板に垂直にはたらく力の大きさは，$3.2\times(2.5\div1.0)=8.0$(N)である。また，力がはたらく板の面積は，4cmが0.04mより，$0.04\times0.04=0.0016$(m^2)となる。よって，この板にかかる圧力は，$8.0\div0.0016=5000$(Pa)である。

(4)＜運動と力＞(3)より，ばねの縮みと力の大きさは比例しているから，Xに入る値は，$3.2\times\frac{4.0}{1.0}=12.8$(N)である。また，表より，Bでの速さもばねの縮みに比例しているので，Yに入る値は，$0.40\times\frac{3.0}{1.0}=1.2$(m/s)となる。

(5)＜力の分解＞カートにはたらく重力の大きさは，$1\times\frac{200}{100}=2$(N)である。右図のように，カートにはたらく重力を坂Cに平行な方向の力と坂Cに垂直な方向の力(坂Cを押す力)に分解すると，坂Cに平行な方向の分力と垂直な分力を２辺とする平行四辺形は長方形になる。このとき，重力と坂Cに垂直な分力を２辺とする直角三角形は，１つの鋭角が30°となるため，３辺の比が$1:2:\sqrt{3}$である。よって，重力の坂Cに垂直な分力の大きさは，$2\times\frac{\sqrt{3}}{2}=\sqrt{3}$より，1.73Nとなる。カートが坂から受ける垂直抗力は，この力の反作用なので，大きさは等しく1.73Nである。

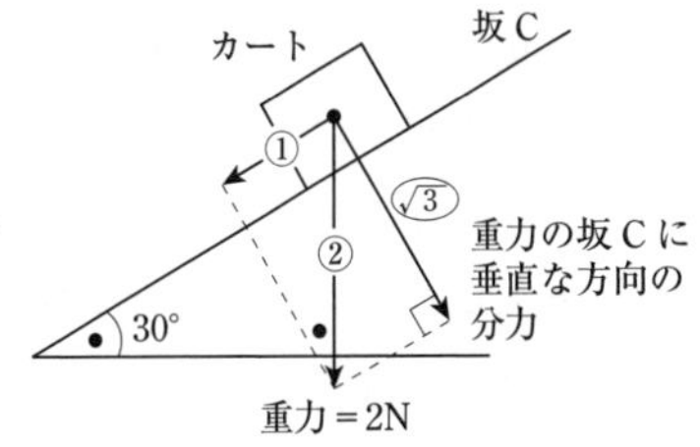

(6)＜仕事＞重力がカートにした仕事は，〔仕事(J)〕＝〔カートにはたらく重力の大きさ(N)〕×〔重力の方向にカートが移動した距離(m)〕で求められる。右上図で，カートが坂Cに沿って登った距離と，その位置の水平面からの高さの比は$2:1$なので，カートは重力の向きと逆向きに，$40\div2=20$(cm)より，0.20m移動したことになる。よって，重力がカートにした仕事の大きさは，$2\times(-0.20)=-0.40$(J)である。

(7)＜電磁誘導＞問題の図３で，カートが動いてコイルの左端に磁石のN極が近づくときは，カートの動きを妨げるように，コイルトンネルの入口がN極となるような向きに誘導電流が流れる。一方，コイルトンネルからカートが出て磁石のS極がコイルの右端から離れていくときは，カートの動きを妨げるように，コイルトンネルの出口がN極となる向きに誘導電流が流れる。入口でも出口でも，カートには運動を妨げる向きの力がはたらくので，コイルトンネルを出た後のカートの速さはコイルトンネル設置前と比べて遅くなる。速さが遅くなると，カートの持つ運動エネルギーが小さくなるため，カートが坂Cを登る高さは，コイルトンネル設置前と比べて低くなる。なお，このとき，カートの持つ運動エネルギーの一部は，電気エネルギーに移り変わっている。

(8)<電磁誘導>①発光ダイオードは長い方の脚から電流が流れ込むときだけ点灯する。問題の図3のようにカートを走らせた場合，発光ダイオードは，コイルの右端がN極になるような向きに誘導電流が流れたとき，つまり，カートがコイルトンネルを出てコイルから離れていくときに点灯する。よって，カートに取りつける磁石を逆向きにした場合，誘導電流の流れる向きも逆向きになるので，カートがコイルトンネルに近づくときに発光ダイオードは点灯する。そのため，＊のときよりも早く点灯し，ばねの縮みは＊のときと同じなので，カートの速さも同じになり，点灯している時間も同じ長さになる。磁石がコイルトンネルの中を通過しているとき，発光ダイオードは一定の電圧より低いと光らないため，誘導電流が微弱な間は光らない。そのため，①で発光ダイオードが点灯している時間帯と，＊のときに点灯している時間帯は連続しない。以上より，この場合の発光ダイオードの点灯の仕方はウのようになる。　②磁石の向きが＊のときと同じなので，発光ダイオードが点灯するのはカートがコイルトンネルを出てコイルから離れていくときである。また，ばねの縮みが＊のときの2倍の2.0cmになると，表よりカートの速さも2倍になるので，発光ダイオードが点灯するまでの時間も発光ダイオードが点灯している時間の長さも＊のときの半分になる。よって，この場合の発光ダイオードの点灯の仕方はオのようになる。

5 〔生命・自然界のつながり〕

(1)<食物網>自然界で，生物どうしが食べたり食べられたりする関係を食物連鎖という。この食物連鎖が，さまざまな生物の間で複雑に網の目のようにつながっていることを，食物網という。

(2)<食物網>バッタは草食動物で，植物しか食べないので③に入り，ネズミは植物も動物も食べる雑食動物だから，⑤に入る。カマキリはバッタなどの昆虫を捕食し，モズなどに捕食されるので④に入り，カエルは主に昆虫を捕食する肉食動物で，モズやヘビに捕食されるので，①に入る。そして，カエルやネズミを捕食するヘビが②に入る。

(3)<動物の習性>はやにえが冬の保存食としての役割だけであるとしたら，図3で，平均最低気温がほぼ1月と変わらない2月も，はやにえの消費数は1月と同様に多くなっていると考えられる。

(4)<耳のつくり>図5で，それぞれの位置から，aは鼓膜の振動をうず巻き管に伝える耳小骨，bは伝えられた振動を音の信号として受け取るうず巻き管に相当すると考えられる。

(5)<動物の習性>図4の結果より，はやにえの消費量が多くなるほど，オスの歌唱速度が高くなると考えられる。これと歌唱速度が高いオスほどメスに好まれるという先行研究を結びつけると，「はやにえの消費量が多いと，オスの歌唱速度が高まり，メスの獲得成功率が高くなる」という仮説が立てられる。

(6)<動物の習性>図6と図7の結果を比べると，はやにえをほとんど消費できない除去群は歌唱速度が3つのグループのうちで最も低く，メスの獲得成功率が最も低い。また，図6より，給餌群の歌唱速度は3つのグループのうちで最も高くなっているが，図7より，メスの獲得成功率は通常量のはやにえを消費した対照群と大きな差は見られない。さらに，給餌群と対照群でメスの獲得成功率があまり違わないので，メスを獲得できる時期の早さに違いがあるのではないかという予想のもとに，「はやにえを消費することで，オスはより早い時期にメスを獲得できる」という新たな仮説を立てて研究することは適切である。以上より，研究全体から考えられるのはイとエ，キである。なお，図6より，給餌群の歌唱速度は対照群よりも速くなっているので，通常のはやにえの消費量で歌唱速度は上限となっていない。モズは一夫一婦制で繁殖するので，はやにえを消費することで，オスがより多くのメスを獲得することは考えられない。

6 〔物質のすがた，化学変化とイオン，気象と天気の変化〕

(1)<ろ過>ろ過に用いるろ紙やフィルターには小さな穴が多数あいていて，穴より小さな粒子だけを通すことで混合物を分離している。

(2)<状態変化>固体の粒子は規則正しく並んでいるが，その場所で穏やかに運動している。また，液体から気体に状態が変化しても，粒子数は変わらず，質量も変化しない。よって，誤っているのはアとエである。なお，水は例外的に固体の方が液体よりも体積が大きいが，一般的には固体の方が体積が小さい。

(3)<蒸留>エタノールと水の混合液を加熱すると，沸点が約80℃と，水より沸点の低いエタノールが先に沸騰して気体となり出てくる。このとき，水は液体の表面から蒸発しているため，この時点で取り出された液体は，主成分がエタノールでわずかに水を含んでいる。

(4)<湿度>温度25℃，湿度80％の部屋の空気1 m^3当たりに含まれている水蒸気量は，表より，25℃の飽和水蒸気量が23.1g/m^3なので，$23.1\times0.80=18.48$(g)である。15℃での飽和水蒸気量は12.8g/m^3なので，部屋の温度を15℃まで下げると1 m^3当たり，$18.48-12.8=5.68$(g)の水蒸気が液体の水に変わる。よって，液体として得られる水は，部屋全体で，$5.68\times50=284$(g)になる。

(5)<イオン交換樹脂>①食塩水中では食塩(塩化ナトリウム NaCl)が電離して，陽イオンであるナトリウムイオン(Na^+)と陰イオンである塩化物イオン(Cl^-)が1：1の数の比で生じている。これより，溶出液Aでは，Na^+が水素イオン(H^+)に交換され，溶出液は酸性でpHは7より小さくなる。溶出液Bでは，Cl^-が水酸化物イオン(OH^-)に交換され，溶出液はアルカリ性でpHは7より大きくなる。溶出液Cは，溶出液Aと同様に溶出液は酸性になるが，もとの食塩水の濃度が小さいため，H^+の数は溶出液Aより少なく，pHは溶出液Aより大きいが7より小さい。溶出液Dは，溶出液Bと同様に溶出液はアルカリ性になるが，OH^-の数は溶出液Bより少ないので，pHは溶出液Bより小さいが7より大きい。溶出液Eでは，Na^+がH^+に，Cl^-がOH^-に交換され，それぞれのイオンの数は等しいので，全て結びついて水になり，pHは中性の7になる。以上より，pHの小さい順に，A＜C＜E＜D＜Bとなる。　②食塩水も塩化マグネシウム水溶液も質量パーセント濃度が2％と等しいので，同じ体積の水溶液中に含まれる食塩と塩化マグネシウムの質量は等しく，水の質量も等しいから，体積も同じと考えてよい。また，それぞれの水溶液を陽イオン交換樹脂に通して得られた溶出液のpHがほぼ等しいことから，同じ体積の溶出液中に含まれるH^+の数もほぼ等しい。交換されて出てくるH^+の数は，流し込んだイオンの持つ＋の数と等しいので，出てくるH^+の数がほぼ同じとき，流し込んだNa^+とマグネシウムイオン(Mg^{2+})の＋の数を比較すると，Na^+の数はMg^{2+}の数の約2倍である。よって，同じ質量の食塩と塩化マグネシウムでは，含まれる陽イオンの数は，食塩の方が多い。

(6)<イオン交換樹脂>水に溶けたときに電離しない非電解質の水溶液では，イオン交換樹脂ははたらかない。そのため，純粋な水を得るためには蒸留を行う必要がある。よって，蒸留を行う必要がある水溶液は，非電解質の水溶液であるエタノール水溶液と砂糖水である。

国語解答

一 問一 月が球体であることを知っていたため，歌詞にある「盆のような月」をとてもつまらない見方だと思ったから。(50字)

問二 月が表面の特性によって平板に見えることを論文で読み，自分が先入観からきちんと月を見ていなかったことに気づかされたから。(59字)

問三 地球の表面の凹凸の差も赤道面内の半径と南北の半径の差も，コンパスで円を描くとその線の幅の範囲内に収まり，結局地球は円いということになるから。(70字)

問四 人間の目がとらえたものが科学的にも正しいことがあり，科学の知識がなくても，優れた観察眼や直感で事柄の本質や真実を言い当てることが実際にある，という考え方。(77字)

二 問一 a 運筆 b 予期 c こうせつ d 拾 e にゅうわ

問二 A…エ B…エ C…ウ

問三 志村に勝ちたいと意気込み，勝てると思ってはいるが，志村が何を書いているのかが気になり不安な気持ち。(49字)

問四 イ 問五 イ

問六 いまいましい 問七 ア

問八 はじめは対抗意識が強く，展覧会で負けたうえに画題も先を越されたことで，志村をいまいましく感じた。だが，彼の姿を書くうちにいまいましさは消え，逆に親しみを感じるようになり，彼の才能も認めるようになった。(100字)

三 問一 1 しわす 2 十二[月]

問二 ①…ウ ②…イ ③…オ ④…ウ

問三 雪を集めて縁側に置いているが，同じ雪を積むなら庭に山をつくらせよう，ということ。(40字)

問四 庭につくった雪の山

問五 ア…○ イ…○ ウ…× エ…× オ…×

問六 清少納言

一〔随筆の読解―自然科学的分野―自然〕出典；佐伯和人『月はすごい』「月の科学」／中谷宇吉郎「地球の円い話」。

≪本文の概要≫文章Ⅰ．幼いときから月が球体であることを知っていた私は，月を「盆のよう」だというのはつまらない見方だと思っていた。ところが，実際，月は表面の特性によって平板に見えることを知って，衝撃を受けた。月は，レゴリスという粉体に覆われているので，月面は拡散反射面の性質を持っており，そのためにまるで盆のように見えるのだった。

文章Ⅱ．地球が円いということは，今日では小学生でも皆知っている。もっとも，地球の形についてより詳しく知る人になるにつれ，楕円形，擬似楕円体，地球形など，さまざまな答えが返ってくるようになる。ところが，一番真に近いのは，実は小学生の答えである。というのは，地球の形を描こうとしてコンパスで円を描くと，地球の表面の凹凸も，赤道面内の半径と南北の半径の差も，図の線の幅の中に収まってしまうからである。地球の形を図に描いてみるとなると，結局コンパスで円い円を描くしかなく，すなわち小学生の答えが一番本当に近いということになるわけである。

問一＜文章内容＞「私」は，幼稚園のときにすでに「月が球体であることを知っていた」ため，「月」の歌詞に対して「盆のような月だって～なんてつまらない見方をしているんだ」と思った。

問二＜文章内容＞「盆のような月」を「つまらない見方」だと思っていた「私」は，ある論文の中に「月は，表面の特性によって平板な円盤(flat disk)に見える」という文を見つけた。そして，「自分は月が球体であるという先入観から，きちんと月を見ることもできていなかったのか」と思った。その文は，「不詳の作詞者の観察眼への敬服，自分の浅はかさへの恥じらい，何気ない観察に科学の本質が隠されていたことへの驚き，さまざまな感情が一度に湧き上がってしばらく茫然として」しまうほどの衝撃を，「私」にもたらしたのである。

問三＜文章内容＞実際の地球は，表面の凹凸や，赤道面内の半径と南北の半径との差によって，完全な球形はしていない。しかし，地球の形を描こうとしても，表面の凹凸も半径の差も，描いた線の幅の中に収まる程度のものでしかないため，地球の形はコンパスで描いた円であるということになり，地球は「円い」という小学生の答えが，実は一番正しいことになってしまうのである。

問四＜主題＞「文章Ⅰ」では，「盆のような月」という歌詞が，実際の月の見え方を言い当てていることが述べられている。この歌の作詞者は，科学の知識があったわけでもなく，ただ自分の目で見て月の見え方を的確に表現していたのであり，「私」はその観察眼に「敬服」している。「文章Ⅱ」では，地球の形を問われると，科学の知識のある人は，その知識の程度に応じて「球形」以外の形を答えるが，実は，地球を「円い」とする小学生の答えが，一番「本当に近い」といえることが説明されている。どちらも，科学の知識がない者の観察や直感が，事象を的確に言い当てることがあることが述べられているといえる。

二〔小説の読解〕出典；国木田独歩『画の悲み』。

問一＜漢字＞a．「運筆」は，筆づかいのこと。　b．「予期」は，あらかじめ推測したり期待したりすること。　c．「巧拙」は，上手なことと下手なこと。　d．音読みは「拾得」などの「シュウ」と「拾円」などの「ジュウ」。　e．「柔和」は，性質・態度・表情などが穏やかで優しいこと。

問二＜語句＞A．「殊に」は，特に，とりわけ，という意味。　B．「得ならぬ」は，言うに言われない，何とも言いようがないほどすばらしい，という意味。　C．「不案内」は，経験や知識や心得などがなくて事情がよくわからないこと。

問三＜心情＞「自分」は，「この一挙によってぜひ志村にうち勝とうという意気込み」で「少年の手には余る画題」の「馬の頭」を書いていた。しかし，そう意気込んでいるだけに，「自分」は，志村が何を書いているかが気になってしかたなく，それがわからないことによる不安も感じていた。

問四＜心情＞「自分」は，出品するまでは，「これならば必ず志村に勝つ」と「大勝利を予期して」いた。ところが，作品が展示されてみると，志村の作品は自分には「思いもつかん」チョーク画で，「画題といい色彩といい，自分のは要するに少年が書いた画，志村のは本物である」というほど，その差は歴然としており，「いかに我慢強い自分も自分の方が良いとは言えなかった」のである。そのため，「自分」は，口惜しくいたたまれない気持ちでその場から走り去った。

問五＜心情＞「自分」は，「自分もチョークで書いてみよう」と思い立ち，「すぐチョークを買い整え画板を提げすぐまた外に飛び出した」が，水車を書きに行くと，そこには水車を写生している志村がいた。それを見た「自分」は，「どうして彼奴は自分の先へ先へと廻るだろう，いまいましい奴だと大いに癪に」触った。しかし，水車を書くのを諦めて引き返せば，再び志村に負けたことになるため，「自分」は，引き返して別の画題を探すか，ここで水車を書くか，迷った。

問六＜心情＞志村が水車を写生しているのを見たとき，「自分」は「どうして彼奴は自分の先へ先へと廻るだろう，いまいましい奴だ」と思った。しかし，その後，志村の姿を写生し始めると，「いまいましい奴など思う心は消えて」書く方に心を奪われた。そして，志村と言葉を交わして写生の続きを書き始めると，彼を「いまいましい」と思った心は「全く消えて」しまった。

問七＜心情＞志村の写生の続きを書き始めた「自分」は，彼をいまいましいと思った心が全く消えて，「かえって彼が可愛くなって」きた。そして素直に志村のチョーク画を称賛した。

問八＜心情＞展覧会前から，水車を書きに行くまでの間，「自分」はずっと志村に勝つことばかり考えていた。そのために，志村のことを「いまいましい奴」だとさえ思った。しかし，水車を書いている志村を写生し始めると「最早志村もいまいましい奴など思う心は消えて」しまい，さらに，その後志村と話をして写生の続きを書き始めると，「彼をいまいましいと思った心は全く消えてしまい，かえって彼が可愛くなってきた」というように，志村を受け入れ，むしろ親しみを感じるようになった。そして，志村の絵を素直に褒めることができ，以後は，「心から志村の天才に服し」て，「自分をまたなき朋友として親しんで」くれる志村と一緒に何度も写生して歩くほど親交が深くなった。

三〔古文の読解―随筆〕出典；清少納言『枕草子』。

≪現代語訳≫十二月の十日過ぎの頃に，雪がたいそう降ったのを，女官たちを動員して，縁側にとてもたくさん置いていたところ，「同じことなら，庭に本当の山をつくらせましょう」と言って，侍所の職員たちをお呼びになって，(中宮様の)お言葉だと言うと，集まってつくる。主殿寮の役人で，お掃除に参上した者なども，皆寄ってきて，とても高くつくりあげる。中宮職の役人なども参上し集まって，助言しおもしろがる。三，四人参上していた主殿寮の者たちは，二十人ほどになった。自宅にいる侍をお呼び出しにやるなどする。「今日この山をつくる人には三日の出勤を授けよう。また参上しないような者は，また同じ日数(＝三日)欠勤したことにしよう」などと言うと，聞きつけた者は，当惑して参上したのもいる。自宅が遠い者には知らせることができない。

つくり終えてしまったので，中宮職の役人をお呼びになって，巻絹を二くくり持たせて縁に投げ出したのを，(役人たちは)一つ(にまとめて)受け取って，拝みながら腰にさして皆帰っていった。(いつも)袍を着ているのは，そういうわけで(今日は)狩衣姿でいる。「これはいつまであるでしょう」と，人々に(中宮様が)おっしゃったところ，「十日はあるでしょう」「十日あまりはあるでしょう」など，ただ短期間のことを場の全員が申し上げると，(中宮様が私に)「どう」とお尋ねになるので，「一月の十日過ぎまではございましょう」と申すと，御前も，「そうはいかないでしょう」とお思いになった。女房は，皆，「年内，月末までももたないでしょう」とばかり申すのに，「あまり遠く(の時期を)も申したことよ。本当にそうはいかないだろう。元日(まで)などと言うべきだった」と，内心では思うけれど，「それでも，そこまではもたなくても，言い出したことは(訂正しない方がよい)」と思って，強硬に(皆に)反対した。

二十日の頃に，雨が降ったが，(雪の山は)消えそうもない。少し高さが低くなってくる。「白山の観音様，これを消えさせないでください」と祈るのも正気を失ったようである。

問一＜歴史的仮名遣い・古典の知識＞旧暦の月の異名は，一月から順に，睦月(むつき)，如月(きさらぎ)，弥生(やよひ)，卯月(うづき)，皐月(さつき)，水無月(みなづき)，文月(ふづき・ふみづき)，葉月(はづき)，長月(ながつき)，神無月(かんなづき)，霜月(しもつき)，師走(しはす)である。歴史的仮名遣いの語頭以外のハ行は，現代仮名遣いでは原則として「わいうえお」になるので，「しはす」は「しわす」になる。

問二＜現代語訳＞①「言加へ」は，助言する，口出しする，という意味の動詞「言加ふ」の連用形。「興ず」は，おもしろがる，という意味の動詞「興ず」の終止形。　②「果てつれば」は，動詞の後について，～し終わる，という意味を表す補助動詞「果つ」の連用形「果て」，完了の助動詞「つ」の已然形「つれ」，確定条件の助詞「ば」からなり，「作り果てつれば」は，つくり終えてしまったので，という意味になる。　③「ある限り」は，その場にいる者全員，という意味。「に」は，～ところ，～と，という意味の単純接続の助詞。　④「下」は，心の中，内心のこと。「ど」は，～けれども，～のに，という意味の逆接の確定条件の助詞。

問三＜古文の内容理解＞「同じくは」は，同じことなら，という意味。雪がたくさん降り，積もった雪を女官たちを動員して縁側にたくさん置いていたので，同じ雪を集めるなら，縁側に積むのではなくて，庭に本当の山をつくらせようということになったのである。

問四＜古文の内容理解＞大勢で雪を集めて庭に山をつくった後，その雪の山を見ながら，この雪の山はいつまで解けずに残っているだろうかと，中宮様がおっしゃった。

問五＜古文の内容理解＞雪を集めて庭に山をつくろうということになり，侍所の職員や主殿寮の役人も加わって大きな雪の山をつくった(ア…○)。できあがった山を見て，その山はいつまで解けずに残っているだろうかと中宮様がその場にいる人々におっしゃったところ，皆，十日，十日あまりなど短期間を答えたが，作者だけは正月の十日過ぎまではあるだろうと言った(イ…○)。作者の答えを聞いた中宮様は，そこまではもたないだろうとおっしゃり(ウ…×)，作者は，正月十日過ぎまでと答えたことを心の中では後悔したが，一度言ったことだからと思って，主張を変えなかった(エ…×)。十二月二十日頃に雨が降ったが，雪の山は消えそうもなく，高さが少し低くなっただけだった(オ…×)。

問六＜文学史＞『枕草子』は，平安時代に成立した清少納言による随筆である。

═読者へのメッセージ═

清少納言は，随筆『枕草子』の作者として知られていますが，「梨壺(なしつぼ)の五人」と呼ばれる和歌所の寄人(職員)の一人で有名な歌人である清原元輔を父に，『古今和歌集』の代表的歌人の一人である清原深養父(ふかやぶ)を曾祖父(系譜によっては祖父)に持ちます。自身も幼少時から父について和歌を学び，勅撰和歌集にも十五首が入集しています。『百人一首』には，『後拾遺和歌集』に入っている「夜をこめて鳥の空音ははかるともよに逢坂の関はゆるさじ」という歌がとられています。

2022年度 お茶の水女子大学附属高等学校

【英　語】（50分）〈満点：100点〉

（注意）1．試験開始3分後に，放送による問題を行います。試験が始まったら，問題の 1 と 2 に目を通しておきなさい。

2．文中の＊のついている語句には，問題の最後に注があります。

［注意］

問題の 1 と 2 は放送による問題です。放送の指示に従って答えなさい。なお必要ならば，聞きながらメモをとってもかまいません。〈編集部注：放送文は未公表につき掲載してありません。〉

1 **【聞き取りの問題】** 英文が2回読まれます。よく聞いて，下の質問1から4に日本語で答えなさい。

1．男は森を抜けてどこに行こうとしていましたか。

2．男はなぜ森に入りたくないと思ったのですか。

3．目の前のライオンを探していた理由は何であると，男は言っていましたか。

4．男はどのようにそのライオンを追い払いましたか。

2 **【書き取りの問題】** 英文が3回読まれます。よく聞いて，下線部を正しく埋めなさい。ただし，英文は2回目のみゆっくり読まれます。

(1) Today, we use smartphones ______________________________

____.

(2) Also, we can easily ______________________________

______________________________ on our smartphones.

(3) However, ______________________________

____.

3 次の英文を読んで，その内容と一致するように，後の**【要約文】**の空所1から13に適切な英語一語を入れなさい。

The *population of the world has already reached 7 billion. Some *experts say that *by 2050, the world population will reach 9 billion. If this is true, we need a *strategy to increase the food *supply for those 9 billion people. How can we do that? About 71% of the earth's *surface is water, and about 29% of the surface is land. However, only about 10% of that land is *suitable for *farming. The *rest is in areas that are too hot or too cold for farming, or that have *poor soil, not enough water, or not enough sun. Also, cities now *occupy much of the land that was *once *farmland. It seems difficult to produce more food when we have very little farmland.

However, experts believe that *hydroponic farming could be one of the solutions. It is a new farming *method which does not use soil to grow plants. *Instead of soil, plants grow in water. The water is *mixed with *nutrients such as *vitamins and *minerals that plants need. Usually, plants get these nutrients from soil, but in hydroponic farming, plants *absorb the nutrients from water.

Hydroponic farming has various *benefits. First, of course, is that no soil is needed. Also, we can grow plants almost anywhere and *anytime because we can control the *lighting and *temperature inside *greenhouses. With a lighting system, we don't have to worry even when we don't have much *sunlight. Even in a very cold part of the world, we can still grow plants by *warming up the room with a *heating system. Another benefit is that hydroponic farming uses very little water *compared to traditional farming. Hydroponic systems need only about 5% of the water used in *soil-based farming to produce the same *amount of food. This is because the water in a hydroponic system is recycled. *Furthermore, we can produce food plants with higher *nutritional value by *adjusting the nutrients that the plants absorb as they are growing. Finally, the *principles of hydroponic farming are simple, and very little *expertise is needed to *achieve success. So, anyone can grow plants with this method.

Over half of the world's 7 billion people now live in cities. The people who live in large cities *mainly *consume food that is *transported into the cities from *distant farms. This sometimes creates problems. For example, often *raw fruits and vegetables are not fresh after the long hours of *transportation. They are expensive because the cost of transportation is added to the price. Also, in winter there are fewer fresh fruits and vegetables in markets. Having farms in cities would solve these problems.

If we use hydroponic farming together with a system called *vertical farming, we can grow plants inside *skyscrapers in cities. Many farming experts believe that, *in theory, vertical farming is possible. They suggest that skyscrapers can become vertical farms. Vegetables and fruits can grow in a hydroponic system on each floor of those buildings. The light and heat could be adjusted *according to the time of year and the needs of plants. One skyscraper may provide as much farming space as a large farm. Food produced by vertical farming would benefit people in cities because they are fresh, cheap, and *available all year.

Is *relying on hydroponic farming a good strategy for *feeding people in the future? If so, we should begin today to teach people the principles and benefits of the method.

（注） population「人口」 expert「専門家；専門的な」 by ～「～までに」 strategy「方策」
supply「供給」 surface「表面」 suitable for ～「～に適している」 farming「農作」
rest「残り」 poor soil「やせた土壌」 occupy「占める」 once「かつて」 farmland「農地」
hydroponic farming「水耕農法」 method「方法」 instead of ～「～の代わりに」
mix with ～「～と混ぜ合わせる」 nutrient「栄養素」 vitamin「ビタミン」 mineral「ミネラル」
absorb「吸収する」 benefit「恩恵；恩恵を与える」 anytime「いつでも」 lighting「照明」
temperature「温度」 greenhouse「温室」 sunlight「太陽光」 warm up「暖める」
heating「暖房」 compared to ～「～と比較して」 soil-based「土を利用した」
amount of ～「～の量」 furthermore「さらに」 nutritional value「栄養価」 adjust「調整する」
principle「原理」 expertise「専門知識」 achieve success「成功を収める」 mainly「主に」
consume「消費する」 transport「輸送する」 distant「遠いところにある」 raw「生の」
transportation「輸送」 vertical farming「垂直農法」 skyscraper「超高層ビル，摩天楼」
in theory「理論上は」 according to ～「～に応じて」 available「入手できる」

rely on ～ 「～に頼る」　feed 「養う」

【要約文】

We need to produce more food to support an increasing (1) of people who live on earth. But only 10% of the earth's land can be used for (2), and many parts of the land have become (3). Hydroponic farming would be a useful method because we can grow plants (4) soil. Water with (5) is used to grow plants in this method.

Hydroponic farming has many good points. By using lighting and heating systems in greenhouses, the plants can grow even in areas with very little sunlight or when the outside (6) is very low. The water in hydroponic system can be used (7), so we don't need much water. Also, we can adjust the (5) that we give to plants to (8) their nutritional value. Even people who don't have much expert (9) can easily start hydroponic farming. Usually, it takes time to (10) fruits and vegetables to (3) that are far from farms. But if we can grow fruits and vegetables in (3), they will be (11) because farmers don't have to pay for the transportation. With vertical farming, (12) buildings in (3) can be used as farms.

If hydroponic farming is a good strategy to increase the food (13) in the future, then we should start to teach people how to use this method right now.

4　下の英文を読んで，次の問いに日本語で答えなさい。

(1)　下線部(1)について，Paul がそう考えた理由を具体的に説明しなさい。

(2)　下線部(2)について，その理由を具体的に説明しなさい。

(3)　Edna がそのウエイトレスのために下線部(3)を置いていった理由を，レストランに着く前に起きたことをふまえて説明しなさい。

It was getting late on a cold December evening. The wind was strong and it started to rain. A man was driving a car. He was very tired and worried.

He lost his job when the factory *closed down two weeks ago, so he had to find a new job.

This morning he drove to the town for a *job interview, but he was too late. All the *positions were already taken, so they *turned him away. He walked around the town all day to find some kind of work, but couldn't find any. If he didn't get a job soon, he didn't know what he would do.

It got dark and very late. *Up ahead, the man saw a car on the side of the road. He slowed down to *have a look as he *drove by. The car looked new and expensive. An older woman was standing by the car and waving her arms. The man *pulled over and got out of his car. "What's your trouble ?" the man asked.

The woman didn't say anything. She was scared and didn't know *if she could trust this man. The woman knew she looked rich. She was wearing an expensive coat and standing next to a nice car. But she was also cold and wet. She had to trust this man.

"I *have a flat tire. I tried calling for a *tow truck, but there's no *cell phone reception here," she said.

"Hah, yeah. But don't worry. I'll change the tire for you," said the man with a smile.

"My name is Paul, by the way," he said.

"I'm Edna," the woman said. "Thank you so much for helping me. I was worried no one was going to come."

"No problem. (1)<u>You are lucky.</u> There is nothing around here," Paul said. He got the *spare tire and the tools out of Edna's car. "Why don't you wait in my car and *warm yourself up?" he suggested.

Edna *nodded and got inside. It was warm. Soon Paul finished changing the tire. Edna got out of his car and thanked him. "I can't thank you enough." She opened her *purse to give Paul some money. Paul thought about it for a moment. (2)He really needed the money, but he shook his head. "I said don't worry about it," he said with a smile. Edna thanked him again and they got back into their cars. They *drove off into the night.

About an hour later, Edna saw a town. She was getting tired and *stopped in a small restaurant for a cup of coffee and some food.

A *waitress came to *take her order. She looked very tired. Edna could *tell that the waitress was about eight months *pregnant by the size of her stomach. But she still had a cheerful smile on her face. She was very friendly when she was taking Edna's order.

Edna ate her meal and drank her coffee. She watched the waitress as she served the other customers. She made friendly *small talk with everyone as she took their orders. She didn't stop for a second to rest. When Edna finished eating, she gave the waitress a hundred-dollar *bill to pay for the meal. As the waitress went to the *cash register to get the *change, Edna stood up and quietly walked out the door. When the waitress came back, she saw that Edna was *gone. She hurried out the door to catch her, but Edna already left. When she came back inside to clean Edna's table, she saw (3)another hundred-dollar bill on the table. The *tip was left for the waitress. She picked it up. She couldn't believe it. How did that woman know she needed that money right now?

The waitress finished work. She got in her car and drove home. She had a big smile on her face, but it was a different smile from the one she usually had. When she got home, her husband was sitting on the sofa and watching TV. She ran to him and gave him a big *hug. He was surprised and looked at her.

"Oh Paul, you'll never guess what happened at work today!" she said.

【Adapted from Blake, S. *Price of Love Heartwarming Stories.*】

（注） close down 「閉鎖する」 job interview 「仕事の面接」 position 「職」
turn ～ away 「～を追い払う」 up ahead 「行く手に」 have a look 「ちらりと見る」
drive by 「車で通りかかる」 pull over 「車を道の片側に寄せる」 if … 「…かどうか」
have a flat tire 「タイヤがパンクしている」 tow truck 「レッカー車」
cell phone reception 「携帯電話の電波」 spare 「予備の」 warm ～ up 「～を暖める」
nod 「うなずく」 purse 「財布」 drive off 「車で立ち去る」 stop in ～ 「～に立ち寄る」
waitress 「ウエイトレス，接客係」 take her order 「注文をとる」 tell 「分かる」
pregnant 「妊娠している」 small talk 「世間話」 bill 「紙幣」 cash register 「レジ」
change 「おつり」 gone 「いなくなって，行ってしまって」
tip 「チップ(サービスに対する慰労や感謝の気持ちとして，客が接客係などに渡すお金)」
hug 「ハグ，抱きしめること」

5 次の英文の意味が通るように，空所 1 から 5 に入れるのに最も適切なものを，下のアからオの中から選び，記号で答えなさい。ただし，同じものを 2 回以上用いてはいけません。

We often hear words such as these: "I hate *advertising," or "There's too much advertising in the world!" In the 21st century, it seems that advertising is everywhere. We see it along streets, in trains and buses, as well as on websites and on TV. It's hard to *escape advertising. But do we really want to? [1]

First, advertising gives us information that we need. For example, if you want to buy a new computer or a new car, you can look for the best "*deals" in *ads that appear in newspapers, in magazines, on TV, or even on the radio. These ads give you *details about the product and help you find out where you can get the best price for something. You don't actually have to go to lots of different shops.

[2] It may be *annoying to see *commercials during your favorite TV show, but the *advertisers have paid for its *production. This pays the TV *crew for their work. [3] Without their support, there would be more hours of *pledge drives asking you for more money. Also, many *presenters *get their starts from appearing in commercials. [4]

And what about advertising and sports? There are many large *banners surrounding sports stadiums, and a lot of people notice them. Professional sports use advertising to pay for the fields, the *equipment, and yes, even the *salaries of professional athletes. Think about *the Super Bowl in the United States. Everyone looks forward to this event, even the people who do not like football, because the commercials are known as the best of the year. [5] As a result, viewers want to watch the commercials almost as much as the sports.

ア In addition to providing information, advertising also supports the *entertainment industry.
イ It's a way for them to get both experience and *exposure.
ウ The companies' names appear at the beginning or end of the shows.
エ Companies pay *as much as a million dollars for 60 seconds of advertising time during this event, so a lot of effort goes into these commercials.
オ Actually, when you think about it, advertising provides a lot of *benefits.

（注） advertising 「広告」 escape 「のがれる」 deal 「お買い得の品，掘り出し物」 ads 「広告」
details 「詳細」 annoying 「うっとうしい」 commercial 「広告放送，コマーシャル」
advertiser 「広告主」 production 「制作」 crew 「スタッフ」 pledge drive 「募金活動」
presenter 「司会者」 get their starts 「（キャリアを）始める」 banner 「広告」
equipment 「用具」 salary 「給料」
the Super Bowl 「全米プロフットボールリーグの優勝決定戦」
entertainment industry 「エンターテイメント業界」
exposure 「（マスコミなどに）取り上げられること」 as much as～ 「～ほどの多額」
benefit 「利益，恩恵」

6 例にならって，次の(1)から(4)の[ ]内の語句を与えられている順にすべて用い，さらに最低限必要な語を加えて，話の筋が通るように英文を完成させなさい。

【例】 Ms. Williams is a teacher and [there, thirty, children, class].

→ there are thirty children in her class

* * * * *

Violet works at Elephant Coffee, a cafe that serves coffee and *pastries. She does not really like her job, but she continues to work to live. One of the rules at the cafe is (1)[not, bring food, other restaurants, cafe].

One day, she noticed that a customer was eating some food of Express Burger. Express Burger (2)[*fast-food restaurant, front, cafe]. It is across the street from Elephant Coffee.

Violet didn't say anything about it because she didn't think it was a big problem. However, the cafe's *owner, Amanda, *called her over and said, "Violet, you need to tell the customer about our rule." Violet *nodded and *went over to him. "Hi, I'm sorry, but you cannot eat that hamburger here," Violet said. "But I've already *ordered a cup of coffee from your cafe. I just (3)[wanted, something, hot, drink, my hamburger]," he said. "You can come in after you finish your food. I'm sorry, I can't change the rules," Violet said.

He stood up and *knocked the table and chairs down. "I (4)[have, never, to, such, terrible, cafe]!" he said. All the other customers and *employees looked at him. He left and wrote an angry *review on the Internet. When Amanda read the review, she was afraid the cafe would become less popular, so she decided to change the rule. Now people can eat other restaurants' food there if they still order something.

(注) pastry「ペーストリー(パイ，タルトなどのケーキ・菓子)」 fast-food「ファストフードの」 owner「経営者」 call ～ over「～を呼び寄せる」 nod「うなずく」 go over「行く」 order「注文する」 knock ～ down「～を倒す」 employee「従業員」 review「批評，レビュー」

7 あなたは，高校生は部活動に参加するべきだと思いますか。自分の意見とその理由を40語程度の英語で述べなさい。なお，解答の末尾には使用した語数を記すこと。

【数　学】（50分）〈満点：100点〉

（注意）　1．解答用紙には，計算，説明なども簡潔に記入し，作図に用いた線は消さずに残しておきなさい。

2．根号$\sqrt{\quad}$や円周率πは小数に直さず，そのまま使いなさい。

3．問題用紙の図は必ずしも正確ではありません。

4．携帯電話，電卓，計算機能付き時計を使用してはいけません。

1　次の計算をしなさい。

(1)　$\left\{5-6\times\frac{3}{2}+(-2^4)\right\}-(-3)^4\times\frac{5}{9}+7^2$

(2)　$\frac{\sqrt{125}}{\sqrt{50}}\left(6-\frac{2\sqrt{5}}{5\sqrt{2}}\right)-\sqrt{45}(\sqrt{18}-4\sqrt{8})$

2　aを定数とし，$a\neq0$とする。放物線① $y=ax^2$と直線② $y=a^2x+3a$は2点A，Bで交わり，点Aのx座標は-1である。このとき，次の問いに答えなさい。

(1)　交点A，Bの座標をそれぞれ求めなさい。

(2)　点Oを原点とするとき，△OABの面積と△OBCの面積が等しくなるような放物線①上の点Cの座標を求めなさい。ただし，点Cのx座標は，点Bのx座標より大きいものとする。

3　平面上にAB＝6をみたす2点A，Bがある。さらに∠APB＝$x°$（$90°<x°<180°$）となるように点Pをとり，△APBをつくる。この△APBに対し，点Qを次の2つの条件をともに満たすようにとる。

A ―――――――――――――― B

・直線ABに関して点Qは点Pと同じ側にとる。

・∠QAB＝2∠PABと∠QBA＝2∠PBAを同時に満たす。

このとき，次の問いに答えなさい。

(1)　∠AQBの大きさを，$x°$を用いて表しなさい。

(2)　点Pが，$x°=120°$を満たしながら平面上を動くものとする。

①　解答用紙の線分ABに対して，点Qが動いた曲線を作図しなさい。ただし，曲線上に点Qが通らない点があれば明記すること。作図に用いた線は残しておきなさい。

②　△AQBの面積が最大となるとき，その面積を求めなさい。

4　Aさん，Bさん，Cさんの3人は，右のような公園の池の周りを一周するコースを次のように走ることにした。

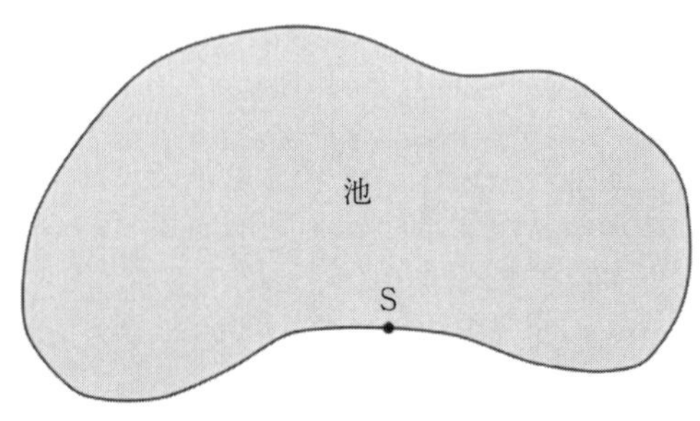

3人はS地点を同時にスタートし，AさんとBさんは反時計回り，Cさんは時計回りの向きに一定の速さで走る。

Aさんがコースを一周するのにかかる時間は10分，Cさんは Aさんの$\frac{2}{3}$の速さで走る。また，Bさんの速さはAさんより遅くCさんより速い。走っている途中でAさん，Bさん，Cさんのうち2人が出会ったときは，出会った位置から逆回りに向きを変え，それまでと同じ一定の速さで走る。ただし，追い抜く場合は走る向きは変えない。向きを変えるときにかかる時間は考えないものとする。

このとき，次の問いに答えなさい。

(1) 3人がスタートしてからAさんとCさんが初めて出会うまでに何分かかったか求めなさい。

(2) AさんがBさんと初めて出会ってから，2回目にBさんに出会うまでに$\frac{60}{11}$分かかった。この途中でAさんはCさんを追い抜いている。

① Bさんの速さはAさんの速さの何倍であるか求めなさい。

② AさんがCさんを追い抜いたのは，AさんとBさんが初めて出会ってから何分後かを求めなさい。

5 袋の中に，赤玉，白玉，青玉の3色の玉が入っている。3色の玉の個数の比は，この順に2：3：4である。総数はわかっていない。この袋から玉を取り出すことについて，次の各問いに答えなさい。ただし，袋からどの玉が取り出されることも同様に確からしいとする。

(1) この袋から1つだけ玉を取り出すとき，白玉である確率を求めなさい。

(2) 玉を取り出す前に，この袋から，青玉を2個減らし，赤玉を6個と白玉をm個加えた後，袋から1つだけ玉を取り出したとき，どの色の玉も取り出される確率は等しく$\frac{1}{3}$になるという。mの値を求めなさい。

(3) どの色の玉も$\frac{1}{3}$の確率で取り出せるようになった後，「この袋から玉を一つ取り出して色を記録して戻す。」という実験を多数回続けていくことに関して，次の主張の中から正しいものをすべて選びなさい。

(ア) 計算上の確率$\frac{1}{3}$は理論上の話で，どんなに多数回実験してみても，$\frac{1}{3}$との関係はみられない。

(イ) 確率$\frac{1}{3}$とは，3回に1回程度起こるという割合を示していて，多数回実験を繰り返せば，実験回数に対する白の玉が出た回数は$\frac{1}{3}$に近づくという意味である。

(ウ) 確率$\frac{1}{3}$と計算できるのだから，3回に1回は必ず白玉が取り出される。実験回数が3の倍数なら常に白玉を取り出す回数は実験回数の$\frac{1}{3}$になる。

(エ) 白玉が出る確率が$\frac{1}{3}$とはいっても，多数回実験したら3回連続で白玉を取り出すことや5回連続で白玉を取り出すことも起こりうる。

【社　会】（50分）〈満点：100点〉

（注意）　解答は原則として漢字で記入しなさい。

1　次の文章を読み，下の各問いに答えなさい。

私たちのくらしは，世界の国々との①貿易に支えられている。現在の日本の②食料自給率は低く，小麦，③大豆，とうもろこしなど，多くの食料を海外からの輸入に頼っている。エネルギー資源については，④原油，天然ガス，石炭をはじめ，ほぼ輸入頼みといっても過言ではない。私たちが便利なくらしを続けるためには，円滑に貿易がなされることが重要である。

しかし，新型コロナウイルス感染症のパンデミックは，⑤人の移動だけでなく，世界中の⑥物の流れにも大きな影響をおよぼした。マスクや消毒薬が不足するだけでなく，⑦製造過程において不可欠な部品が調達できなくなり，生産や納品がとどこおる工業製品も多くみられた。輸送段階でのコンテナ不足や輸送費の高騰も問題となっている。サプライチェーンの弱さがあらわになり，⑧生産拠点や調達先が特定の地域に集中していることをリスクととらえる考え方も強まるようになった。

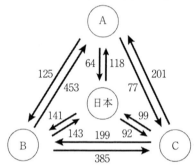

単位：10億ドル

A→日本 64　日本→A 118
A→B 453　B→A 125
A→C 77　C→A 201
B→日本 141　日本→B 143
C→日本 99　日本→C 92
C→B 199　B→C 385

ジェトロ「世界貿易マトリクス・輸出額（2020年）」より作成

問1　文章中の下線部①に関して，右の図は日本とASEAN，アメリカ合衆国，中国における貿易額を示したものであり，図中のAからCは，ASEAN，アメリカ合衆国，中国のいずれかである。AからCにあてはまるものの組み合わせとして適切なものを，次のアからカの中から1つ選び，記号で答えなさい。

ア　A：ASEAN　B：アメリカ合衆国　C：中国
イ　A：ASEAN　B：中国　C：アメリカ合衆国
ウ　A：アメリカ合衆国　B：ASEAN　C：中国
エ　A：アメリカ合衆国　B：中国　C：ASEAN
オ　A：中国　B：ASEAN　C：アメリカ合衆国
カ　A：中国　B：アメリカ合衆国　C：ASEAN

問2　文章中の下線部②に関して，右の図は日本のおもな農産物の自給率の変化を示したものである。図中のアからオは，果実，牛乳および乳製品，小麦，米，野菜のいずれかである。果実と野菜として適切なものを，図中のアからオの中からそれぞれ選び，記号で答えなさい。

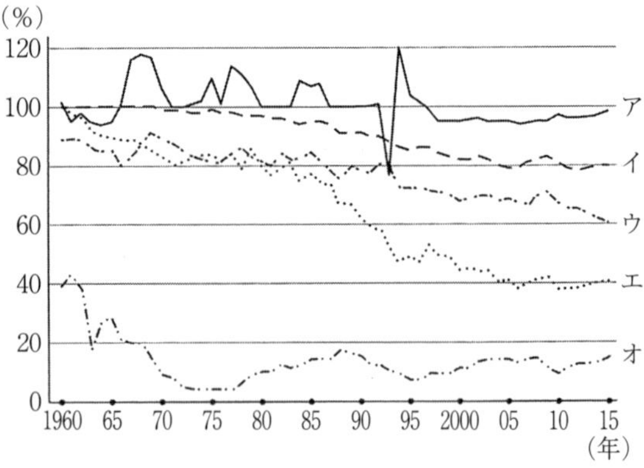

「食料需給表」より作成

問3　文章中の下線部③に関して，次の表は世界の大豆生産量と輸出量，輸入量の変化を示したものである。表をみて，下の各問いに答えなさい。

国名	生産量(万ｔ)	
	1990年	2018年
アメリカ合衆国	5,242	12,366
（ D ）	1,990	11,789
アルゼンチン	1,070	3,779
E	1,100	1,419

国名	輸出量(万 t)	
	1990年	2018年
(D)	408	8,367
アメリカ合衆国	1,547	4,642
パラグアイ	141	603
カナダ	17	550

国名	輸入量(万 t)	
	1990年	2018年
E	0.1	8,806
アルゼンチン	0.004	644
メキシコ	90	518
オランダ	412	428

帝国書院『地理統計 2021年版』より作成

(1) 表中の空欄(D)にあてはまる適切な国名を答えなさい。

(2) E国の大豆の輸入量が大きく増加している要因として**適切でないもの**を，次のアからエの中から1つ選び，記号で答えなさい。

ア E国では，大豆の生産量の増加率が，アメリカ合衆国ほど大きくない。

イ E国では，大豆の輸入量の増加率を大幅に上回る勢いで，人口が増加している。

ウ E国では，植物油の原料として，大豆の需要が増加している。

エ E国では，経済発展にともなう食生活の変化で，肉類の消費量が増加している。

問4 文章中の下線部④に関する次の各問いに答えなさい。

(1) 現在，EUを中心に脱石炭の動きが強まっている。石炭の特徴として**適切でないもの**を，次のアからエの中から1つ選び，記号で答えなさい。

ア 石炭をもやすと，窒素酸化物などの大気汚染物質が排出される。

イ 石炭をもやすと，温室効果ガスである二酸化炭素が排出される。

ウ 石炭は，鉄鉱石とともに，製鉄の原料として利用される。

エ 石炭は，火力発電において，石油に比べて発電コストが高い。

(2) 世界はいまだに化石燃料を大量に消費しているが，各国の地理的特色をいかした再生可能エネルギーの利用も進められている。次の表は，アラブ首長国連邦，インドネシア，カナダ，デンマークにおけるいくつかの再生可能エネルギーによる発電量を示したものであり，アからエは，水力，太陽光，地熱，風力のいずれかである。風力による発電量として適切なものを，表中のアからエの中から1つ選び，記号で答えなさい。

(単位：億kWh)

	アラブ首長国連邦	インドネシア	カナダ	デンマーク
ア	0	2	332	139
イ	13	1	38	10
ウ	—	140	—	—
エ	—	216	3860	0

注 0：単位未満のもの，—：該当数字なし

『世界国勢図会 2021/22』より作成(統計年次は2018年)

問5 文章中の下線部⑤に関して，人の移動と交通に関して述べた文として適切なものを，次のアからエの中から1つ選び，記号で答えなさい。

ア 東京と福岡間の移動は，JR線より航空機を利用する人の割合が高い。

イ 2019年の訪日外国人数は，日本人の出国者数を下回る。

ウ 航空機で行き来する人々の乗り継ぎの空港をポートアイランドという。

エ 関西国際空港は成田国際空港より，乗降客数が多い。

問6 文章中の下線部⑥に関連して，航空輸送される貨物の特徴について，海上輸送との違いにふれながら，次の2つの語句を用いて，説明しなさい。

原油　　ワクチン

問7　文章中の下線部⑦に関連して，工業製品の製造過程において不可欠な部品の1つにIC(集積回路)がある。ICについて述べた文として適切なものを，次のアからエの中から1つ選び，記号で答えなさい。

ア　九州の各地では，高度経済成長期にICの工場が急増した。

イ　東北地方では，輸出に適した港の近くに，多くのICの工場が立地する。

ウ　電気自動車の開発により，ICと自動車産業はより密接になっている。

エ　五大湖沿岸に位置するシリコンバレーには，IC関連産業が集まっている。

問8　文章中の下線部⑧に関連して，かつて製造業では，生産拠点を自社工場としてもっていたが，近年では，製造部門を外部に委託し，自社工場をもたない企業がめだつようになってきている。自社工場をもたない理由を，次の2つの語句を用いて，説明しなさい。

研究開発　　設備投資

2　ランさんは，沖縄県の自然や人々の生活に興味をもち，地域調査を行なった。この調査に関する次の各問いに答えなさい。

問1　ランさんは，まず那覇市に関する調査を行なうことにした。調査の目的や方法について述べた文として**適切でないもの**を，次のアからエの中から1つ選び，記号で答えなさい。

ア　那覇市のホームページを閲覧し，防災に関する行政の取り組みをまとめる。

イ　那覇市のハザードマップを取りよせ，津波被害の危険性を把握する。

ウ　地形図を用いて，那覇市の建築物の高さや築年数を明らかにする。

エ　図書館で那覇市史を閲覧し，歴史の流れがわかるように，年表を作成する。

問2　ランさんは，海底火山の噴火により，大量の軽石が流されていることを知り，南西諸島周辺の海に興味をもち，右の地図を作成した。地図をみて，次の各問いに答えなさい。

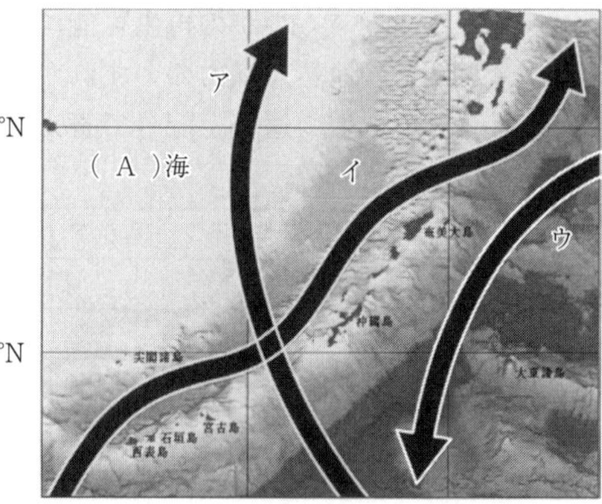

注　海底地形は深いほど濃く表現してある
海上保安庁「沖縄周辺の海洋データ図集」より作成

(1)　黒潮のおもな流れとして最も適切なものを，地図中のアからウの中から1つ選び，記号で答えなさい。

(2)　地図中の空欄(A)にあてはまる適切な語句を答えなさい。

(3)　地図中の(A)海付近について述べた文として適切なものを，次のアからエの文の中から1つ選び，記号で答えなさい。

ア　大陸棚が広がっており，海底炭田からは良質な石炭が産出される。

イ　水産資源に恵まれるが，沿岸域の環境悪化により赤潮の被害もみられる。

ウ　尖閣諸島は，日本の固有の領土であるが，韓国も領有を主張している。

エ　尖閣諸島は，緯度のわりに気温が低いため，植生はほとんどない。

(4)　次の図は，沖縄県の波照間島の地形図である。島を囲むように形成されている空欄(B)にあてはまる地形を答えなさい。

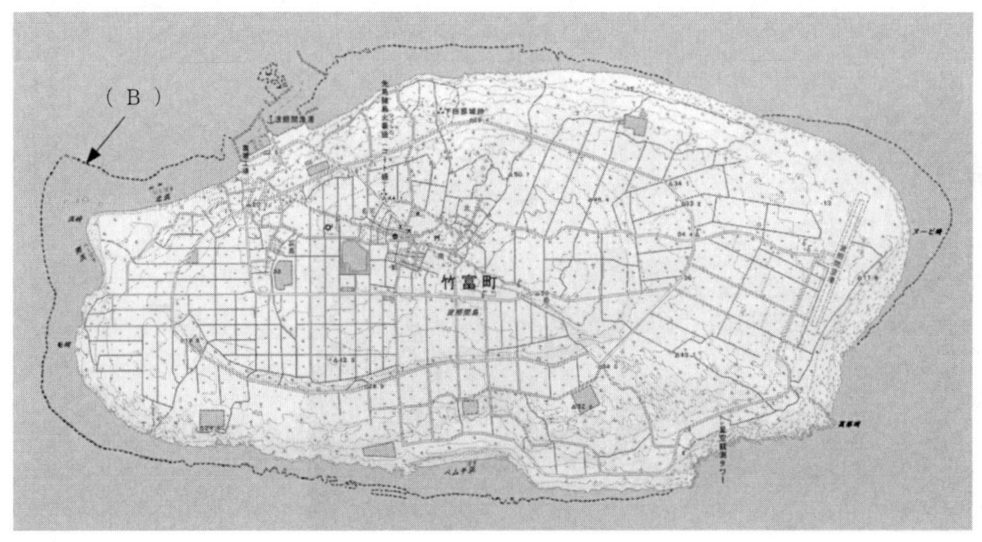

地理院地図より作成

問3　ランさんは，沖縄県でキクの花の栽培がさかんなことを知り，東京都中央卸売市場におけるキク類(切花)の出荷量上位４県の時期別出荷量を調べた。次の表中の空欄(C)から(E)は，愛知県，沖縄県，栃木県のいずれかである。空欄(C)から(E)にあてはまる県名の組み合わせとして適切なものを，下のアからカの中から１つ選び，記号で答えなさい。

（単位：1,000本）

	12月～５月	６月～11月	合計
（Ｃ）	40,149	44,359	84,508
（Ｄ）	34,886	3,335	38,222
茨城県	1,693	12,682	14,375
（Ｅ）	3,972	5,572	9,544

東京都中央卸売市場統計情報より作成
（統計年次は2020年）

ア　C：愛知県　D：沖縄県　E：栃木県
イ　C：愛知県　D：栃木県　E：沖縄県
ウ　C：沖縄県　D：愛知県　E：栃木県
エ　C：沖縄県　D：栃木県　E：愛知県
オ　C：栃木県　D：愛知県　E：沖縄県
カ　C：栃木県　D：沖縄県　E：愛知県

問4　ランさんは，人々の生活と自然環境とのかかわりに興味をもち，伝統的な住居について調査を行なった。次の写真は，沖縄県竹富町の住居を示したものである。写真の住居が自然環境に適合したものであることを，具体的に説明しなさい。

写真　竹富町島じまの文化遺産の伝承・活用協議会

3　次の文章を読み，下の各問いに答えなさい。

2021年10月４日，（ A ）の（ B ）が①第100代内閣総理大臣に任命された。10月８日，（ B ）首相は②国会で所信表明演説を行ない，「新型コロナ対応」「③新しい資本主義の実現」「国民を守り抜く，外交・安全保障」の３つの政策をかかげ，それらの実現に向けて「総合的かつ大胆な経済対策を速やかにとりまとめ」ると述べた後，④憲法改正に向けての議論の深まりへの期待を示した。

（ B ）首相は，10月14日に衆議院を解散したため，10月31日に総選挙が実施された。この選挙で（ A ）は議席の過半数を獲得し，（ B ）は内閣総理大臣に指名され，第101代内閣総理大臣となった。

問１　文章中の空欄（A）にあてはまる適切な政党の正式名称を**漢字**で答えなさい。

問２　文章中の空欄（B）にあてはまる適切な人物を**漢字**で答えなさい。

問３　文章中の下線部①に関連する次の各問いに答えなさい。

(1)　内閣総理大臣の任命に関する次の文章の空欄（C）から（F）にあてはまる適切な語句を答えなさい。

内閣総理大臣は，(C)で(D)の中から指名することが定められている。衆議院と参議院とが異なる人物を指名した場合には，(E)が開かれる。(C)の指名を受けた人物は，天皇により内閣総理大臣に任命される。天皇のこうした行為は(F)として，日本国憲法第7条に定められている。

(2) 内閣について述べた文として**適切でないもの**を次のアからエの中から1つ選び，記号で答えなさい。

ア　内閣は国会の信任に基づいて成立し，国会に対して連帯責任を負う。

イ　内閣は行政機関を通して，法律で定められた物事を実施する。

ウ　内閣は最高裁判所長官の指名とその他の裁判官の任命を行なう。

エ　内閣不信任案が決議されると内閣は総辞職しなくてはならない。

問4　文章中の下線部②国会に関する次の各問いに答えなさい。

(1) この時開かれた国会として適切なものを次のアからエの中から1つ選び，記号で答えなさい。

ア　常会　　イ　臨時会　　ウ　特別会　　エ　緊急集会

(2) 国会について述べた文として適切なものを次のアからエの中から1つ選び，記号で答えなさい。

ア　国会は国権の最高機関であり，唯一の立法機関である。

イ　国会は国政捜査権をもち，証人喚問を行なうことができる。

ウ　国会は衆議院と参議院から構成され，両院は対等である。

エ　参議院の定数は465人であり，3年ごとに半数が改選される。

問5　文章中の下線部③に関連する次の各問いに答えなさい。

(1) 資本主義に関する次の文章の空欄(G)から(I)にあてはまる適切な語句を答えなさい。

資本主義経済は，19世紀に自由権の考え方の下で発展した。資本がお金から土地，設備，(G)の3つの生産要素，そして商品へと形を変えながら(H)を生み出し，たくわえられる経済の仕組みである。現在，世界では資本主義経済が主流であり，商品が売買される場である(I)が社会のすみずみまで張りめぐらされている。

(2) 次の資料は(B)首相が10月8日の所信表明演説において「新しい資本主義」について述べたところの一部である。資料をふまえて，「新しい資本主義」がかかげられた背景にある，現在の日本が直面している課題を説明しなさい。

「成長と分配の好循環」と「コロナ後の新しい社会の開拓」。これがコンセプトです。成長を目指すことは，極めて重要であり，その実現に向けて全力で取り組みます。しかし，「分配なくして次の成長なし」。このことも，私は，強く訴えます。成長の果実を，しっかりと分配することで，初めて，次の成長が実現します。大切なのは，「成長と分配の好循環」です。「成長か，分配か」という，不毛な議論から脱却し，「成長も，分配も」実現するために，あらゆる政策を総動員します。

首相官邸ホームページより

問6　文章中の下線部④に関する次の各問いに答えなさい。

(1) 2007年に定められた日本国憲法の改正手続きに関する法律により設けられた，憲法改正原案を国会に提出することができる常設の機関を答えなさい。

(2) 憲法改正には，他の法律の改正とは異なる慎重な手続きが必要となるが，なぜ慎重な手続きが必要なのか，憲法とは何かを明らかにして説明しなさい。

4 次の文章を読み，下の各問いに答えなさい。

1999年に定められた男女共同参画社会基本法では，①男女共同参画社会を実現するための柱として「男女の人権の尊重」「②社会における制度または慣行についての配慮」「政策等の立案および決定への共同参画」「家庭生活における活動と他の活動の両立」「国際的協調」の５つがかかげられ，国と地方公共団体，国民それぞれが果たすべき役割が定められた。

男女共同参画の進み具合を示す指標の一つにジェンダーギャップ(男女格差)指数がある。③ジェンダーギャップ指数は，「経済」「政治」「教育」「健康」の４つの分野のデータから作成され，０が完全不平等，１が完全平等を示す。2021年３月に世界経済フォーラムが公表した「The Global Gender Gap Report 2021」によると，日本の総合スコアは0.656であり，前年度より0.004ポイント上昇したものの，156カ国中120位となり，先進国の中で最低レベル，アジア諸国の中で韓国や中国，ASEAN諸国より低い結果となった。ジェンダー平等の実現は④SDGsの１つであり，実現に向けた取り組みが求められている。

問１ 文章中の下線部①に関して，男女共同参画社会の実現に向けて中心的な役割を担っている行政機関として適切なものを次のアからエの中から１つ選び，記号で答えなさい。

ア 厚生労働省 イ 総務省 ウ 内閣府 エ 文部科学省

問２ 文章中の下線部②に関連して，男女共同参画を妨げる制度や慣行，アンコンシャス・バイアス(無意識の思い込み)として最も適切なものを次のアからエの中から１つ選び，記号で答えなさい。

ア 女性には理系の科目・進路は向いていない
イ 女性の管理職が３割以上となるよう法律で定められている
ウ 男性の平均身長は女性の平均身長よりも高い
エ 男性は法律上育児休暇を取得することができない

問３ 文章中の下線部③に関して，日本のジェンダーギャップ指数の総合スコアを下げる要因となっている分野を，「経済」「政治」「教育」「健康」の中から，**スコアが低い順に２つ**答えなさい。

問４ 文章中の下線部④SDGsに関して，あなたが最も関心を持っている目標を１つ答えなさい。ただし「ジェンダー平等を実現しよう」に最も関心がある場合には，それを実現するための６つの目標の１つを答えること。

5 次の文章を読み，下の各問いに答えなさい。

人間は昔からさまざまな疫病(感染症)に苦しめられ，その流行は人間社会に大きな影響をあたえてきた。なかでも天然痘は，紀元前12世紀ころの古代エジプトのファラオのミイラに，この疫病に感染したと思われる痘痕(とうこん)がみられるなど，古来より流行していたと考えられている。

日本では，天然痘とも考えられている疫病が，６世紀に仏教が伝わったころにみられたとされており，『日本書紀』では，この疫病の流行が物部氏と(　A　)氏の仏教の導入の是非をめぐる対立につながったとしている。その後，天然痘と思われる疫病は，730年代に流行した。この時期は，７世紀に朝鮮半島を統一した(　B　)の使節の来日や①遣唐使・唐への留学生が帰国するなど，海外との往来がさかんだった。この730年代の流行の際には，645年に(　C　)とともに(　A　)氏をたおして②政治改革に着手した中臣鎌足の４人の孫たちもあいついで亡くなった。(　D　)天皇は，こうした疫病の流行やききん，災害などの社会不安をとりのぞくために③仏教の教えを取り入れて，さまざまな政策を行なった。

南北アメリカ大陸では，16世紀に天然痘などの疫病がヨーロッパ人により持ち込まれた。④天然痘の流行による人口減少と社会混乱は，スペイン人による，現在のメキシコ付近で栄えていた先住民の国である(　E　)の制圧を容易なものにしたとも考えられている。

その後，18世紀末に⑤イギリスのジェンナーが天然痘の予防法を開発したこともあり，次第に天然痘の流行はおさえられるようになった。⑥日本国内では，天然痘の感染者は1956年以降みられていない。世界では，(F)が天然痘の根絶に力をつくし，しだいに感染がみられなくなった。1980年に(F)は天然痘の根絶を宣言した。

問1　文章中の空欄(A)から(E)にあてはまる適切な語句を答えなさい。

問2　文章中の空欄(F)には，「すべての人に健康を」を目的として設立された国際連合の専門機関があてはまる。この専門機関を**アルファベット**で答えなさい。

問3　文章中の下線部①に関連して，894年に遣唐使が廃止された後の10世紀から11世紀の日本の文化に関する説明として適切なものを，次のアからエの中から１つ選び，記号で答えなさい。

ア　庶民を主人公としたお伽草子とよばれる短編の絵入り物語がつくられた。

イ　漢字を書きくずして日本語の発音を表現しやすくした，かな文字が生まれた。

ウ　政治や庶民の生活を風刺してよむ川柳や狂歌が流行した。

エ　三味線の演奏にあわせて語られる浄瑠璃が完成した。

問4　文章中の下線部②に関連して，この政治改革に際して出された詔でふれられた改革のうち，公民に口分田をあたえる制度を答えなさい。

問5　文章中の下線部③に関連して，次の史料は(D)天皇の詔である。これにより，つくることが求められているものを答えなさい。なお，史料は平易な日本語に改め，一部省略してある。

> …近年は穀物の実りも豊かではなく，疫病もひんぱんにおこっている。(これも自分の不徳のせいだと)はじる思いがつのり，心労を重ねて自らをさいなむばかりであった。そこでひろく民のために幸福を求めたいと思った。…諸国に命じておのおの七重塔一基を建立し，金光明最勝王経・妙法蓮華経各一部を写させよ。…願うところは仏法の繁栄が天地とともに永くつづき，仏の加護が現世・来世ともにいつまでも満ちているようにということである。塔を持つ寺はそれぞれの国の華である。必ず良い場所を選んでいつまでも衰えないようにせよ。

問6　文章中の下線部④に関連して，南北アメリカ大陸のスペイン支配下の地域では，疫病だけでなく右の図のような過酷な労働も先住民の人口減少につながったと考えられている。これに関する次の各問いに答えなさい。

(1)　右の図のような鉱山では，16世紀に日本の石見でも産出されたものと同様のものがおもに産出された。産出されたものを答えなさい。

(2)　先住民の人口減少にともなって，新しい労働力として南北アメリカ大陸には，おもにどの地域の人々が増えたか，答えなさい。

問7　文章中の下線部⑤に関連して，疫病に関する研究はこれ以降も進んだ。こうしたなか，19世紀末にペスト菌や破傷風の血清療法を発見した人物を，次のアからエの中から１つ選び，記号で答えなさい。

ア　志賀潔　　イ　野口英世　　ウ　湯川秀樹　　エ　北里柴三郎

問8　文章中の下線部⑥に関連して，1956年に最も近い年におきたできごとに関する説明として適切なものを，次のアからエの中から１つ選び，記号で答えなさい。

ア　インドネシアのバンドンでアジア・アフリカ会議が開催された。

イ　池田勇人内閣が，所得倍増計画をうち出した。
ウ　社会主義国を封じこめるために，北大西洋条約機構(NATO)が結成された。
エ　アメリカ軍を主体とする多国籍軍がイラクを攻撃する，湾岸戦争がおきた。

6　次の図１は，日本の軍事費の推移を示したものである。これに関する下の各問いに答えなさい。

図１

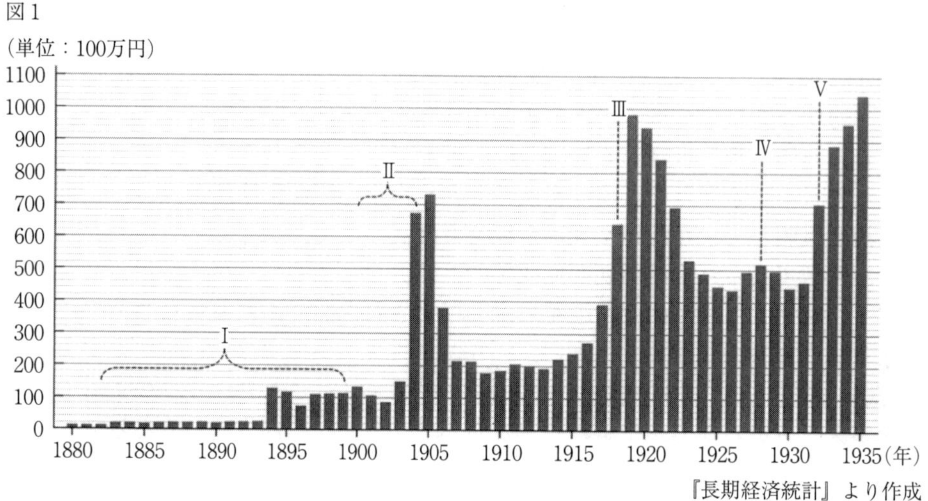

『長期経済統計』より作成

問１　次の図２は1885年と1899年の品物別の輸出入の割合を示したものである。図１中のⅠの時期に，日本の産業ではどのような変化が生じていたか，図２の輸入品の変化に着目して説明しなさい。

図２

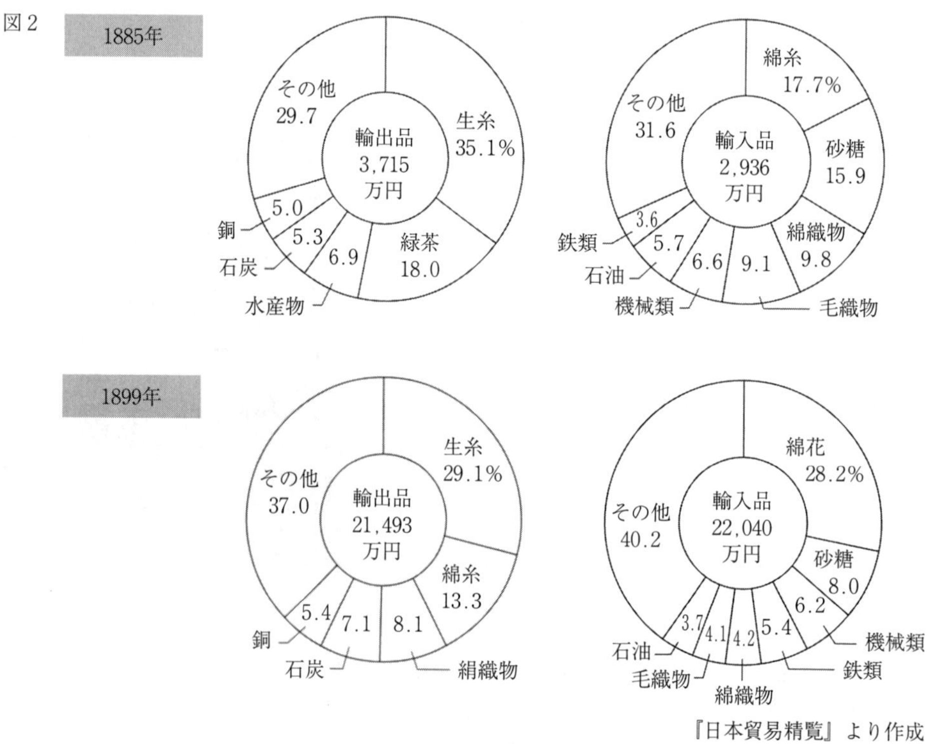

『日本貿易精覧』より作成

問２　図１中のⅡの時期に出された，図３の風刺画に関する下の各問いに答えなさい。なお，史料は一部改変してある。

図3

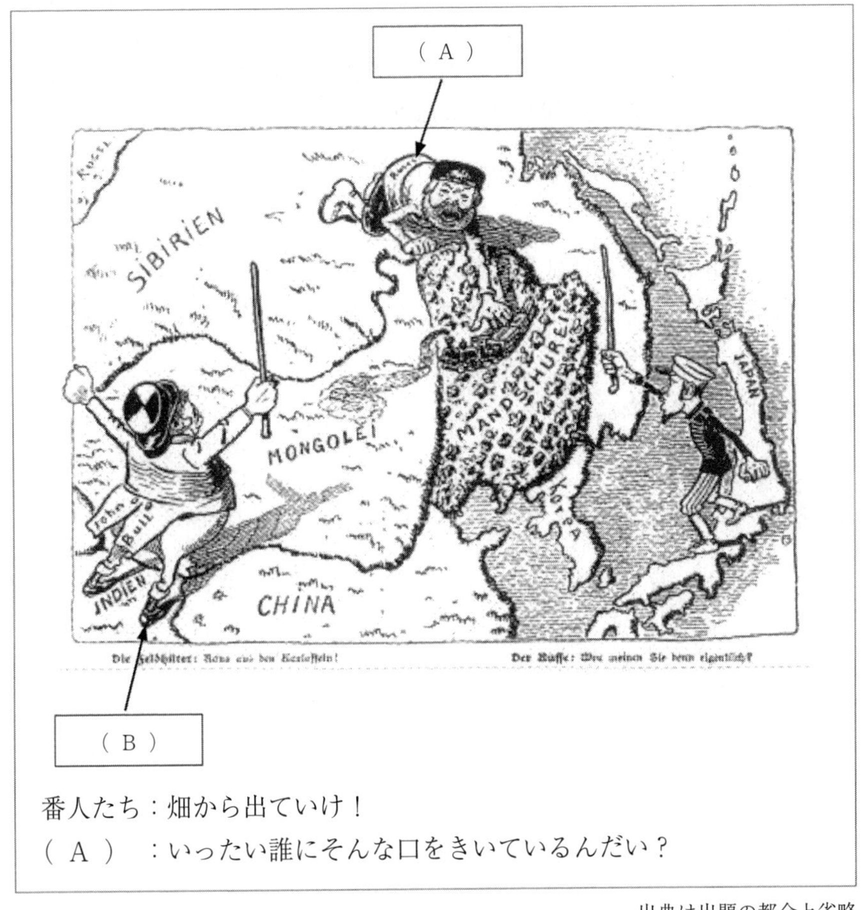

出典は出題の都合上省略

⑴　(A)が畑に手を伸ばしている姿で表現されているのはなぜか，(A)がどこの国かを明らかにして，Ⅱの時期にあったできごとをふまえて説明しなさい。

⑵　図3に描かれている右の人物と(B)が，番人として(A)に対して畑から出ていくように主張している。(B)にあてはまる適切な国を答えなさい。

問3　図1中のⅢの年に始まり，1922年までの軍事費の変化に影響をあたえたできごとを答えなさい。

問4　図1中のⅣの年に最も近い年におきたできごとに関する説明として適切なものを，次のアからエの中から1つ選び，記号で答えなさい。

ア　国民や物資を優先して戦争にまわすために，国家総動員法が制定された。

イ　国民党の実権をにぎった蔣介石が，南京に国民政府をつくった。

ウ　日本はフランス領インドシナの南部に軍を進めた。

エ　朝鮮半島で，三・一独立運動がおこった。

問5　図1中のⅤの年には，前年よりみられた日本の行動に対して，アメリカの国務長官が日本・中国に通知を発した。これに関する大阪朝日新聞の記事を読み，下の各問いに答えなさい。なお，史料は平易な日本語に改め，一部省略・改変してある。

アメリカ国務長官スチムソン氏は今回日中両国に同文通知を発し，両国がワシントン九ヶ国条約又は（ C ）条約に反して新条約を締結するがごとき場合は，これを承認しがたい旨を述べた。この同文通知は1915年日本が中国に（ D ）を提出した際に，アメリカが日中両国に発した同文通知と同じ趣旨の下に発せられたもので，内容も両者ほとんど同じである。…中国の門戸開放と機会均等および中国の領土および行政保全の二大原則の擁護に外ならない。

(1) 史料中の空欄（C）にあてはまる適切な語句を，次の（C）条約の条文を参照して**漢字２字**で答えなさい。

第一条　締約国は，国際紛争解決のために戦争に訴えることを非難し，かつ，その相互の関係において国家政策の手段として戦争を放棄することを，その各々の人民の名において厳粛（げんしゅく）に宣言する。

(2) 史料中の空欄（D）にあてはまる適切な語句を答えなさい。

【理　科】（50分）〈満点：100点〉

1　次の各問いについて，それぞれの解答群の中から答えを選び，記号で答えなさい。なお，「すべて選びなさい」には，１つだけ選ぶ場合も含まれます。

(1)　音の性質や特徴の説明として，正しいものをすべて選びなさい。

ア　音の大きさが大きいほど，伝わる速さが速くなる
イ　音の大きさが大きいほど，伝わる速さが遅くなる
ウ　音の大きさと伝わる速さには関係がない
エ　音の高さが高いほど，振動数が大きくなる
オ　音の高さが高いほど，振動数が小さくなる
カ　音の高さと振動数には関係がない

(2)　放射線をすべて選びなさい。

ア　アルファ線　　イ　ベータ線　　ウ　ガンマ線　　エ　赤外線　　オ　可視光線
カ　紫外線　　キ　X線　　ク　ニクロム線

(3)　状態変化に関係する現象とその名称の組み合わせとして，正しいものをすべて選びなさい。

ア　毎年冬になると近所の池の表面に氷が張る　—凝固
イ　冷たい水が入ったペットボトルの外側に水滴がついた　—凝縮
ウ　洗った食器をかごに入れて放置したら乾いていた　—昇華
エ　夏の暑い日，道路に水をまくと涼しくなった　—蒸発
オ　箱に入っていたドライアイスがなくなっていた　—融解

(4)　20℃における水への溶解度が x の物質を水に溶かして飽和水溶液をつくった。20℃において，この飽和水溶液100gに含まれる溶質の質量〔g〕を表す式として，正しいものを選びなさい。

ア　$\frac{x}{100}$　　イ　$\frac{x}{100+x}$　　ウ　$\frac{100x}{100+x}$　　エ　$\frac{100x}{100-x}$　　オ　x

(5)　「2022」と小さく印刷された右のような紙を，自分から「2022」と読める向きで顕微鏡のステージに置いたとき，顕微鏡の視野の中では，その文字はどのような向きで見えるか選びなさい。

2022

(6)　胆汁に関する説明として，正しいものを２つ選びなさい。

ア　肝臓でつくられ，胆のうに蓄えられる
イ　胆のうでつくられ，肝臓に蓄えられる
ウ　脂肪の粒を小さくして，消化液の中に混ざり合うことを助ける
エ　トリプシンという消化酵素を含んでおり，脂肪を分解する
オ　リパーゼという消化酵素を含んでおり，脂肪を分解する

(7)　銀河系（天の川銀河）に関する説明として，正しいものを選びなさい。

ア　銀河系の中心付近に太陽系がある
イ　銀河系は約2000億個の恒星でできている
ウ　銀河系の直径は約１万光年である
エ　銀河系には太陽系以外の惑星はない
オ　銀河系のような天体（銀河）はこの宇宙には非常に少ない

カ　銀河系の外にある恒星の集団が，地球では天の川として観測される

(8)　火山の噴火に関する説明として，正しいものをすべて選びなさい。

ア　流れ出る溶岩のねばりけが強いほど，火山の形は盛り上がったものになる

イ　流れ出る溶岩のねばりけが強いほど，冷えて固まった岩石は白っぽくなる

ウ　火山灰，溶岩，火山ガスがまとまって斜面を一気に高速で流れるものを火山弾という

エ　火山灰に鉱物は含まれていない

オ　火山灰は広範囲にほぼ同時に降り積もるので，地層の年代を知る手がかりになる

カ　火山ガスに一番多く含まれているのは水蒸気である

2　次の各問いに答えなさい。

(1)　電熱線などの抵抗は，同じ材質ならば，抵抗の大きさは長さに比例し，断面積に反比例することが知られている。長さL〔m〕，断面積S〔m^2〕の電熱線に3.0Vの電源をつないだところ電源には0.30Aの電流が流れた。この電熱線の長さを２倍にしたときの抵抗の大きさは何Ωか。

(2)　(1)の電熱線と同じ材質で長さ$0.5L$〔m〕，断面積$2S$〔m^2〕の電熱線と，長さ$3L$〔m〕，断面積$2S$〔m^2〕の電熱線を並列につないで3.0Vの電源をつないだ。電源に流れる電流は何Aか。

(3)　炭素1.08ｇを完全燃焼させたところ，2.2Lの二酸化炭素が発生した。このとき反応した酸素の質量は何ｇか。ただし，二酸化炭素の密度を0.0018g/cm^3とする。

(4)　うすい塩酸20cm^3に，ある濃度の水酸化ナトリウム水溶液40cm^3を加えて過不足なく中和させ，加熱して水をすべて蒸発させたところ，塩化ナトリウムが1.6ｇ得られた。同じ塩酸と水酸化ナトリウム水溶液を10cm^3ずつ混ぜ合わせた水溶液から得られる塩化ナトリウムは何ｇか。

(5)　次の会話文は，肺胞について学んだ生徒が授業後に質問をしている場面である。［①］，［②］に入る語句を漢字で答えなさい。

生徒「空気と血液の間で酸素と二酸化炭素のやりとりを効率的に行うために肺の［①］積を大きくするのなら，肺胞は大きいほうがよいと思うのですが，小さくてたくさんあるのはどうしてですか？」

先生「肺の大きさを一定として，その中に大きい肺胞または小さい肺胞があることを想像してみよう。小さな袋状の構造が多数あることで，［②］積に対する［①］積の割合が大きくなって，空気と血液の間で気体のやりとりを効率的に行うことができるんだよ。」

(6)　被子植物では，花粉が柱頭についた後，どのようにして受精が起こるのか。受精に関わる２つの細胞の名称と受精を促すための構造の名称を用いて，その過程を答えなさい。

(7)　2021年８月に発生した小笠原諸島にある海底火山の噴火に由来する噴出物が，沖縄をはじめ全国の広い範囲で繰り返し漂流・漂着している。この事実からわかる噴出物の特徴を答えなさい。

(8)　日本の河川のダムはどのような目的で設置されているか，主なものを２つ答えなさい。

3　2021年のノーベル物理学賞では「複雑系である地球気候システムのモデル化による地球温暖化予測」を理由に日本出身の真鍋淑郎（まなべしゅくろう）博士が受賞した。この研究に関連する現象を見ていきたいと思う。

次の図は，太陽から地球に届くエネルギーを100とし，地球温暖化が生じない場合のエネルギー収支を表したものである。以下の各問いに答えなさい。

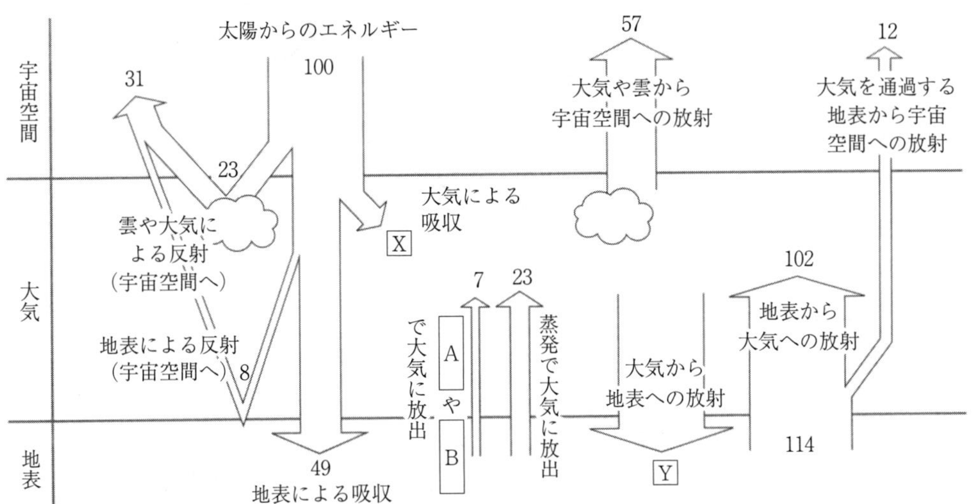

(1) 図のA，Bには「放射」以外の熱の伝わり方の名称が入る。A，Bに入る語句を答えよ。

(2) 「雲や大気による反射」や「地表による反射」は，太陽のエネルギーが主に光エネルギーであるために生じている。一般的に光は白色の物体ほどよく反射をする。地表の状態について，光が一番反射しやすいと考えられるものを選び記号で答えなさい。

ア　玄武岩からなる地表　　イ　斑れい岩からなる地表　　ウ　安山岩からなる地表
エ　せん緑岩からなる地表　　オ　流紋岩からなる地表

(3) 太陽からのエネルギーを吸収している主要な気体の１つは上空20～50kmのあたりで層をなしている。この気体をカタカナ３文字で答えなさい。

(4) (3)の気体の層が①吸収しているものと，②この層を破壊しているものは次のうちどれか，それぞれ選び記号で答えなさい。

ア　赤外線　　イ　紫外線　　ウ　マイクロ波　　エ　電波
オ　メタン　　カ　プロパン　　キ　フロン

(5) 図のX，Yはいくつになるか答えなさい。

(6) 地球温暖化は二酸化炭素が増えることで生じると考えられている。太陽系ではすでに「地球温暖化」と同様な現象が生じている惑星がある。その惑星を答えなさい。

(7) 二酸化炭素が増加した場合，図の中のどの数値が変化するか，正しいものを選び記号で答えなさい。

ア　太陽からのエネルギーが増加する　　イ　大気から地表への放射が増加する
ウ　地表から大気への放射が減少する　　エ　地表による反射が増加する
オ　雲や大気による反射が増加する

4　図のような，摩擦のないレールのスタート位置Aにひもで取り付けられている質量m〔kg〕の物体がある。このひもを切ると物体はレール上を下り，角度aを自由に変えることができてなめらかにつながっている位置Bと速度センサーを置いた位置Cを通過し，そのまま坂をあがり「摩擦ゾーン」Dで急減速をして止まる。

これから，斜面の角度a，物体の質量m〔kg〕，スタート位置の高さh〔m〕を変えていろいろな実験をした。質量100gの物体にはたらく重力の大きさを１Nとして，以下の各問いに答えなさい。

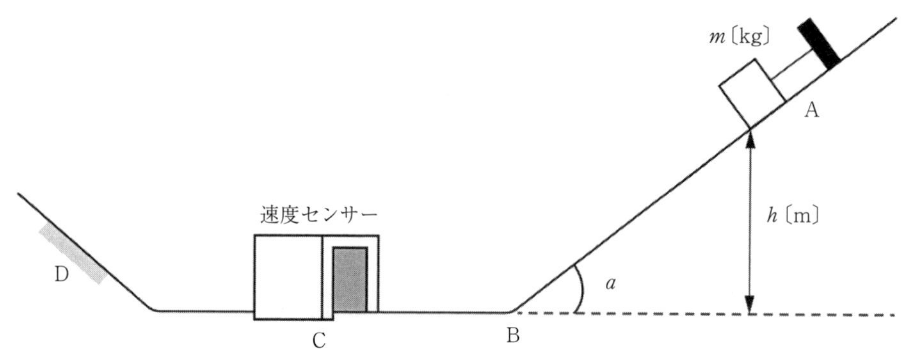

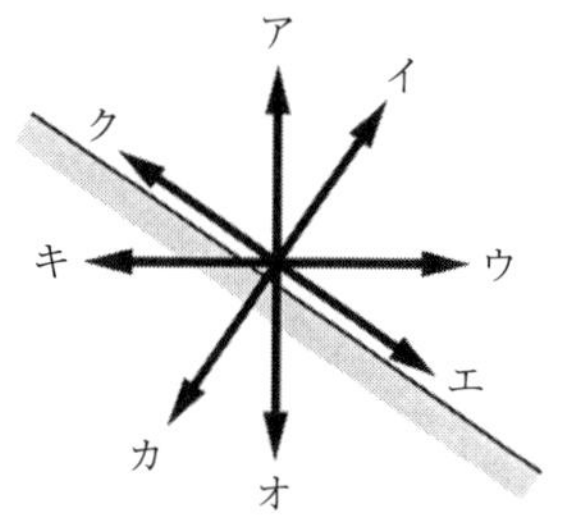

(1)　$a = 30°$，$m = 1.0$kg，$h = 0.50$m のとき，物体をBから斜面に沿って手でスタート位置Aまで一定の速さで持ち上げた。このとき，物体を持ち上げた力がした仕事の大きさは何Jか。

(2)　(1)の状態から物体をひもに取り付けたとき，ひもが物体を引っ張る力は何Nか。

(3)　Dで物体が斜面を上っているとき，摩擦力の向きと重力の向きを右図の矢印からそれぞれ選び記号で答えなさい。

(4)　Dで物体が静止したとき，摩擦力の向きを右図の矢印から選び記号で答えなさい。

　a を10°で固定し，m〔kg〕と h〔m〕をさまざまな値で実験したとき，Cでの速さは表1のようになった。

表1

	Cでの速さ〔m/s〕					
h ＼ m	1.0kg	1.2kg	1.4kg	1.6kg	1.8kg	2.0kg
0.1m	1.4	1.4	1.3	1.4	1.3	
0.2m	2.0	1.9	2.0	2.0	2.0	
0.3m	2.4	2.5	2.4	2.4	2.5	
0.4m	2.8	2.8	2.7	2.8	2.8	
0.5m	3.1	3.2	3.1	3.2	3.1	

(5)　$m = 2.0$kg にしたとき，実験結果として適しているものはどれか，表2から選び記号で答えなさい。

表2

h	ア	イ	ウ	エ	オ
0.1m	0.70	1.0	1.4	1.4	2.8
0.2m	1.0	1.5	2.0	2.2	4.0
0.3m	1.2	2.0	2.4	2.8	4.8
0.4m	1.4	2.5	2.8	3.4	5.6
0.5m	1.6	3.0	3.1	4.0	6.2

(6)　$a = 15°$，$m = 1.0$kg で(5)と同様な実験を行ったとき，実験結果として適しているものはどれか，表2から選び記号で答えなさい。

(7)　この実験結果および力学的エネルギーの性質から考えられることとして適するものを選び記号で答えなさい。

ア　高さhを２倍にするとCでの速さは２倍になる
イ　物体の質量mを２倍にするとCでの速さは２倍になる
ウ　物体の質量mに関係なく，同じ高さなら物体がもつ位置エネルギーは変わらない
エ　物体の質量mに関係なく，同じ速さなら物体がもつ運動エネルギーは変わらない
オ　斜面の角度aに関係なく，同じ高さなら物体がもつ位置エネルギーは変わらない

5　ヒトの心臓とそれにつながる血管は図１のようなつくりをしている。心臓は一生の中で休むことなく縮むこととゆるむこと(拍動)を繰り返し，生命を維持している。左心室の１回の拍動における容積と内圧の変化を示したのが図２である。血液を十分に，逆流なく送り出すため，心臓には図１のA～Dの弁がついており，その開閉によって血液をためたり，送り出したりしている。なお，図２の①～④の過程には0.8秒かかるものとする。以下の各問いに答えなさい。

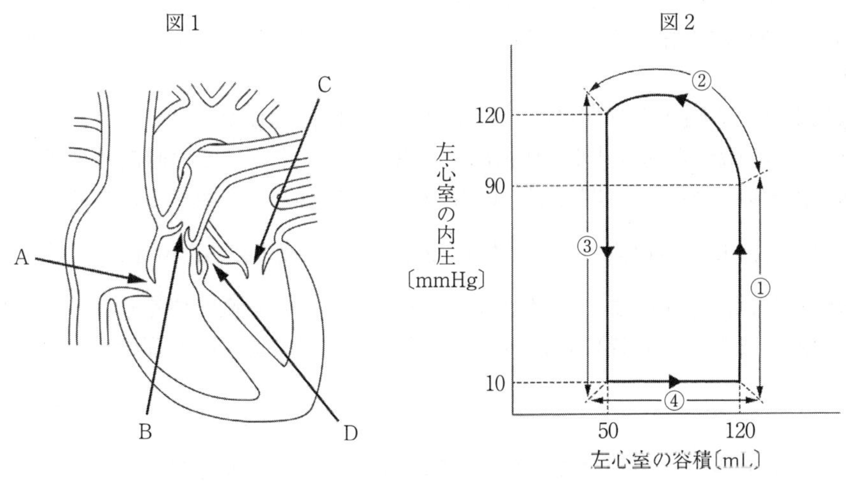

(注)　図２のmmHgは圧力の単位であり，
１気圧(1013hPa)は760mmHgと等しい。

(1)　図１の心臓とそれにつながる血管において，左心室にあてはまる部分を塗ったとき，正しいものを選び記号で答えなさい。

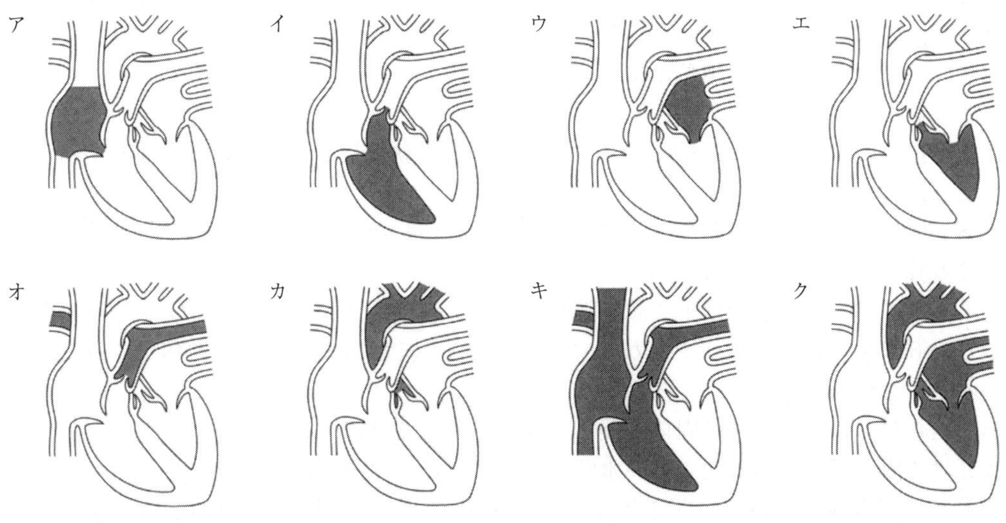

(2) 図1の心臓とそれにつながる血管において，「酸素が少なく，二酸化炭素が多く含まれている血液」が流れる部分を塗ったとき，正しいものを(1)の選択肢から選び記号で答えなさい。

(3) 図2の①のとき，左心室につながる弁の様子と血液の流れについて正しいものを選び記号で答えなさい。

ア　Aの弁は開いてBの弁は閉じていて，血液を全身へ送り出している
イ　Aの弁は閉じてBの弁は開いていて，血液を全身へ送り出している
ウ　Aの弁は開いてBの弁は開いていて，血液を全身へ送り出していない
エ　Aの弁は閉じてBの弁は閉じていて，血液を全身へ送り出していない
オ　Cの弁は開いてDの弁は閉じていて，血液を全身へ送り出している
カ　Cの弁は閉じてDの弁は開いていて，血液を全身へ送り出している
キ　Cの弁は開いてDの弁は開いていて，血液を全身へ送り出していない
ク　Cの弁は閉じてDの弁は閉じていて，血液を全身へ送り出していない

(4) 図2の②のとき，左心室につながる弁のうち，開いている弁と閉じている弁を図1のA～Dから1つずつ選び記号で答えなさい。

(5) 図2と問題文中の下線部より，心臓が1分間に送り出す血液の量は何mLか。

(6) 体重52kgのヒトにおいて，心臓から送り出した血液が心臓に戻ってくるまでの時間は何秒か。心臓がすべての血液を送り出すのにかかる時間と等しいものとして計算し，小数第1位を四捨五入して整数で答えなさい。ただし，ヒトの血液の質量は体重の$\frac{1}{13}$で，血液1Lあたり1kgとする。

(7) セキツイ動物の心臓のつくりは，分類によって異なっている。両生類の心臓のつくりは，ほ乳類とどのように違っているのか。また，その違いによって，両生類ではどのような不都合が生じているのか，説明しなさい。

6　茶実子（ちゃみこ）さんは水溶液の性質を調べる実験を行うために化学室で準備をしていたが，準備の途中で問題が発生してしまった。次の会話文を読んで，以下の各問いに答えなさい。

先　生「4人でビーカーを見つめてどうしたの？　実験を始めないの？」

茶実子「実は水溶液をびんからビーカーに移しているうちに，どのビーカーに何を入れたか分からなくなってしまって……。」

梅　子「困ったなぁ。すべて無色透明の水溶液だから，見た目だけで判別することはできないし。」

蘭　子「用意したものは，食塩水，うすい塩酸，アンモニア水，砂糖水，エタノール水溶液，硫酸亜鉛水溶液，硝酸銀水溶液の7種類だよね。」

茶実子「性質の違いからどうにかして判別できないかな？」

先　生「では，7種類の水溶液をA～Gとして，いろいろな実験をしてどれが何の水溶液か判別してみましょうか。」

菊　子「とりあえずにおいを嗅いでみたら，Bは強い刺激臭がしたよ。Aもほんの少しだけ刺激臭がする。Gも独特なにおいがするね。」

梅　子「Gは$_{\text{I}}$<u>エタノール水溶液</u>だね！　最近消毒のために使う機会が多いから，すぐ分かったよ。」

茶実子「G以外の6つをそれぞれスライドガラスに1滴たらしてガスバーナーで加熱してみたら，何か分かるかもしれない。」

蘭　子「加熱したらC，D，E，Fは固体が残ったけど，AとBは何も残らなかったよ。」

菊　子「Cはこげて黒い固体が残ったから，水溶液Cは［　①　］だね。」

茶実子「$_{\text{II}}$<u>加熱して何も残らないということは，AとBは［　②　］か［　③　］のどちらかということ</u>

とね。」

梅　子「その2つを赤色リトマス紙につけると，Aでは色が変わらなかったけど，Bでは色が変わったから，水溶液Aが［②］，水溶液Bが［③］ということだね。」

蘭　子「残りはD，E，Fの3つか……。」

茶実子「この前，理科の実験で使った水溶液もあるね！　金属を入れると水溶液によって変化に違いがあるんだったよね。」

菊　子「そうそう。たしかイオンへのなりやすさがポイントなんだよね。」

蘭　子「図書館で借りてきた本には，たくさんの金属をイオンになりやすい順番に並べた表が書いてあったよ。(表)」

梅　子「この表から考えると銅片を入れて変化するのは［④］だけだから，判別できそうだね。」

菊　子「銅片を入れてみたよ。しばらく様子を観察してみよう。」

茶実子「Ⅲ Eでは変化が起きたけど，DとFでは何も起きなかったね。ということは，Eが［④］ということか。」

蘭　子「残り2つになったけど，どうしよう……。」

菊　子「先生から渡された塩化バリウム水溶液にDとFの水溶液をそれぞれ加えてみたら，Fでは変化がなかったけどⅣ Dでは白い沈殿が生じたよ。」

梅　子「残りの2つのうち塩化バリウム水溶液に加えて沈殿が生じるのは，［⑤］だけだから，Dが［⑤］だとわかるね。」

菊　子「じゃあ，残ったFは［⑥］だ！」

茶実子「よし，これですべての水溶液がわかったから実験できる！……って，もう実験は十分だね。」

表　イオンへのなりやすさ

イオンになりやすい															イオンになりにくい
Li	K	Ca	Na	Mg	Al	Zn	Fe	Ni	Sn	Pb	Cu	Hg	Ag	Pt	Au

(1)　文章中の［①］，［③］，［⑥］に入る水溶液の名称を答えなさい。

(2)　下線部Ⅰについて，エタノールと水を混合すると元の体積の総和よりも体積が減少する。純粋なエタノール70cm^3と水を混合して100cm^3のエタノール水溶液をつくるとき，水は何cm^3必要か。ただし，このときできる溶液の密度を0.90g/cm^3，水の密度を1.0g/cm^3，エタノールの密度を0.78g/cm^3とする。

(3)　下線部Ⅱについて，茶実子さんがこのように判断した理由を簡潔に説明しなさい。

(4)　下線部Ⅲについて，このとき観察された変化を2つ答えなさい。

(5)　下線部Ⅳについて，このとき塩化バリウムと沈殿を生成したイオンを選び記号で答えなさい。

ア　Na^+　　イ　Ag^+　　ウ　NH_4^+　　エ　Zn^{2+}　　オ　Cl^-　　カ　SO_4^{2-}

(6)　水溶液DとFを，金属を加えることで区別する場合，使用できる金属をすべて選び記号で答えなさい。

ア　Al(アルミニウム)　　イ　Au(金)　　ウ　Ca(カルシウム)

エ　Cu(銅)　　オ　Fe(鉄)　　カ　Mg(マグネシウム)

キ　Pt(白金)　　ク　Zn(亜鉛)

［注4］　おはします…いらっしゃる。
［注5］　右大臣殿…　源　光（八四五〜九一三）のこと。
［注6］　給ひ…尊敬の意を添えている。
［注7］　檳榔の車…檳榔という植物の葉で屋根をふいた牛車。
［注8］　御前…先払いの供。
［注9］　榻…止めた車を安定させる台。
［注10］　一時ばかり…約二時間ほど。
［注11］　糞鳶…鷹の一種。

問一　二重傍線部ａ「こぞりて」・ｂ「しわびて」・ｃ「ののしりける」のここでの意味として最も適切なものをあとの中からそれぞれ選び、記号で答えなさい。

ａ「こぞりて」
ア　お忍びで　イ　代わる代わる　ウ　競って
エ　次々に　オ　一人残らず

ｂ「しわびて」
ア　謝って　イ　きまりが悪くなって
ウ　答えられなくて　エ　どうしようもなくて
オ　ひからびて

ｃ「ののしりける」
ア　大騒ぎした　イ　名付けた　ウ　拝見した
エ　非難した　オ　不安になった

問二　傍線部①「心得ず思し給ひける間」・③「あからめもせずしてまもりて」の解釈として最も適切なものをあとの中から選び、それぞれ記号で答えなさい。

①「心得ず思し給ひける間」
ア　おかしいと存じ上げたので
イ　心を捉えることはできないと思ったので
ウ　納得できないとお思いになったので
エ　一目見たいとお考えになったので
オ　共感できないと感じたので

③「あからめもせずしてまもりて」
ア　明らかにしないで守っていて
イ　あきらめることなくじっと見つめて
ウ　顔を真っ赤にして守っていて
エ　しかめた顔でじっと見つめて
オ　よそ見もしないでじっと見つめて

問三　傍線部②「我行きて試みん」とありますが、何を「試みる」のですか。答えなさい。

問四　傍線部④「さればこそ」は「やはり思った通りだった」という意味ですが、何が思った通りだったのですか。二〇字以内で答えなさい。

問五　右大臣殿の人物像として最も適切なものを次の中から選び、記号で答えなさい。
ア　華美で贅沢を好む人物
イ　武勇に優れ勇気ある人物
ウ　身分が高く冷淡な人物
エ　理性的で冷静な人物
オ　優しく寛容な人物

イ　意味もない文章を書いてしまったことを不思議に思い時間の浪費を悔やむ様子。

ウ　誰にも邪魔されずにすぐに文章の続きを書き進めたくて仕方がない様子。

エ　どこかにきちんと書かれた文章がないかとあせって確かめようとする様子。

オ　何度も読み返すことによって昂ぶった感情を抑え冷静になろうとする様子。

問四　傍線部②「親船の沈むのを見る、難破した船長の眼で、失敗した原稿を眺めながら、静かに絶望の威力と戦いつづけた」とありますが、この時馬琴はどのような気持ちだと考えられますか。四〇字以内で答えなさい。

問五　傍線部③「馬琴はとうとう噴き出した」とありますが、それはなぜですか。最も適切なものを次の中から選び、記号で答えなさい。

ア　孫が幼い知恵をしぼっていたずらをしようとたくらんでいるのが、おかしくてあきれてしまったから。

イ　孫が大人のまねをしてすました顔をしているのが、わざとらしくて不似合いだったから。

ウ　孫がしばらく見ないうちにすっかり大人っぽくなっていたことが、頼もしく誇らしく感じられたから。

エ　孫がひょうきんな顔をして祖父を笑わせようとしているのが、ばかばかしくおもしろかったから。

オ　孫が笑いを我慢しつつ一生懸命真面目なことを伝えようとしているのが、かわいらしく思えたから。

問六　傍線部④「『辛抱しているよ』馬琴は思わず、真面目な声を出した」とありますが、それはなぜですか。最も適切なものを次の中から選び、記号で答えなさい。

ア　孫が失礼な発言をするので、態度を注意しようと思ったから。

イ　孫に核心をつかれて、ついむきになってしまったから。

ウ　孫にからかわれてプライドが傷つき、不愉快になったから。

エ　孫に欠点を知られていたとわかり、急に恥ずかしくなったから。

オ　孫に初めて批判され、言い返したくなってしまったから。

問七　傍線部⑤「六十何歳かの老芸術家は、涙の中に笑いながら、子供のように頷いた」とありますが、この時馬琴はどのような気持ちだと考えられますか。本文全体を踏まえて六〇字以内で答えなさい。

三

次の文章を読んで、あとの問いに答えなさい。

昔、[注1]延喜の御門の御時、[注2]五条の天神のあたりに、大きなる柿の木の[注3]実ならぬあり。その木の上に仏現れて[注4]おはします。京中の人ａこぞりて参りけり。馬、車も立てあへず、人もせきあへず、拝みののしりけり。

かくする程に、五六日あるに、[注5]右大臣殿①心得ず思し[注6]給ひける間、「まことの仏の、世の末に出で給ふべきにあらず。②我行きて試みん」と思して、日の装束うるはしくして[注7]檳榔の車に乗りて、[注8]御前多く具して、集まりつどひたる者ども退けさせて、車かけはづして[注9]榻を立てて、梢を目もたたかず、③あからめもせずしてまもりて、[注10]一時ばかりおはするに、この仏、しばしこそ花も降らせ、光をも放ち給ひけれ、あまりにあまりにまもられて、ｂしわびて、大きなる[注11]糞鳶の羽折れたる、土に落ちて惑ひふためくを、童部ども寄りて打ち殺してけり。大臣は「④さればこそ」とて帰り給ひぬ。

さて、時の人、この大臣をいみじくかしこき人にておはしますとぞｃののしりける。

（『宇治拾遺物語』による。本文を改めたところがある）

［注1］　延喜の御門の御時…醍醐天皇（八八五～九三〇）の治世。
［注2］　五条の天神…現在の京都市下京区にある神社。
［注3］　実ならぬあり…実がならない木には神が宿るとされた。

「あのね」
「うん」
「［注15］浅草の観音様がそう言ったの」

　こう言うとともに、この子供は、家内中に聞こえそうな声で、嬉しそうに笑いながら、馬琴につかまるのを恐れるように、急いで彼の側から飛び退いた。そうしてうまく祖父をかついだ面白さに小さな手を叩きながら、ころげるようにして茶の間の方へ逃げて行った。

　馬琴の心に、厳粛な何物かが刹那に閃いたのは、この時である。彼の唇には、幸福な微笑が浮かんだ。それとともに彼の眼には、いつか涙が一ぱいになった。この冗談は太郎が考え出したのか、あるいはまた母が教えてやったのか、それは彼の問うところではない。この時、この孫の口から、こう言う語を聞いたのが、不思議なのである。

「観音様がそう言ったか。勉強しろ。癇癪を起こすな。そうしてもっとよく辛抱しろ」

　⑤六十何歳かの老芸術家は、涙の中に笑いながら、子供のように頷いた。

（芥川龍之介「戯作三昧」による。
本文を改めたところがある）

［注1］『南総里見八犬伝』…一八一四年から一八四二年にかけて刊行された長編伝奇小説。
［注2］曲亭馬琴…一七六七年～一八四八年。江戸時代後期の作家。滝沢馬琴。
［注3］渡辺崋山…一七九三年～一八四一年。江戸時代後期の画家。
［注4］べた一面に朱を入れた…朱筆でたくさんの訂正を加えた。
［注5］糅然…雑然。
［注6］布置…配置。
［注7］本朝に比倫を絶した…わが国で比べるもののない。
［注8］落莫たる…ものさびしい。
［注9］屑々たる作者輩…つまらない作者たち。
［注10］遼東の豕…世間を知らず自分一人が得意になっていることのたとえ。
［注11］伜…「自分の息子」のへりくだった言い方。
［注12］栗梅…栗梅色（赤みがかった濃い栗色）のこと。
［注13］紋附…家紋のついた着物。
［注14］糸鬢奴…頭頂を広くそりおろし、両鬢（耳の上の部分の髪）を細く残して結った髷。
［注15］浅草の観音様…東京都台東区浅草にある浅草寺伝法院の本尊。

問一　二重傍線部ｉ「ない」と文法的に同じ意味・用法であるものを二重傍線部ⅱ・ⅲ・ⅳ・ⅴの中から選び、記号で答えなさい。

問二　波線部Ａ「狼狽」・Ｂ「いたずらに」・Ｃ「不遜」のここでの意味として最も適切なものをあとの中から選び、それぞれ記号で答えなさい。

Ａ「狼狽」
ア　あわてふためくこと　　イ　いきどおり悲しむこと
ウ　おそれおののくこと　　エ　思いなげくこと
オ　ひどくうちのめされること

Ｂ「いたずらに」
ア　非常識に　　イ　不意に　　ウ　不真面目に
エ　無意識に　　オ　無駄に

Ｃ「不遜」
ア　思い上がっていること　　イ　思いやりがないこと
ウ　自分勝手なこと　　エ　へりくだっていること
オ　優劣をつけないこと

問三　傍線部①「彼はさらにその前を読んだ。そうしてまたその前の前を読んだ」とありますが、ここではどのような様子を表していますか。最も適切なものを次の中から選び、記号で答えなさい。
ア　いつから文章の調子が狂ったのか早く探し出して修正したいという苛立つ様子。

飽くまでもC不遜である。その彼が、結局自分も彼らと同じ能力の所有者だったということを、そうしてさらに厭うべき[注10]遼東の豕だったということは、どうして安々と認められよう。しかも彼の強大な「我」は「悟り」と「諦め」とに避難するには余りに情熱に溢れている。

彼は机の前に身を横たえたまま、②親船の沈むのを見る、難破した船長の眼で、失敗した原稿を眺めながら、静かに絶望の威力と戦いつづけた。もしこの時、彼の後ろの襖が、けたたましく開け放されなかったら、そうして「お祖父様唯今」と言う声とともに、柔らかい小さな手が、彼の頸へ抱きつかなかったら、彼は恐らくこの憂鬱な気分の中に、いつまでも鎖されていたことであろう。が、孫の太郎は襖を開けるや否や、子供のみが持っている大胆と率直とをもって、いきなり馬琴の膝の上へ勢いよくとび上がった。

「お祖父様唯今」

「おお、よく早く帰って来たな」

この語とともに、八犬伝の著者の皺だらけな顔には、別人のような悦びが輝いた。

茶の間の方では、癇高い妻のお百の声や内気らしい嫁のお路の声が賑に聞こえている。時々太い男の声がまじるのは、折から[注11]伜の宗伯も帰り合わせたらしい。太郎は祖父の膝に跨がりながら、それを聞きすましでもするように、わざと真面目な顔をして天井を眺めた。外気にさらされた頰が赤くなって、小さな鼻の穴のまわりが、息をするたびに動いている。

「あのね、お祖父様にね」

[注12]栗梅の小さな[注13]紋附を着た太郎は、突然こう言い出した。考えようとする努力と、笑いたいのを耐えようとする努力とで、靨が何度も消えたりできたりする。——それが馬琴には、自ら微笑を誘うような気がした。

「よく毎日」

「うん、よく毎日?」

「ご勉強なさい」

③馬琴はとうとう噴き出した。が、笑いの中ですぐまた語をつぎながら、

「それから?」

「それから——ええと——癇癪を起こしちゃいけませんって」

「おやおや、それっきりかい」

「まだあるの」

太郎はこう言って、[注14]糸鬢奴の頭を仰向けながら自分もまた笑い出した。眼を細くして、白い歯を出して、小さな靨をよせて、笑っているのを見ると、これが大きくなって、世間の人間のような憐れむべき顔になろうとは、どうしても思われない。馬琴は幸福の意識に溺れながら、こんなことを考えた。そうしてそれが、さらにまた彼の心を擽った。

「まだ何かあるかい?」

「まだね。いろんなことがあるの」

「どんなことが?」

「ええと——お祖父様はね。今にもっとえらくなりますからね」

「えらくなりますから?」

「ですからね。よくね。辛抱おしなさいって」

④「辛抱しているよ」馬琴は思わず、真面目な声を出した。

「もっと、もっとようく辛抱なさいって」

「誰がそんなことを言ったのだい」

「それはね」

太郎は悪戯そうに、ちょいと彼の顔を見た。そうして笑った。

「だあれだ?」

「そうさな。今日はご仏参に行ったのだから、お寺の坊さんに聞いて来たのだろう」

「違う」

断然として首を振った太郎は、馬琴の膝から、半分腰を擡げながら、顎を少し前へ出すようにして、

イ　多くの問題を解決するには優先順位をつけることが大切で、環境問題は必ずしも順位が高くないこと。

ウ　気持ちだけで行動すると成果が期待できないし、解決すべき問題にたどりつけないこと。

エ　すぐに行動に移すと思ったような成果が得られず、反対派の人たちからの批判にさらされること。

オ　長期的な視野を持つためには純粋なことだけが求められるわけではなく、強引なやり方も必要なこと。

問六　傍線部⑤「新時代に立ち向かう理性」とありますが、具体的にはどのようなことだと考えられますか。本文全体を踏まえて八〇字以内で答えなさい。

問七　「相関関係」と「因果関係」についての説明として最も適切なものを次の中から選び、記号で答えなさい。

ア　「相関関係」と「因果関係」とは同一である。

イ　「相関関係」と「因果関係」とは無関係である。

ウ　「相関関係」であれば「因果関係」が成立する。

エ　「因果関係」であれば「相関関係」が成立する。

オ　「因果関係」には「相関関係」が成立するものとしないものがある。

二

次の文章は、[注1]『南総里見八犬伝』の作者[注2]曲亭馬琴を主人公にした小説の一節で、親友の[注3]渡辺崋山が訪ねてきて談笑した後の場面です。これを読んであとの問いに答えなさい。

崋山が帰った後で、馬琴はまだ残っている興奮を力に、八犬伝の稿をつぐべく、いつものように机へ向かった。先を書きつづける前に、昨日書いた所を一通り読み返すのが、彼の昔からの習慣である。そこで彼は今日も、細い行の間へ[注4]べた一面に朱を入れた、何枚かの原稿を、気をつけてゆっくり読み返した。

するとなぜか書いてあることが、自分の心もちとぴったり来ⅰない。字と字との間に、不純な雑音が潜んでいて、それが全体の調和を至る所で破っている。彼は最初それを、彼の癇が昂ぶっているからだと解釈した。

「今の己の心もちが悪いのだ。書いてある事は、どうにか書き切れる所まで、書き切っているはずだから」

そう思って、彼はもう一度読み返した。が、調子の狂っていることは前と一向変わりはⅱない。彼は老人とは思われないほど、心の中でA狼狽し出した。

「このもう一つ前はどうだろう」

彼はその前に書いた所へ眼を通した。すると、これもまたBいたずらに粗雑な文句ばかりが、[注5]糅然としてちらかっている。①彼はさらにその前を読んだ。そうしてまたその前の前を読んだ。

しかし読むに従って、拙劣な[注6]布置と乱脈な文章とは、次第に眼の前に展開して来る。そこには何らの映像をも与えない叙景があった。何らの感激をも含まない詠歎があった。そうしてまた、何らの理路を辿らない論弁があった。彼が数日を費やして書き上げた何回分かの原稿は、今の彼の眼から見ると、ことごとく無用の饒舌としか思われⅲない。彼は急に、心を刺されるような苦痛を感じた。

「これは始めから、書き直すよりほかはⅳない」

彼は心の中でこう叫びながら、忌々しそうに原稿を向こうへつきやると、片肘ついてごろりと横になった。が、それでもまだ気になるのか、眼は机の上を離れない。

（中略）

「自分はさっきまで、[注7]本朝に比倫を絶した大作を書くつもりでいた。が、それもやはりことによると、人並に己惚れの一つだったかも知れない」

こういう不安は、彼の上に、何よりも堪え難い、[注8]落莫たる孤独の情をもたらした。彼は彼の尊敬する和漢の天才の前には、常に謙遜であることを忘れるものではⅴない。が、それだけにまた、同時代の[注9]屑々たる作者輩に対しては、傲慢であるとともに、僕らの時間にも政府の予算にも限りがあり、何かを選ぶためには何かを捨てなくてはならないのである。根拠があいまいな環境保護の主張にしたがったのでは、成果は期待できない。将来「無駄金を使った」と批判されるのは目に見えている。だから僕は、とても大事なことだからこそ、無知ゆえの誇張で環境問題を叫ぶのはやめてほしいと願っている。

日本ではすでに、インテリ層のなかに環境問題を冷ややかな目で見る人が増えているような気がする。たとえば「温暖化はウソだよね」なんてうわさをまことしやかに語る人は、世間で「先生」といわれる人のなかにも数多くいるから始末にdオえない。根拠があやふやで感情論に訴える環境保護の押し売りが、このような反発を招いているような気がしてならない。

環境問題が気になる人に言いたい。行動する前に考えよう。よくある人生アドバイスの逆である。自分個人の人生ならば、「悩んでも仕方ないから行動してみようよ」という[注1]ポリシーもよいと思う。僕もわりとそういう人生を歩んできた。しかし、環境問題は、よかれと思ってしたことが逆効果をもたらすことが多々あるのだ。根拠不明の活動に参加するためeエンロはるばる自動車で駆けつけるような人は、二酸化炭素をまき散らすだけで終わっているのかもしれない。それなら家で寝ていたほうが環境のためになるのである。だから、行動する前に考えよう、ちゃんと勉強しようと僕は訴えるのである。

人間は、ものごとに因果関係を求めがちである。それは僕らが原始人だった時代、人間の役に立つ感覚だっただろう。しかし時代は移り、温暖化など地球規模の問題が現実化している。このような環境問題は原始時代には問題にならなかったことなので、僕ら人間の本能だけで解決を目指してはいけないのである。⑤新時代に立ち向かう理性が、いま求められている。

（伊勢武史（いせたけし）『生態学者（せいたいがくしゃ）の目のツケドコロ』による。
本文を改めたところがある）

［注1］ポリシー…原則。方針。

問一 二重傍線部a・b・c・d・eのカタカナを漢字に改めなさい。

問二 傍線部①「じつはこれ、科学的ではないのである」とありますが、それはなぜですか。「相関関係」・「因果関係」の二つの語句を用いて、五〇字以内で答えなさい。

問三 傍線部②「実験を行なえば因果関係を立証することが可能になる。逆に、観察だけでは、因果関係を証明するのはむずかしい」とありますが、それはなぜですか。最も適切なものを次の中から選び、記号で答えなさい。

ア 実験は設定の仕方により同じ条件で同じ結果になることが証明できるが、観察では厳密に同じ条件を設定するのは難しいから。

イ 実験は設定の仕方により同じ条件で同じ結果になることが証明できるが、観察では同じ条件でも違う結果になってしまうから。

ウ 実験は設定の仕方で異なる条件での比較から因果関係がわかるが、観察だけでは何が原因でその結果になるかわからないから。

エ 実験は設定の仕方で異なる条件での比較から因果関係がわかるが、観察では条件によらず一定の結果になってしまうから。

オ 実験は実施できる場合とできない場合がはっきりしているが、観察はとりあえずどのような場合でも行うことができるから。

問四 傍線部③「『よかれと思って』」とありますが、この部分が「　」で強調されているのはなぜですか。答えなさい。

問五 傍線部④「長い目で見たら環境保護にマイナスの影響を与えている」とありますが、具体的にはどのようなことですか。最も適切なものを次の中から選び、記号で答えなさい。

ア 因果関係がはっきりしたら、それが継続しているうちに対策を立てないと問題が解決しないこと。

二〇二二年度 お茶の水女子大学附属高等学校

【国語】（五〇分）〈満点：一〇〇点〉

〈注意〉字数制限のある問いについては、特に指示がない限り、句読点・記号も一字として数えなさい。

一 次の文章を読んで、あとの問いに答えなさい。

やさしい人がやさしい味の料理をつくってくれる。人柄がやさしいから、つくる料理の味もやさしくなるのだろうか。それとも、もともとやさしい食べものが好きだったから、人柄もやさしくなったのだろうか。いや、そもそも人柄と料理の味に関係はなく、たまたま「やさしい人」と「やさしい味」がマッチしているだけなんだろうか。ならば、やさしいけど激辛ラーメン大好きって人もいるだろうか……、いや当然いるだろうな……。なら人柄と料理の味にかかわりなんてないのかな……。ふとこのように、因果関係について考えて頭のなかで堂々めぐりが始まってしまうことがある。

「健康な人はよく運動する」「病気がちな人はあまり運動しない」――こういうデータがあったとしよう。ということは、「じゃあ健康になるために運動がんばろうよ」なんて思う人がいるかもしれない。僕らはともすればこういうふうに考えてしまいがちだけど、①じつはこれ、科学的ではないのである。

ここで挙げられたデータからは、「健康」と「運動量」に相関関係があることがわかる。でも、「運動」が原因となって、「健康」という結果が手に入るとは限らない。逆に、「健康」が原因となって、「運動量」が上がっているという可能性を否定できないからだ。元気な人は体を動かす活動に耐えられるだけ、病気がちな人は体を動かすことに耐えられないだけ、ということだ。

科学的に因果関係を証明するには、複数の人に実験に協力してもらう必要があるだろう。最初に、全員の健康状態と日ごろの運動量をチェックする。次に協力者を2つのグループに分ける。グループAには定期的にaテキドな運動を課する。グループBには何も要求せず、これまでどおりの生活をしてもらう。そして半年後、2つのグループの健康状態をチェックすればよい。

このように、②実験を行（おこ）なえば因果関係を立証することが可能になる。逆に、観察だけでは、因果関係を証明するのはむずかしい。協力者から健康状態と日ごろの運動量のアンケートをもらっただけでは、運動が人を健康にしているのか、それとも運動できるくらい健康な人が体を動かしている（病気の人は家にbトじこもっている）だけなのか、区別がつかないのである。

この本でこういうことを書くのには理由がある。ともすれば、環境問題を扱うときに、ただの相関関係しかないのに、さも因果関係があるように主張してしまう例が多々あるからだ。環境問題で何かを訴えようと思う人は、「水が汚れたから希少種の魚が減った」というようなことを言うかもしれない。たしかに、データを見れば、この数十年でその場所の水質は悪化しており、その希少種の個体数は減少しているかもしれない。しかしそれは単なる相関であり、因果関係が証明されたわけではないのである。この相関関係だけをもって、「魚を守るために水をきれいにしよう」と叫ぶのは、はなはだ危なっかしい行為である。

環境保護論者は反論するかもしれない。もし仮に因果関係がなかったとしても、水をきれいにするのはいいことだよね、魚を守りたいという純粋な気持ちを持つのはいいことだよね、と言うかもしれない。たしかに、環境保護論者には純粋な人が多い。③「よかれと思って」活動する人も多い。しかし、根拠があいまいな主張をするのは、④長い目で見たら環境保護にマイナスの影響を与えていると、僕は思うのである。

世界は常に問題にあふれている。環境問題だけじゃなく、貧困や飢餓や伝染病や社会cカクサなど、人びとが関心を持つべきで、政府が予算を投入すべき問題は無数にあるのだ。しかし残酷なことに、

英語解答

1・**2** 放送文未公表

3 1 number　2 farming
3 cities　4 without
5 nutrients　6 temperature
7 again〔repeatedly〕
8 increase　9 knowledge
10 transport　11 cheaper
12 tall〔high〕　13 supply

4 (1) (例)辺りに何もない場所でパンクしてしまったエドナにとって，タイヤを交換できる自分が偶然通りかからなければ，エドナは途方に暮れていただろうから。
(2) (例)もうすぐ子どもが生まれるところなのに，２週間前に失業し，次の職を得られるあてもなかったから。
(3) (例)エドナは，レストランに着く前，ある男性に無償で車のパンクを直してもらっていた。そこで受けた恩を，疲れている中明るく接客してくれた妊婦のウェイトレスに親切にすることで返したかったから。

5 1 オ　2 ア　3 ウ　4 イ
5 エ

6 (1) not to bring food from other restaurants into the cafe
(2) is a fast-food restaurant in front of the cafe
(3) wanted something hot to drink with my hamburger
(4) have never been to such a terrible cafe

7 (例) I think high school students should join club activities. There are two reasons. First, they can have great experience by doing club activities. Second, they can make good friends in those clubs. For these reasons, it's a good idea for them to join club activities.(45語)

1・**2** 放送文未公表

3〔長文読解―要約文完成―説明文〕

《全訳》❶世界の人口はすでに70億人に達している。2050年までには世界人口が90億人に達すると言う専門家もいる。もしこれが本当なら，その90億人のために食糧の供給を増やす方策が必要である。私たちはどうすればそれができるだろうか。地球の表面の約71％は水で，約29％が土地である。しかし，その土地の約10％しか農作には適していない。残りは，農作には暑すぎたり寒すぎたりする地域や，痩せた土壌で，水が足りなかったり，日当たりが悪かったりする地域だ。また現在では，かつて農地であった土地の多くを都市が占めている。農地がわずかしかない場合，より多くの食糧を生産することは難しいように思える。❷しかし，専門家は水耕農法が解決策の１つになりえると考えている。水耕農法は，植物を育てるために土を使わない新しい農作方法だ。土の代わりに，水の中で植物は育つ。水には，植物が必要とするビタミンやミネラルなどの栄養素が混ぜ合わさっている。通常，植物は土からこれらの栄養素を摂取するが，水耕農法では水から栄養素を吸収する。❸水耕農法にはさまざまな恩恵がある。まず，当然ながら，土が不要であるということだ。また，温室内で照明や温度をコントロールできるため，ほぼいつでもどこでも植物を栽培できる。照明システムがあれば，太陽光があまり多くないときでも心配しなくていい。世界の非常に寒い地域でも，暖房システムで部屋を暖めることで植物の栽培が可能である。もう１つの恩恵は，水耕農法は従来の農作と比較してほとんど水を使わないということだ。水耕システムは，同じ量の食糧を生産するのに，土を利用した農作で使われる水の約５％の水しか必要としない。これは水耕システムの水がリサイクルされるためである。さらに，植物が成長するときに吸収する栄養素を調整することで，より栄養価の高い食用植物を生産することができる。最後に，水耕農法の原理はシンプルであり，成功を収めるために専門知識がほとんど必要ない。ゆえに，誰でもこの方法で植物を栽培することができる。❹現在，世界の70億の人の半数以上が都市に住んでいる。大都市に住む人々は主に，遠い場所にある農場から都市に輸送される食べ物を消費している。これはときに問題を生み出す。例えば，生の果物や野菜は，長時間の輸送の後では新鮮でないことが多い。輸送費が価格に上乗せされるため，それらは高値になる。また，冬は市場に新鮮な野菜や果物が少ない。都市に農場を持つことでこれらの問題は解決するだろう。❺垂直農法と呼ばれるシステムと一緒に水耕農法を使えば，都市の超高層ビルの中で植物を栽培することができる。多くの農作専門家は，理論上は，垂直農法が可能だと考えている。彼らは超高層ビルが垂直農場になりえると提案している。それらのビルの各階にある水耕システムで野菜や果物が育つのだ。照明と暖房は，１年の時期や植物の必要性に応じて調節することができる。１棟の超高層ビルで，大きな農場と同じくらいの農作スペースを提供できるかもしれない。垂直農法で生産された食品は，新鮮で安く，一年中入手できるので，都市に住む人々に恩恵を与えるだろう。❻水耕農法に頼ることは，将来の人々を養うための良い方策だろうか。もしそうなら，私たちは今日から，その方法の原理と恩恵を人々に教え始めるべきだろう。

≪要約文全訳≫❶私たちは地球上に住む人の数の増加を支えるために，より多くの食糧を生産する必要がある。しかし，地球上の土地の10％しか農作に利用できず，土地の大部分が都市になっている。水耕農法は，土なしで植物を栽培できるので役立つ方法になるだろう。この方法では，植物を育てるために栄養素を含んだ水が使われる。❷水耕農法には多くの利点がある。温室で照明と暖房システムを使うことで，太陽光の少ない場所や外の気温が非常に低いときでさえも植物は育つことができる。水耕システムの水は再び利用できるので，水をあまり必要としない。また，植物の栄養価を高めるために，植物に与える栄養素を調整することもできる。専門の知識があまりない人でも，簡単に水耕農法を始められる。通常，果物や野菜を農場から遠い場所にある都市に輸送するには時間がかかる。しかし，都市で果物や野菜を栽培できれば，農家が輸送費を払わなくていいので安くなるだろう。垂直農法を使えば，都市における高い建物が農場として利用可能である。❸水耕農法が将来の食糧供給を増やすための良い方策であるなら，私たちは今すぐこの方法の使い方を人々に教え始めるべきである。

＜解説＞１．本文第１段落第１～３文参照。増えている「人口」分の食糧が必要になるという部分。人口は「人の数」である。　２．本文第１段落終わりから４文目参照。本文のis suitableがcan be usedと言い換えられているが，空所部分は本文と同じである。　３．本文第１段落終わりから２文目参照。「かつて農地であった土地の多くを都市が占めている」ということは「その土地の大部分が都市になった」と言い換えられる。要約文のhave become「～になった」は現在完了の‘完了’用法。　４．本文第３段落第２文参照。水耕農法という新しい方法はdoes not use soil「土を使わない」とある。要約文では「土なしで栽培する」とすればよい。　５．本文第２段落終わりから２文目参照。水耕農法では水に栄養素が混ぜられているとある。これを要約文では「栄養素を含んだ水が使われる」と言い換える。　6．本文第3段落第3～5文参照。太陽光が少ない地域は照明システム，寒いときは暖房システムを使うことで植物が栽培できる。要約文では，「寒い」を「外の気温が低い」と言い換える。　7．本文第3段落終わりから4文目参照。「リサイクルされる」とは，「再び〔繰り返し〕使える」と言い換えられる。　8．要約文における空所直前のtoは‘目的’を表すto不定詞(副詞的用法)。よって空所には動詞の原形が入る。本文第3段落終わりから3文目にhigher nutritional value「より高い栄養素」とあるので，要約文ではこれを「栄養価を高める〔増やす〕ために」と言い換える。「～を高める〔増やす〕」はincreaseで表せる。　9．本文の第3段落終わりから2文目にあるexpertise「専門知識」に該当する部分である。　10．本文第4段落第4文にthe long hours of transportation「長い輸送」とある。これは「～を輸送するには時間がかかる」ということ。‘It takes＋時間＋to ～’「～するのに(時間が)…かかる」の構文。　11．空所前のtheyはfruits and vegetablesを受けている。本文第4段落終わりから3文目に，果物や野菜は輸送費が上乗せされると高値になるとあるので，農家が輸送費を支払わなければ果物や野菜は「(今)より安く」なると言える。　expensive「(価格が)高い」　cheap「安い」　12．本文第5段落第3文のskyscrapers「超高層ビル」に当たる部分である。　13．本文第6段落第1文に，a good strategy for feeding people「人々を養うための良い方策」とあるが，「人々を養う」とはこれまでの内容から，増える人口に対して食糧を確保するということだとわかる。これは，本文第1段落第3文のa strategy to increase the food supply「食糧の供給を増やすための方策」と同じ意味である。

4 〔長文読解―文脈把握―物語〕

≪全訳≫❶ある寒い12月の夕方，時刻は遅くなっていた。風が強く，雨が降り出した。1人の男が車を運転していた。彼はとても疲れていて心配していた。❷彼は2週間前に工場が閉鎖して仕事を失ったので，新しい仕事を見つけなければならなかった。❸今朝，彼は仕事の面接に車で町へ行ったが，遅すぎた。全ての職がすでに埋まっており，彼らは彼を追い払った。彼は何かしらの仕事を見つけるために一日中町を歩き回ったが，何も見つけられなかった。すぐに職を得なければ，彼はどうしていいかわからなかった。❹暗くなり，とても遅くなった。行く手の道路脇に，1台の車が見えた。彼は車で通りかかるとき，速度を落としてちらりと見た。その車は新しく高価そうに見えた。年配の女性が車のそばに立って手を振っていた。その男は車を道の片側に寄せて，車から降りた。「どうかしましたか？」と男は尋ねた。❺女性は何も言わなかった。彼女は怖くて，この男を信用していいものかわからなかったのだ。女性は自分が裕福に見えることを知っていた。高価なコートを着て，立派な車の隣に立っていたのだ。しかし彼女は，寒くてぬれていた。彼女はこの男を信用するしかなかった。❻「タイヤがパンクしてしまって。レッカー車を呼んでみましたが，ここだと携帯電話の電波がないのです」と彼女は話した。❼「ああ，そうでしたか。でも心配いりません。タイヤを交換してあげましょう」と男は笑顔で言った。❽「ところで，私の名前はポールです」と彼は言った。❾「私はエドナです」と女性が言った。「助けていただきありがとう。誰も来ないのではないかと不安でしたの」❿「どういたしまして。あなたは幸運ですよ。この辺りには何もないですからね」とポールは言った。彼はエドナの車から予備のタイヤと工具を取り出した。「私の車で待って体を暖めてはいかがですか？」と彼は提案した。⓫エドナはうなずき，中に入った。暖かかった。すぐにポールはタイヤの交換を終えた。エドナは彼の車から降りて，彼にお礼を言った。「感謝のしようもないわ」　彼女はポールにお金を渡そうと財布を開けた。ポールは一瞬考えた。彼には本当にそのお金が必要だったが，首を横に振った。「心配いりませんと言いました」と彼は笑顔で言った。エドナはもう一度彼に礼を言い，２人は自分の車に戻った。２人は夜の中を車で立ち去った。⓬約１時間後，エドナはある町を見かけた。彼女は疲れてきたので，コーヒーと食事をとろうと小さなレストランに立ち寄った。⓭ウェイトレスが注文を取りに来た。彼女はとても疲れているようだった。エドナは，ウェイトレスのおなかの大きさから，彼女が妊娠８か月くらいであることがわかった。しかし，彼女はまだ明るい笑顔を浮かべていた。エドナの注文を取るとき，彼女はとても親切だった。⓮エドナは食事を食べ，コーヒーを飲んだ。彼女は，ウェイトレスが他の客に接客するとき彼女を眺めていた。彼女は注文を取るとき，誰とでも気さくに世間話をした。彼女は少しも立ち止まって休憩しなかった。エドナは食事を終えると，食事代として100ドル紙幣をそのウェイトレスに支払った。ウェイトレスがおつりを取りにレジへ行くと，エドナは立ち上がって，そっとドアの外に出ていった。ウェイトレスは戻ってくると，エドナがいなくなっているのに気がついた。彼女は急いでドアの外に行きエドナを捕まえようとしたが，エドナはすでに行ってしまっていた。エドナのテーブルを片付けようと中に戻ると，テーブルの上に別の100ドル紙幣を見つけた。そのチップは，ウェイトレスのために置かれたものだった。彼女は手に取った。信じられなかった。なぜあの女性は，彼女が今すぐお金を必要としていることがわかったのだろうか。⓯ウェイトレスは仕事を終えた。彼女は車に乗り，家に帰った。彼女は満面の笑みだったが，それはいつものとは違う笑顔だった。家に着くと，彼女の夫はソファに座ってテレビを見ていた。彼女は駆け寄り，彼に大きなハグをした。夫は驚いて，彼女を見た。⓰「ねえポール，今日職場で何があったかわからないでしょう！」と彼女は言った。

＜解説＞(1)ポールのエドナに対するセリフ。エドナはタイヤがパンクしたが助けを呼べずに困っていた。下線部の直後でポールが「この辺りには何もない」と話していることから，女性が助けを求められる場所も近くにないことがわかる。たまたまポールが来なければ女性は困ったままだったので，ポールは自分が通りかかってあなたは運が良かったと言ったのである。　(2)ポールにとってそのお金が必要だったのは，彼がお金に困る状況だったからである。その状況は，第２，３段落から読み取れる。また，妻が妊娠中である(第13段落第３文)ことも，お金が必要な要因と考えられる。　(3)レストランに着く前，エドナは困っているところをポールに助けてもらいお金を渡そうとしたが，親切なポールは受け取らなかった。その後，エドナは感じのいい妊婦のウェイトレスに接客してもらい，明るく懸命に働くその姿に好感を抱いた。エドナはポールから親切にしてもらった恩を，このウェイトレスに親切にすることで返したいと思ったのだと考えられる。

5〔長文読解─適文選択─説明文〕

≪全訳≫❶私たちはよく「広告なんて大嫌いだ」とか「この世の中には広告が多すぎる」といった言葉を耳にする。21世紀において，広告は至る所にあるように思える。ウェブサイトやテレビだけでなく，道沿い，電車やバスの中でも目にする。広告から逃れることは難しい。しかし，私たちは本当に逃れたいのだろうか。1実際のところ，それについて考えてみると，広告はたくさんの利益をもたらしてくれる。❷まず，広告は私たちが必要とする情報を与えてくれる。例えば，新しいパソコンや車を買いたい場合，新聞や雑誌，テレビ，あるいはラジオの広告の中から一番のお買い得の品を探すことができる。これらの広告は製品についての詳細を与えてくれて，何かを最も手頃な価格で買える場所を見つけるのに役立つ。実際にいろいろな店に行く必要がないのである。❸2情報を提供してくれることに加えて，広告はエンターテイメント産業も支えている。お気に入りのテレビ番組の最中にコマーシャルを見るのはうっとうしいかもしれないが，広告主はその制作にお金を払っている。これでテレビスタッフの仕事代も賄われている。3番組の最初と終わりに企業名が流れる。企業の後援がなければ，もっと多くのお金を求める募金活動の時間が増えるだろう。また，多くの司会者はコマーシャルに出演することからキャリアを始める。4それは彼らにとって，経験と，マスコミに取り上げられることの両方を得るための方法なのだ。❹そして，広告とスポーツはどうだろうか。スポーツの競技場の周りには大きな広告がたくさんあり，多くの人がそれに注目する。プロスポーツは，競技場や用具，それからそう，プロ選手の給料までも広告を利用して支払っている。アメリカのスーパーボウルを考えてみてほしい。そこで流されるコマーシャルは１年のうちで最高のものとして知られているので，フットボールが好きでない人でさえ，誰もがこのイベントを楽しみにしている。5企業はこのイベント中の60秒間の広告に100万ドルもの金額を支払うので，それらのコマーシャルにはかなりの労力がかけられている。その結果，視聴者たちはそのスポーツと同じくらいそれらのコマーシャルを見たいと思うのだ。

＜解説＞１．オのwhen you think about itのitが，空所前のdo we really want to？という問いを受けていると考えられる。この後の第２段落では，オにあるa lot of benefitsの具体例が示されていることからも判断できる。　２．アのin addition to ～は「～に加えて」という意味。直前の第２段落が，広告の「情報提供」という利点についての説明になっている。　３．ウのThe companies' namesが２文前のthe advertisersの言い換えになっていることを読み取る。広告には広告主である企業名が流れるのである。　４．イのthemが，前文のmany presentersを受けていると考えられる。彼らにとってもコマーシャルは，経験を積みながらテレビで顔を知られるようになるので恩恵があるのである。　５．エのthis eventは，the Super Bowlを受けていると考えられる。

６〔長文読解―条件作文―物語〕

≪全訳≫❶バイオレットは，コーヒーとペーストリーを提供するカフェ，エレファント・コーヒーで働いている。彼女は自分の仕事があまり好きではないが，暮らしのために働き続けている。そのカフェでのルールの１つは，(1)他の店の食べ物をカフェへ持ち込まないということだ。❷ある日彼女は，１人の客がエクスプレス・バーガーの食べ物を食べているのに気がついた。エクスプレス・バーガーは(2)カフェの前にあるファストフード店だ。エレファント・コーヒーから道路を挟んだ向かいにある。❸バイオレットは，それは大した問題ではないと思っていたので何も言わなかった。しかし，カフェのオーナーであるアマンダが彼女を呼び寄せこう言った。「バイオレット，あなたはあのお客さんにうちのルールを伝える必要があるわよ」　バイオレットはうなずいて，彼がいる場所へ行った。「こんにちは，申し訳ありませんが，そのハンバーガーはここでは食べられません」とバイオレットは言った。「でも私はもうこのカフェでコーヒーを注文したんだ。(3)ハンバーガーと一緒に温かい飲み物が欲しかっただけだよ」と言った。「お食事が終わってからご来店ください。すみませんが，ルールは変えられないんです」とバイオレットは言った。❹彼は立ち上がって，テーブルと椅子を倒した。「(4)こんなひどいカフェは来たことがない！」と彼は言った。他の客も従業員も皆，彼を見た。彼は出ていって，インターネットに怒りのレビューを書いた。アマンダはそのレビューを読んで，カフェの人気が落ちるのを恐れたので，ルールを変えることにした。今では，何か注文しさえすれば他店の食べ物もそこで食べることができる。

<解説>⑴語群とこの後に続く内容から，「他店の食べ物をカフェへ持ち込まない」といった内容にする。「食べ物を持ち込まないこと」は，bring が指定されているので「～すること」を表す to不定詞で表すとよい。「～を…へ持ち込む」は‘bring ～ into …’で表せる。cafe はバイオレットが働くカフェとして既出の単語なので the をつける。　⑵エクスプレス・バーガーを説明する文にすればよい。語群に front があるので，in front of ～ を用いて「カフェの前にあるファストフード店」という文にする。　⑶客はコーヒーしか頼んでいないので，他店で買ったハンバーガーと一緒に温かい飲み物が欲しかったという内容の文にする。「飲み物」は語群から something hot to drink とする。something など，-thing の形の代名詞を形容詞と to不定詞で修飾する場合は ‘-thing＋形容詞＋to不定詞’の語順になることに注意。　⑷客はカフェでのルールに納得ができず怒っているので「こんなひどいカフェには来た(行った)ことがない」という内容の文にすればよい。現在完了の‘経験’用法の否定文である have never been to ～「～に行ったことがない」の形にし，後半は語群に such があるので‘such a＋形容詞＋名詞’の語順にする。

7〔テーマ作文〕

自分の意見を I think (that) we should ～，または I don't think (that) we should ～ などと述べてから，理由を書く。「～に参加する」は，join ～〔take part in ～，participate in ～〕で表せる。賛成の場合は，すばらしい経験ができる，友達をつくれるといった理由が，賛成しない場合は，他に優先すべき活動があることなどが理由として考えられる。（別解例）I don't think high school students should join club activities. I think joining local activities in your town is more important. You can meet local people of different age groups and learn many things outside school. I think those experiences will be useful in the future. (46語)

2022年度／お茶の水女子大学附属高等学校

数学解答

1 (1)　-16　(2)　$18\sqrt{10}-1$

2 (1)　A$(-1,\ 2)$，B$(3,\ 18)$
(2)　$(4,\ 32)$

3 (1)　$(2x-180)^\circ$
(2)　①　右図　②　$9\sqrt{3}$

4 (1)　6分　(2)　①　$\frac{5}{6}$倍　②　$\frac{30}{11}$分後

5 (1)　$\frac{1}{3}$　(2)　2　(3)　(イ)，(エ)

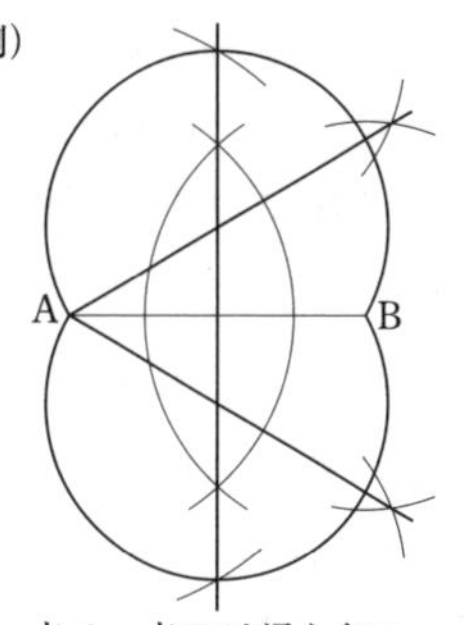

1 〔独立小問集合題〕

(1)＜数の計算＞与式$=\{5-9+(-16)\}-81\times\frac{5}{9}+49=(5-9-16)-45+49=-20-45+49=-16$

(2)＜数の計算＞与式$=\frac{\sqrt{5}}{\sqrt{2}}\left(6-\frac{2\sqrt{5}}{5\sqrt{2}}\right)-3\sqrt{5}(3\sqrt{2}-4\times2\sqrt{2})=\frac{6\sqrt{5}}{\sqrt{2}}-\frac{2\times5}{5\times2}-3\sqrt{5}(3\sqrt{2}-8\sqrt{2})=\frac{6\sqrt{5}\times\sqrt{2}}{\sqrt{2}\times\sqrt{2}}-1-3\sqrt{5}\times(-5\sqrt{2})=\frac{6\sqrt{10}}{2}-1+15\sqrt{10}=3\sqrt{10}-1+15\sqrt{10}=18\sqrt{10}-1$

2 〔関数―関数 $y=ax^2$ と一次関数のグラフ〕

(1)＜座標＞点Aは放物線 $y=ax^2$ 上にあり，x 座標が-1だから，y 座標は，$y=a\times(-1)^2=a$ と表せる。また，点Aは直線 $y=a^2x+3a$ 上にもあるので，y 座標は，$y=a^2\times(-1)+3a=-a^2+3a$ とも表せる。よって，$a=-a^2+3a$ が成り立ち，$a^2-2a=0$，$a(a-2)=0$　$\therefore a=0,\ 2$　$a\neq0$ だから，$a=2$ である。これより，点Aの y 座標は2だから，A$(-1,\ 2)$である。また，$a=2$ より，放物線①の式は $y=2x^2$ となり，直線②の式は，$y=2^2x+3\times2$ より，$y=4x+6$ となる。点Bは放物線 $y=2x^2$ と直線 $y=4x+6$ の交点だから，$2x^2=4x+6$ より，$2x^2-4x-6=0$，$x^2-2x-3=0$，$(x+1)(x-3)=0$　$\therefore x=-1,\ 3$　よって，点Bの x 座標は3であり，$y=2\times3^2=18$ より，B$(3,\ 18)$となる。

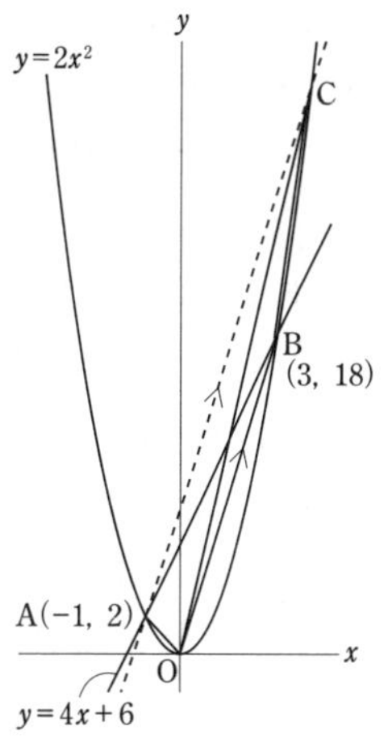

(2)＜座標＞右図で，△OAB，△OBCの底辺を辺OBと見ると，△OAB＝△OBCより，高さが等しいから，AC∥OBとなる。B(3，18)より，直線OBの傾きは$\frac{18}{3}=6$だから，直線ACの傾きも6となる。よって，その式は $y=6x+b$ とおける。A$(-1,\ 2)$を通るので，$2=6\times(-1)+b$，$b=8$ より，直線ACの式は $y=6x+8$ である。点Cは放物線 $y=2x^2$ と直線 $y=6x+8$ の交点となるから，$2x^2=6x+8$ より，$x^2-3x-4=0$，$(x+1)(x-4)=0$　$\therefore x=-1,\ 4$　よって，点Cの x 座標は4であり，$y=2\times4^2=32$ だから，C$(4,\ 32)$である。

3 〔平面図形―三角形〕

≪基本方針の決定≫(2)①　円周角の定理を利用する。

(1)＜角度＞右図1で，∠QAB＝2∠PAB，∠QBA＝2∠PBAだから，△AQBで，$\angle AQB=180^\circ-\angle QAB-\angle QBA=180^\circ-2\angle PAB-2\angle PBA=180^\circ-2(\angle PAB+\angle PBA)$となる。△APBで，$\angle PAB+\angle PBA=180^\circ-\angle APB=180^\circ-x^\circ$ だから，$\angle AQB=180^\circ-2(180^\circ-x^\circ)=2x^\circ-180^\circ=(2x-180)^\circ$ となる。

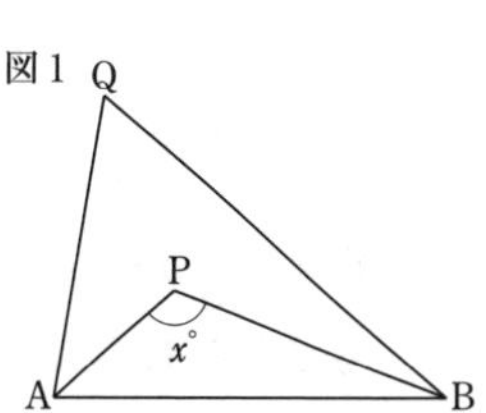

(2)＜作図，面積＞①$x^\circ=120^\circ$だから，(1)より，$\angle AQB=2x^\circ-180^\circ=2\times120^\circ-180^\circ=60^\circ$となり，点Qは，$\angle AQB=60^\circ$を満たしながら動く。そこで，右図2のように，3点A，B，Qを通る円を考える。短い方の$\overset{\frown}{AB}$に対する円周角は60°で一定だから，点Qは長い方の$\overset{\frown}{AB}$上を動くことになる。円の中心をOとすると，$\overset{\frown}{AB}$に対する円周角と中心角の関係より，$\angle AOB=2\angle AQB=2\times60^\circ=120^\circ$であり，△OABはOA＝OBの二等辺三角形だから，$\angle OAB=(180^\circ-\angle AOB)\div2=(180^\circ-120^\circ)\div2=30^\circ$となる。$30^\circ=60^\circ\times\frac{1}{2}$だから，右図3のように，線分ABを1辺とする正三角形のもう1つの頂点をCとすると，点Oは∠CABの二等分線上の点となる。また，2点O，Cは線分ABの垂直二等分線上にある。よって，作図は，㋐線分ABの垂直二等分線を引き，㋑点Aを中心として半径ABの円の弧をかき(線分ABの垂直二等分線との交点がCとなる)，㋒∠CABの二等分線を引き(線分ABの垂直二等分線と∠CABの二等分線の交点がOとなる)，㋓点Oを中心として半径OAの円の弧を，線分ABに対して点Oと同じ側に点Aから点Bまでかく。線分ABに対して点Oと反対側にも考えられる。ただし，点Qは，点A，点Bを通らない。解答参照。　②右図4で，△AQBの面積が最大となるのは，底辺を辺ABと見たときの高さが最大のときである。このとき，点Qは線分ABの垂直二等分線上の点となる。この点Qは図3の点Cと一致するから，△AQBは正三角形である。点QからABに垂線QHを引くと，△QAHは3辺の比が$1:2:\sqrt{3}$の直角三角形となる。AQ＝AB＝6だから，$QH=\frac{\sqrt{3}}{2}AQ=\frac{\sqrt{3}}{2}\times6=3\sqrt{3}$となり，$\triangle AQB=\frac{1}{2}\times AB\times QH=\frac{1}{2}\times6\times3\sqrt{3}=9\sqrt{3}$である。

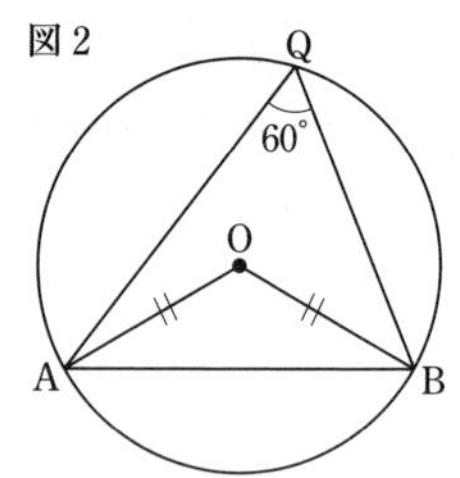

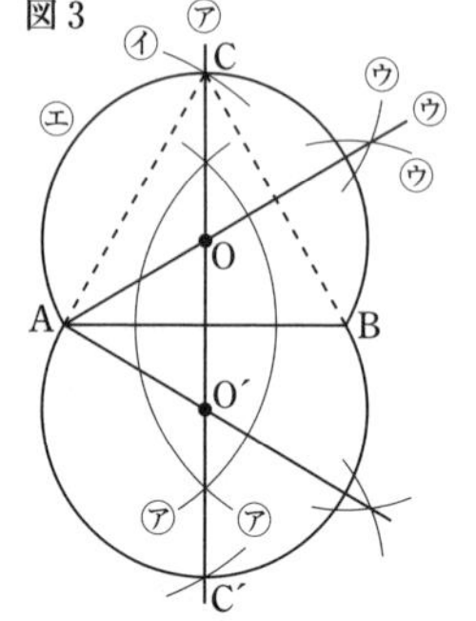

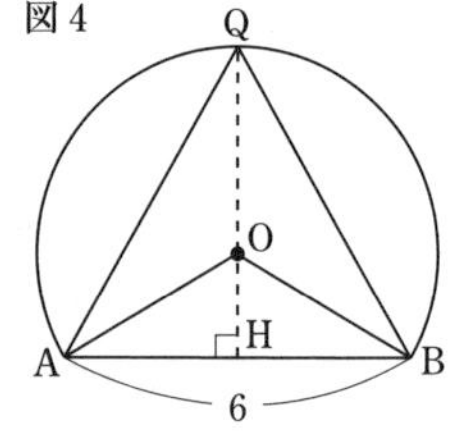

4〔数と式―一次方程式の応用〕

(1)＜時間＞池の周り1周の距離をaとすると，Aさんは10分で1周するので，Aさんの速さは分速$\frac{a}{10}$である。Cさんの速さはAさんの速さの$\frac{2}{3}$だから，$\frac{a}{10}\times\frac{2}{3}=\frac{a}{15}$より，Cさんの速さは分速$\frac{a}{15}$である。BさんはAさんより遅いので，最初に出会うのがAさんとCさんである。このとき，AさんとCさんの走った距離の和はaである。スタートしてからAさんとCさんが初めて出会うまでにx分かかったとすると，$\frac{a}{10}\times x+\frac{a}{15}\times x=a$が成り立ち，両辺を$a$でわって，$\frac{1}{10}x+\frac{1}{15}x=1$，$\frac{1}{6}x=1$，$x=6$(分)となる。

(2)＜速さ，時間＞①出会った2人は，出会った位置で向きを変えるので，AさんとBさんが初めて出会ってから2回目に出会うまでに2人が走った距離の和はaとなる。初めて出会ってから2回目に出会うまでに$\frac{60}{11}$分かかっているので，Aさんが走った距離は$\frac{a}{10}\times\frac{60}{11}=\frac{6}{11}a$となる。よって，Bさんの走った距離は$a-\frac{6}{11}a=\frac{5}{11}a$であり，Bさんの速さは，$\frac{5}{11}a\div\frac{60}{11}=\frac{a}{12}$より，分速$\frac{a}{12}$となる。したがって，$\frac{a}{12}\div\frac{a}{10}=\frac{5}{6}$より，Bさんの速さはAさんの速さの$\frac{5}{6}$倍である。　②初めてAさんとCさんが出会ったとき，Aさんは$\frac{a}{10}\times6=\frac{3}{5}a$，Bさんは$\frac{a}{12}\times6=\frac{1}{2}a$走っているので，2人の間の距離は$\frac{3}{5}a-\frac{1}{2}a=\frac{1}{10}a$である。ここでAさんは向きを変えるので，AさんがCさんと初めて出会ってからBさんと初めて出会うまでにy分かかったとすると，AさんとBさんの走った距離の和は

$\frac{1}{10}a$ だから，$\frac{a}{10}\times y+\frac{a}{12}\times y=\frac{1}{10}a$ が成り立つ。両辺を a でわると，$\frac{1}{10}y+\frac{1}{12}y=\frac{1}{10}$，$\frac{11}{60}y=\frac{1}{10}$，$y=\frac{6}{11}$(分)となる。A さんと B さんが初めて出会ったとき，A さん，C さんは，A さんと C さんが初めて出会った位置から逆の方向に，それぞれ，$\frac{a}{10}\times\frac{6}{11}=\frac{3}{55}a$，$\frac{a}{15}\times\frac{6}{11}=\frac{2}{55}a$ 走っているから，A さんと C さんの間の距離は $\frac{3}{55}a+\frac{2}{55}a=\frac{1}{11}a$ となる。A さんは B さんと初めて出会った位置で向きを変えるので，この後，C さんと同じ向きに走る。A さんが B さんと初めて出会ってから z 分後に C さんを追い抜くとすると，A さんと C さんの走った距離の差が $\frac{1}{11}a$ となるので，$\frac{a}{10}\times z-\frac{a}{15}\times z=\frac{1}{11}a$ が成り立つ。両辺を a でわって，$\frac{1}{10}z-\frac{1}{15}z=\frac{1}{11}$，$\frac{1}{30}z=\frac{1}{11}$，$z=\frac{30}{11}$(分)後となる。

5〔データの活用―確率―色玉〕

(1)<確率>赤玉，白玉，青玉の個数の比が 2：3：4 なので，赤玉，白玉，青玉の個数は，それぞれ，$2x$ 個，$3x$ 個，$4x$ 個と表せ，袋の中に入っている玉の個数は $2x+3x+4x=9x$(個)となる。よって，玉の取り出し方は $9x$ 通りあり，このうち，取り出した玉が白玉であるのは $3x$ 通りだから，求める確率は $\frac{3x}{9x}=\frac{1}{3}$ となる。

(2)<加えた玉の個数>どの色の玉も取り出される確率が等しく $\frac{1}{3}$ になるので，袋の中に入っている赤玉，白玉，青玉の個数は等しくなる。青玉を 2 個減らし，赤玉 6 個と白玉 m 個を加えたので，赤玉は $2x+6$ 個，白玉は $3x+m$ 個，青玉は $4x-2$ 個と表せる。よって，$2x+6=4x-2$ が成り立ち，$x=4$ となるので，それぞれの色の玉の個数は $2x+6=2\times4+6=14$(個)となる。したがって，白玉は $3x+m=3\times4+m=12+m$(個)となり，これが 14 個なので，$12+m=14$ より，$m=2$ である。

(3)<正誤問題>(ア)…誤。計算上の確率が $\frac{1}{3}$ であるものは，多数回実験してみると，その確率は $\frac{1}{3}$ に近い値になると考えられるので，関係はある。　(イ)…正。　(ウ)…誤。3 回取り出して 3 回とも白玉であることや，白玉が 1 回も出ないことも起こりうる。　(エ)…正。

═読者へのメッセージ═

放物線は英語でパラボラ(parabola)といいます。パラボラアンテナは放物線の形を利用してつくられています。

社会解答

1 問1 エ　問2 果実…エ　野菜…イ
問3 (1)…ブラジル　(2)…イ
問4 (1)…エ　(2)…ア　問5 ア
問6 (例)原油のように重量の大きい貨物の輸送には安価に大量の貨物を輸送できる海上輸送が適しているが，ワクチンのように小型かつ軽量で単価が高く，早く輸送する必要のある貨物は航空輸送が適している。
問7 ウ
問8 (例)設備投資にかかる費用を抑え，研究開発のために資金を集中させることができるから。

2 問1 ウ
問2 (1)…イ　(2)…東シナ　(3)…イ　(4)…さんご礁
問3 ア
問4 (例)台風の暴風による被害を防ぐために，雨戸を備えた家屋を石垣や防風林で囲み，軒を低くして屋根瓦を漆くいで固めている。

3 問1 自由民主党　問2 岸田文雄
問3 (1) C…国会　D…国会議員　E…両院協議会　F…国事行為
(2)…エ
問4 (1)…イ　(2)…ア
問5 (1) G…労働力　H…利潤　I…市場
(2) (例)長期にわたって日本経済が低成長している中でコロナ禍による影響が加わり，所得格差の拡大や貧困層の増加が深刻となっていること。
問6 (1)…憲法審査会
(2) (例)憲法は国の最高法規であり，人権の保障を目的として政治権力を制限する役割を持つから。

4 問1 ウ　問2 ア
問3 政治，経済
問4 (例)貧困をなくそう

5 問1 A…蘇我　B…新羅　C…中大兄皇子　D…聖武　E…アステカ王国
問2 WHO　問3 イ
問4 班田収授法
問5 国分寺と国分尼寺
問6 (1)…銀　(2)…アフリカ
問7 エ　問8 ア

6 問1 軽工業の産業革命が起こり，輸入綿花を原料として紡績業が発達した。
問2 (1) (例)義和団事件の際にロシアが満州に出兵し，事件後も撤兵しなかったため。
(2)…イギリス
問3 シベリア出兵　問4 イ
問5 (1)…不戦　(2)…二十一か条の要求

1〔世界地理─総合〕

問1＜日本の貿易相手国＞図より，最も輸出額の多いBは「世界の工場」と呼ばれる中国，全ての貿易相手国に対して輸入超過になっているAは貿易赤字となっているアメリカ合衆国，残ったCがASEAN〔東南アジア諸国連合〕である。

問2＜食料自給率＞1993年には冷夏の影響で一時的に自給率が下がったものの，100％近い自給率を維持しているアは米，1960年から1975年頃まで自給率が100％近くあったが，2015年には80％程度になっているイは野菜，1980年代後半から1990年代前半にかけてオレンジなどの果実や果汁の貿易が自由化され，その頃から自給率が下がったエは果実，1970年頃から自給率が20％を下回っているオは小麦，残ったウが牛乳および乳製品である。

問３＜大豆の生産と貿易＞⑴2018年の大豆生産量はアメリカ合衆国に次いで世界第２位，輸出量は世界第１位のＤはブラジルである。ブラジルでは品種や土地の改良が進んだことで，1990年に比べて生産量と輸出量がともに増加した。　⑵大豆の生産量が世界第４位にもかかわらず，輸入量が世界第１位のＥは人口が14億人を超え(2018年)，国内の需要量が生産量を上回っているために大豆を輸入している中国である。中国の大豆の輸入量は1990年から2018年にかけて0.1万ｔから8806万ｔに増加しており，約88060倍も増えているが，人口はそれを上回るようには増加していない。

問４＜エネルギー資源＞⑴火力発電における発電コストは，石油に比べて石炭は安いとされている。⑵陸上や洋上の風力発電が盛んで，国内発電量における風力発電の割合が世界有数のデンマークで最も高いアが風力による発電量を表している。なお，カナダで割合が高いエは水力，火山活動が活発なインドネシアで割合が高いウは地熱，イが太陽光による発電量を表している。

問５＜交通＞東京と福岡間の移動に新幹線を利用すると約５時間かかるが，航空機を利用すると約２時間となる。費用も航空機の方が新幹線より安い場合もあることから，JR線より航空機を利用する人の方が多い(ア…○)。なお，2019年の訪日外国人は約3200万人で，同じ年の出国日本人の約2000万人より多い(イ…×)。ポートアイランドとは神戸港内の人工島のことで，乗り継ぎ空港のことはハブ空港という(ウ…×)。乗降客数の多い空港(2020年)は，東京国際空港〔羽田空港〕，成田国際空港，福岡空港，新千歳空港，那覇空港，大阪国際空港〔伊丹空港〕，関西国際空港の順である(エ…×)。

問６＜海上輸送と航空輸送＞海上輸送の長所は重量の大きい貨物を一度に大量に輸送できることや運賃が安いことなど，短所は日数がかかることや輸送中の品質管理が難しいことなどである。航空輸送の長所は短時間で輸送できることや貨物の品質管理がしやすいことなど，短所は運賃が高いことや重量の重い貨物の輸送には適さないことなどである。原油は重量が大きいので海上輸送に適し，ワクチンは小型・軽量で単価が高く，迅速な輸送が求められるので航空輸送に適している。

問７＜集積回路＞自動車には，もともとさまざまな先端技術が使われており，集積回路〔IC〕の需要も高かったが，電気自動車にはさらに多くの集積回路が必要とされる。なお，九州各地にIC工場が建設されて九州がシリコンアイランドと呼ばれるようになったのは，高度経済成長期より後の1980年代以降である(ア…×)。東北地方など，IC工場の多くは，輸送に便利な空港や高速道路のインターチェンジの近くに立地している(イ…×)。アメリカ合衆国のシリコンバレーは，北東部の五大湖沿岸ではなく，西海岸のサンフランシスコ郊外に位置している(エ…×)。

問８＜ファブレス企業＞近年，半導体企業などでは，自社工場を持たず主に研究開発を行って製品の生産は外部に委託するファブレス企業(fablessとは工場(fabrication facility)がない(less)という意味)が増加している。最先端の技術開発によって製品を製造する場合，新製品ができるたびに製造ラインを新しくするには巨額の設備投資が必要となる。したがって，自社工場は持たず，資金を研究開発に集中し，製造部門は外部に委託した方が効率的となる。

２〔日本地理―自然と生活〕

問１＜地域調査＞地形図には，建築物の高さや築年数に関する情報は記載されていない。

問２＜南西諸島の海流と海洋＞⑴黒潮〔日本海流〕は，南から日本列島に近づき，石垣島や沖縄島の西を北東へ流れ，奄美大島と屋久島の間から東に出て，日本列島の太平洋岸に沿って南西から北東に向かっている。　⑵沖縄諸島などを含む南西諸島とアジア大陸の間の海を，東シナ海という。⑶地図中のA海(東シナ海)は，沿岸域の海洋汚染が進んで，赤潮の発生が頻発している(イ…○)。なお，東シナ海の大陸棚には，良質の天然ガスの採掘が期待できる海底ガス田がある(ア…×)。尖閣諸島の領有権を主張しているのは，中国や台湾である(ウ…×)。尖閣諸島の気候は温暖で，豊かな植生が見られる(エ…×)。　⑷沖縄県の波照間島はさんご礁でできた島で，島の周囲にもさんご礁が見られる。

問３＜花の栽培＞キクの出荷量第１位のCは，渥美半島の電照菊が名高い愛知県である。冬でも温暖な沖縄県は，12月～５月の出荷量の割合が多いDに当てはまる。

問４＜沖縄県の伝統的な住居＞台風の通り道となっている沖縄県では，屋根瓦が強風で飛ばされないように漆くいで固められ，軒が低くなっており，家の周りには防風林として樹木が植えられ，風の抵抗を弱めるためにすき間が多いさんごで塀がつくられている。また，家の外側は，強風で割れる危険のあるガラス窓の代わりに板張りの雨戸となっている。

3〔公民―総合〕

問１，問２＜岸田内閣＞2021年９月，当時，自由民主党〔自民党〕の総裁で，内閣総理大臣であった菅義偉は，９月末に行われる自民党総裁選挙に立候補せず，内閣総理大臣を辞することを表明した。自民党総裁選挙の結果，新たに岸田文雄が総裁に選出され，菅内閣が総辞職した後，岸田は内閣総理大臣に指名されて第100代内閣総理大臣となった。岸田内閣は10月14日に衆議院を解散し，10月31日に行われた衆議院議員総選挙では自民党が岸田総裁のもとで議席の過半数を獲得したことで，岸田は改めて内閣総理大臣に指名され，第101代内閣総理大臣に任命された。

問３＜議院内閣制＞⑴内閣総理大臣は，国会議員の中から国会で指名される。衆議院と参議院で指名が異なった場合，両院協議会を開いても一致しないときには衆議院の優越の原則が適用されて，衆議院の指名が国会の指名となる。国会の指名を受けた内閣総理大臣は，天皇によって任命される。これは，天皇の国事行為に含まれる。　⑵衆議院で内閣不信任案が可決されると，内閣は10日以内に総辞職するか，衆議院を解散しなければならない。

問４＜国会＞⑴１月に召集されて，150日の会期で主に予算を審議する常会〔通常国会〕の閉会後，翌年の常会までの間に，内閣が必要としたときや，衆議院か参議院の総議員の４分の１以上が要求したときには，臨時会〔臨時国会〕が召集される。なお，特別会〔特別国会〕は衆議院解散後の総選挙の日から30日以内に召集される国会で，内閣総理大臣の指名を行う。緊急集会とは，衆議院の解散中に開かれる参議院の集会を指す。　⑵日本国憲法は，国会の地位を，国権の最高機関であり，唯一の立法機関であると定めている(ア…○)。なお，国会の持つ権限の１つは，国政調査権である(イ…×)。参議院より任期が短く解散もある衆議院には，参議院より強い権限が与えられている(ウ…×)。定数が465人なのは衆議院で，参議院の定数は248人である(2022年４月現在)(エ…×)。

問５＜資本主義＞⑴資本主義経済において，企業は，土地，設備，労働力の３つの生産要素を組み合わせて生産活動を行い，財やサービスといった商品を生産し販売することで，利潤を生み出そうとする。資本主義経済が浸透した社会では，商品を売買する場である市場が生活のすみずみまで張り巡らされており，現代のこうした経済は市場経済とも呼ばれる。　⑵1991年にバブル経済が崩壊し，日本経済は長期にわたる平成不況に陥った。政府は景気対策や経済に対する規制緩和などを行い，景気は緩やかに回復してきたが，財政赤字や所得格差は拡大しており，コロナ禍による非正規労働者の解雇などによって貧困層が増加したことやデジタル化の遅れなどの課題も明らかになった。

問６＜憲法改正＞(1)2007年に憲法審査会が衆参両議院に設けられ，憲法改正原案を審議して可決されれば，本会議に提出することと定められた。　(2)憲法は，人権を保障する目的で政治権力の権限を制限するために制定されている。このような考え方を，立憲主義という。このため，日本国憲法はその改正について慎重な手続きを定めている。

4〔公民―男女共同参画社会〕

問１＜内閣府＞内閣府は，内閣の重要政策の企画立案，調整などを行う行政機関で，皇室，沖縄振興，北方領土問題などとともに，男女共同参画社会に関することも担当している。

問２＜無意識の思い込み＞確かな事実や根拠もなく，無意識に思い込んでいる男女の役割分担や男女の違いの例として，「女性には理系の科目・進路は向いていない」が当てはまる(ア…○)。なお，女性の管理職の割合を一定以上にすることは，男女共同参画を促す(イ…×)。男女の平均身長の差は客観的な事実として表すことができる(ウ…×)。男性も法律上育児休暇を取得することができる(エ…×)。

問３＜ジェンダーギャップ指数＞ジェンダーギャップ指数とは，世界経済フォーラムが毎年発表しているもので，政治，経済，教育，健康の４分野について男女格差を数値化している。０に近いほど男女格差が大きく，１に近いほど男女が平等であるとされる。2021年における日本の指数と156カ国中の順位は，スコアの低い順に，政治0.061(147位)，経済0.604(117位)，健康0.973(65位)，教育0.983(92位)だった。国会議員や閣僚に占める女性の割合が少ないことが政治の，管理職に占める女性の割合が低いことや男性に比べて女性労働者のパートタイムの割合が高いことが経済の数値を下げている。

問４＜SDGs＞2015年の国連サミットで採択されたSDGs〔持続可能な開発目標〕には，17のゴールと169のターゲットが設定されている。「ジェンダー平等を実現しよう」以外の16のゴールの中の１つか，「ジェンダー平等を実現しよう」というゴールを達成するための６つのターゲットから１つ選んで答える。

5〔歴史―感染症の歴史〕

問１＜適語補充＞A．６世紀の日本で，仏教導入の是非を巡って，仏教を導入することを主張して物部氏と争ったのは，蘇我氏である。　B．７世紀に，高句麗と百済を滅ぼして朝鮮半島を統一したのは，新羅である。　C．645年に中臣鎌足らの協力を得て蘇我氏を滅ぼして大化の改新を進めたのは，中大兄皇子である。　D．８世紀半ばに仏教の力で社会不安を解消しようとしたのは，聖武天皇である。　E．16世紀にスペインによって滅ぼされた地域のうち，現在のメキシコの地に栄えていたのは，アステカ王国である。

問２＜WHO＞感染症の予防など，世界の人々の健康に関する活動を行う国連の専門機関はWHO〔世界保健機関〕である。

問３＜国風文化＞894年の遣唐使の停止をきっかけに平安時代半ばに栄えた，唐(中国)の影響を基礎にしながら，日本独自の要素を加えた貴族文化を，国風文化という。国風文化は，かな文字の使用によって生み出された優れた文学作品によって特徴づけられる(イ…○)。なお，お伽草子がつくられたのは室町時代(ア…×)，川柳や狂歌が流行したのは江戸時代(ウ…×)，三味線に合わせて語られる浄瑠璃が成立したのは安土桃山時代から江戸時代初期(エ…×)である。

問４＜班田収授法＞律令制度の下，戸籍に登録された６歳以上の全ての人に口分田を与え，死亡すると国に返させる制度がつくられた。この制度を，班田収授法という。

問５＜聖武天皇＞奈良時代の半ば，聖武天皇は，仏教の力によって社会不安を解消しようとして，平城京に東大寺を，国ごとに国分寺と国分尼寺を建てさせた。資料は，国分寺と国分尼寺の建立を命ずる詔である。

問６＜スペインによるアメリカ大陸支配＞(1)ペルーやメキシコでは，16世紀にスペインに征服されてから大量の銀が採掘された。当時，日本でも石見銀山(島根県)が開発されるなどし，大量の銀が産出された。　(2)中南アメリカに植民地を広げたスペインは，銀山などの労働力不足を補うために，アフリカから人々を連れてきて奴隷として働かせた。

問７＜北里柴三郎＞明治時代以降活躍した日本の研究者のうち，ペスト菌や破傷風の血清療法を発見したのは，北里柴三郎である(エ…○)。なお，志賀潔は赤痢菌を発見し(ア…×)，野口英世は黄熱病を研究した(イ…×)。また，物理学者の湯川秀樹は中間子理論を研究し，第二次世界大戦後，日本人初のノーベル賞受賞者となった(ウ…×)。

問８＜第二次世界大戦後の出来事＞アジア・アフリカ会議は，インドネシアのバンドンで1955年に開かれた(ア…○)。なお，池田勇人内閣が所得倍増計画を打ち出したのは1960年のこと(イ…×)，北大西洋条約機構〔NATO〕の結成は1949年のこと(ウ…×)，湾岸戦争が起こったのは1991年のこと(エ…×)である。

6〔歴史―近現代史〕

問１＜1885年から1899年の日本の貿易＞19世紀末の明治時代には日本でも軽工業における産業革命が進み，しだいに農業国から工業国へと変化しつつあった。1885年には「綿糸」，「綿織物」などの繊維工業製品が輸入品の上位に入っていたが，1899年には，それらは輸出品となり，工業原料の「綿花」が輸入品のトップとなっている。

問２＜20世紀初めの東アジア情勢＞図１のⅡの期間は，1900～04年にあたる。1900年に，「扶清滅洋」を掲げた義和団が各国公使館を包囲すると，これを好機ととらえた清(中国)は列強に宣戦布告した。これに対し，各国は出兵して，日本とロシアを主力とした連合軍を編成し，北京を占領した。これを義和団事件という。不凍港を求めて南下政策をとるロシアは，義和団事件後も撤兵せずに満州(中国東北部)に軍をとどめて朝鮮に圧力をかけ，大陸進出の足がかりとして朝鮮半島の支配をもくろむ日本と対立した。中国に権益を持つイギリスはロシアの南下の動きを警戒し，1902年に日本との間で日英同盟を結んだ。よって，図３のＢはイギリスで，インドを植民地としていたことから，地図上ではインドに立っている。

問３＜シベリア出兵＞図１中のⅢは1918年にあたる。この年，前年の1917年に起こったロシア革命に干渉するために，第一次世界大戦の連合国であるイギリス，フランス，日本などがシベリアに出兵した。1922年に日本が撤兵して，シベリア出兵は終了した。

問４＜第二次世界大戦前の出来事＞図１中のⅣは1928年にあたる。蔣介石が南京に国民政府をつくったのは，1927年のことである(イ…○)。なお，国家総動員法の制定は1938年のこと(ア…×)，日本がフランス領インドシナの南部に軍を進めたのは，1941年のこと(ウ…×)，朝鮮半島で三・一独立運動が起こったのは，1919年のことである(エ…×)。

問５＜日本の中国侵略＞(1)示された条文は，1928年にフランスとアメリカ合衆国が提唱してパリで結ばれた不戦条約の条文である。　(2)第一次世界大戦中の1915年，日本は中華民国(中国)に対して，満州における日本の権益の拡大などを求める二十一か条の要求を出して認めさせた。

理科解答

1 (1) ウ，エ　(2) ア，イ，ウ，キ
(3) ア，イ，エ　(4) ウ　(5) オ
(6) ア，ウ　(7) イ
(8) ア，イ，オ，カ

2 (1) 20Ω　(2) 1.4A　(3) 2.88g
(4) 0.4g　(5) ①…表面　②…体〔容〕
(6) (例)花粉から胚珠へ向かって花粉管が伸び，その中を精細胞が卵細胞へ向かって移動し受精する。
(7) (例)噴出物の密度は海水よりも小さい。
(8) (例)洪水被害を軽減するため。／水資源を確保するため。

3 (1) A・B…伝導，対流　(2) オ
(3) オゾン　(4) ①…イ　②…キ
(5) X…20　Y…95　(6) 金星
(7) イ

4 (1) 5.0J　(2) 5.0N
(3) 摩擦力…エ　重力…オ　(4) ク
(5) ウ　(6) ウ　(7) オ

5 (1) エ　(2) キ　(3) ク
(4) 開いている弁…D
閉じている弁…C
(5) 5250mL　(6) 46秒
(7) 両生類の心臓のつくり…(例)ほ乳類は２心房２心室であるが，両生類は２心房１心室である。
生じている不都合…(例)静脈血と動脈血が混じり合ってしまう。

6 (1) ①…砂糖水　③…アンモニア水
⑥…食塩水
(2) 35.4cm^3
(3) (例)加熱して何も残らないのは気体が溶けた水溶液だから。
(4) (例)銅片の表面が白色になった。／水溶液が青色になった。
(5) カ　(6) ア，カ

1〔小問集合〕

(1)<音>ウ…正しい。音の大きさは音の波の振幅に関係する。なお，音が伝わる速さは，音を伝える物質(物体)の種類やその温度によって決まる。　エ…正しい。音の高さは振動数に関係し，振動数が大きいほど高い音になる。

(2)<放射線>ア～クのうち，放射線は，高速の粒子の流れであるアルファ線(α線)とベータ線(β線)，電磁波の一種であるガンマ線(γ線)とX線である。

(3)<状態変化>ア…正しい。液体が固体に変化することを凝固という。　イ…正しい。気体が液体に変化することを凝縮という。ペットボトルの外側についた水滴は，冷たい水が入ったペットボトルの表面に触れた空気中の水蒸気が冷やされて水滴となったものである。　エ…正しい。液体が気体に変化することを蒸発という。道路に水をまくと涼しくなるのは，水が蒸発するときに周りから熱を奪うためである。　ウ…誤り。液体が気体に変化することを蒸発という。　オ…誤り。固体が液体にならずに直接気体に変化することを昇華という。なお，融解は固体が液体に変化することである。

(4)<溶解度>水への溶解度がxなので，この物質は100gの水にxgまで溶かすことができる。よって，100gの飽和水溶液に溶けている溶質の質量は，$100\times\frac{x}{100+x}=\frac{100x}{100+x}$と表される。

(5)<顕微鏡>光学顕微鏡の視野の中に見られる像は，上下左右が逆に見える。

(6)<消化>ア…正しい。　ウ…正しい。胆汁には消化酵素は含まれていないが，脂肪の粒を小さく

して(乳化)その消化を助けるはたらきをしている。

(7)<銀河系>銀河系(天の川銀河)は太陽系が属する銀河で，約2000億個の恒星の集まりである。なお，銀河系は中央部がややふくらんだ凸レンズ状の円盤形で，直径は約10万光年であり，太陽系は銀河系の中心から約3万光年離れた位置にある。宇宙には2兆個を超える数の銀河が存在すると予想されている。また，天の川は，地球から銀河系を見ているものである。夏は銀河系の中心方向を見るため，天の川が濃く見える。

(8)<火山>ア，イ…正しい。火山の形は，火山をつくるマグマのねばりけによって決まり，ねばりけが強いほど盛り上がった形の火山となる。マグマのねばりけは，含まれる二酸化ケイ素の割合によって決まり，二酸化ケイ素の割合が高いとねばりけが強くなる。無色鉱物は二酸化ケイ素が多く含まれる岩石ほど多いので，ねばりけの強い溶岩が冷えて固まった岩石は白っぽくなる。　オ…正しい。火山灰の層は，その成分を調べることで，どの火山がいつ噴火したときに噴出した火山灰かがわかる。よって，地層の年代を知る手がかりになる。　カ…正しい。火山ガスの大部分は水蒸気である。　ウ…誤り。火山灰や溶岩などがまとまって斜面を高速で流れるものを火砕流という。火山弾は，噴出したマグマが空中で固まったもの。　エ…誤り。火山灰にもいろいろな鉱物が含まれている。

2 〔小問集合〕

(1)<電気抵抗>長さLm，断面積Sm^{2}の電熱線の抵抗は，オームの法則〔抵抗〕=〔電圧〕÷〔電流〕より，$3.0 \div 0.30 = 10$(Ω)である。この電熱線の長さを2倍にすると，抵抗の大きさは長さに比例するので，抵抗は，$10 \times 2 = 20$(Ω)となる。

(2)<並列つなぎ>2つの電熱線を並列につないだとき，それぞれの電熱線に電源の電圧3.0Vが加わる。長さ$0.5L$m，断面積$2S$m^{2}の電熱線の抵抗は，$10 \times 0.5 \div 2 = 2.5$(Ω)，長さ$3L$m，断面積$2S$m^{2}の電熱線の抵抗は，$10 \times 3 \div 2 = 15$(Ω)より，それぞれの電熱線に流れる電流は，$3.0 \div 2.5 = 1.2$(A)，$3.0 \div 15 = 0.2$(A)である。よって，電源に流れる電流はこれらの和で，$1.2 + 0.2 = 1.4$(A)となる。

(3)<反応と質量>1Lは1000cm^{3}だから，2.2Lは$2.2 \times 1000 = 2200$(cm^3)である。よって，2.2Lの二酸化炭素の質量は，$0.0018 \times 2200 = 3.96$(g)であるから，1.08gの炭素に結びついた酸素の質量は，$3.96 - 1.08 = 2.88$(g)である。

(4)<中和と塩>塩酸と水酸化ナトリウム水溶液が過不足なく中和するときの体積比は，$20 : 40 = 1 : 2$だから，それぞれの水溶液を10cm^{3}ずつ混ぜ合わせたとき，塩酸5cm^{3}と水酸化ナトリウム水溶液10cm^{3}が過不足なく中和する。よって，塩酸20cm^{3}が中和すると，塩化ナトリウムが1.6g得られたことから，塩酸5cm^{3}が中和すると，塩化ナトリウムが，$1.6 \times \frac{5}{20} = 0.4$(g)得られる。

(5)<肺胞>空気と血液の間で酸素，二酸化炭素の交換を効率的に行うには，血液が空気と触れる面積を大きくすればよい。血管(毛細血管)は肺胞を取り巻くように分布しているので，空気と触れる面積は肺胞全体の表面積によって決まる。肺の体積(容積)に対して肺胞全体の表面積を大きくするには，小さい肺胞が多数ある方がよい。

(6)<被子植物の受精>花粉がめしべの柱頭につくと，花粉から花粉管が出て，子房の中にある胚珠に向かって伸びていく。この花粉管の中を通って精細胞が胚珠の中の卵細胞まで移動し，受精する。

(7)<火山>2021年8月の海底火山(徳山岡ノ場火山)の噴火では，軽石などの火山噴出物が大量に発生し，全国の広い範囲に漂流・漂着した。この事実から，火山噴出物の密度は，海水よりも小さいことがわかる。

(8)<ダム>日本列島には山や丘陵が多いため，河川は傾斜が急で比較的距離も短いという特徴を持つ。そのため，水害が多く，一方で貯水も難しい面がある。そこで，川の上流にダムをつくることによって，大雨のときなどに水の量を調整し，洪水被害を軽減すること，一方で雨不足のときなどに，飲み水や農業用水などの水資源の確保を目指している。また，ダムによっては水力発電を行うためにつくられたものもある。

3〔自然環境・科学技術と人間〕

(1)<熱の伝わり方>熱の伝わり方には，放射，伝導(熱伝導)，対流という3つがある。放射は離れた物体に熱が赤外線などとして届くことで熱が伝わる現象，伝導は熱が高い部分から低い部分に移動して伝わる現象，対流は熱が気体や液体の移動によって伝わる現象である。

(2)<光の性質>光が一番反射しやすいのは，最も白っぽい岩石からなる地表である。ア～オのうち，最も白っぽい色をしているのは，無色鉱物を最も多く含む流紋岩である。

(3)，(4)<オゾン層>上空20～50km 辺りで層をなしている太陽からのエネルギーを吸収している層は，オゾン層である。また，オゾン層は太陽から届く有害な紫外線を吸収し，地表に届く量を抑えるはたらきをしている。近年，大気中に放出されたフロンがオゾン層を破壊することがわかり，フロンの使用が制限されている。

(5)<熱収支>太陽からのエネルギーのうち，雲や大気，地表によって反射されるエネルギーと，地表によって吸収されるエネルギーを除いたエネルギーが，大気によって吸収されるエネルギーだから，$X=100-(31+49)=20$である。また，伝導や対流で大気に放出されるエネルギーと蒸発で大気に放出されるエネルギー，地表から大気へ放射されるエネルギーの和が，大気から地表へ放射されるエネルギーと太陽からのエネルギーのうち地表によって吸収されるエネルギーの和と等しくなるから，$Y+49=7+23+114$より，$Y=95$となる。

(6)<金星>金星の大気は主成分が二酸化炭素であるため，温室効果により，表面の温度は平均して460℃となっている。これは，金星よりも太陽に近い水星の表面温度よりも高い。

(7)<温室効果>二酸化炭素による温室効果は，地表から宇宙へ逃げようとする熱を二酸化炭素が吸収し，その熱を地表へ放射することで生じる。大気中に二酸化炭素が増えると，大気から地表への放射が増加することになる。

4〔運動とエネルギー〕

(1)<仕事>仕事の原理より，求める仕事の大きさは，斜面を使わずに，直接，物体を0.50m の高さまで持ち上げるときの仕事の大きさに等しい。質量1.0kg の物体にはたらく重力の大きさは，$1000\div100\times1=10$(N)だから，〔仕事(J)〕=〔力の大きさ(N)〕×〔力の向きに動いた距離(m)〕より，求める仕事の大きさは，$10\times0.50=5.0$(J)である。

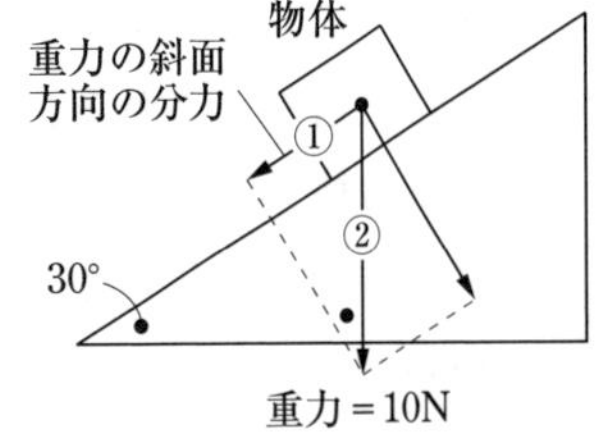

(2)<力の分解>ひもが物体を引く力は，物体にはたらく重力の斜面方向の分力とつり合っているため，これらの力の大きさは等しい。右図のように，$a=30°$のとき，物体にはたらく重力と，重力の斜面方向の分力を2辺とする三角形は，3辺の比が$1:2:\sqrt{3}$の直角三角形となる。よって，物体にはたらく重力の大きさと，重力の斜面方向の分力の大きさの比は$2:1$になるから，物体にはたらく重力の大きさが10Nのとき，重力の斜面に平行な分力の大きさは5.0N になる。したがって，ひもが物体を引く力の大

きさは，5.0N である。

(3)＜摩擦力＞物体にはたらく摩擦力は，物体の運動を妨げる向きにはたらく。Dで物体が斜面を上っているときの運動の向きはクの向きなので，摩擦力の向きは逆のエの向きとなる。また，重力は，物体がどの位置にあっても常に下向き(地球の中心への向き)だから，オの向きである。

(4)＜摩擦力＞物体がDで静止すると，重力の斜面に平行な分力が下向きにはたらくため，物体は斜面を下る向きに運動しようとする。よって，摩擦力は，この運動を妨げる向きにはたらくため，その向きはクの向きである。なお，物体が静止しているのは，摩擦力と重力の斜面に平行な分力がつり合っているためである。

(5)＜エネルギーの移り変わり＞表1より，物体のCでの速さは，スタート位置の高さによって決まり，物体の質量には関係しない。よって，m＝2.0kg にしたときも，h の値とCでの速さの関係は，表1と同様になる。

(6)＜エネルギーの移り変わり＞(5)と同様に，物体のCでの速さは，スタート位置の高さで決まるので，a＝15°にしても，h の値とCでの速さの関係は，表1と同様になる。

(7)＜エネルギーの移り変わり＞位置Bを基準面とすると，物体が位置Aで持っていた位置エネルギーは，物体が斜面を下るにつれて運動エネルギーに移り変わり，位置Bで全て運動エネルギーに変わって，物体の速さは最大となる。(5)，(6)より，物体のCでの速さは物体の質量や斜面の角度 a に関係なく，h の値が同じならばCでの速さも同じになっているので，同じ高さにある物体が持つ位置エネルギーは，斜面の角度には関係なく一定であるとわかる。なお，位置エネルギーや運動エネルギーは物体の質量に比例するので，ウ，エは誤りである。

5 〔生物の体のつくりとはたらき〕

(1)＜心臓＞ヒトの心臓は，図1のように4つの部屋からできていて，正面から見て右側の上の部屋を左心房，下の部屋を左心室，左側の上の部屋を右心房，下の部屋を右心室という。

(2)＜心臓＞酸素が少なく，二酸化炭素が多く含まれている血液は，全身から心臓へ戻ってきた血液で，静脈血という。静脈血は，大静脈から右心房，右心室へ入り，肺動脈を通り肺へ送り出される。よって，正しいのは，大静脈，右心房，右心室，肺動脈が塗られたキである。

(3)＜心臓の動き＞図2の①の過程では，④の過程で酸素を多く含む動脈血で満たされた左心室の筋肉が収縮して内圧が高くなっている。このとき，左心室の内圧が高くなっていることから，図1のCの弁とDの弁は閉じていて，血液は送り出されていない。

(4)＜心臓の動き＞図2の②の過程では，内圧が上昇しながら容積が急激に減少している。つまり，左心室を満たしていた動脈血が，大動脈を通って全身に送り出されている。このとき，Cの弁は閉じていて，Dの弁は開いている。

(5)＜心臓の動き＞図2の①～④の過程にかかる0.8秒で，心臓から全身へ血液が1回送り出される。また，左心室の容積は，血液が満たされると120mL になり，血液を送り出すと50mL になるので，1回に送り出される血液の量は，$120-50=70$(mL)である。よって，1分間に心臓は$60\div0.8=75$(回)拍動するから，1分間に心臓から送り出される血液の量は，$70\times75=5250$(mL)となる。

(6)＜血液循環＞体重52kg のヒトの血液の質量は，$52\times\frac{1}{13}=4$(kg)なので，その体積は4L，つまり，4000mL である。ここで，心臓から送り出した血液が心臓に戻ってくるまでの時間は，心臓が4000mL の血液を送り出す時間である。(5)より，0.8秒間に心臓は70mL の血液を送り出すから，4000mL の血液を送り出すのにかかる時間は，$4000\div70\times0.8=45.7\cdots$より，46秒である。

(7)＜セキツイ動物の特徴＞両生類の心臓のつくりは２心房１心室で，全身から戻ってきた静脈血と肺から戻ってきた動脈血が心室の中で混じり合ってしまう。そのため，血液中の酸素と二酸化炭素の交換が効率的に行われていない。

6 〔物質のすがた，水溶液とイオン〕

(1)，(3)＜いろいろな物質＞加熱したとき，こげて黒い固体(炭)が残るのは有機物が溶けた水溶液である。よって，Cは有機物である砂糖が溶けている砂糖水である。また，加熱して何も残らないのは，気体が溶けた水溶液で，エタノール水溶液以外では，塩化水素が溶けた塩酸とアンモニアが溶けたアンモニア水である。このうち，赤色リトマス紙につけると色が青色に変わるのはアルカリ性の水溶液だから，Bはアンモニア水であり，色が変わらなかったAは塩酸である。次に，銅片を入れたときに変化するのは，銅(Cu)よりイオンになりにくい金属のイオンが含まれた水溶液で，表より，その金属は銀(Ag)だから，Eは銀イオンが含まれる硝酸銀水溶液である。さらに，Dに塩化バリウム水溶液を加えると白い沈殿が生じたので，水に溶けにくい硫酸バリウムが生じたと考えられる。したがってDが硫酸亜鉛水溶液だから，残ったFは食塩水である。

(2)＜混合溶液の体積＞エタノールの密度は0.78g/cm^{3}だから，純粋なエタノール70cm^{3}の質量は，$0.78\times70=54.6$(g)，エタノール水溶液の密度は0.90g/cm^{3}だから，エタノール水溶液100cm^{3}の質量は，$0.90\times100=90$(g)である。これより，混合する水の質量は，$90-54.6=35.4$(g)であり，水の密度は1.0g/cm^{3}だから，必要な水の体積は，$35.4\div1.0=35.4$(cm^3)となる。

(4)＜イオン化傾向＞金属のイオンへのなりやすさをイオン化傾向という。表より，銅は銀よりもイオンになりやすいので，銀がイオンとなって溶けている硝酸銀水溶液の中に銅片を入れると，銀が析出し，銅がイオンとなって水溶液中に溶け出す。このとき，銅片の表面に銀がつくので，銅片の表面が白くなり，銅イオンが溶けた水溶液は青色になる。

(5)＜沈殿＞塩化バリウム($BaCl_2$)は，水中でバリウムイオン(Ba^{2+})と塩化物イオン(Cl^-)に電離する。Ba^{2+}は硫酸イオン(SO_4^{2-})と結びついて，水に溶けにくい白色の硫酸バリウム($BaSO_4$)になる。

(6)＜イオン化傾向＞Dは硫酸亜鉛水溶液で亜鉛イオン(Zn^{2+})が含まれ，Fは食塩水でナトリウムイオン(Na^+)が含まれている。金属を加えることでDとFを区別するには，表より，イオンへのなりやすさが亜鉛(Zn)とナトリウム(Na)の間のアルミニウム(Al)やマグネシウム(Mg)を使用すればよい。水溶液に，アルミニウム片やマグネシウム片を入れると，NaはAlやMgよりもイオンになりやすいので，食塩水では変化が見られないが，ZnはAlやMgよりもイオンになりにくいので，硫酸亜鉛水溶液ではAlやMgはイオンとなって水溶液に溶け，Znが析出する。

国語解答

一 問一 a 適度 b 閉 c 格差 d 負 e 遠路

問二 「健康」と「運動量」には相関関係があるだけなのに，因果関係が立証されているかのように考えているから。(50字)

問三 ウ

問四 当人はよいと思って行うことが，実際によい結果になるとは限らないから。

問五 ウ

問六 温暖化など地球規模の問題に対し，相関関係と因果関係を区別する科学的な態度で取り組み，根拠が曖昧な感情論に訴えるのではなく，行動の前に知識を得て冷静に考えること。(80字)

問七 エ

二 問一 iii

問二 A…ア B…オ C…ア

問三 ア

問四 諦めるしかないと了解しつつ，失敗の現実を受け入れきれない憂鬱な気持ち。(35字)

問五 オ 問六 イ

問七 先ほどまでの傲慢で不遜な気持ちは消え，勉強して癇癪を起こさず辛抱せよという言葉を素直に受け入れようとする謙虚な気持ち。(59字)

三 問一 a…オ b…エ c…ア

問二 ①…ウ ③…オ

問三 柿の木に現れたのが本当の仏かどうかどうか確かめること。

問四 柿の木に現れたのが本当の仏ではないこと。

問五 エ

一〔論説文の読解─自然科学的分野─環境〕出典；伊勢武史『生態学者の目のツケドコロ――生きものと環境の関係を，一歩引いたところから考えてみた』「研究をとおして」。

≪本文の概要≫環境問題を扱うとき，ただの相関関係しかないのに，さも因果関係があるかのように主張してしまう例が多い。水質の悪化とその場所の希少種の魚の減少の間の相関関係だけをもって，「魚を守るために水をきれいにしよう」と叫ぶのは，甚だ危なっかしい行為である。根拠が曖昧な主張をするのは，長い目で見れば環境保護にマイナスの影響を与えていると思う。世界には環境問題以外にも多くの問題があり，政府が予算を投入すべき問題は無数にある中で，根拠が曖昧な環境保護の主張に従ったのでは，成果は期待できない。根拠があやふやで感情論に訴える環境保護の押し売りが，環境問題を冷ややかな目で見る人々を増やしているように思われる。環境問題では，よかれと思ってしたことが逆効果をもたらすことが多々ある。だから，行動する前によく勉強して考えるべきである。人間は，物事に因果関係を求めがちであるが，地球規模の環境問題に関しては，そういった人間の本能だけで解決を目指すのではなく，新時代に立ち向かう理性が必要である。

問一＜漢字＞a.「適度」は，ほどよいこと。 b. 音読みは「閉鎖」などの「ヘイ」。 c.「格差」は，程度や等級，所得などの差のこと。 d.「始末に負えない」は，処理しようがない，という意味。 e.「遠路」は，遠い道のりのこと。

問二＜文章内容＞「健康な人はよく運動する」や「病気がちな人はあまり運動しない」というデータは，「健康」と「運動量」との間に相関関係があることを示してはいる。しかし，このデータだけでは，「健康」と「運動量」との間に因果関係があるとはいえない。「科学的に因果関係を証明する」ためには，「実験」による立証が必要である。相関関係があるというだけで，立証されていないのに因果関係があるとしてしまうのは，相関関係と因果関係を混同した短絡的な判断で，「科学的」とはいえない。

問三＜文章内容＞「最初に，全員の健康状態と日ごろの運動量をチェック」し，次に協力者を２つのグループに分けて，「グループＡには定期的に適度な運動を課する」一方，「グループＢには何も要求せず，これまでどおりの生活をして」もらい，「半年後，２つのグループの健康状態をチェック」する。このような「実験」をすることで，「健康」と「運動量」の因果関係を立証できる。しかし，「協力者から健康状態と日ごろの運動量のアンケートをもらっただけ」では，「運動が人を健康にしているのか，それとも運動できるくらい健康な人が体を動かしている(病気の人は家に閉じこもっている)だけなのか，区別がつかない」ため，因果関係は証明できない。

問四＜表現＞「環境保護論者」には，環境を保護したいという思いから「根拠があいまい」なまま保護活動をする人も多い。その人たちは，その活動を「よかれ」と思ってしているが，その人たちがよいと思って行っていることが，実際に環境保護にとってよい結果になるとは限らない。

問五＜文章内容＞「根拠があやふやで感情論に訴える」と，「根拠不明の活動に参加するため遠路はるばる自動車で駆けつける」ような人が出てくる。そのような人々が「二酸化炭素をまき散らすだけで終わって」しまうと，その行動は「環境保護」とは反対の結果をもたらすことになる。

問六＜文章内容＞「ただの相関関係しかないのに，さも因果関係があるように主張してしまう」ことは，「科学的」ではない。因果関係は実験によって立証されるものであって，「根拠があいまいな主張」をするのは，「長い目で見たら環境保護にマイナスの影響を与えて」いる。現代では「温暖化など地球規模の問題が現実化」しているのであり，「因果関係を求めがち」な感覚を退け，「行動する前」に考え，「ちゃんと勉強」して，因果関係と相関関係を冷静に見きわめることが必要なのである。

問七＜文章内容＞「健康」と「運動量」に相関関係があることは，「健康な人はよく運動する」や「病気がちな人はあまり運動しない」というデータからわかる。しかし，そこに因果関係があることを証明するには，実験が必要である。「環境問題を扱うとき」にも，「ただの相関関係しかないのに，さも因果関係があるように主張してしまう」例があるが，相関関係だけでは「根拠があいまいな主張」しかできない。根拠がきちんと示されて初めて，その相関関係に因果関係があるということができるのである。

二〔小説の読解〕出典；芥川龍之介『戯作三昧』。

問一＜品詞＞「来ない」と「思われない」の「ない」は，助動詞。「変わりはない」「ほかはない」「忘れるものではない」の「ない」は，いずれも形容詞。

問二＜語句＞Ａ.「狼狽」は，あわてふためく，うろたえ騒ぐこと。　Ｂ.「いたずらに」は，無駄に，ひたすらに，わけもなく，という意味。　Ｃ.「不遜」は，思い上がっていること。

問三＜心情＞「書いてあること」が，「自分の心もちとぴったり来ない」と感じた馬琴は，「もう一度読み返した」が，「調子の狂っていること」は前と変わらなかった。そこで，「このもう一つ前はどうだろう」と思って「その前に書いた所」を読んだが，これもやはりおかしかったため，「さらにその前」を，「その前の前」を読んで，どこから調子が狂ったのか突き止めようとした。調子が狂い始めたところから書き直そうと思い，早くその箇所を見つけたくて焦っていたのである。

問四＜心情＞「親船の沈むのを見る，難破した船長」は，なすすべもなくもはや諦めるしかないことは了解している。しかし，馬琴の「強大な『我』は『悟り』と『諦め』とに避難するには余りに情熱に溢れて」いた。馬琴は，失敗したという現実に「絶望」を感じつつも，潔く諦めることもできず「憂鬱な気分」になっていたのである。

問五＜心情＞孫の太郎は，「わざと真面目な顔をして」天井を眺めると，突然「あのね，お祖父様にね」と言い出した。そのときの太郎の様子からは，「考えようとする努力」と「笑いたいのを耐えようとする努力」が見てとれ，それが馬琴には，「自ら微笑を誘うような」気がした。

問六＜心情＞馬琴は，孫の太郎の言葉に笑い出し，「幸福の意識」に溺れながら耳を傾けていた。しかし，太郎が「よくね。辛抱おしなさいって」と言ったのを聞いたとたん，「失敗した原稿」を前にして悩み苦しんでいたことにふれられたように感じて，つい真剣に返事をしてしまった。

問七＜心情＞馬琴は，「同時代の屑々たる作者輩」に対しては「傲慢」で「不遜」であり，先ほどまで，「結局自分も彼らと同じ能力の所有者」で「厭うべき遼東の豕」だったということは簡単には認められない気持ちでいた。しかし，よく勉強し，癇癪を起こさず，辛抱せよと，「浅草の観音様」が言ったという太郎の言葉を聞くと，「厳粛な何物か」がひらめき，唇には「幸福な微笑」が浮かんで目には「涙が一ぱい」になった。「観音様」の言葉と聞いたことで，謙虚な気持ちになり，勉強して癇癪を起こさず辛抱するということを，素直に受け入れる気持ちになれたのである。

三〔古文の読解―随筆〕出典；『宇治拾遺物語』巻第二ノ十四。

≪現代語訳≫昔，醍醐天皇の御治世に，五条の天神の辺りに，大きな柿の木で実のならないのがあった。その木の上に仏が現れていらっしゃる。京中の人は一人残らず参拝した。馬，車も止めることができず，人もせき止めることができず，拝んで大騒ぎした。

こうするうちに，五，六日たったところで，右大臣殿が納得できないとお思いになったので，「本当の仏が，世の末のこの時代においでになるはずがない。私が行ってやってみよう」とお思いになって，束帯をきちんとお召しになって檳榔の車に乗って，先払いの供を多く連れて，集まり群がっていた者どもを退かせて，車掛けを外して榻を立てて，梢を瞬きもせず，よそ見もしないでじっと見つめて，約二時間ほどいらっしゃったところ，この仏は，しばらくの間こそ花も降らせ，光をもお放ちになっていたが，あまりに長い間見つめられて，どうしようもなくて，大きな糞鳶の羽の折れたのが，土に落ちて慌てふためいてばたばたしているのを，子どもたちが寄り集まって打ち殺してしまった。大臣は「やはり思ったとおりだった」と言ってお帰りになった。

そこで，当時の人たちは，この大臣をたいそう賢い人でいらっしゃると大騒ぎした。

問一＜現代語訳＞a.「こぞる」は，残らずそろう，という意味。　b.「しわぶ」は，どうしたらよいかわからず困る，という意味。　c.「ののしる」は，大騒ぎする，という意味。

問二＜現代語訳＞①「心得ず」は，納得できない，という意味。「思し給ひける」は，お思いになった，という意味。　③「あからめ」は，よそ見，という意味。「まもる」は，じっと見つめる，という意味。

問三＜古文の内容理解＞大きな実のならない柿の木の上に仏が現れているということで，人々は皆参拝していたが，右大臣は，本当の仏がこの世の末に現れるはずがないと思った。そこで，実際に自分がその場へ行って，木の上に現れているのが「まことの仏」なのかどうか確かめてみようとした。

問四＜古文の内容理解＞右大臣は，本当の仏がこの世の末に現れるはずがなく，柿の木に現れているのはにせの仏であろうと思った。事実，右大臣に長時間見つめられて，どうしようもなくなって落ちてきたのは「大きなる糞鳶」であり，木の上に現れていたのは本当の仏ではなかった。

問五＜古文の内容理解＞柿の木の上に仏が現れているといって，「京中の人」は，皆参拝して大騒ぎしていた。しかし，右大臣は，人々に惑わされることなく，道理に基づいて，本当の仏が今現れるはずがないと考えることができる人物だったのである。

2021年度 お茶の水女子大学附属高等学校

【英　語】（50分）〈満点：100点〉

（注意）1．試験開始3分後に，放送による問題を行います。試験が始まったら，問題の[1]と[2]に目を通しておきなさい。

2．文中の＊のついている語句には，問題の最後に注があります。

［注意］

問題の[1]と[2]は放送による問題です。放送の指示に従って答えなさい。なお必要ならば，聞きながらメモをとってもかまいません。〈編集部注：放送文は未公表につき掲載してありません。〉

[1] **【聞き取りの問題】** 英文が2回読まれます。よく聞いて，下の質問1から4に日本語で答えなさい。

1．Annaはなぜジャケットを洗わないのですか。

2．Annaはどのような服装で面接に行きましたか。

3．面接官はAnnaに何をするように言いましたか。

4．面接の結果はどうなりましたか。

[2] **【書き取りの問題】** 英文が3回読まれます。よく聞いて，下線部を正しく埋めなさい。ただし，英文は2回目のみゆっくり読まれます。

(1) Robots ＿＿＿＿＿＿＿＿＿＿＿＿＿＿＿＿＿＿＿＿＿＿＿＿＿＿＿＿＿＿＿＿＿.

(2) The robots ＿＿＿＿＿＿＿＿＿＿＿＿＿＿＿＿＿＿＿＿＿＿＿＿＿＿＿＿＿＿＿.

(3) Then ＿＿＿＿＿＿＿＿＿＿＿＿＿＿＿＿＿＿＿＿＿＿＿＿＿＿＿＿＿＿＿＿＿.

[3] 次の英文を読んで，その内容と一致するように，後の**【要約文】**の空所1から13に適切な単語を入れなさい。

Everywhere—inside, outside, on top of a mountain, deep in a *coal mine—we are always surrounded by *large amounts of gases. These gases *are called the air, or the *atmosphere.

The gases of the atmosphere are *invisible, and usually we are not *aware of them. But they are very important. Without the atmosphere, people, animals, and plants cannot live. The *quality of the atmosphere is also very important—*whether it is pure or *polluted.

The atmosphere *is made up mainly of the gases *oxygen and *nitrogen, together with *water vapor and smaller amounts of CO_2 and other gases. But all air *contains small amounts of *impurities. In areas far away from factories and heavy traffic, the air may contain *pollen from plants, *dust from the soil, and even *bacteria. The amounts of these impurities are usually so small that they are not important.

Air is polluted when it contains enough *harmful impurities to *affect the health and safety of living things. The impurities, or *pollutants, are very small *particles of matter or gases not normally found in the air.

When people *breathe, pollutants in the air are carried into the *lungs or *absorbed into the body. And polluted air can *harm animals and plants as well as people. For this reason, we should carefully watch the air to keep it in good condition.

There are two main types of air pollution—natural pollution and pollution *caused by people. Natural pollutants are dust, pollen, *fog, and so on. The *ash from volcanoes is blown across large areas of the earth. And early in *the 1950s, forest fires in *the southeastern United States covered very large areas of the country with smoke. Air flights were *canceled *as far away as New York City. People cannot stop *acts of nature like these.

The main *concern is the second and perhaps more serious form of air pollution—the pollution caused by people. Most of this pollution is produced by *industry and by cars, trucks, and airplanes. It becomes worse as *society becomes *more industrialized—as more cars are driven, and more factories are built. And it is most serious in cities with large numbers of people and industries.

The millions of people who live in cities need heat, hot water, light, *electric power, and *transportation. Burning coal and oil to produce these creates much of the air pollution in cities. People in cities produce large amounts of *waste paper and garbage, and when they are burned, they produce a lot of smoke. This also produces air pollution. The *exhausts from cars in city traffic fill the air with still more pollutants. Sometimes the work at factories creates *waste chemicals, and they go into the air. Smoke from *cigarettes can pollute the air in a closed room. Even the *brakes and *tires of cars produce dust.

Some of these pollutants, such as exhaust gases from cars, are *discharged into the air *at street level. Others, such as smoke from *power plants and factories, enter the atmosphere at higher levels. When smoke and other pollutants *combine with fog, they form smog.

The amount of air pollution is affected by the conditions of the atmosphere such as temperature and *air pressure. Because the air near the earth's *surface is warmer than the air at higher levels, *air currents usually rise. The rising air currents carry pollutants to the higher atmosphere, and they are *scattered. But sometimes the air above the earth's surface is warmer than the air at the surface. When this happens, the warm air stops the rising air currents. In this way, the pollutants stay close to the surface, and do the most harm.

The *damage caused by air pollution is very big. It causes a *loss of billions of dollars each year. Many flower and vegetable *crops suffer bad effects from car exhaust gases. Trees are killed by pollution from power plants. *Cattle are *poisoned by smoke from factories which *recover aluminum. The walls of fine buildings become black with *soot.

Also, air pollution damages the human body. It affects the eyes, the *throats and the lungs. It also causes a number of serious diseases, and more and more people die of these diseases.

Scientists *are concerned that smoke and dust in the air may, *in time, reduce the amount of heat that the surface of the earth receives from the sun.

Another concern is *acid rain. This rain contains *oxides of sulfur and nitrogen, along with other chemicals. It causes damage in lakes and rivers, and poisons the plants and animals living in the water. Acid rain may also affect crops and other plants, stone buildings and monuments, and drinking water.

（注） coal mine 「炭鉱」　large amounts of ～ 「多量の～」　be called ～ 「～と呼ばれる」

atmosphere 「大気」 invisible 「目に見えない」 aware of ～ 「～に気がついて」
quality 「性質」 whether ～ or … 「～であるかそれとも…であるか」 polluted 「汚染された」
be made up of ～ 「～から成り立っている」 oxygen 「酸素」 nitrogen 「窒素」
water vapor 「水蒸気」 contain 「含む」 impurity 「不純物」 pollen 「花粉」
dust from the soil 「土ぼこり」 bacteria 「バクテリア」 harmful 「有害な」
affect 「～に影響を与える」 pollutant 「汚染物質」 particle 「粒子，小片」
breathe 「呼吸する」 lung 「肺」 absorb 「吸収する」 harm 「～に害を与える」
cause 「引き起こす」 fog 「霧」 ash from volcanoes 「火山灰」 the 1950s 「1950年代」
the southeastern United States 「米国南東部」 cancel 「運休する」
as far away as ～ 「(遠く)～まで」 act 「作用，はたらき」 concern 「懸念(けねん)，心配」
industry 「産業，工業」 society 「社会」 more industrialized 「工業化が進んで」
electric power 「電力」 transportation 「交通機関」 waste paper 「紙くず」
exhaust (gas) 「排気ガス」 waste chemical 「化学系廃棄物」 cigarette 「タバコ」
brake 「ブレーキ」 tire 「タイヤ」 discharge 「排出する」 at street level 「地上(の高さ)で」
power plant 「発電所」 combine with ～ 「～と結び付く」 air pressure 「気圧」
surface 「表面」 air current 「気流」 scatter 「拡散する」 damage 「損害；損なう」
loss 「損失」 crop 「作物，収穫物」 cattle 「牛」 poison 「害する；毒で汚染する」
recover aluminum 「アルミニウムを再生する」 soot 「すす」 throat 「のど」
be concerned that … 「…と懸念している」 in time 「やがて」 acid rain 「酸性雨」
oxides of sulfur and nitrogen 「硫黄酸化物と窒素酸化物」

【要約文】

We cannot (1) the gases surrounding us, but they are always there. It is (2) for people, animals, and plants to live without them. We call them the air, or the (3).

The (3) contains oxygen, nitrogen, water vapor, CO_2 and small amounts of impurities. The air is polluted when there are enough impurities in it that will affect our (4) and safety. These impurities are called (5). Polluted air can be harmful not only to people but also to animals and plants, so we should try to keep the air in good condition by (6) it carefully.

(7) pollution is caused by (5) such as dust, pollen, fog, and so on. But there is a more serious form of pollution. This pollution is caused by (8). It becomes worse as the society becomes more industrialized.

Much air pollution in cities is caused by burning coal and oil to produce heat, hot water, light and (9). Also, the (10) made by burning waste paper and garbage, the (11) from cars, and waste chemicals from factories contain large amounts of (5). (7) pollution is also affected by the conditions of the (3).

(7) pollution causes a lot of damage to crops, trees, cattle, and buildings. It also affects our (4) and may reduce the (12) of the earth's surface.

(13) rain is another thing which is caused by this pollution, and it damages or affects lakes and rivers, plants and animals in the water, crops, buildings, and drinking water.

4 下の英文を読んで，次の問いに日本語で答えなさい。

(1) 下線部(1)について，それはどのような考えですか。

(2) 下線部(2)について，Emilyがそのように悟ったのはどのような経緯からですか。

(3) 下線部(3)について，Emilyは祖母にそのような気持ちを伝えるために，何をしようと決めましたか。

Emily didn't know what was wrong with Grandma. She was always forgetting things, like where she put the sugar, *when to pay her *bills, and what time to be ready to *be picked up for *grocery shopping.

"What's wrong with Grandma ?" Emily asked. "She was such a *neat lady. Now she looks sad and *lost and doesn't remember things."

"Grandma's just getting old," Mother said. "She needs a lot of love right now, dear."

"*What's it like to get old ?" Emily asked. "Does everybody forget things ? Will I ?"

"*Not everyone forgets things when they get old, Emily. We think Grandma may have *Alzheimer's disease, and that makes her forget more. We have to put her in a *nursing home to get the right care she needs."

"Oh, Mother ! That's terrible ! She'll miss her own little house so much, won't she ?"

"Maybe, but there isn't much else we can do. She'll get good care there and make some new friends."

Emily looked sad. She didn't like (1)the idea at all.

"Can we go and see her often ?" she asked. "I'll miss talking to Grandma, *even if she forgets things."

"We can go on weekends," Mother answered. "We can take her a present."

"Like ice cream ? Grandma loves strawberry ice cream !" Emily smiled.

"Strawberry ice cream it is !" Mother said.

*The first time they visited Grandma in the nursing home, Emily wanted to cry.

"Mother, almost all of the people are in wheelchairs," she said.

"They have to be, or they will fall," Mother explained. "Now when you see Grandma, smile and tell her how nice she looks."

Grandma sat *all by herself in a corner of the room they called the *sun parlor. She was looking out at the trees.

Emily hugged Grandma. "Look," she said, "we brought you a present—your favorite, strawberry ice cream !"

Grandma took the ice cream cup and the spoon and began eating without saying a word.

"I'm sure she's enjoying it, dear," Emily's mother said to her.

"But she doesn't *seem to know us." Emily was *disappointed.

"You have to give her time," Mother said. "She's in new *surroundings, and she has to *make an adjustment."

But the next time they visited Grandma it was the same. She ate the ice cream and smiled at them, but didn't say anything.

"Grandma, do you know who I am ?" Emily asked.

"You're the girl who brings me the ice cream," Grandma said.

"Yes, but I'm Emily, too, your *granddaughter. Don't you remember me ?" she asked, and threw her arms around the old lady.

Grandma smiled *faintly.

"Remember ? Sure I remember. You're the girl who brings me ice cream."

(2)<u>Suddenly Emily realized that Grandma would never remember her.</u> Grandma would always think Emily was the ice-cream girl. She was living in a world *all her own, in a world of *shadowy memories and *loneliness.

"(3)<u>Oh, how I love you, Grandma!</u>" she said. Just then she saw a tear on Grandma's *cheek.

"Love," she said. "I remember love."

"You see, dear, that's all she wants," Mother said. "Love."

"I'll bring her ice cream every weekend then, and hug her even if she doesn't remember me," Emily said.

After all, that was more important—to remember love *rather than someone's name.

（注） when to ～ 「いつ～すべきか」 bill 「請求書」 be picked up 「車で拾ってもらう」
grocery 「食料雑貨」 neat 「きちんとした」 lost 「放心して」
What's it like to ～ ? 「～するとはどういうこと？」 not everyone ～ 「誰もが～するわけではない」
Alzheimer's disease 「アルツハイマー病」 nursing home 「老人ホーム」
even if … 「たとえ…だとしても」 the first time … 「初めて…するとき」
all by herself 「一人きりで」 sun parlor 「日光浴室，サンルーム」 seem to ～ 「～するようだ」
disappointed 「がっかりして」 surroundings 「環境」 make an adjustment 「適応する」
granddaughter 「孫娘」 faintly 「かすかに」 all her own 「自分だけの」
shadowy 「あいまいな」 loneliness 「孤独」 cheek 「ほほ」 rather than ～ 「～よりむしろ」

5 次の英文の意味が通るように，空所１から５に入れるのに最も適切なものを，下のアからオの中から選び，記号で答えなさい。ただし，同じものを２回以上用いてはいけません。

The *popularity of names changes. In the United States, some of the most popular boy's names today are *Noah*, *Liam*, and *Mason*. [1] The names *Mary* and *John*, once very popular, are not very common anymore.

Your grandparents' names sound old and *out of fashion, but your *great-grandparents' names sometimes seem cool now. [2] The popularity of some names stays the same. [3]

It's sometimes hard to tell if a name is a boy's name or a girl's name. *Arizona*, for example, is the name of a *state. *Dakota* is the name of a native American *tribe. Are these boys' names or girls' names?

[4] David and Victoria Beckham's son's name is Brooklyn. Actor Antonio Sabato Jr. has a son with a very long name. His name is Antonio Kamakanaalohamaikalani Harvey Sabato. [5]

Do you prefer a common name or an *unusual name?

ア The long name is a Hawaiian word meaning "a gift from the heavens."
イ *Helen*, *Rose*, *Henry*, and *Max*, once not popular, are back.
ウ Some of the most popular girls' names today are *Sophia*, *Emma*, and *Olivia*.
エ For example, *William* is always one of the five most popular names for boys.
オ Some *celebrities give their children unusual names.

（注） popularity 「人気」 out of fashion 「すたれている」 great-grandparent 「曽(そう)祖父，曽祖母」
state 「州」 tribe 「部族」 unusual 「珍しい」 celebrity 「有名人」

6 例にならって，次の(1)から(5)の［ ］内の語句を与えられている順にすべて用い，さらに最低限必要な語を加えて，話の筋が通るように英文を完成させなさい。

【例】 Ms. Williams is a teacher and [there, thirty, children, class].

→there are thirty children in her class

* * * * *

Daniel never liked work very much. (1)[When, he, school, he, not, good, any, subjects], so he was always at the *bottom of his class. Then he went and worked in an office, but he did not do much work there.

There were big windows in the office, and there was a street below them. There were always a lot of people and cars and buses in the street. (2)[Daniel, had, desk, one, windows], and (3)[he, liked, sit, chair, and, look, them].

Daniel had a friend. His name was Mark. (4)[He, worked, same, office, but, he, very, different, Daniel]. He worked very hard.

Last Tuesday Daniel just sat at his desk and spent his time. Then he said to his friend, Mark, "There's a very *lazy man in the street. He began *digging a hole this morning, but (5)[he, not, done, any, work, half, hour]!"

（注） bottom「最下位」 lazy「怠惰な」 dig「掘る」

7 「スマートフォン」について，それがどのようなものか，また，それを使用する上でどのような点に注意すべきか，40語程度の英語で述べなさい。なお，解答の末尾には使用した語数を記すこと。

必要があれば，次の表現を参考にしなさい。

a smartphone / smartphones

【数　学】 (50分) 〈満点：100点〉

（注意）　1．解答用紙には，計算，説明なども簡潔に記入し，作図に用いた線は消さずに残しておきなさい。
2．根号$\sqrt{\quad}$や円周率πは小数に直さず，そのまま使いなさい。
3．問題用紙の図は必ずしも正確ではありません。
4．携帯電話，電卓，計算機能付き時計を使用してはいけません。

1　次の各問いに答えなさい。

(1)　次の計算をしなさい。

$$\left(-\frac{1}{2}\right)^2 \div \left(-\frac{1}{14}\right) + \frac{11}{2}$$

(2)　次の計算をしなさい。

$$(4\sqrt{5}+2\sqrt{6})(4\sqrt{5}-2\sqrt{6})-(2\sqrt{14}-3\sqrt{3})(2\sqrt{14}+5\sqrt{3})$$

(3)　次の方程式を解きなさい。

$$\frac{2}{5}x^2+\frac{1}{10}x=\frac{3}{4}$$

(4)　3以上の奇数はとなりあう自然数の平方の差で表すことができる。
例えば，奇数7は，次の(例)のようになる。
(例)　$7=4^2-3^2$
このとき，次の各問いに答えなさい。
①　奇数11を(例)のように表しなさい。
②　3以上の奇数をp，となりあう自然数のうち大きい方をmとしたとき，mをpの式で表しなさい。
③　111を(例)のようにとなりあう自然数の平方の差で表しなさい。

2　次の2直線
l ：$y=(a+2)x+b-1$
m ：$y=bx-a^2$
について，次の問いに答えなさい。ただし，a，bは定数とする。

(1)　$a=\sqrt{2}$，$b=1$のとき，l，mの交点の座標を求めなさい。

(2)　$b \geqq 1$で，$l /\!/ m$とする。さらに，2直線l，m上にx座標がtである2点をそれぞれとったとき，その2点のy座標の差が1となった。この条件をみたすa，bの値をすべて求めなさい。

3　図のように，正三角形ABCにおいて，辺AB，辺BC，辺CAの中点をそれぞれD，E，Fとする。また，袋の中にA，B，C，D，E，Fの文字が1つずつ書かれた6個の球が入っている。同時に3つの球を取り出すとき，次の問いに答えなさい。

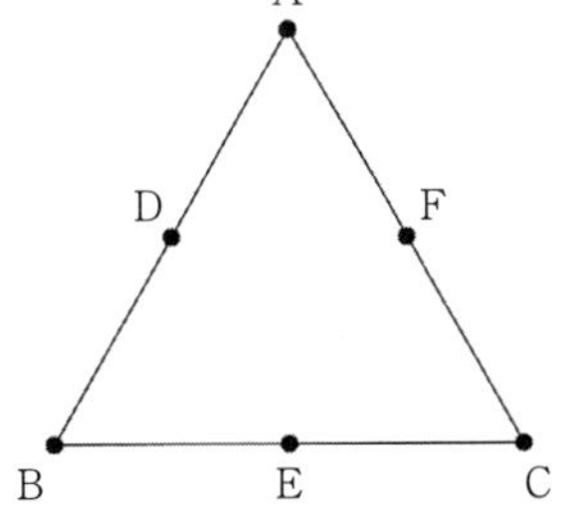

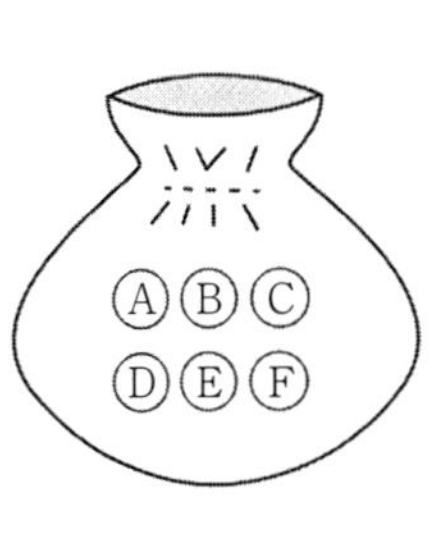

(1)　3つの球の取り出し方は何通りあるか。

(2)　取り出された球に書かれた3つの文字が表す3点をすべて結ぶとき，次の問いに答えなさい。
①　結ばれてできる図形が三角形になる確率を求めなさい。
②　結ばれてできる図形が正三角形でない三角形になる確率を求めなさい。

4　関数 $y=\dfrac{1}{x}(x>0)$ のグラフと傾き -1 の直線 l が図のように2点A，Bで交わっている。l と y 軸との交点をCとする。また，2点A，Bの x 座標をそれぞれ a，b とすると $0<b<a$ である。このとき，次の問いに答えなさい。

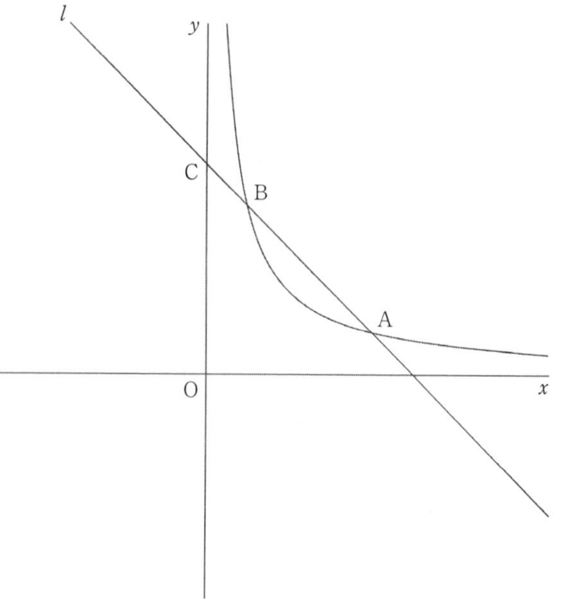

(1)　b を a の式で表しなさい。

(2)　CB：BA＝1：2のとき次の問いに答えなさい。

①　点A，Bの座標をそれぞれ求めなさい。

②　4点O，A，B，Dを頂点とする四角形が平行四辺形となるような点Dをとる。点Dが放物線 $y=kx^2$ 上にあるとき，この条件を満たす k の値はいくつあるか。また，その中で最も小さい k の値を求めなさい。

5　図のように，2本の平行線 l，m があり，l 上に2点A，Cをとり，m 上に2点B，Dをとる。三角形ABDにおいて，∠Bの内角の2等分線と∠Dの外角の2等分線は点Cで交わっている。三角形ABCにおいて∠Aの外角を a とし，$a<90°$ とする。

(1)　解答欄に，平行線 l，m と2点A，Bが与えられている。上の条件を満たすような点C，および点Dを作図し，図にC，Dを記入しなさい。ただし，作図に用いた線は残しておくこと。

(2)　$a=30°$ のとき，∠BCDを求めなさい。

(3)　∠ADC＝b とするとき，b を a の式で表しなさい。

(4)　∠BAD＝c，∠BCD＝d とするとき，c を d の式で表しなさい。

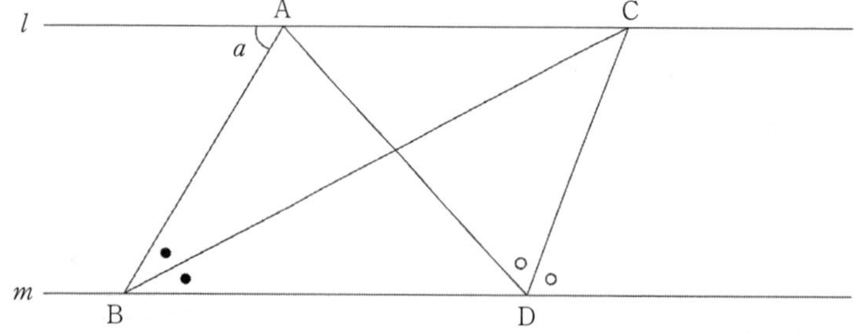

【社　会】（50分）〈満点：100点〉

（注意）　解答は原則として漢字で記入しなさい。

1　次の文章を読み，下の各問いに答えなさい。

景観の観察を行なうと地域の特徴を読みとることができます。たとえば，（ A ）の広がっているようすからは，そこが熱帯から亜熱帯の気候で，淡水と海水の混ざり合う河口付近に位置していることがわかります。①東南アジアであれば，周囲にエビの養殖池がつくられていて，（ A ）の伐採が進んでいるのではないか，と考えをめぐらすこともできるでしょう。また，一面に水田地帯が広がっていれば，そこは大きな河川の下流域にあたる場所で，②米どころであることなどが予想できます。

図1は，オーストラリアのマウントホエールバックという鉱山のようすです。この一帯は土の（ B ）分が多いため，赤い大地が広がっています。樹木はなく，人がくらすには厳しい気候であることが予想できます。また，鉱産物を地表から直接けずり取りながら，うずを巻くようにして地下にほり進む，（ C ）という方法によって効率のよい採掘が行なわれていることがわかります。

図2は，③アメリカ合衆国のある地域のようすです。図2から，どのようなことを読みとることができるでしょうか。

ある場所の景観を観察し，その背景を想像できるようになると，地理はもっと楽しくなります。ぜひ景観を読み解く力を育んでみてください。

図1

図2

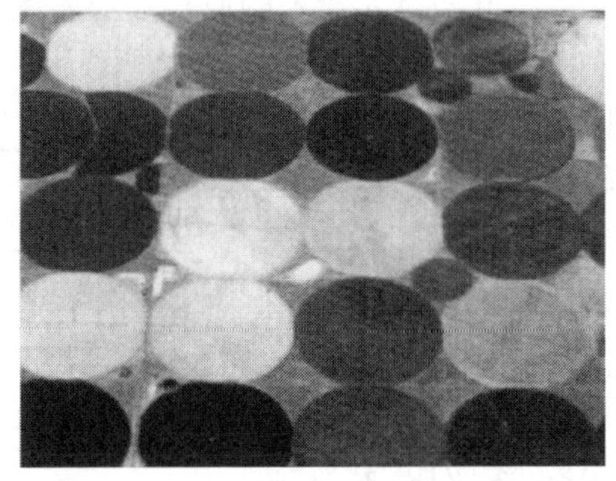

問1　文章中の空欄(A)から(C)にあてはまる適切な語句を答えなさい。

問2　文章中の下線部①東南アジアに関して，次の地図を見て，下の各問いに答えなさい。

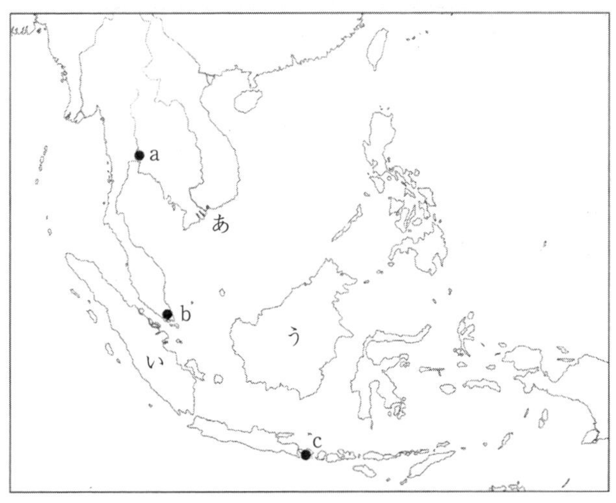

(1) 次のアからウは，地図中のａからｃのいずれかの地点における雨温図を示したものである。地点ｂとｃにあてはまる適切なものを，次のアからウの中からそれぞれ１つずつ選び，記号で答えなさい。

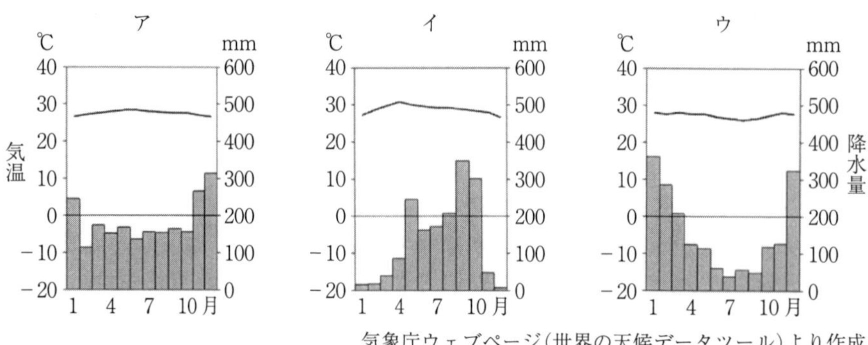

気象庁ウェブページ(世界の天候データツール)より作成

(2) 地図中の河川あ を答えなさい。

(3) 地図中の河川あ の下流域では，高床式の家屋が多くみられる。なぜ家屋が高床式になっているのか，理由を説明しなさい。

(4) 地図中の島い や島う では，大規模な開発による熱帯林の減少が問題となっている。大規模に開発する目的の１つとして，せっけんなどの原料となる商品作物の栽培がある。この商品作物を答えなさい。

問３ 文章中の下線部②に関連して，右の図は世界の米の生産量，輸出量，輸入量を示したものである。図中のアとイにあてはまる国をそれぞれ答えなさい。

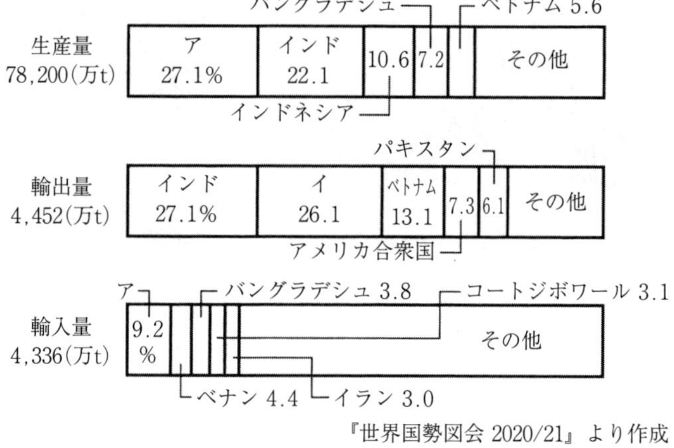

『世界国勢図会 2020/21』より作成

問４ 文章中の下線部③アメリカ合衆国の農業の特徴についてのべた次のアからエの文は，下の図中の え から き のいずれかの地域についてのべたものである。か と き の地域についてのべた文として適切なものを，次のアからエの中からそれぞれ１つずつ選び，記号で答えなさい。

ア　冷涼な気候と大都市に近いという利点をいかして，酪農がさかんである。

イ　降水量が比較的多く，とうもろこしや大豆の栽培がさかんである。

ウ　綿花栽培が発達したが，その規模は減少傾向にある。

エ　地中海性気候をいかして，果樹や野菜の栽培がさかんである。

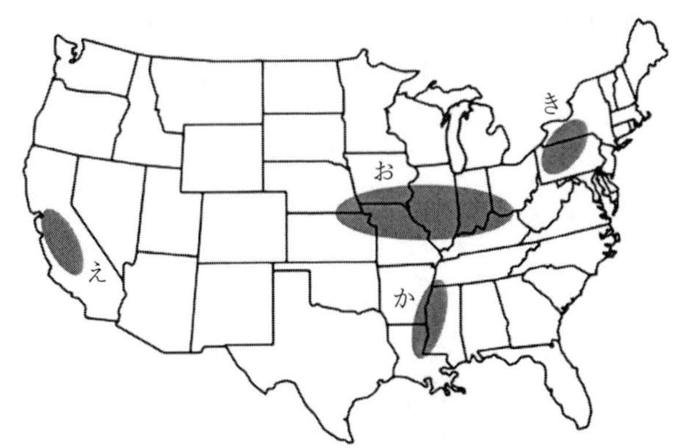

問5　9ページの図2のような景観がなぜみられるのか，気候の特徴にふれながら，説明しなさい。

2　次の図は，1920(大正9)年から2015(平成27)年までの日本の人口と5年間の人口増減率の推移を示したものである。会話文を読み，下の各問いに答えなさい。

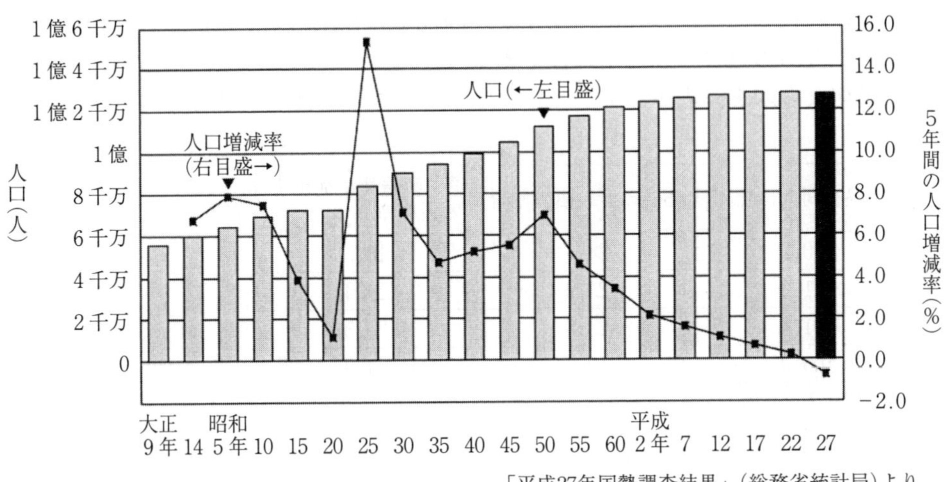

「平成27年国勢調査結果」(総務省統計局)より

生徒a　2020年は，国勢調査が始まって100年だったのよ。2020年の結果がまだ出ていないのが残念だけど，上の図から，①日本の人口の推移を見てみましょう。

生徒b　第1回国勢調査の結果を見ると，1920年の日本の人口は約5500万人で現在の半分弱ぐらいだったのね。

生徒c　人口増減率を見ると，1945年から1950年にかけて大きく増加しているのがわかるわ。これは，(　A　)とよばれる現象なのよね。

生徒a　うん。②1970年から1975年にかけても増加率が高くなっているわ。その後もじわじわ日本の人口は増え続けるけど，2015年に1920年の調査開始以来はじめて人口減少に転じるのね。

生徒b　③日本の総人口が減ったといっても，すべての都道府県で人口が減少したというわけではないんでしょう。

生徒c　東京都の人口は増えているって聞いたことがあるわ。

生徒a　④東京都の中でも自治体ごとに違いがあるのかしら。

問1　会話文中の空欄(A)にあてはまる適切な語句を答えなさい。

問2　会話文中の下線部①に関連して，2020年の人口が日本の人口をこえる国として**適切でないもの**を，次のアからエの中から1つ選び，記号で答えなさい。

ア　インドネシア　　イ　カナダ　　ウ　ナイジェリア　　エ　ロシア

問3　会話文中の下線部②に関連して，次のアからウは，1950年，1970年，1990年のいずれかの人口ピラミッドを示したものである。1970年を示したものとして適切なものを，次のアからウの中から1つ選び，記号で答えなさい。

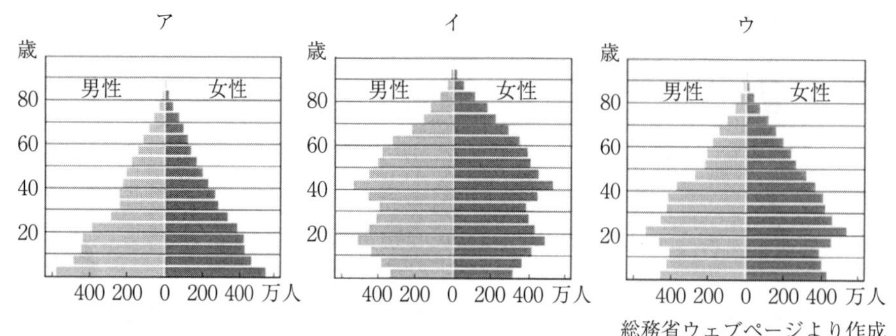

総務省ウェブページより作成

問4　会話文中の下線部③に関連して，次の表は，愛知県，沖縄県，神奈川県，福島県の人口増減率，昼夜間人口比率，65歳以上人口の割合，製造業に従事する人の割合をそれぞれ示したものである。愛知県，沖縄県として適切なものを，表中のアからエの中から1つずつ選び，記号で答えなさい。

（%）

	※1 人口増減率	※2 昼夜間人口比率	65歳以上人口の割合	※3 製造業に従事する人の割合
ア	−5.7	100.2	28.7	18.5
イ	0.9	91.2	23.9	14.4
ウ	1.0	101.4	23.8	25.3
エ	2.9	100.0	19.6	4.9

※1　人口増減率は平成22年から平成27年
※2　昼夜間人口比率＝昼間人口÷夜間人口×100
※3　15歳以上就業者における製造業に従事する人の割合

「平成27年国勢調査結果」（総務省統計局）より作成

問5　会話文中の下線部④に関連して，右の図1は，東京都の多摩市と港区における人口推移を示したものである。図1を見て，次の各問いに答えなさい。なお，多摩市と港区の位置は，下の図2を参考にすること。

(1)　多摩市の人口は，1960年から1990年までの30年間で約15倍に増加した。その理由を説明しなさい。

(2)　港区の人口は1995年まで減少しているが，それ以降は増加している。1990年代後半から人口が増加した理由を説明しなさい。

図1

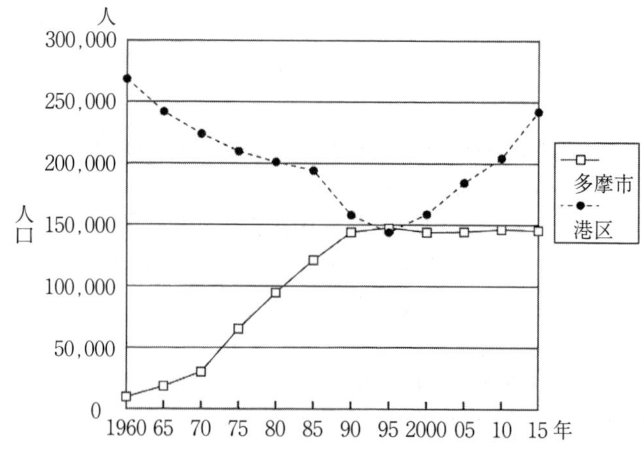

「国勢調査結果」（総務省統計局）より作成

図2

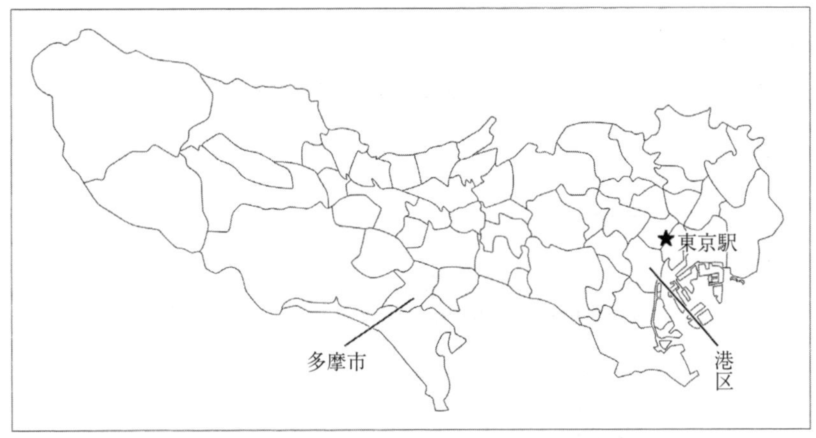

3　次の会話文を読み，下の各問いに答えなさい。

生徒a　週末に上野の博物館で「桃山―天下人の100年」をみてきたの。

生徒b　桃山文化は100年も続いてはいないよね。

生徒a　うん。桃山文化の時期をふくむ（ A ）世紀後半からのおよそ100年の時期の書画や工芸品，甲冑(かっちゅう)，刀などが展示されていたよ。教科書や資料集でみたことのあるものもたくさんあったよ。ポスターにも使われていた①「唐獅子図屛風」などの屛風やふすまが思っていたよりも大きくてびっくりしたわ。（　B　）。

生徒b　そうだね。先生がそんな話をしていたかも。「唐獅子図屛風」って，背景が金色の屛風だよね。他の作品も力強くてはなやかな作品ばかりなのかな。

生徒a　長谷川等伯の②「松林図屛風」は，墨の濃淡で静かな林を表現した，大きいけれど「唐獅子図屛風」とは雰囲気の異なる作品だったよ。（ C ）が③わび茶の作法を完成させたのも桃山文化の時期だったから，何か関係があるのかな。去年，授業でみた「洛中洛外図屛風」もあったよ。

生徒b　たしか，「唐獅子図屛風」と同じ人物が描き，織田信長が越後(新潟県)の（ D ）に贈ったっていわれているのだよね。このころ，２人はそれぞれ④武田勝頼と対立していて同盟関係にあったのだよね。

生徒a　そうだったっけ。その「洛中洛外図屛風」以外にも，いくつか「洛中洛外図屛風」が展示されていたの。当時，⑤京都やその周辺のようすや，京都で行なわれる⑥行事のようすを描くことが流行していたみたい。描かれた時期によって，少しずつ京都の町のようすが違っていておもしろかったよ。

問1　会話文中の空欄(A)にあてはまる数字を答えなさい。

問2　会話文中の空欄(B)にあてはまるもっとも適切な文を次のアからエの中から１つ選び，記号で答えなさい。

ア　貴族が住む寝殿造には，大きな作品がふさわしかったのだろうね。

イ　宋からとり入れた，新しく力強い建築様式の影響なのかな。

ウ　権力を示すため，天守閣を持つ城を築いたことと関係があるのかな。

エ　オランダから長崎を通じて，西洋の文化がもたらされたからだね。

問3　会話文中の空欄(C)と(D)にあてはまる人物を答えなさい。

問4　会話文中の下線部①「唐獅子図屏風」の作者を，次のアからエの中から1つ選び，記号で答えなさい。

ア　歌川広重　　イ　狩野永徳　　ウ　高村光雲　　エ　菱川師宣

問5　会話文中の下線部②「松林図屏風」としてもっとも適切なものを，次のアからエの中から1つ選び，記号で答えなさい。

ア

イ

ウ

エ

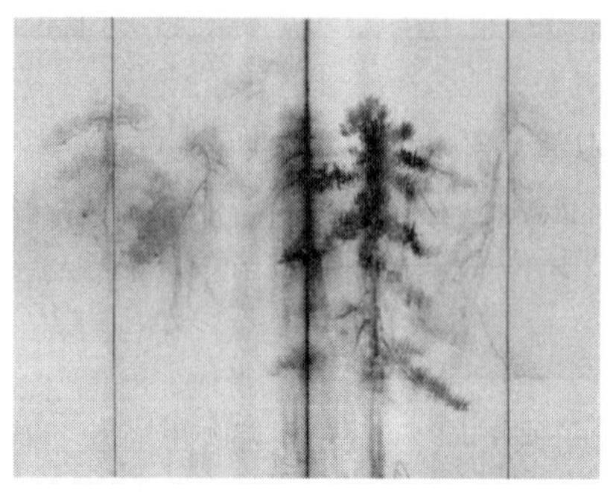

問6　会話文中の下線部③に関連して，鎌倉時代には，茶の産地を当てるなど，人びとが集まって茶を楽しむ会が行なわれるようになった。このように，人びとが集まって楽しむことが広がった影響もあり，中世の日本で発達した文化を，茶の湯以外に1つ答えなさい。

問7　会話文中の下線部④武田勝頼の領国にふくまれる地域として適切なものを，次のアからエの中から1つ選び，記号で答えなさい。

ア　愛知県　　イ　岩手県　　ウ　栃木県　　エ　山梨県

問8　会話文中の下線部⑤京都に関する次の各問いに答えなさい。

(1)　京都に都をうつした人物を答えなさい。

(2)　次のアからウの文は京都に都がうつされてから「洛中洛外図屏風」が描かれるまでの間のできごとについてのべたものである。アからウを年代の古い順に並べかえ，記号で答えなさい。

ア　藤原氏が権力をにぎる過程で，菅原道真が大宰府に左遷された。

イ　嵯峨天皇が空海を保護したこともあり，貴族の間で密教が広まった。

ウ　浄土信仰が広まり，藤原頼通が宇治に阿弥陀堂を建てた。

問9　会話文中の下線部⑥に関して，次の図は「洛中洛外図屛風」に描かれた祇園祭である。祇園祭は平安時代に疫病をもたらす神の怒りを鎮めるためにはじまったといわれている。現在，祇園祭の見どころのひとつとなっているのが，京都の町を巡行する山鉾(やまほこ)である。図を見て，下の各問いに答えなさい。

山鉾の1つ

(1)　祇園祭が始まったころは朝廷が祭礼を支援していたが，図に見られる山鉾は，室町時代中ごろに町ごとに出されるようになった。こうした変化がもたらされた背景を説明しなさい。

(2)　祇園祭にはとだえていた時期がある。そのきっかけとなったできごととして適切なものを，次のアからエの中から1つ選び，記号で答えなさい。

ア　応仁の乱　　イ　大塩平八郎の乱　　ウ　壬申の乱　　エ　平将門の乱

4　次の史料は1987年にサーグッド・マーシャルが「憲法―生きている文書」と題して行なった演説である。これを読み，下の各問いに答えなさい。なお，史料はわかりやすく一部改変してある。

…憲法が常に変容する性質を備えていることを理解するのには，序文の最初の三語を見るだけで十分です。「ウィ・ザ・ピープル(われわれ人民は)」。①1787年に，建国の父祖がこの言葉を使用したとき，かれらはアメリカに住む市民の大多数を除外していました。父祖たちの「われわれ人民は」という言葉は「自由民の全体」を意味していました。たとえば投票権というきわめて基本的な権利について，黒人奴隷たちは除外されていました。…②女性は，130年以上も選挙権を獲得することができませんでした。…憲法の文言では，「奴隷」，「奴隷制度」を注意深く避けています。奴隷制度反対の道徳的信念―それを持っていた人びとにとってですが―は妥協をせまられ，アメリカの独立革命の大義，すなわち自明の真理である，「人間はみな平等につくられ，ゆずりわたすことのできない権利を神によってあたえられていること。その中には，（ A ），自由，（ B ）の追求がふくまれていること」と※抵触(ていしょく)することに，何らの説明もありませんでした。…「われわれ人民は」という文言のもともとの意図は，いかなる解釈をしようと間違えようのないほど明らかでした。1857年…裁判で，最高裁の首席裁判官は，…判決文で次のようにのべています。「われわれは，奴隷が人民ではなかった，…ふくまれる予定もなかったと考える。…したがって，アフリカの子孫である黒人は，…財産として所有し，売買される…。」…奴隷制度を廃止する憲法修正第13条が批准されるには，血なまぐさい③南北戦争を経ねばなりませんでした。…連邦は南北戦争を生きのびましたが，憲法はそうではありませんでした。新しく正義と平等を保障する基盤，修正第14条が追加され，適切な手続きをふまずに，（ A ），自由と財産が，あらゆる人びとから剝奪(はくだつ)されることのない点が確認され，法による平等な保護が約束されました。それにもかかわらず，④アメリカの黒人が基本的な教育，住居，雇用において平等の機会の権利を共有し，選挙で自分たちの票が数えられ，しかも公平に数えられるようになるには，さらに1世紀近く待たねばなりませんでした。…「われわれ人民」は，もはや奴隷にされることはありません。でもそうなったのは憲法の起草者のおかげではありません。⑤「自由」，「正義」，「平等」の時代遅れの定義を黙認することを拒否し，改善しようと奮闘した人びとのおかげです。…私は，権利の章典やその他，個人の自由と人権を守る修正条項をふくめた，生きている文書としての憲法の200周年を祝うつもりです。

※　矛盾をかかえていること

『アメリカの黒人演説集』より引用・一部改変

問1　史料中の波線部は，アメリカ独立宣言の一部である。史料中の空欄（A）と（B）にあてはまる語句をそれぞれ**漢字2字**で答えなさい。

問2　史料中の下線部①に関して，史料および次のアメリカ合衆国憲法の条文を読み，1787年の段階で「われわれ人民」はどのような人びとをさしていたか答えなさい。

下院議員および直接税は，連邦に加入する各州の人口に比例して，各州の間に配分される。※＜各州の人口とは，年季契約労役者をふくむ，自由人の総数をとり，課税されない先住民を除外し，それに自由人以外のすべての人数の5分の3を加えたものとする。＞

※＜＞内は現在効力を持たない

『史料が語るアメリカ』より引用・一部改変

問3　史料中の下線部②に関連して，アメリカ合衆国やイギリスでは同じような時期に，女性が参政権を獲得した。その背景を，右の図をふまえて説明しなさい。

問4　史料中の下線部③南北戦争がおこった年にもっとも近いできごとに関する説明として適切なものを，次のアからエの中から1つ選び，記号で答えなさい。

ア　井伊直弼が，桜田門外で水戸藩などの元藩士に殺害された。

イ　義和団の乱を機に，列強が中国に共同出兵した。

ウ　イギリスのロンドンを会場に，世界で初めて万国博覧会が開催された。

エ　ガンディーの指導のもと，非暴力・不服従の抵抗運動が行なわれた。

問5　史料中の下線部④に関連して，アメリカ合衆国で選挙権や公共施設での人種差別を禁止する法律が成立した1960年代には，アメリカ合衆国が関わる戦争に対する反戦運動が国際的に高まった。この戦争を答えなさい。

問6　史料中の下線部⑤に関連して，20世紀の日本でも差別問題の解決をめざす動きがみられた。これに関する次の史料を読み，空欄(C)にあてはまる語句を**漢字**で答えなさい。なお，史料は一部分かりやすく改変してある。

> 全国に散在するわが特殊部落民よ団結せよ。…われわれがエタである事をほこり得る時が来たのだ。…人の世の冷たさが，どんなに冷たいか，人間をいたわる事がなんであるかをよく知っているわれわれは，心から人世の熱と光を願求礼讃するものである。(C)は，かくして生れた。人の世に熱あれ，人間に光あれ。

5　次の図は，日本の国会，内閣，裁判所についてａ班からｄ班の生徒たちがそれぞれまとめたものの一部である。図を見て，下の各問いに答えなさい。

ａ班：国会の１年の例

1月　(Ａ)の召集
　政府から翌年度の総予算やたくさんの法律案が提出され，審議される。

2月　総予算の審議(衆議院・参議院)
　総予算は①衆議院で先に審議が行なわれる。

3月　法律案・条約等の審議

9月　臨時会の召集
　必要に応じて臨時会が召集される。緊急に対策が必要になった場合は，補正予算や関連する法律案などを審議する。

ｂ班：日本国憲法と内閣

第66条から
- 内閣は，内閣総理大臣とその他の国務大臣で組織される。
- 内閣総理大臣と，その他の国務大臣は(Ｂ)でなければならない。
- 内閣は，行政権の行使について，国会に対して(Ｃ)して責任を負う。

第68条から
- 内閣総理大臣は，国務大臣を任命する。ただし，その過半数は(Ｄ)の中から選ばれなければならない。
- 内閣総理大臣は，任意に国務大臣を罷免することができる。

ｃ班：裁判と人権
- 現行犯の場合をのぞき，裁判官が出す(Ｅ)がなければ逮捕されない。
- 被告人は判決を受けるまでは(あ)と推定される。
- 被疑者や被告人には②黙秘権が認められている。
- 免田事件など，死刑判決を受けた人がやり直しの裁判である(Ｆ)によって無罪となった例がある。
- 被告人は公平な裁判所の迅速な公開裁判を受ける権利が保障されている。

ｄ班：三権の抑制と均衡

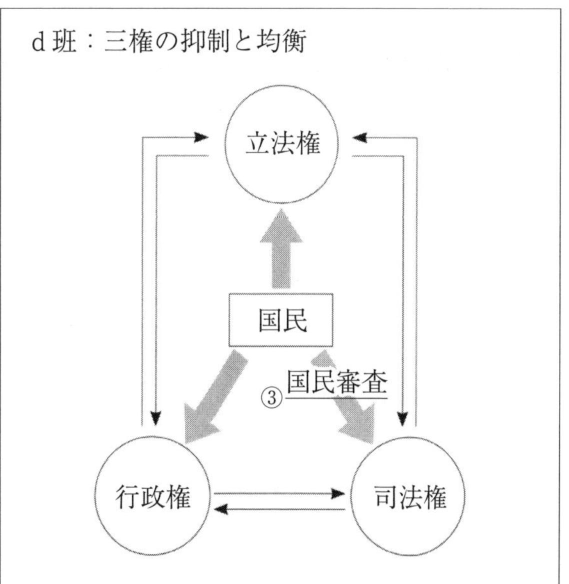

問1　図中の空欄(Ａ)から(Ｆ)にあてはまる適切な語句を答えなさい。

問2　図中の空欄(あ)に関して，解答欄に示したもののうち適切な語句に○をつけなさい。

問3　図中の下線部①に関連して，次の表は「衆議院の優越」の一部を示したものである。表を見て，下の各問いに答えなさい。

案件	「衆議院の優越」の対象となる場合
内閣総理大臣の指名	・参議院が衆議院と異なった人を指名・議決し，（ G ）を開いても意見が一致しないとき。 ・参議院が，衆議院の指名を議決後（ H ）日以内に指名・議決しないとき。
法律案	・衆議院で可決した法律案を参議院が否決または修正議決したとき。 ・参議院が衆議院で可決された法律案を受け取ってから（ I ）日以内に議決しない場合に，衆議院で参議院が否決したとみなす議決をしたとき。

(1)　表中の空欄(G)から(I)にあてはまる適切な語句や数字を答えなさい。

(2)　なぜ「衆議院の優越」が認められているのか，衆議院と参議院の違いをふまえて説明しなさい。

問4　図中の下線部②黙秘権に関して，被疑者や被告人に黙秘権が認められているのはなぜか，説明しなさい。

問5　図中の下線部③国民審査に関して，最高裁判所裁判官の国民審査が形式的なものになってしまっているとの意見がある。なぜ形式的なものになってしまっているのか，次の資料をふまえて説明しなさい。

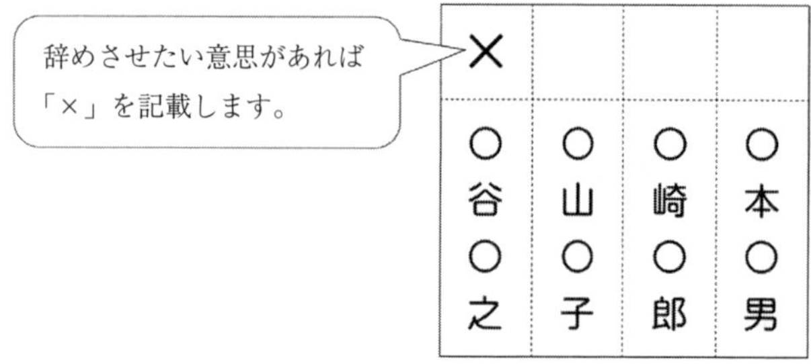
辞めさせたい意思があれば
「×」を記載します。
×
○谷○之
○山○子
○崎○郎
○本○男

総務省ウェブページより作成

問6　d班の図に関連して，三権の抑制と均衡の関係とはどういうことか，立法権と司法権との関係を例に説明しなさい。

【理　科】（50分）〈満点：100点〉

1　次の各問いについて，それぞれの解答群の中から答えを選び，記号で答えなさい。なお，「すべて選びなさい」には，１つだけ選ぶ場合も含まれます。

(1)　空気からガラスに光が進入して屈折したとき，入射角と屈折角の大きさの関係として正しいものを選びなさい。

ア　(入射角)＞(屈折角)　　イ　(入射角)＜(屈折角)
ウ　(入射角)＝(屈折角)　　エ　(入射角)＋(屈折角)＝(一定)
オ　(入射角)＝90°－(屈折角)　　カ　(入射角)＝90°＋(屈折角)

(2)　摩擦のある水平面に物体を置き，手で右方向に押し続けて等速直線運動をさせた。このとき，手が物体を押す力A，物体が手を押す力B，物体にかかる摩擦力Cの大きさの関係として正しいものをすべて選びなさい。

ア　A＞B　　イ　A＜B　　ウ　A＝B
エ　A＞C　　オ　A＜C　　カ　A＝C
キ　B＞C　　ク　B＜C　　ケ　B＝C

(3)　固体が融解するときに体積が減少する物質をすべて選びなさい。

ア　水　　イ　エタノール　　ウ　ろう　　エ　鉄　　オ　食塩

(4)　炭酸水素ナトリウムを加熱したときに発生する気体の説明として正しいものを２つ選びなさい。

ア　水によく溶けるので，下方置換法で集めるのが適当である
イ　チャートにうすい塩酸をかけると同じ気体が発生する
ウ　空気と混合し，マッチで点火すると爆発する
エ　肺静脈より肺動脈を流れる血液に多く含まれている
オ　木星の大気の主成分のひとつである
カ　乾燥した空気中に体積の割合で３番目に多く含まれている
キ　空気より密度が大きい

(5)　月の説明として正しいものを選びなさい。

ア　太陽の周りを公転している
イ　自転していない
ウ　月の満ち欠けは太陽の光が地球によってさえぎられるために起こる
エ　真南を向いて同じ時刻に観測すると，日が経つにつれて東に動いていく
オ　新月が南中する時刻は，真夜中の０時である

(6)　地球と太陽の間の距離と等しいものをすべて選びなさい。

ア　約38万km　　イ　約4000万km　　ウ　約1.5億km
エ　0.1天文単位　　オ　１天文単位　　カ　10天文単位
キ　光の速さで約8.2秒進んだ距離
ク　光の速さで約８分20秒進んだ距離
ケ　光の速さで約８時間20分進んだ距離

(7)　植物を用いた実験とその結果について正しいものを３つ選びなさい。

ア　トウモロコシに赤インクを溶かした水を吸わせた。数時間後に茎の横断面を観察すると，輪状に並んだ維管束の内側が赤く染まっていた。
イ　ホウセンカに赤インクを溶かした水を吸わせた。数時間後に葉の横断面を観察すると，維管束の上側(葉の表に近い側)が赤く染まっていた。
ウ　水を入れ水面に油をたらしたメスシリンダー２本に，葉の枚数と大きさをそろえたツバキの枝

をそれぞれさしたとき，すべての葉の表にワセリンをぬったもののほうが，すべての葉の裏にぬったものより，数時間後の水の減少量が大きかった。

エ　水を入れ水面に油をたらしたメスシリンダーに，すべての葉の表と裏にワセリンをぬったツバキの枝をさすと，数時間後の水の量は変化していなかった。

オ　試験管に水とBTB溶液を入れ，息をふきこみ黄色に調整した。オオカナダモをそこへ入れ，ゴム栓をして光を数時間当てると，BTB溶液の色は青色になっていた。

カ　試験管に水とBTB溶液を入れ，緑色に調整した。オオカナダモをそこへ入れ，試験管を暗箱の中に置いて光を数時間さえぎると，BTB溶液の色は緑色から変化していなかった。

(8)　ヒトの器官のはたらきについて正しいものをすべて選びなさい。

ア　肝臓は胆汁をつくり，胆汁に含まれるリパーゼによって脂肪を消化しやすくする

イ　胆のうは胆汁をつくり，胆汁に含まれる消化酵素以外の成分によって脂肪を消化しやすくする

ウ　肝臓はブドウ糖からグリコーゲンをつくり，グリコーゲンは胆のうに蓄えられる

エ　肝臓はブドウ糖からグリコーゲンをつくり，グリコーゲンは肝臓に蓄えられる

オ　じん臓はアンモニアから尿素をつくり，尿素はじん臓でこしとられ尿として排出される

カ　肝臓はアンモニアから尿素をつくり，尿素はじん臓でこしとられ尿として排出される

2　次の各問いに答えなさい。

(1)　大気圧から1 m^2あたりの空気の層の質量を考えることができる。標高3000mの大気圧は700hPaであった。この高さでの1 m^2あたりの空気の層の質量は何kgか。ただし，100gにはたらく重力の大きさを1Nとする。

(2)　(1)の条件を使用して，標高0mの大気圧を1000hPaとしたとき，空気の密度が一定だったと仮定した場合，空気の層の厚さは何mになるか。

(3)　塩酸の溶媒と溶質をそれぞれ物質名で答えなさい。

(4)　エタンC_2H_6を完全燃焼させると二酸化炭素と水が生じる。この変化を化学反応式で表したとき，bに入る数値を整数で答えなさい。

$a\,C_2H_6 + b\,O_2 \rightarrow c\,CO_2 + d\,H_2O$

(5)　次の文章を読んで，以下の問いにそれぞれ答えなさい。

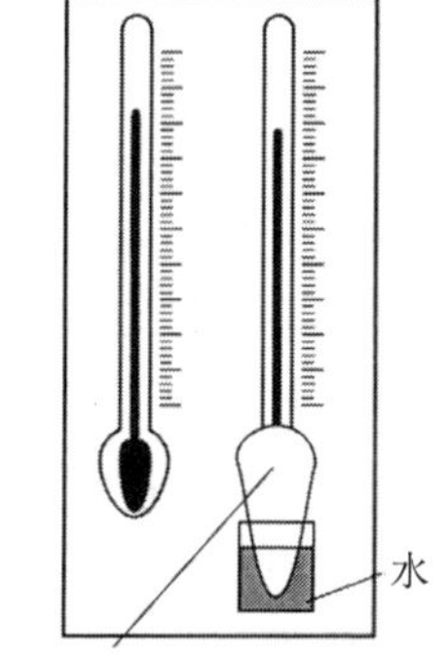

乾湿計は，右図のように一方は感温部を常時水で湿っている状態にしたガーゼで巻いた湿球温度計，他方は感温部をそのままとした乾球温度計として気温を測る。ガーゼを湿らせている水の温度は(　　)と同じになる。空気が水蒸気で飽和していないとき，湿球温度は乾球温度より低くなる。

①　(　)に入る語句を漢字2文字で答えなさい。

②　下線部の現象のしくみと関連するヒトのからだのはたらきを答えなさい。

(6)　ヒトの呼吸において，肋骨の間をつなぐ筋肉とともに，胸腔(きょうこう)の容積を変化させることに関わっている部位を何というか，漢字で答えなさい。

(7)　右図は，岩手県大船渡市三陸町綾里において，気象庁が観測した地球温暖化に関わる「ある物質」の大気中の濃度の経年変化である。このグラフは数年あたりでは増加傾向を

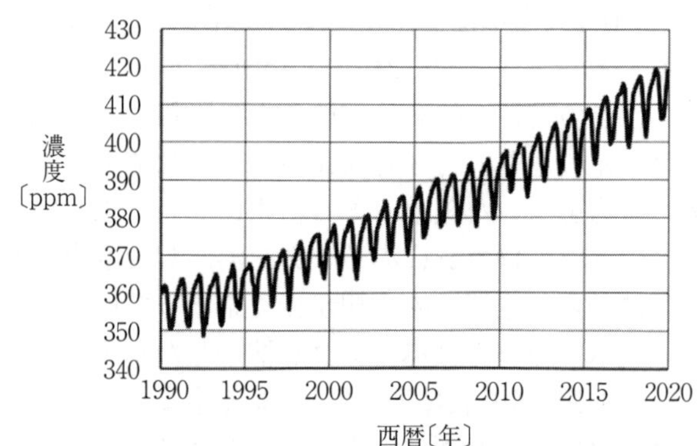

示すが，１年あたりで見たときには増加と減少の「小さな変動」を示す。この「小さな変動」の中で減少する理由を答えなさい。

3　右図は，ある地域の地質調査の結果を模式的に表した断面図である。また，次の内容は調査の結果わかったことを説明したものである。以下の各問いに答えなさい。

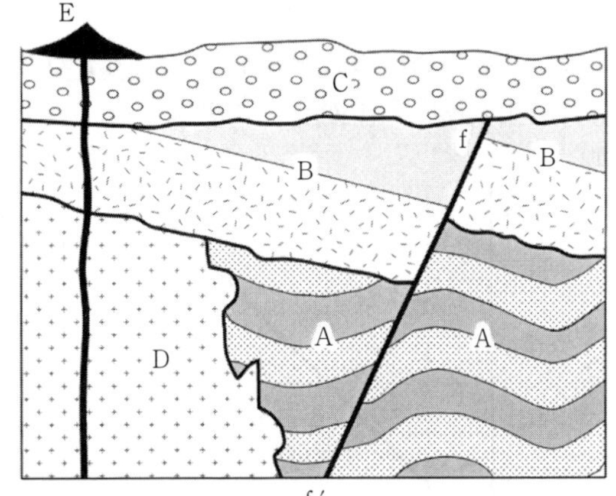

・Ａは堆積岩からできている層で，しゅう曲が見られる。
・Ｂは堆積岩からできている層で，上の層からゾウの歯の化石が，下の層からはカヘイセキの化石が見つかった。
・Ｃは堆積岩からできている層で，上下で粒の大きさが異なっている。
・Ｄは花こう岩からできている部分である。
・Ｅの火山を成している岩石は全体が灰色で，顕微鏡で観察すると，角閃石（かくせんせき）が多く見られ斑状組織であった。
・f—f′は断層である。

(1)　ＡとＢ，ＢとＣのように，重なりが一時中断していることを何というか。

(2)　Ａの一部から火山灰の層が観察され，広い地域で年代を決めるための地層として利用されている。このような地層のことを何というか。

(3)　Ｂの層ができた時代と同じ時代の出来事を次の中からすべて選び，記号で答えなさい。

ア　アンモナイトが栄えた　　イ　ティラノサウルスなどの恐竜が栄えた
ウ　ビカリアが出現した　　エ　マンモスが出現した
オ　デスモスチルスが出現した　　カ　サンヨウチュウが出現した

(4)　Ｃを形成している堆積岩の粒の大きさは，一般的にどのように堆積しているか説明しなさい。

(5)　Ｄの花こう岩がマグマとして存在していたとき，このマグマの特徴を答えなさい。

(6)　Ｅの岩石は何か，漢字で答えなさい。

(7)　この地質調査の結果から，次のアからカまでの出来事を起きた順番に並べたとき，２番目と５番目の出来事になるものを記号で答えなさい。

ア　Ａの層が堆積して，しゅう曲が起きた　　イ　Ｂの層が堆積した
ウ　Ｃの層が堆積した　　エ　Ｄの花こう岩ができた
オ　Ｅの火山ができた　　カ　f—f′の断層ができた

(8)　Ａとf—f′から，この地域は時代の経過とともに地層にどのような力が加わったと考えられるか説明しなさい。

4　文章を読み，以下の各問いに答えなさい。

電流と電圧の関係といえば「オームの法則」を思い出す人が多いと思う。これは，抵抗器に流れる電流に対して，かかる電圧が比例する法則である。今回は，電流と電圧が比例しない場合，どのように抵抗の値を求めればよいかを考えてみよう。

まず抵抗器などに流れる電流に対して，かかる電圧が比例する場合で考えてみよう。

抵抗器Ｒは，図１のグラフのような電流と電圧の関係である。図２の回路のようにこの抵抗器Ｒと

抵抗の値が10Ωで一定の抵抗器を直列につなぎ，全体に10Vの電圧をかける。抵抗器Rにかかる電圧をV〔V〕，流れる電流をI〔A〕とおいたとき，10Ωの抵抗器にかかる電圧はIを用いて表すと［　①　］〔V〕となる。直列回路にかかる電圧の性質から，

［　②　］＝［　①　］＋V　…(★)

となる。この(★)の式を変形して$_{\mathrm{I}}$<u>図1のグラフに描きこむ</u>。グラフの交点より抵抗器Rに流れる電流とかかる電圧を求めることができる。

図1　　　図2

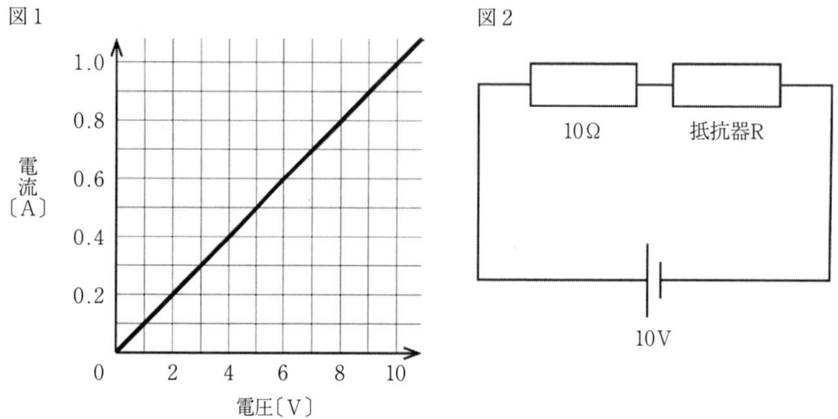

(1)　①に入る文字式および②に入る値を答えなさい。

(2)　下線部Ⅰを解答用紙の図に描きなさい。ただし，縦軸(電流)と横軸(電圧)に必ず交わるように描きなさい。

(3)　抵抗器Rは何Ωか。

次に，先ほどの解き方を利用して，抵抗器などに流れる電流に対して，かかる電圧が比例しない場合を考えてみよう。

図3のグラフは白熱電球(電球X)1個に流れる電流とかかる電圧の関係である。図3のグラフより1個の電球Xに1Vの電圧をかけると［　③　］Ω，6Vの電圧をかけると［　④　］Ωの抵抗の値となる。図3のグラフの形状より電球Xの抵抗の大きさは【　Ⅱ　】。

図3

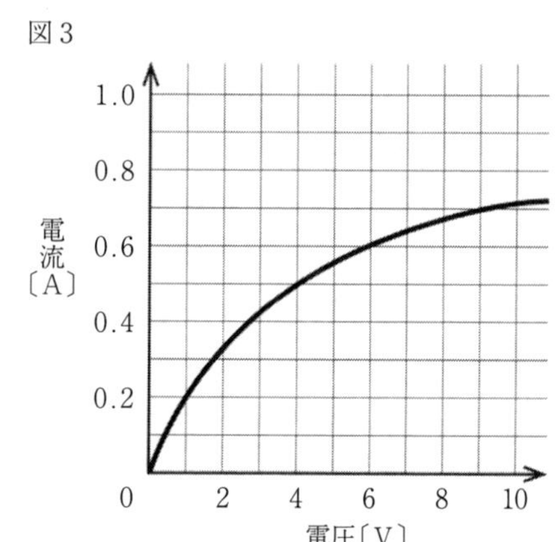

(4)　③，④に入る値を答えなさい。

(5)　【Ⅱ】に適するものを次の中から選び記号で答えなさい。

ア　かかる電圧が大きいほど大きくなる
イ　かかる電圧が大きいほど小さくなる
ウ　かかる電圧が大きくなっても変わらない
エ　かかる電圧とは無関係で大きくなったり小さくなったりする

(6)　図4のように電球Xを2個直列につないだ。電球X1個にかかる電圧をV〔V〕，流れる電流をI〔A〕としたとき，(★)の式に対応する式を答えなさい。ただし，図4の回路中の抵抗器の抵抗の値は常に一定である。

(7)　電球Xを2個合わせた抵抗の値は何Ωか。

図4

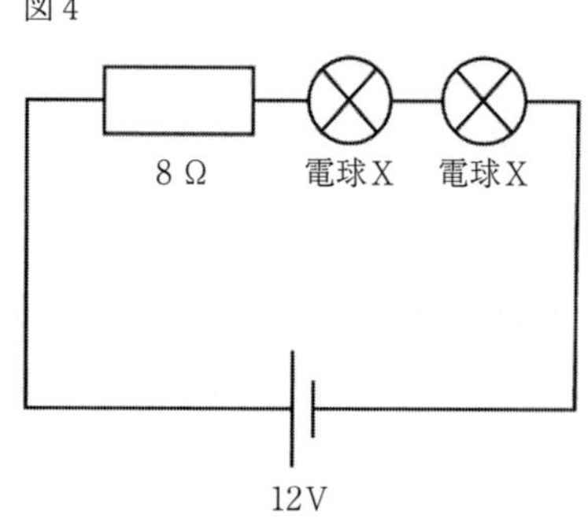

5 文章を読み，以下の各問いに答えなさい。

鉄は，金属元素の中でアルミニウムに次いで地表付近に多く存在する元素で，豊富な資源として身近な日用製品から巨大な建造物にいたるまで幅広く利用されている。しかし，単体の鉄は湿った空気中ではさびやすいという性質をもつため，$_{\mathrm{I}}$鉄を利用する際には，鉄がさびないようにいろいろな工夫がなされている。自然界においても，単体の鉄はほとんど存在しておらず，酸化鉄などの化合物が鉄鉱石として存在している。これらの鉄鉱石から鉄を取り出して利用するために，様々な製鉄技術が発展してきた。

現在の製鉄所では，鉄鉱石にコークス(石炭を蒸し焼きにしてつくる燃料)を加えて溶鉱炉(ようこうろ)の中で加熱し，鉄を取り出している。ここでは，化学式でFe_2O_3と表される酸化鉄を主成分とする鉄鉱石(赤鉄鉱)を例にとって，製鉄の過程で起きている化学変化を考える。

溶鉱炉では，約1200℃の熱風によって燃焼したコークスから，一酸化炭素COの気体が生じる。これが$_{\mathrm{II}}$酸化鉄から酸素をうばうことで，鉄が生成される。

$Fe_2O_3 + 3CO \rightarrow 2Fe + 3CO_2$ …(★)

化学反応式から，この方法では鉄の生成にともない二酸化炭素が排出されることがわかる。近年の日本では，年間におよそ１億ｔの鉄がつくられているため，このときに排出される二酸化炭素の質量はおよそ【　　】億ｔにのぼり，日本の産業の中で最も二酸化炭素排出量が多い。

下線部Ｉの工夫のひとつとして，電気分解を利用して製品の表面に金属の膜をつくる「電気めっき」がある。鉄の表面に亜鉛を電気めっきするために，次のような《実験》を行った。

《実験》

ある濃度の塩酸をいれたビーカーに亜鉛粉末を加えると，気体Ａが発生し，亜鉛が溶けた。この溶液をめっき液として，図のように電源装置につないだ鉄板と炭素棒を浸し，電流を流すと，鉄板の表面全体が亜鉛でめっきされ，炭素棒では気体Ｂが発生した。

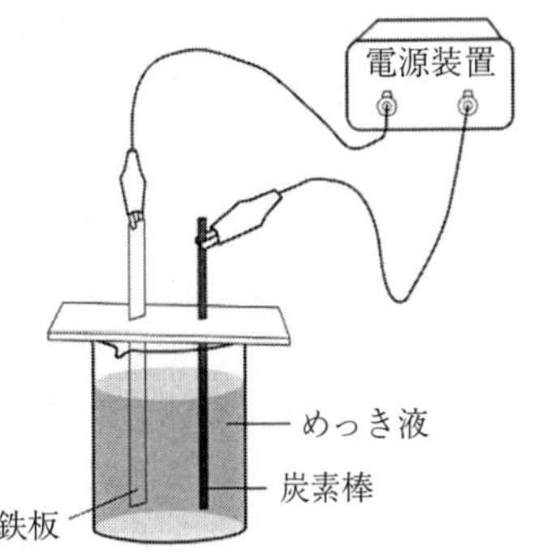

(1) 《実験》において，鉄板は電源装置の＋極と－極のどちらとつなげればよいか。

(2) 《実験》において，気体Ａと気体Ｂをそれぞれ化学式で答えなさい。

(3) 《実験》において，電子がn個流れたとすると，亜鉛原子は何個生成されるか，nを用いた文字式で答えなさい。

(4) 下線部Ⅱのような化学変化を何というか，漢字２文字で答えなさい。

(5) (★)の化学反応式について，酸化鉄1.0kgと一酸化炭素0.53kgが反応し，0.70kgの鉄が生成されるとする。

① 文中の空欄【　】に入る数値を四捨五入して，小数点以下第１位までの数値で答えなさい。

② 鉄原子１個と酸素原子１個の質量比を求め，最も簡単な整数比で答えなさい。

(6) 現在，水素を利用して鉄鉱石から鉄を得る方法の実用化に向けた開発が進められている。酸化鉄Fe_2O_3と水素の反応を化学反応式で示し，この方法の開発が進められている目的を説明しなさい。

6 茶実子(ちゃみこ)さんのクラスでは最近,『鬼の血液によって人間が鬼になってしまう』という漫画が人気である。茶実子さんもその漫画を読み,「血液といえば赤血球が思い浮かぶけど,赤血球ってそんなにヒトのからだに影響するのかな」と疑問に思った。次の会話は茶実子さんとクラスメイトが,松子先生からヒントをもらいながら考えた過程である。

茶実子「赤血球はからだ全体の細胞数の何%を占めるのか考えてみたいんですけど,そもそもヒトのからだって何個の細胞でできているんですか?」

先　生「昔は60兆個と言われていたけれど,より厳密に推定した論文では37兆個とされているんだ。」

蘭　子「すごい桁数! じゃあ,血液のほうはどうかな。血液は液体成分の血しょうと細胞成分の赤血球,白血球,血小板でできているんだよね。Ⅰ血液が赤いのは赤血球に(a)という物質が含まれていて,それと酸素が結合するんだよね。でも,赤血球ってどのくらいあるんだろう。」

先　生「ヒトの血液を5L,赤血球数を1mLあたり50億個として計算してみよう。」

菊　子「ヒトの細胞数を37兆個として,ヒトのからだの細胞数のうち,(b)%を占めることになるんだね。数字にすると,赤血球が多いってことがよくわかるね!」

茶実子「人間が鬼になるというのはあくまで漫画だけど,これだけ赤血球の割合が多ければ,ヒトのからだに影響してもおかしくないよね。」

先　生「そうだね。実際,ヒトのABO式血液型に赤血球表面の構造が関わっていて,その構造は遺伝によって決まるんだよ。」

梅　子「知ってる! 私,お父さんからA遺伝子,お母さんからO遺伝子をもらって遺伝子の組み合わせがAOで,その構造を持った赤血球があるとA型なんだ。」

菊　子「私はB型!【　X　】だから,遺伝子の組み合わせはBOって断言できる。梅子さんも私もO型でないってことは,A型とB型は優性形質なんだね。優性って響きがいいなあ。」

蘭　子「そう言われると,O型の私は劣性形質かあ。ちょっと落ち込んじゃう。」

先　生「みんなの言う通り,Ⅱ修道院の神父だったメンデルがエンドウを用いて明らかにした遺伝の法則で,ABO式血液型は理解できる部分が多いね。表にまとめるとこんなふうになるよ。対になっている親の遺伝子が(c)によってひとつずつ精子と卵に入り,受精後の組み合わせで血液型が決まるというのはエンドウの種子の形と同じだけど,AB型については優性の法則だけでは説明できない点もあるね。あと,Ⅲ最近は優性や劣性と言わず,優性を顕性,劣性を潜性と言うようになってきていることも知っておくといいよ。」

表　血液型が決まるしくみ

遺伝子の組み合わせ	血液型
AAまたはAO	A型
BBまたはBO	B型
AB	AB型
OO	O型

(1) (a)~(c)に入る数値または語句を答えなさい。ただし,(a)はカタカナで,(b)は四捨五入して整数で,(c)は漢字4文字で答えなさい。

(2) 下線部Ⅰについて,大気中の酸素がヒトの全身の細胞に届くまでの経路として下の語句から5つ選んで空欄に入れたとき,(d)と(e)に入る語句を答えなさい。

口→気管→気管支→(　　)→(d)→(　　)→(e)→(　　)→全身の細胞

語句　肺胞　肺動脈　肺静脈　大動脈　大静脈
右心房　右心室　左心房　左心室

(3) (2)に関連して,ヒトは呼吸によって大気中の酸素を口から取り込むが,モンシロチョウは何という部位から酸素を取り込むか。漢字2文字で答えなさい。

(4) 下線部Ⅱについて,エンドウの分類や生殖として正しいものをすべて選び,記号で答えなさい。

ア　エンドウは被子植物で,離弁花に分類される

イ　自家受粉では同一個体のみで生殖が行われ,栄養生殖に分類される

ウ　自家受粉と他家受粉のどちらでも種子をつくることができる

エ　遺伝子の組み合わせによっては，自家受粉でも親と子の形質が異なることがある

オ　純系であれば親と子の形質は同じだが，孫の形質は異なることがある

(5) 【X】に入れたとき，菊子さんの発言に矛盾しないものをすべて選び，記号で答えなさい。

ア　お父さんもお母さんもB型

イ　お父さんがA型，お母さんがB型

ウ　お父さんがB型，お母さんがAB型

エ　お父さんがAB型，お母さんがO型

(6) 下線部Ⅲについて，遺伝の法則における優性・劣性という表現は人々に誤解を招く恐れがあったため，顕性・潜性という表現へ変更されることになった。その誤解とはどのようなものか，問題文の会話を参考に答えなさい。

(7) 茶実子さんは血液型の遺伝に興味を持ち，家族の話をもとに血液型に関する家系図を作成した。□は男性，○は女性を示しており，茶実子さんは11番の女性に該当する。家系図中の9番の女性の血液型はわからなかった。

① 9番の女性の血液型として可能性があるものをすべて答えなさい。

② A型である茶実子さんの遺伝子の組み合わせがAOである確率を分数で答えなさい。

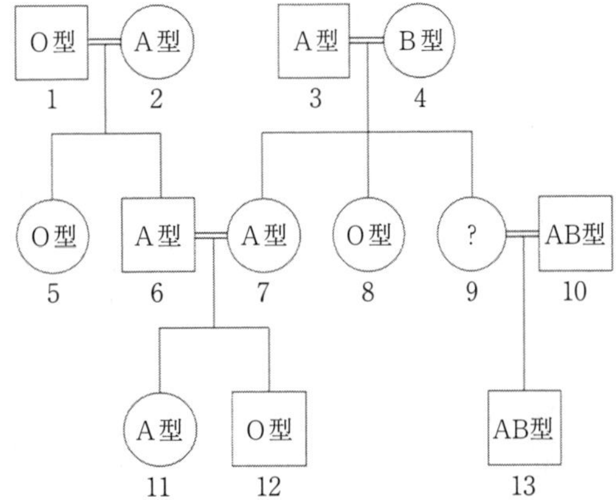

b 「らうたがる」

ア 遊びたがる　イ いやがる　ウ うるさがる

エ かわいがる　オ 群がる

c 「かしがましく」

ア うるさく　イ かわるがわる

ウ ここかしこに　エ これ見よがしに

オ ひどく

問二 波線部ⅰ「起きゐたれば」・ⅱ「うち臥したり」・ⅲ「うちおどろきたれば」の主語を次の中から選び、それぞれ記号で答えなさい。

ア 乳母　イ 姉なる人　ウ 侍従の大納言の御むすめ

エ 猫　オ 作者

問三 傍線部①「尋ぬる人やある」と考えたのはなぜですか。最も適切なものを次の中から選び、記号で答えなさい。

ア 餌を食べなかったから　イ かわいらしい猫だったから

ウ のどかに鳴いているから　エ 人に慣れていたから

オ 夢に出てきたから

問四 傍線部②「なやむ」と同じ意味で用いられている単語を本文中から抜き出して答えなさい。

問五 傍線部③「なほさるにてこそは」の解釈として最も適切なものを次の中から選び、記号で答えなさい。

ア 依然としておなかが空いて鳴くのだろう

イ きっと人がいないから鳴くのだろう

ウ なお具合が悪くて鳴くのだろう

エ もっと遊んでほしくて鳴くのだろう

オ やはり何かわけがあって鳴くのだろう

問六 傍線部④「かくなりたるなり」とはどのようなことですか、二〇字以内で答えなさい。

問七 夢の中で猫が語った内容はどこからどこまでですか、最初と最後の三字ずつを本文中から抜き出して答えなさい。

問八 本文の内容として最も適切なものを次の中から選び、記号で答えなさい。

ア 侍従大納言は猫が好きで、生前大切にしていた。

イ どこからともなくかわいらしい猫が姉妹の元にやって来た。

ウ 妹が猫を飼いたいと強く言ったので、姉も同意した。

エ 猫に飽きた姉妹は猫をしばらく北面に閉じ込めておいた。

オ 猫は突然、姉妹の前で自分のことについて語り始めた。

カ　章三郎は、血がつながっているだけに、強気にでる父親に反抗的に振る舞ってしまう。

キ　章三郎は、父親に優しくしなければとわかっているが、顔を見ると意地を張りたくなる。

ク　章三郎は、他人に対しては気遣いができるが、父親のことになると優しくできなくなる。

ケ　章三郎は、父親が乱暴な言葉で叱ると感情を表に出さないではいられなくなる。

コ　章三郎は、一言もしゃべらず、心の中だけで父親に言い返して反抗している。

三

次の文章を読んで、あとの問いに答えなさい。

花の咲き散るをりごとに、乳母（めのと）なくなりしをりぞかし、とのみあはれなるに、同じをり[注1]なくなりたまひし[注2]侍従の大納言の御むすめのａ手を見つつ、[注3]すずろにあはれなるに、五月ばかり、夜ふくるまで物語をよみてⅰ起きゐたれば、来つらむ方も見えぬに、猫のいと[注4]なごう鳴いたるを、おどろきて見れば、いみじうをかしげなる猫あり。いづくより来つる猫ぞと見るに、姉なる人、「[注5]あなかま。人に聞かすな。いとをかしげなる猫なり。飼はむ」とあるに、いみじう人なれつつ、かたはらにⅱうち臥（ふ）したり。①尋ぬる人やあると、これを隠して飼ふに、すべて[注6]下衆（げす）のあたりにもよらず、つと前にのみありて、ものもきたなげなるは、ほかざまに顔をむけて食はず。姉[注7]おととの中に[注8]つとまとはれて、をかしがりｂらうたがるほどに、姉の②なやむことあるに、[注9]ものさわがしくて、この猫を[注10]北面にのみあらせて呼ばねば、ｃかしがましく鳴きののしれども、③なほさるにてこそはと思ひてあるに、わづらふ姉おどろきて「[注11]いづら、猫は。こちゐて来」とあるを、「[注12]など」と問へば、「夢にこの猫のかたはらに来て、おのれは侍従の大納言殿の御むすめの、④かくなりたるなり。[注13]さるべき縁のいささかありて、この[注14]中の君のすずろにあはれと思ひ出でたまへば、ただしばしここにあるを、このごろ下衆の中にありて、いみじうわびしきことといひて、いみじう鳴くさまは、[注15]あてにをかしげなる人と見えて、ⅲうちおどろきたれば、この猫の声にてありつるが、いみじくあはれなるなり」と語りたまふを聞くに、いみじくあはれなり。

（『更級日記』による。本文を改めたところがある）

[注1]　なくなりたまひし…お亡くなりになった。「たまひ」は尊敬の意味を添えている。

[注2]　侍従の大納言の御むすめ…侍従大納言藤原行成（ふじわらのゆきなり）（九七二～一〇二七）の娘。

[注3]　すずろに…わけもなく、むやみに。

[注4]　なごう…「和（なご）く」が音便化したもので、のどやかに、の意。

[注5]　あなかま…しっ、静かに。

[注6]　下衆…使用人などの下賤な者。

[注7]　おとと…「おとうと」の約。男女にかかわらず、年下のきょうだいに対して用いる。

[注8]　つとまとはれて…さっとまとわりついて。

[注9]　ものさわがしく…家の中がなんとなく騒がしく。

[注10]　北面…北側の部屋。家族、あるいは使用人が住むところであった。

[注11]　いづら…どこですか。

[注12]　など…どうして。

[注13]　さるべき縁…こうなるはずの前世からの因縁。

[注14]　中の君…次女のこと。

[注15]　あてに…身分が高く。

問一　二重傍線部ａ「手」・ｂ「らうたがる」・ｃ「かしがましく」のここでの意味として最も適切なものをあとの中から選び、それぞれ記号で答えなさい。

ａ「手」

ア　手形　　イ　手の甲　　ウ　筆跡

エ　やり方　　オ　和歌

［注4］ 僻めて…ゆがめて。

問一 □ Ⅰ・Ⅱ・Ⅲ・Ⅳ・Ⅴに入れるのに最も適切な語を次の中から選び、それぞれ記号で答えなさい。ただし、同じ記号を二度以上使ってはいけません。

ア うとうとと　イ じりじりと　ウ せいせい
エ ねちねちと　オ むっと

問二 二重傍線部ⅰ・ⅱ・ⅲ・ⅳの中で品詞の異なるものを一つ選び、記号で答えなさい。

問三 波線部A「けんもほろろに」・B「虫を殺して」・C「溜飲を下げる」のここでの意味として最も適切なものをあとの中から選び、それぞれ記号で答えなさい。

A「けんもほろろに」
ア あいまいに　イ いい加減に
ウ 怒りをこめて　エ 親しみをこめて
オ とりつくすべもなく

B「虫を殺して」
ア 怒りを抑えて我慢して
イ 気持ちを見せずに
ウ 苦々しい気持ちを抱いて
エ まったく相手にしないで
オ 冷酷な気持ちになって

C「溜飲を下げる」
ア 気分が落ち込んで滅入(めい)る
イ 念願がかないうれしい
ウ 不満が解消して気分が落ち着く
エ 胸がすっきりして希望を持つ
オ わだかまりがあり不安だ

問四 傍線部①「彼自身の罪」とありますが、どのようなことが、なぜ「罪」だというのですか。最も適切なものを次の中から選び、記号で答えなさい。

ア 章三郎がいつも寝ていることは、父が章三郎のことを大切に思ってくれないせいだから。
イ 章三郎が父を無視するのは、父が理屈を理解しない無教養な人間であるせいだから。
ウ 父が暴力を簡単に振るうようになったことは、章三郎が乱暴な行為を行ったせいだから。
エ 父が野蛮な人間になったことは、章三郎が父の顔を立てずに無視し続けたせいだから。
オ 父が乱暴で冷酷なことをするのは、章三郎が毎日一日中寝ているせいだから。

問五 傍線部②「これ程の不愉快を抱かないでも済んだであろう」とありますが、章三郎が「不愉快」に感じるのはなぜですか。三〇字以内で答えなさい。

問六 傍線部③「決して口へ出そうとしない」とありますが、なぜですか。六〇字以内で答えなさい。

問七 傍線部④「別な悲しみ」とありますが、次の1・2の各問いに答えなさい。

1 元々あったのはどのような悲しみですか。
2 「別な悲しみ」とはどのような悲しみですか。

問八 章三郎と父親の人物像として当てはまらないものを次の中から二つ選んで、記号で答えなさい。

ア 父親は好人物であるが、息子の反抗にあい、威圧的に振る舞うようになった。
イ 父親は何時間も息子を叱りつけ、息子が自分の意見に従うまで話を止めなかった。
ウ 父親は最終的には譲歩して、涙まで浮かべることがあった。
エ 父親は息子が早く学校を卒業して、自立してほしいと考えている。
オ 父親は方言丸出しなところが無教養で、誰の前でも機嫌悪くいらいらしている。

を圧さえつけられるような、暗い悲しいⅱ腹立たしい感情が、常に父親と彼との間に介在して居て、彼はどうしても打ち解ける事が出来なかった。たまたま父の前へ出れば、無闇に反抗心が勃興して、不平や癇癪がムラムラと込み上げて来る。ところが父親の痩せ衰えた顔の中には、何となく陰鬱な、人に憐愍を起させるような傷々しい俤があって、そのために章三郎は口を利くことも、身動きをすることも出来なくなる。この老人の血液の中から、自分と云う者が生れたのかと考えると、何だかⅲたまらない気持ちがして、体が一時に硬張ってしまう。

「二十五六にもなって、毎日学校を怠けてばかり居やあがって、一体手前はどうする気なんだ。……どうする気なんだってばよ！」

　折々彼は、否応なしに父親の傍へ呼び付けられて、［Ⅲ］詰問されて、意見を聴かされる時がある。そんな場合に章三郎は、面と向って据わったまま、いつまで立っても返辞をしなかった。

「手前だってまさか子供じゃあねえんだから、ちッたあ考えがあるんだろう。え、おい、全体どう云う了見で、毎日ぶらぶら遊んで居るんだ。考えがあるならそれを云ってみろ。」

　こう云う調子で、親父は［Ⅳ］膝を詰め寄せるが、二時間でも三時間でも章三郎は黙って控えて居る。

「考えがある事はあるけれど、説明したって分りゃしませんよ。」

と彼は腹の中で呟くばかりで、③決して口へ出そうとしない。そうかと云って、一時の気休めに出鱈目な文句を列べ、父親を安心させようと云う気も起らない。そんな気を起す余裕がない程、彼の心は惨憺たる感情に充たされるのである。しまいに親父が焦立って来て、いよいよ乱暴な言葉を用いると、章三郎も胸中に漲る反抗心を、出来るだけ明瞭に表情と態度とによって誇示しようとする。例えば恐ろしい仏頂面をして、眼を瞋らせるとか、相手が夢中で怒鳴って居る最中に殊更仰山なあくびをして見せるとかした。

「ちょッ」

と親父は舌打ちをして、

「まあ何て云う奴だろう。親に意見をされながら、あくびをする奴があるか。第一手前のその面は何だ。何でそんなに膨れッ面をして居るんだ。」

　こう云われると章三郎は始めていくらか胸が［Ⅴ］する。つまり自分の表情と態度の意味が、親父の神経にまで届いた事を発見して、やっと反抗の目的を達したように、C溜飲を下げるのである。

「ほんとうに呆れ返って話にもなりゃしねえ。先から口を酸っぱくして聞いてるのに、黙ってばかり居やあがって、剛情なのか馬鹿なのか訳が分らねえ。……これから何だぞ、うんと性根を入れ換えて、ちっとしっかりしなきゃあ駄目だぞ。今までみたいに寝坊をしないで、朝は六時か七時に起きて、毎日必ず学校へ出掛けて行きねえ。それにもう、今までのように矢鱈に余所へ泊って来ちゃあならねえぞ。出て行ったっきり、三日も四日も何処かへ泊って来るなんて法があるもんじゃねえ。これからきっと改めないと承知しねえから……」

　結局親父は我を折って、多少哀願的な調子になって、捨て台辞を云った揚句に章三郎を放免する。この時になると、さすがに父の眼底には、いつも涙が光って見えた。

「涙を浮べるくらいなら、なぜもう少しⅳ温かい言葉をかけてくれなかったのだろう。そうして己も、なぜもう少し、優しい態度になれなかったのだろう。」

　そう思うと章三郎は、④別な悲しみがひしひしと胸に迫るのを覚えた。いっそ親父があくまで強硬な態度を通してくれた方が、かえって此方も気が楽であった。

（谷崎潤一郎「異端者の悲しみ」による。本文を改めたところがある）

［注1］険相な…怒って顔つきが険しくなった様。

［注2］総領…一番上の子供。戦前は、一般的には後継ぎになるので、父親に次いで、家族の中で特別に優遇され、期待もされた。

［注3］畢竟…つまり、結局。

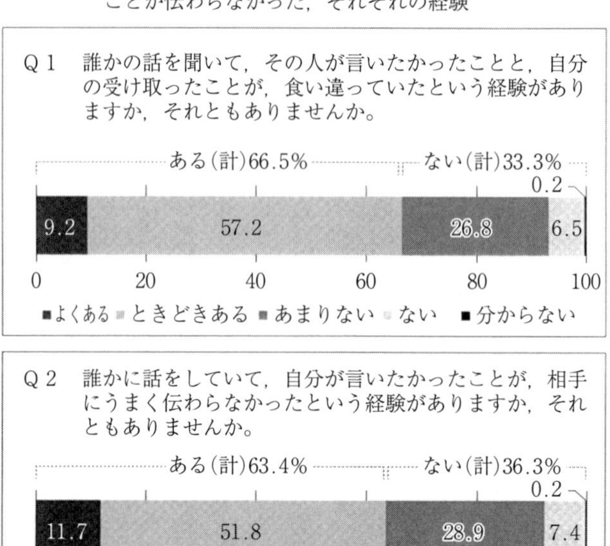
平成24年度国語に関する世論調査
Q１，２　人の言いたいことが理解できなかった，自分の言いたいことが伝わらなかった，それぞれの経験
Q１　誰かの話を聞いて，その人が言いたかったことと，自分の受け取ったことが，食い違っていたという経験がありますか，それともありませんか。
ある（計）66.5％
ない（計）33.3％
0.2
9.2
57.2
26.8
6.5
0
20
40
60
80
100
■よくある　■ときどきある　■あまりない　■ない　■分からない
Q２　誰かに話をしていて，自分が言いたかったことが，相手にうまく伝わらなかったという経験がありますか，それともありませんか。
ある（計）63.4％
ない（計）36.3％
0.2
11.7
51.8
28.9
7.4
0
20
40
60
80
100
■よくある　■ときどきある　■あまりない　■ない　■分からない

二　次の文章を読んで、あとの問いに答えなさい。

蓄音機の道具を散らかしたまま、彼は日の暮れまで［Ｉ］睡った。

「おい、章三郎、起きねえか、起きねえか。」

こう呼ばれたので眼を覚ますと、親父が［注1］険相な顔をして枕もとに立ちながら、足の先で彼の臀っぺたを揺す振って居る。

「いくら親父だって、自分の悴を起すのに足蹴にしないでもよさそうなものだ。何と云う無教育な人間なんだろう。」

章三郎は［Ⅱ］したが、考えてみると父親をこれ程ⅰ荒っぽい、野蛮な人間にさせてしまったのは、みんな①彼自身の罪であった。彼の父は決して昔からこんな乱暴な、子供に対して冷酷な人間ではなかったはずである。今でも妹のお富を初め、母親やその他の者に掴まると、むしろ軽蔑されるくらいの好人物に見えるのだが、ただ［注2］総領の章三郎に対してのみ、猛獣のように威張りたがった。［注3］畢竟それは章三郎が、あまりに親の権力と云うものを無視して懸って、これまでに散々父の根性を［注4］僻めてしまった結果なのである。せめて表面だけでも、父の顔が立つように仕向けてやればよかったものを、彼にはたったそれだけの我慢が出来ず、Ａけんもほろろに取り扱うので、父親の方でも、「何糞！」と云う了見になるのであった。

「父を無教育だと罵る前に、教育のある己れから、まず第一に態度を改めてかかるがよい。そうすれば父も段々素直になって、必ず感情が融和するに違いない。」

彼にはこの理窟がよく分って居た。Ｂ虫を殺して、父親に優しくしてさえ居れば、自分の良心も少しは休まる暇があろうと、思わないではなかった。そう知りながら、一旦父親の顔を見ると、もしくはひと言叱言を云われると、不思議にもたちまち意地が突っ張って来て、到底大人しく服従する訳に行かなくなった。

父を軽蔑すると云っても、もちろん積極的に悪罵を浴びせたり、腕を捲くったりするのではない。それが出来るくらいなら、彼は恐らく父に対して、②これ程の不愉快を抱かないでも済んだであろう。父を全然他人のように感じ、他人のように遇する事が出来たなら、彼はもう少し仕合わせになり得るはずであった。自分を罵る者が他人であったなら、彼は容赦なく罵り返してやるだろう。誤解する者が他人であったなら、彼はただちに弁解を試みるであろう。憐れな者、卑しむべき者、貧しき者が他人であったなら、彼はその人を慰め、敬遠し、恵む事が出来たであろう。場合によってはその人と絶交する事も出来たであろう。ただただその人が彼の肉身の父であるために、ほとんどこれに施す可き術がないのである。

章三郎が、父に対しての術を施し得ないのは、必ずしも彼に道徳があるからではない。道徳と云う一定の固まった言葉では、とても説明することの出来ない、或る不思議な、胸のつかえるような、頭

問二　波線部A「血気にはやった」・B「卑近に過ぎた」のここでの意味として最も適切なものをあとの中から選び、それぞれ記号で答えなさい。

A「血気にはやった」

ア　明るく元気な
イ　おごりたかぶった
ウ　思いやりにあふれた
エ　決意をもって立ち上がった
オ　向こう見ずに意気込んだ

B「卑近に過ぎた」

ア　抽象にすぎた　イ　特殊すぎた　ウ　難解すぎた
エ　飛躍しすぎた　オ　身近すぎた

問三　□Ⅰ・Ⅱに当てはまる漢数字をそれぞれ答えなさい。

問四　傍線部①「コミュニケーションにはいろいろなものが絡む」とありますが、「いろいろなもの」としてどのようなものが考えられますか、自分で考えて三つ挙げなさい。

問五　傍線部②「プラットホーム」とありますが、この語は、本文全体を通してどのような意味で用いられていますか。二五字以内で説明しなさい。

問六　傍線部③「勝海舟にまつわる有名な話」とありますが、この例はある主張の裏付けとなっています。それはどのような主張ですか、説明しなさい。

問七　傍線部④「私にはコミュニケーション力について勘違いしてきたところがある」とありますが、作者のコミュニケーション力の理解について説明した次の文の空欄に当てはまる語を、それぞれ本文中から指定の字数で抜き出して答えなさい。

　作者がはじめに考えていたコミュニケーション力とは（1　七字）力のことである。しかし、内田氏による勝海舟の話から、（2　三字）力だと考えるようになった。

問八　傍線部⑤「コミュニケーション力と読解力の関係」について、筆者はどのように考えていますか。説明として最も適切なものを次の中から選び、記号で答えなさい。

ア　生きるか死ぬかという状況に追い込まれたときに生き延びるためには、読解力は必要なく、コミュニケーション力もさほど必要ではない。
イ　多くの人々の前で全体状況に対する読解力を働かせ、意見をたたかわせながら相手を説得していく力がコミュニケーション力である。
ウ　自分とは異なる考えをもつ相手の言葉や状況を読み取る力が読解力であり、それをもとにして意思疎通をはかることがコミュニケーションである。
エ　専門や世代が異なる人とにこやかに談笑しながら意見交換する力がコミュニケーション力であり、それは読解力とは異なるものである。
オ　仲間うちや同じ関心をもつ人とのコミュニケーションにおいて、自分の言葉を相手にとどける新しい切り口を創造する力が読解力である。

問九　あとの表は、文化庁が実施した「国語に関する世論調査」の結果を示したものです。この表について、次の1・2の各問いに答えなさい。

1　表から分かることを、次の語を用いて四〇字以内でまとめなさい。

【誤解・コミュニケーション】

2　この世論調査をもとに文化庁がまとめた報告には【問い】と回答の形式（Q&A）で、コミュニケーション上の注意点などについて解説が加えられています。次の【問い】に対する回答を、本文の内容を踏まえながら自分で考えて書きなさい。

【問い】　自分の言ったこと、書いたことが、思ったとおりに相手に伝わらないことや、相手の意図をうまく受け取れないことがあります。誤解は防げないものでしょうか。

ようにする。それがコミュニケーション力、自分が使っているコードを破る力である」と話があった。

次に、コードを破ってコミュニケーションを図った優れた例が挙げられた。③[注3]勝海舟にまつわる有名な話で、[注4]司馬遼太郎氏が書いている。[注5]坂本龍馬が海舟を訪ねてくる。このときの龍馬は、A血気にはやった単純な青年に過ぎない。[注6]攘夷をそ単純に良いことだと信じていて、「勝を斬る」とはやっている。その龍馬に勝は言う、「おう、まず、あがんなよ。俺を斬りに来たんだろ」と。家に招き入れて、開国論を縷々述べる。話が終わったときには、龍馬は「勝先生、弟子にしてください」と言うようになっている。龍馬は「この人は本物だ」「この人の言っていることには迫力がある」と感じたのであろう。自分と全く意見の違う人間と出会って、生きるか死ぬかという状況に追い込まれて、どう生き延びるか、そこに働いた力こそコミュニケーション力と言える。なるほど、④私にはコミュニケーション力について勘違いしてきたところがある。

こんな想像をした。ドレスなど興味がなく、持っているお金で絵画を買おうと思って複合商業施設を訪れた客があったとして、その客を自分の店に案内し、ドレスを買ってもらったということがあったとすると、そのときのやりとりに働いていた力にはコミュニケーション力が関わっていると言ってもよいのではないか……。例がB卑近に過ぎた。業界ごとに、専門分野ごとにプラットホームが違ってしまって、業界、専門が違うと、コミュニケーションが成立しないという問題が生じているからである。それだけではない。ときに、この国では世代ごとにプラットホームが違ってしまったのではないかと思うことがある。[注7]スマホネイティブとも言われる子どもたちとその祖父母の間には、ある種のコミュニケーションeフゼンが広がっている。

さて、⑤コミュニケーション力と読解力の関係である。仲間うちの話、あるいは会社での会議、同じ関心を持つ人へのプレゼンなどに対してさほどコミュニケーション力は必要なく、同時にさほど読解力も必要ではない。しかし、プラットホームが異なるところに何とか架橋しようという場合は、そうはいかない。相手のプラットホームがどうなっているか、自分のプラットホームとどう違うか、そこからスタートする。スタートに必須の力は読解力だと思う。そのうえで相手が渡りやすいような橋を架けていく。相手が読み取りやすいような橋として何を選んだらよいか、どんな言葉が必要か、自分のコードから出て考える。実はそこにも全体状況に対する読解力が働くのだと思う。

内田氏は、通じ合えない場面に出会い続けるのが人生だと話した。そのときは臨機応変に対処する。マニュアルなどない。そこで発揮される力がコミュニケーション力というわけだが、そのとき働く「コミュニケーション力」とは、「生きる力」にほかならない。

(村上慎一『読解力を身につける』による。本文を改めたところがある)

[注1] 内田樹…一九五〇〜。思想家、武道家、作家。神戸女学院大学名誉教授。専門はフランス現代思想。

[注2] コンテンツ…中身、内容。

[注3] 勝海舟…一八二三〜一八九九。江戸時代末期(幕末)から明治時代初期の武士(幕臣)、政治家。

[注4] 司馬遼太郎…一九二三〜一九九六。小説家、ノンフィクション作家、評論家。

[注5] 坂本龍馬…一八三五〜一八六七。江戸時代末期の志士、土佐藩郷士。

[注6] 攘夷…幕末期に広まった、外国との通商に反対し、外国を撃退して鎖国を続けようとする排外思想。

[注7] スマホネイティブ…スマートフォン(スマホ)が普及している環境で生まれ育った世代。

問一 二重傍線部a・b・c・d・eについて、漢字はその読み方をひらがなで記し、カタカナは漢字に改めなさい。

二〇二一年度 お茶の水女子大学附属高等学校

【国語】（五〇分）〈満点：一〇〇点〉

（注意）　字数制限のある問いについては、特に指示がない限り、句読点・記号も一字として数えなさい。

一　次の文章を読んで、あとの問いに答えなさい。

　コミュニケーション力という言葉を聞いて、どんなことを思い浮かべるだろう。私は、初めにこやかに談笑しながら意見交換をする人々の姿を思い浮かべた。そういうことができる人がコミュニケーション力が高いのではないかと。その後、この言葉が広く流布(るふ)するにいたり、また、企業が新入社員に求める能力のナンバーワンがこの能力だという情報に接するにつけ、談笑しながら意見交換をする力というだけでは足りないのではないかと思うようになった。多くの人々の前で分かりやすくプレゼンする力、会議で意見をたたかわせながら相手を説得していく力、多くの人とスムーズな人間関係を築くための会話をする力、場合によっては関係が壊れてしまった誰かとの関係をaシュウフクする力……、そういうものを含めてコミュニケーション力というのではないかと思うように変わっていった。一方で、寡黙であまりしゃべらないけれど、いつも確かな考えに基づいて行動し、皆の信頼を得ているような人のコミュニケーション力はどうなのだろう、「話す」「聞く」を中心とした目に見える言語活動から測ることができるものだけがコミュニケーション力なのだろうかと疑問に思うようにもなっていった。

　このような疑問には理由がある。大学の講義でのことであったと思うが、「コミュニケーションにおいて、言語活動がb占める割合はどれほどのものか？」という質問があった。会話がコミュニケーションの中心で、他は添え物のようなものだと思っていた私は会話が七割くらいだろうと予想した。結果は、まるで逆だった。「[Ⅰ]割が言語活動、他が[Ⅱ]割というのが一般的ですが、中には他が九割という研究結果もあります」と話があった。これも大学で教授から聞いた。それを聞いていて思い出したことがある。かなり以前のことになる。教授は、放送局のアナウンサーになるための試験を受けることになった。その面接で「『うれしい』を六通りに表現してください」という課題があった。飛び上がりたいほど「うれしい」から、本当はうれしくないけど相手に気を遣って口にする「うれしい」まで、いろいろな場面を想定して表現したという。文字に起こせば、たとえばメールで書けば、一様に「うれしい」となるだけのことである。確かに①コミュニケーションにはいろいろなものが絡(から)む。そういういろいろが欠落した言語活動は、コミュニケーションの名にc値しないかもしれない。その講演を聴き終わるまでに私が考えていたことは、そんなところである。

　[注1]内田樹(うちだたつる)氏による、その講演は「コミュニケーション力とは何か」を一つのテーマとしていた。氏は、こう切り出した。「コミュニケーション力とは、どこかに謳(うた)われているような『自分の意見をはっきりと言う力』などではない。今この瞬間に(相手への表現を)イノベーションする力を言う。そうでないと相手には届かない」。イノベーションの訳語として、まず浮かぶのは、「技術dカクシン」という語だが、よく調べてみるとイノベーションには、物事の「新結合」「新機軸」「新しい切り口」「新しい捉え方」「新しい活用法」(を創造する行為)等の意味がある。新しい切り口で言葉の新しい活用を創造していくことこそ、コミュニケーション力の本質である、氏はそう語っていた。

　その後の説明である。「(コミュニケーション力とは)コミュニケーションが成立しなくなっている状況で、それでも意思疎通ができる力を言う。②プラットホームができていて、その上の[注2]コンテンツをどうするかという問題ではない。プラットホームが壊れているときに、棒でも瓦礫(がれき)でも樋(とい)でもそこら辺にころがっているものを使って、何とかして架橋する。通じていないところを通じさせる

英語解答

1・**2** 放送文未公表

3 1 see　2 impossible
3 atmosphere　4 health
5 pollutants　6 watching
7 Air　8 people
9 electricity　10 smoke
11 exhausts　12 heat
13 Acid

4 (1) (例)祖母を老人ホームに入れること。
(2) (例)祖母が老人ホームに入ってから，エミリーが母と一緒に祖母の好きなアイスクリームを持って祖母に会いに行っても，祖母はエミリーが自分の孫だとわからず，「アイスクリームを持ってくる女の子」としか認識できなくなってしまっていたから。
(3) (例)毎週末にアイスクリームを持っていき，祖母を抱きしめようと決めた。

5 1 ウ　2 イ　3 エ　4 オ
5 ア

6 (1) When he was in〔at〕school, he was not good at any subjects
(2) Daniel had his desk by one of the windows
(3) he liked to sit on〔in〕his chair and look at them
(4) He worked in the same office but he was very different from Daniel
(5) he has not done any work for half an hour

7 (例)A smartphone is a kind of mobile phone that is also a small computer. It's very convenient but you need to be careful when you use it.　For example, it's dangerous to use it while walking or driving.　Also, you should not use it too much.（46語）

1・**2** 放送文未公表

3 〔長文読解―要約文完成―説明文〕

≪全訳≫❶私たちは，室内，屋外，山頂，炭鉱の奥深くなど，どこにいても常に多量の気体に囲まれている。これらの気体は，空気または大気と呼ばれる。❷大気中の気体は目に見えず，私たちはふだんそれに気がつかない。しかし，気体はとても重要だ。大気がなければ，人間も動物も植物も生きられない。大気の性質，つまり大気がきれいであるかそれとも汚染されているかも大変重要である。❸大気は主に，酸素，窒素，水蒸気，少量の二酸化炭素，そしてその他の気体から成り立っている。しかし，全ての空気は少量の不純物を含んでいる。工場や交通量の多い場所から遠く離れた所では，植物の花粉や土ぼこりのほか，バクテリアさえも空気に含まれていることがある。これらの不純物の量は，たいていとても少ないため重要ではない。❹空気に生物の健康や安全に影響を与えるほど有害な不純物が含まれているとき，空気は汚染されている状態だ。不純物，すなわち汚染物質とは，通常は空気中には見られない，物質や気体の非常に小さな粒子のことである。❺人間が呼吸すると，空気中の汚染物質が肺に運ばれたり，体内に吸収されたりする。そして汚染された空気は，人間だけでなく動物や植物にも害を与える可能性がある。このため，空気を良好な状態に保つには，空気を注意深く観察する必要がある。❻大気汚染は主に，自然汚染と人によって引き起こされる汚染の2種類がある。自然の汚染物質は，ほこり，花粉，霧などである。火山灰は，地球の広い範囲に飛ばされる。また，1950年代の初め，アメリカ南東部で発生した山火事は，国の非常に広い範囲を煙で覆った。航空便ははるか遠くのニューヨーク市まで欠航になった。 人はこうした自然の作用を止めることはできない。❼主な懸念は，後者のおそらくより深刻な形態の大気汚染，すなわち人によって引き起こされる汚染である。この汚染のほとんどは，産業や車，トラック，飛行機によって生み出されている。社会の工業化が進み，より多くの車が運転され，より多くの工場が建設されるにつれて，汚染は悪化する。そして，人口と産業が多い都市において，汚染は最も深刻だ。❽都市に住む何百万もの人々は，熱，お湯，光，電力，それに交通機関を必要とする。これらを生産するために石炭や石油を燃やすことが，都市の大気汚染の大部分を生み出す。都市部の人々は大量の紙くずやごみを出しており，それらが燃やされると，多量の煙を発生させる。これがまた大気汚染を生み出している。都市部の交通における車の排気ガスは，さらに多くの汚染物質で空気を充満させる。ときに工場での作業は化学系廃棄物を生み出し，それは空気中に放出される。タバコの煙は，閉められた部屋の空気を汚染する可能性がある。車のブレーキやタイヤさえほこりを発生させる。❾これらの汚染物質の中には，車の排気ガスのように，地上の高さで空気中に排出されるものもある。また，発電所や工場から出る煙のように，より高い所で大気に入るものもある。煙やその他の汚染物質が霧と結びつくと，スモッグを発生させる。❿大気汚染の量は，気温や気圧といった大気の状態に影響を受ける。地表近くの空気は上空の空気よりも暖かいため，通常は気流が上昇する。上昇気流は汚染物質をより高い大気に運び，それらは拡散される。しかし，地表の上の空気が，地表の空気より暖かい場合もある。これが起こると，暖かい空気が上昇気流を止める。こうなると，汚染物質は地表近くにとどまり，最も深刻な害を及ぼす。⓫大気汚染による損害は甚大だ。毎年数十億ドルの損失をもたらしている。花や野菜の多くの農作物は，車の排気ガスから悪影響を受けている。木は発電所の汚染により枯れている。牛はアルミニウムを再生する工場から出る煙によって害されている。立派な建物の壁はすすで黒くなっている。⓬また，大気汚染は人の体にも損害を与える。目，のど，そして肺に影響を及ぼす。それはまた，多くの深刻な病気の原因となり，ますます多くの人がこれらの病気で亡くなっている。⓭科学者たちは，やがて空気中の煙やほこりが，地表が太陽から受ける熱の量を減少させるのではないかと懸念している。⓮もう１つの懸念は酸性雨だ。この雨は，他の化学物質とともに，硫黄酸化物と窒素酸化物を含んでいる。酸性雨は，湖や川に被害を与えたり，水中に生息する生物や植物に害を与えたりする。酸性雨は，農作物やその他の植物，石造りの建物や記念碑，飲料水にも影響を及ぼすことがある。

《要約文全訳》❶私たちは，自分たちを取り巻いている気体を見ることはできないが，それらはいつもそこにある。人，動物，植物にとって，それらなしで生きることは不可能だ。私たちはそれらを空気または大気と呼ぶ。❷大気には，酸素，窒素，水蒸気，二酸化炭素，それに少量の不純物が含まれている。私たちの健康や安全に影響を及ぼすほどの不純物が含まれると，空気は汚染されている状態だ。これらの不純物は汚染物質と呼ばれる。汚染された空気は，人だけでなく動物や植物にとっても有害になりうるので，私たちは注意深く観察することによって空気を良好な状態に保つようにしなければならない。❸大気汚染は，ほこりや花粉，霧などの汚染物質によって引き起こされる。しかし，より深刻な形態の汚染がある。この汚染は，人によって引き起こされるものだ。社会の工業化が進むにつれて，汚染はさらに悪化する。❹都市部の大気汚染の多くは，石炭や石油を燃やして熱，お湯，光，電力を生産することによって引き起こされている。また，紙くずやごみを燃やして出る煙，車の排気ガス，工場から出る化学系廃棄物などにも大量の汚染物質が含まれている。大気汚染は大気の状態にも影響を受けている。❺大気汚染は，農作物，木，牛，建物に甚大な被害をもたらす。それは私たちの健康にも影響し，地表の熱を減少させるかもしれない。❻酸性雨もこの汚染によって引き起こされているもう１つのものであり，酸性雨は湖や川，水中の植物や動物，農作物，建物，飲料水などにも損害を与えたり影響を与えたりする。

＜解説＞１．本文第２段落第１文参照。invisible「目に見えない」を，「(自然に)見える，目に入る」の意味で使われる see を使って「見ることはできない」と言い換える。　２．空所を含む文は，‘It is ~ for … to —’「…が〔…にとって〕—することは～だ」の形式主語構文。本文第２段落第

3文の cannot live「生きられない」を「生きることは不可能だ」と言い換える。 impossible「不可能な」 3．最初の空所を含む文は ‘call＋*A*＋*B*’「*A*を*B*と呼ぶ」の形で，them は the gases を受けている。本文第1段落最終文ではこの形の受け身形が使われている。 4．本文第4段落第1文参照。空所を含む文の that will affect our (   ) and safety は，先行詞 impurities を修飾する関係代名詞節。また，要約文の our「私たちの」は，本文の of living things「生物の」を言い換えたもの。 5．本文第4段落第2文参照。本文の The impurities, or pollutants の or は「言い換えれば，すなわち」の意味。 6．本文第5段落最終文参照。要約文では「空気を注意深く観察することで〜しなければならない」と言い換える。 by 〜ing「〜することによって」 7．最初の空所だけを見れば，本文第6段落第1，2文より Natural が最適と考えられるが，この後にある2つの空所には，本文第10段落第1文および第11段落の内容より，Natural は入らず Air が入る。Natural pollution は Air pollution の1つなので，最初の空所は Air とすることができる。be caused by 〜「〜によって引き起こされる」 8．本文第6段落第1文および第7段落第1文参照。大気汚染のより深刻な汚染は「人間」により引き起こされる汚染。 9．本文第8段落第1，2文参照。本文に挙げられている石炭や石油を燃やしてつくられるものの中で要約文にないものは electric power「電力」と transportation「交通機関」。このうち動詞 produce「〜を生産する」の目的語となる electric power「電力」を1語で表す。 electricity「電気」 10．本文第8段落第3文参照。要約文は，空所に入る名詞をmade by 〜 と続く過去分詞句が後ろから修飾する形(過去分詞の形容詞的用法)。 11．第8段落第5文参照。本文の表現をそのまま使えばよい。contain「〜を含む」 ‘fill 〜 with …’「〜を…で満たす」 12．本文第13段落参照。 reduce「〜を減らす」 13．本文第14段落参照。本文の acid rain をそのまま使う。

4〔長文読解総合―物語〕

≪全訳≫❶エミリーは，祖母はどこが悪いのかわからなかった。彼女は，砂糖をどこに置いたか，いつ請求書の支払いをすべきか，何時に食料雑貨の買い物のために車で拾ってもらう用意ができていればいいかなど，いつも物忘れをしていた。❷「おばあちゃんはどうしちゃったの？」とエミリーは尋ねた。「おばあちゃんはとてもきちんとした人だったでしょ。今は悲しそうでぼーっとしているように見えるし，物事を覚えてないの」❸「おばあちゃんはただ年を取ってきたのよ」と母は言った。「おばあちゃんは今，たくさんの愛を必要としているの」❹「年を取るとはどういうこと？」とエミリーは尋ねた。「みんな物忘れをするの？ 私もそうなる？」❺「年を取ったら誰もが物忘れをするというわけじゃないわ，エミリー。私たちはおばあちゃんがアルツハイマー病かもしれないと思っているんだけど，そのせいでおばあちゃんはさらに忘れてしまうの。おばあちゃんに必要な適切なケアを受けるには，老人ホームに入れなきゃならないわ」❻「えっ，お母さん！ それはひどいわ！ おばあちゃんは自分の小さい家を恋しがるわよね？」❼「そうかもしれないけど，他に私たちができることはあまりないの。そこではちゃんとお世話をしてもらえるし，新しい友達もできるわ」❽エミリーは悲しそうだった。彼女はその考えが全く気に入らなかった。❾「私たちはしょっちゅう会いに行けるの？」とエミリーは尋ねた。「たとえおばあちゃんが物忘れしたとしても，私はおばあちゃんと話すのが恋しくなるわ」❿「週末に行けるわよ」と母が答えた。「プレゼントを持ってね」⓫「アイスクリームとか？ おばあちゃんはストロベリーアイスが大好きよ！」 エミリーはほほ笑んだ。⓬「ストロベリーアイス，そうね！」と母は言った。⓭彼女たちが初めて老人ホームの祖母を訪ねたとき，エミリーは泣きたかった。⓮「お母さん，ほとんどの人が車椅子に乗ってるわ」と彼女は言った。⓯「乗らなきゃいけないのよ。でなければ転んでしまうから」と母は説明した。「さあ，おばあちゃんに会ったらほほ笑んで，どんなにおばあちゃんがすてきか伝えてあげて」⓰祖母は，サンルームと呼ばれる部屋の隅に1人きりで座っていた。彼女は外の木々を見ていた。17エミリーは祖母を抱きしめた。「見て」と彼女は言った。「プレゼントを持ってきたのよ，おばあちゃんの大好きなもの，ストロベリーアイスよ！」18祖母はアイスクリームのカップとスプーンを取って，何も言わずに食べ始めた。19「おばあちゃんはアイスクリームを楽しんでいるわ」と母がエミリーに言った。20「でも，おばあちゃんは私たちのことがわかっていないみたい」 エミリーはがっかりした。21「おばあちゃんに時間をあげなきゃ」と母は言った。「おばあちゃんは新しい環境にいて，適応しなきゃいけないんだもの」22しかし，次に祖母を訪ねたときも同じだった。彼女はアイスクリームを食べてエミリーたちにほほ笑んだが，何も言わなかった。23「おばあちゃん，私が誰だかわかる？」とエミリーは尋ねた。24「あなたは私にアイスクリームを持ってきてくれる女の子ね」と祖母は言った。25「そうよ，でも孫娘のエミリーでもあるの。私のこと覚えてないの？」とエミリーはきいて，その老婦人に自分の腕をまわした。26祖母はかすかにほほ笑んだ。27「覚えてるかって？ もちろん覚えてるわよ。あなたは私にアイスクリームを持ってきてくれる女の子ね」28不意にエミリーは，祖母はもう自分のことを思い出さないだろうと悟った。祖母はいつでもエミリーのことをアイスクリームの女の子だと思うのだろう。彼女は自分だけの世界，あいまいな記憶と孤独の世界に生きていた。29「ああ，大好きよ，おばあちゃん！」と彼女は言った。ちょうどそのとき，エミリーは祖母の頬に涙を見た。30「愛」と彼女は言った。「愛は覚えているわよ」31「ほら，それがおばあちゃんの欲しい全てよ」と母は言った。「愛が」32「じゃあ，私のことを思い出さなくても，毎週末にアイスクリームを持ってきて抱きしめてあげる」とエミリーは言った。33結局，その方が大切だったのだ。誰かの名前より愛を覚えているということの方が。

(1)＜**語句解釈**＞エミリーがthe idea「その考え」を気に入らなかったのは，第6段落でThat's terrible!「それはひどい！」と母親に抗議していることから読み取れる。つまり，エミリーはその直前で母が説明した祖母を老人ホームに入れるということが気に入らないのである。

(2)＜**文脈把握**＞エミリーが初めて祖母にアイスクリームを持って会いに行ったとき，祖母はエミリーたちのことがわかっていないようだった(第20段落)。その次に会いに行ったときは，自分が誰だかわかるかときいたが，祖母はエミリーを「アイスクリームを持ってくる女の子」としか認識しなかった(第23，24段落)。さらにもう一度，エミリーは自分の名前を出して孫だと伝えたが，祖母の反応は変わらなかった(第25～27段落)。この一連の経緯が，エミリーに下線部のように思わせるようになったのである。この内容を解答欄内にまとめる。

(3)＜**文脈把握**＞エミリーの決意の内容は第32段落に書かれている。I'll(＝I will) のwillは'意志'を表している。 even if ～「たとえ～でも」

5 〔長文読解―適文選択―説明文〕

《**全訳**》1名前の人気は変わる。アメリカで今日最も人気のある男の子の名前は，ノア，リアム，メイソンなどだ。1今日最も人気のある女の子の名前は，ソフィア，エマ，オリビアなどだ。かつてはとても人気があったメアリーやジョンという名前は，今ではあまり一般的でない。2祖父・祖母の名前は古くさくすたれているように聞こえるが，曽祖父・曽祖母の名前は現在ではときにかっこよくも思える。2ヘレン，ローズ，ヘンリー，マックスという名前は，かつては人気がなかったが戻ってきたのだ。一部の名前の人気は変わらない。3例えば，ウイリアムはいつのときにも男の子に最も人気のある5つの名前のうちの1つだ。3名前が男の子の名前か女の子の名前か，見分けるのが難しいことがある。例えば，アリゾナは州の名前だ。ダコタはアメリカ先住民の部族の名前である。これらは男の子の名前だろうか，それとも女の子の名前だろうか。4 4有名人の中には，子どもに珍しい名前をつける人もいる。デイビッド・ベッカムとビクトリア・ベッカム夫妻の息子の名前はブルックリンだ。俳優のアントニオ・サバト・ジュニアには，とても長い名前の息子がいる。彼の名前は，アントニオ・カマカナアロハマイカラニ・ハーベイ・サバトだ。5その長い名前は，「天からの贈り物」という意味のハワイ語である。**5**あなたは普通の名前と珍しい名前，どちらがいいだろうか。

＜**解説**＞１．「人気のある男の子の名前」を紹介している前文に続いて，「人気のある女の子の名前」を紹介していると考えられる。　２．前文と選択肢イの間に，your great-grandparents' names = *Helen, Rose, Henry,* and *Max*, seem cool now ≒ are back の関係が成り立つと考えられる。つまり，イは前文の内容をより具体的に言い換えたものである。　３．選択肢エの William は，前文で述べられている「人気が変わらない名前」の例である。　４．空所の後のベッカム夫妻は，選択肢オの Some celebrities の例である。　５．選択肢アの the long name は，前文の Antonio Kamakanaalohamaikalani Harvey Sabato という名前を受けていると考えられる。

6〔長文読解―条件作文―物語〕

≪**全訳**≫**1**ダニエルはいつでも仕事があまり好きではなかった。(1)彼は学校にいたとき，どの教科も得意ではなかったので，いつもクラスの最下位であった。それから彼はある会社に就職して働いたが，そこでもあまり仕事をしなかった。**2**オフィスには大きな窓がいくつかあり，その下には通りがあった。通りにはいつもたくさんの人が歩き，車とバスが走っていた。(2)ダニエルにはその窓の１つのそばに机があり，(3)椅子に座ってそれらを見るのが好きだった。**3**ダニエルには友達がいた。彼の名前は，マークだった。(4)彼は同じ会社で働いていたが，ダニエルとはかなり違っていた。彼はとても一生懸命働いた。**4**この前の火曜日，ダニエルはただ自分の机に座って時間を過ごしていた。それから彼は友人のマークに言った。「通りにとても怠けた男がいるよ。彼は今朝穴を掘り始めたんだが，(5)30分間何の仕事もしてないのさ！」

＜**解説**＞(1)同じ文の後半の内容から，学生時代も勉強が得意でなかったという内容にする。school があるので前半を「学校にいたとき〔在学していたとき〕」という意味にする。be in〔at〕school で「在学中で」という意味を表せる。このとき school の前に冠詞は不要。後半は be good at ～「～が得意だ」の否定文にすればよい。　(2)語群から，ダニエルには窓のそばに自分の机があったというような文にする。「自分用の机」は「彼の机」なので his desk とする。「～のそばに」は by で表せる。'one of＋複数名詞' で「～のうちの１つ」。　(3)まず he liked to sit とする。「椅子に座る」は sit on〔in〕his chair。on は，ひじかけなどがない椅子に腰を下ろすイメージ，in を使うとひじかけなどがついた椅子の中に体を預けるイメージになる。and の後は look (down) at them とすればよい。(4)worked の後は「同じ会社で」という意味にする。「(場所)の中で」を表すには in を使う。また，same は「～と同じ」という意味でその内容が特定されるので，前には定冠詞の the がつく。この後 be different from ～「～と違う」を使えばよい。　(5)前の文でダニエルが「とても怠けた男がいる」と話しているので，「30分間何の仕事もしていない」という意味の文にする。「(ずっと)…している」を表す現在完了(‘継続’用法)の否定文(‘have/has not＋過去分詞)にする。「30分間」は for half an hour。

7〔テーマ作文〕

スマートフォンは，多くの機能を併せ持つ小さなパソコンのような携帯電話である。スマートフォンの使用において注意すべき点は，解答例に挙げたほかに，公共の場所などにおけるマナーの問題や，健康上の問題などが考えられる。　「公共の場所」public place(s)　「マナー」manner　「健康上の問題」health problem(s)

数学解答

1 (1) 2　(2) $45-4\sqrt{42}$

(3) $x=-\frac{3}{2}, \frac{5}{4}$

(4) ① $11=6^2-5^2$ ② $m=\frac{p+1}{2}$

③ $111=56^2-55^2$

2 (1) $(2-2\sqrt{2}, -2\sqrt{2})$

(2) $(a, b)=(0, 2), (-1, 1)$

3 (1) 20通り　(2) ① $\frac{17}{20}$ ② $\frac{3}{5}$

4 (1) $b=\frac{1}{a}$

(2) ① $A\left(\sqrt{3}, \frac{\sqrt{3}}{3}\right)$, $B\left(\frac{\sqrt{3}}{3}, \sqrt{3}\right)$

② kの個数…3個　$k=-\frac{\sqrt{3}}{2}$

5 (1) 下図　(2) 60°

(3) $b=90°-\frac{1}{2}a$　(4) $c=2d$

（例）

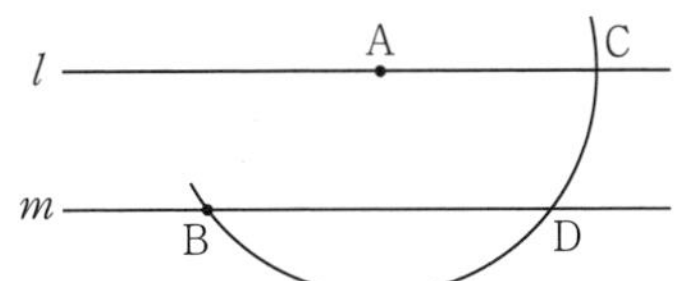

1〔独立小問集合題〕

(1)＜数の計算＞与式$=\frac{1}{4}\div\left(-\frac{1}{14}\right)+\frac{11}{2}=\frac{1}{4}\times(-14)+\frac{11}{2}=-\frac{7}{2}+\frac{11}{2}=\frac{4}{2}=2$

(2)＜平方根の計算＞与式$=\{(4\sqrt{5})^2-(2\sqrt{6})^2\}-\{(2\sqrt{14})^2+(-3\sqrt{3}+5\sqrt{3})\times2\sqrt{14}-3\sqrt{3}\times5\sqrt{3}\}=(80-24)-(56+4\sqrt{42}-45)=56-(11+4\sqrt{42})=56-11-4\sqrt{42}=45-4\sqrt{42}$

(3)＜二次方程式＞両辺に20をかけて，$8x^2+2x=15$，$8x^2+2x-15=0$として，解の公式を用いると，$x=\frac{-2\pm\sqrt{2^2-4\times8\times(-15)}}{2\times8}=\frac{-2\pm\sqrt{484}}{16}=\frac{-2\pm22}{16}$となる。よって，$x=\frac{-2-22}{16}=-\frac{3}{2}$，$x=\frac{-2+22}{16}=\frac{5}{4}$である。

(4)＜数の性質＞①自然数の平方（2乗）は，小さい順に，$1^2=1$，$2^2=4$，$3^2=9$，$4^2=16$，$5^2=25$，$6^2=36$，……となるので，隣り合う自然数の平方の差は，順に，$4-1=3$，$9-4=5$，$16-9=7$，$25-16=9$，$36-25=11$，……となる。よって，11は，6の平方と5の平方の差なので，$11=6^2-5^2$である。
②隣り合う自然数のうち，大きい方をmとしているので，小さい方は$m-1$であり，奇数pは，その平方の差なので，$p=m^2-(m-1)^2$が成り立つ。これをmについて解くと，$p=m^2-(m^2-2m+1)$，$p=2m-1$，$2m=p+1$，$m=\frac{p+1}{2}$となる。　③②の式に$p=111$を代入すると，$m=\frac{111+1}{2}=\frac{112}{2}=56$となるから，隣り合う自然数は56と55であり，$111=56^2-55^2$となる。

2〔関数―一次関数〕

《基本方針の決定》(2)　2直線l，mの切片に着目する。

(1)＜交点の座標＞$a=\sqrt{2}$，$b=1$のとき，直線lの式は，$y=(\sqrt{2}+2)x+1-1$より，$y=(\sqrt{2}+2)x$となり，直線mの式は，$y=1\times x-(\sqrt{2})^2$より，$y=x-2$となる。この2式よりyを消去して，$(\sqrt{2}+2)x=x-2$，$\sqrt{2}x+2x=x-2$，$\sqrt{2}x+x=-2$，$(\sqrt{2}+1)x=-2$，$x=-\frac{2}{\sqrt{2}+1}$となる。$-\frac{2}{\sqrt{2}+1}=-\frac{2(\sqrt{2}-1)}{(\sqrt{2}+1)(\sqrt{2}-1)}=-\frac{2\sqrt{2}-2}{2-1}=2-2\sqrt{2}$だから，$x=2-2\sqrt{2}$となり，$y=(2-2\sqrt{2})-2=-2\sqrt{2}$となるので，求める交点の座標は$(2-2\sqrt{2}, -2\sqrt{2})$である。

(2)＜a，bの値＞$b\geqq1$より，$b-1\geqq0$であり，$-a^2\leqq0$だから，$l /\!/ m$であるとき，次ページの図のように，直線lは直線mより上側にある。$l /\!/ m$より，傾きは等しいから，$a+2=b$……①である。

また，2直線 l，m 上の x 座標が t である2点の y 座標の差が1より，2直線 l，m の切片の差も1となる。これより，$(b-1)-(-a^2)=1$ が成り立ち，$a^2+b-2=0$……②となる。①より $b=a+2$ だから，これを②に代入すると，$a^2+a+2-2=0$，$a^2+a=0$，$a(a+1)=0$ より，$a=0$，-1 となる。$a=0$ のとき，$b=0+2$ より，$b=2$ となり，$a=-1$ のとき，$b=-1+2$ より，$b=1$ となるから，求める a，b の値の組は，$(a,\ b)=(0,\ 2)$，$(-1,\ 1)$ である。

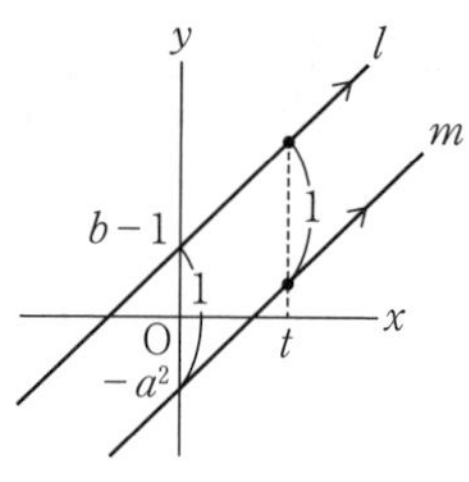

3 〔場合の数・確率―文字が書かれた球〕

(1)<**場合の数**>6個の球から3個の球を取り出すとき，順番に取り出すとすると，取り出し方は $6\times5\times4=120$(通り)あるが，このとき，例えば，A，B，Cの3個の球の取り出し方は(1個目，2個目，3個目)＝(A，B，C)，(A，C，B)，(B，A，C)，(B，C，A)，(C，A，B)，(C，B，A)の6通りとかぞえている。他の3個の球の組においても，取り出し方をそれぞれ6通りとかぞえているので，同時に3個の球を取り出すときの取り出し方は $120\div6=20$(通り)となる。

(2)<**確率**>①(1)より，3点の結び方は20通りある。このうち，結んでできる図形が三角形にならないのは，3点が一直線上に並ぶときである。そのような場合は，AとBとD，AとCとF，BとCとEを結ぶ3通りだから，三角形になる場合は $20-3=17$(通り)ある。よって，三角形になる確率は $\frac{17}{20}$ である。　②①の三角形ができる3点の結び方17通りのうち，正三角形になるのは，AとDとF，AとBとC，BとDとE，CとEとF，DとEとFを結ぶ5通りだから，正三角形でない三角形になる場合は $17-5=12$(通り)ある。3点の結び方は20通りだから，求める確率は $\frac{12}{20}=\frac{3}{5}$ である。

4 〔関数―関数 $y=ax^2$ と直線，反比例のグラフ〕

《基本方針の決定》(1)　直線 l の傾きに着目する。　(2)①　2点B，Aの x 座標の比がわかる。

(1)<**関係式**>右図1で，2点A，Bは関数 $y=\frac{1}{x}$ のグラフ上にあって，x 座標がそれぞれ a，b だから，$y=\frac{1}{a}$，$y=\frac{1}{b}$ となり，$\mathrm{A}\left(a,\ \frac{1}{a}\right)$，$\mathrm{B}\left(b,\ \frac{1}{b}\right)$ である。これより，直線 l の傾きは $\left(\frac{1}{a}-\frac{1}{b}\right)\div(a-b)=\frac{b-a}{ab}\div(a-b)=\frac{-(a-b)}{ab}\div(a-b)=-\frac{1}{ab}$ となる。直線 l の傾きは -1 だから，$-\frac{1}{ab}=-1$ が成り立ち，$b=\frac{1}{a}$ となる。

図1

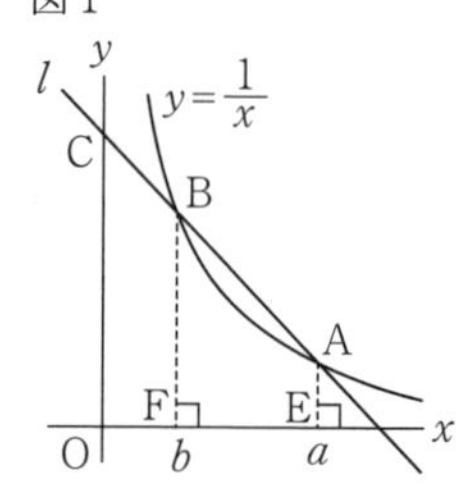

(2)<**座標，比例定数**>①右上図1で，2点A，Bから x 軸に垂線AE，BFを引く。CO∥BF∥AEだから，OF：FE＝CB：BA＝1：2であり，OF：OE＝1：(1＋2)＝1：3となる。よって，$b:a=1:3$ だから，$a=3b$ となる。(1)より，$b=\frac{1}{a}$ だから，$a=3\times\frac{1}{a}$，$a^2=3$，$a=\pm\sqrt{3}$ より，$a=\sqrt{3}$ となり，$\frac{1}{a}=\frac{1}{\sqrt{3}}=\frac{\sqrt{3}}{3}$ だから，$\mathrm{A}\left(\sqrt{3},\ \frac{\sqrt{3}}{3}\right)$ である。また，$b=\frac{1}{a}=\frac{1}{\sqrt{3}}=\frac{\sqrt{3}}{3}$ だから，$\frac{1}{b}=1\div b=1\div\frac{1}{\sqrt{3}}=\sqrt{3}$ となり，$\mathrm{B}\left(\frac{\sqrt{3}}{3},\ \sqrt{3}\right)$ である。　②4点O，A，B，Dを頂点とする四角形が平行四辺形となるような点Dは，右図2の点 $\mathrm{D_1}$，点 $\mathrm{D_2}$，点 $\mathrm{D_3}$ の3個ある。点 $\mathrm{D_1}$，点 $\mathrm{D_2}$，点 $\mathrm{D_3}$ を通る放物線の式をそれぞれ $y=k_1x^2$，

図2

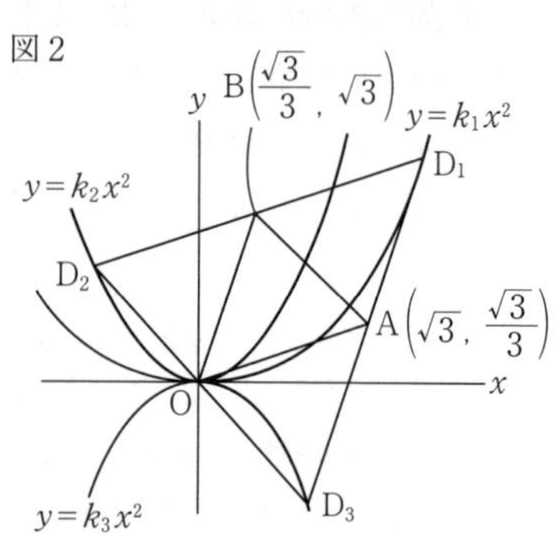

$y=k_2x^2$，$y=k_3x^2$とすると，k_1，k_2，k_3はいずれも異なる値となるので，kの値は3個ある。k_1，k_2，k_3のうち，最も小さい値はk_3の値である。OB∥D_3A，OB＝D_3Aであり，$B\left(\frac{\sqrt{3}}{3},\ \sqrt{3}\right)$より，2点B，Oの$x$座標の差は$\frac{\sqrt{3}}{3}$，$y$座標の差は$\sqrt{3}$だから，2点A，$D_3$の$x$座標の差も$\frac{\sqrt{3}}{3}$，$y$座標の差も$\sqrt{3}$となる。$A\left(\sqrt{3},\ \frac{\sqrt{3}}{3}\right)$だから，点$D_3$の$x$座標は$\sqrt{3}-\frac{\sqrt{3}}{3}=\frac{2\sqrt{3}}{3}$，$y$座標は$\frac{\sqrt{3}}{3}-\sqrt{3}=-\frac{2\sqrt{3}}{3}$となり，$D_3\left(\frac{2\sqrt{3}}{3},\ -\frac{2\sqrt{3}}{3}\right)$である。点$D_3$は放物線$y=k_3x^2$上にあるので，$-\frac{2\sqrt{3}}{3}=k_3\times\left(\frac{2\sqrt{3}}{3}\right)^2$が成り立つ。これを解くと，$k_3=-\frac{\sqrt{3}}{2}$となるので，最も小さい$k$の値は$-\frac{\sqrt{3}}{2}$である。

5〔平面図形―三角形〕

《基本方針の決定》(1)　△ABC，△ADCに着目する。

(1)＜**作図**＞右図1で，∠ABC＝∠CBDであり，l∥mより，∠ACB＝∠CBDだから，∠ABC＝∠ACBとなる。よって，AB＝ACである。直線m上の点Dより右に点Eをとると，同様にして，∠ADC＝∠CDE，∠ACD＝∠CDEより，∠ADC＝∠ACDだから，AD＝ACである。したがって，AB＝AC＝ADとなるから，点Aを中心として線分ABを半径とする円の弧をかき，直線l，mとの交点をそれぞれC，Dとすればよい。解答参照。

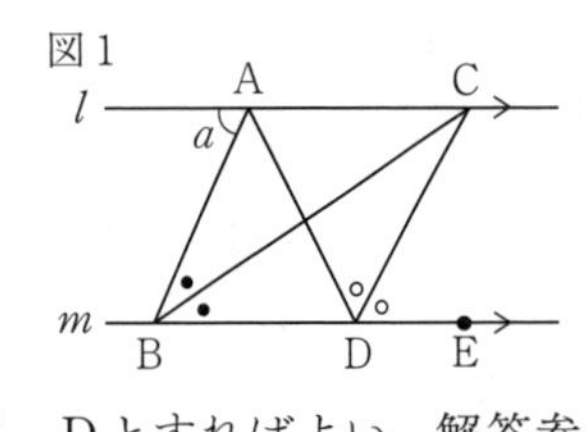

(2)＜**角度―円周角の定理**＞右図2で，(1)より，3点B，D，Cは点Aを中心とする同じ円の周上にある。よって，$\overset{\frown}{BD}$に対する円周角と中心角の関係より，∠BCD＝$\frac{1}{2}$∠BADである。$a=30°$のとき，l∥m，AB＝ADより，∠ADB＝∠ABD＝a＝30°だから，△ABDで，∠BAD＝180°－30°×2＝120°となる。したがって，∠BCD＝$\frac{1}{2}$×120°＝60°である。

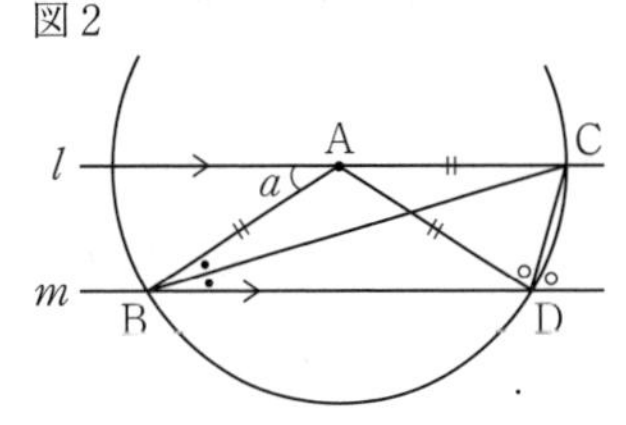

(3)＜**角度―関係式**＞右図3で，(2)より，∠ADB＝aだから，∠ADB＋∠ADC＋∠CDE＝180°より，$a+b+b=180°$が成り立つ。これより，$b=90°-\frac{1}{2}a$となる。

(4)＜**角度―関係式**＞右図3で，$\overset{\frown}{BD}$に対する円周角と中心角の関係より，∠BAD＝2∠BCDだから，$c=2d$である。

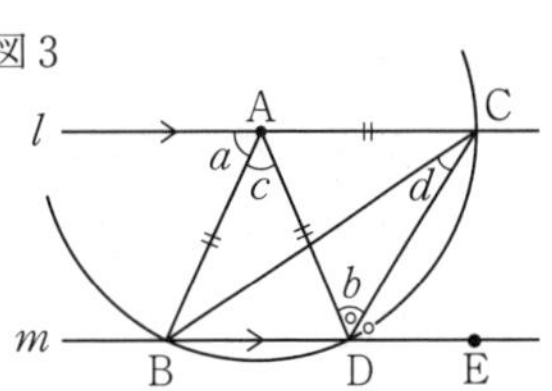

社会解答

1 問1　A…マングローブ　B…鉄
C…露天掘り
問2　(1)　b…ア　c…ウ　(2)　メコン
(3)　(例)雨季に河川が増水し，家屋が浸水するのを防ぐため
(4)　アブラやし
問3　ア…中国〔中華人民共和国〕
イ…タイ
問4　か…ウ　き…ア
問5　(例)降水量が少ないため，地下水を利用したセンターピボット方式のかんがい農業が行われているから。

2 問1　ベビーブーム　　問2　イ
問3　ウ　　問4　愛知…ウ　沖縄…エ
問5　(1)　(例)都心部の地価上昇や居住環境悪化によって，郊外へ人口が移るドーナツ化現象が進んだため。
(2)　(例)バブル経済崩壊後に地価が下落し，都心部の再開発も進んだため。

3 問1　16　　問2　ウ
問3　C…千利休　D…上杉謙信
問4　イ　　問5　エ
問6　(例)連歌　　問7　エ
問8　(1)　桓武天皇　(2)　イ→ア→ウ
問9　(1)　(例)商工業の発展に伴って町衆と呼ばれる裕福な商工業者が力をつけ，自治を行うようになった。
(2)…ア

4 問1　A…生命　B…幸福
問2　(例)アメリカに住む人のうち，黒人奴隷，女性，先住民以外の人
問3　(例)総力戦となった第一次世界大戦では，女性も兵器工場などで働いて貢献したので，女性の社会的地位が上がった。
問4　ア　　問5　ベトナム戦争
問6　水平社〔全国水平社〕

5 問1　A…通常国会〔常会〕　B…文民
C…連帯　D…国会議員
E…令状　F…再審
問2　無罪
問3　(1)　G…両院協議会　H…10
I…60
(2)　(例)任期が短く解散もある衆議院は，主権者である国民の意思をより反映しやすいと考えられるため。
問4　(例)自白の強要によるえん罪などの人権侵害を防ぐため。
問5　(例)「×」が記載されていなければ全て信任票として扱われるため。
問6　(例)国会は裁判所の裁判官に対して弾劾裁判を行い，裁判所は国会の制定した法律に対する違憲立法審査権を持つことによって互いの行きすぎを防いでいる。

1〔世界地理—総合〕

問1＜景観と地域の特色＞A．熱帯や亜熱帯地域で，淡水と海水が混ざり合う河口付近や海岸に形成される植物群を，マングローブという。東南アジアでは，農地や養殖場をつくるためにマングローブが伐採された所もあり，問題視されている。　B．オーストラリア西部は鉄鉱山の開発が盛ん

で，マウントホエールバックは代表的な鉱山の１つである。土が鉄分を多く含んでいると，空気中の酸素と化合して酸化鉄がつくられるため，赤く見える。　C．地下資源が地表から近い所にある場合は，地表から直接これを削りとりながら掘り進んでいくことができる。この採掘方法を露天掘りという。

問２＜東南アジア＞(1)赤道直下にあたるｂは，年中高温多雨の熱帯雨林気候，赤道から少し離れたａとｃは，雨季と乾季のあるサバナ気候に属する。夏と冬で風向きが逆になるモンスーン〔季節風〕の影響により，ａは５月～11月が，ｃは12月～３月が雨季となる。　(2)メコン川は東南アジア最長の河川で，中国南西部を水源としてインドシナ半島を流れ，ミャンマー，ラオス，タイ，カンボジアを経てベトナム南部で南シナ海に注ぐ。下流に形成されている大三角州はメコンデルタと呼ばれ，稲作地帯となっている。　(3)東南アジア地域では，雨季に大量の雨が降ることで河川が増水するので，河川からあふれた水が家屋内に入るのを防ぐため，高床式になっている伝統的な家屋が見られる。　(4)アブラやしは東南アジアなどの熱帯地域で栽培される商品作物で，果実からとれる油脂はパーム油と呼ばれ，せっけんや食用油，マーガリンなどの原料として用いられている。

問３＜米の生産と貿易＞米の生産量が世界第１位でありながら，人口が多いために米の輸入量も多いアには中国が当てはまる。また，インドに次いで世界第２位の米の輸出国であるイには，タイが当てはまる。

問４＜アメリカ合衆国の農業＞アメリカ合衆国の南部のか．やその周辺地域は，かつて黒人奴隷の労働力によって綿花のプランテーションが発達した地域で，現在も綿花の栽培が盛んである。また，アメリカ合衆国北東部のき．の地域は，冷涼な気候と大都市に近いという利点を生かした酪農が盛んに行われている。なお，イはお．の地域について，エはえ．の地域について述べている。

問５＜センターピボット＞アメリカ合衆国中西部，ロッキー山脈の東側に広がるグレートプレーンズでは，降水量が少ないため，地下水をくみ上げ，自動的に回転するアームで円形に散水して小麦などを栽培するセンターピボット方式と呼ばれる栽培方法が行われている。そのため，作物が図２のように円形に生育する景観が見られる。

２〔地理―人口問題〕

問１＜ベビーブーム＞第二次世界大戦が終わって平和になったことなどから，1940年代後半には出生数が大きく増加した。この現象は(第一次)ベビーブームと呼ばれ，この時期に生まれた人たちが家庭を持つようになった1970年代にも再び(第二次)ベビーブームが起きた。

問２＜人口の多い国＞2020年の人口が日本より多い国は10か国で，多い順に，中国，インド，アメリカ合衆国，インドネシア，パキスタン，ブラジル，ナイジェリア，バングラデシュ，ロシア，メキシコとなっている。2020年のカナダの人口は約3800万人で，日本(約１億2600万人)より少ない。

問３＜人口ピラミッド＞生徒ｃの言葉にもあるとおり，1945～50年には，出生数の増加に伴って人口も大幅に増えた。この状態を示しているのがアである。1970年にはこの人たちが20歳代になるのだから，この世代の人口が多いウが1970年のものとわかる。この人たちが40歳代になるとともに，その子どもたちと考えられる世代の人口が多くなっているイが，1990年の人口ピラミッドである。

問４＜都道府県の人口＞愛知県の県庁所在地である名古屋市は名古屋大都市圏の中心で，周辺の県から通勤・通学してくる人が多いため，県全体の昼夜間人口比率も高い。また，自動車の生産が盛んなことで知られる中京工業地帯の中心となっており，製造業従事者の割合が高い。また，沖縄県は，他の都道府県と離れているため，昼夜間の人口移動がほとんどなく，近年は出生率の高い状態が続いており，人口増減率もプラスで推移している。なお，アは福島県，イは神奈川県を表している。

問５＜東京都の人口＞⑴1950年代後半に始まった高度経済成長期には，都市への人口流入が顕著となった。これに伴い，都市部では地価上昇や居住環境の悪化などが問題となり，都心部の人口が減少して郊外の人口が増加するドーナツ化現象が見られるようになった。深刻な住宅不足を解消するため，都市の郊外では各地でニュータウンと呼ばれる，計画的に造成された大規模な住宅街が建設されるようになり，多摩市にも多摩ニュータウンが造成された。こうしたことから，多摩市の人口は大きく増加していった。　⑵1990年代初めにバブル経済が崩壊すると，都心部の地価が下落した。また，都心の臨海部などが再開発されて大型のマンションが数多く建設されたことや，2011年の東日本大震災をきっかけに職場と自宅が近い「職住近接」を望む人が増えたことなどから，もともと生活に便利な都心へ人口が戻ってくる都心回帰現象が見られるようになった。これにより，港区などでは人口の増加傾向が続いている。

３〔歴史―古代から近世までの日本〕

問１＜安土桃山時代＞織田信長と豊臣秀吉が活躍した16世紀後半を安土桃山時代と呼び，特に豊臣秀吉の時代には，豪華で壮麗な桃山文化が栄えた。ここから，桃山文化の時期を含む100年間とは，16世紀後半から17世紀前半を指すとわかる。

問２＜桃山文化の特色＞16世紀になると，鉄砲の導入に伴って築城法が変化し，城は防衛上の拠点であるとともに，支配者の権力の象徴となった。織田信長の安土城，豊臣秀吉の大阪城のように天守閣を持つ大きな城が建てられるようになり，城の内部のふすまや屏風には色鮮やかな装飾を施した障壁画が数多く描かれた。なお，アは平安時代に栄えた国風文化，イは鎌倉文化，エは江戸時代の文化について述べている。

問３＜桃山文化＞Ｃ．千利休は茶の湯を芸術の域に高めてわび茶の作法を完成させ，織田信長と豊臣秀吉に仕えた。　Ｄ．上杉謙信は越後(新潟県)を根拠地として勢力を拡大した戦国大名で，甲斐(山梨県)の武田信玄と争った川中島の戦いがよく知られる。1574年，織田信長は，当時同盟関係にあった上杉謙信に狩野永徳の描いた「洛中洛外図屏風」を贈ったと伝えられている。

問４＜狩野永徳＞狩野永徳は桃山文化を代表する絵師で，「唐獅子図屏風」や「洛中洛外図屏風」などの作品を残した。なお，歌川広重は江戸時代後半の化政文化の時期の浮世絵師，高村光雲は明治時代後半から昭和時代初めに活躍した彫刻家，菱川師宣は江戸時代前半の元禄文化の時期に浮世絵を大成した人物である。

問５＜水墨画＞墨の濃淡や筆の動きで対象を描く絵を，水墨画という。エが長谷川等伯の「松林図屏風」で，霧の中に現れる松林が描かれている。なお，アは室町時代に日本風の水墨画を大成した雪舟が描いた「秋冬山水図」，イは江戸時代後半の浮世絵師である歌川広重が描いた「名所江戸百景　飛鳥山北の眺望」，ウは長谷川等伯の「楓図」である。

問６＜中世の文化＞室町時代には，人々が集まって和歌の上の句と下の句を次々によみつないでいく連歌が流行した。また，狂言が生み出されて人々の間で人気を博したり，盆踊りが行われたりするようになったのも，この頃のことである。

問７＜**武田勝頼**＞武田氏は甲斐（山梨県）を根拠地とした戦国大名で，信玄のときに大きく勢力を拡大した。勝頼は信玄の子で，1575年の長篠の戦いでは織田信長・徳川家康の連合軍に敗れた。

問８＜**京都**＞⑴784年，桓武天皇は奈良の平城京から京都の長岡京に都を移し，10年後の794年には同じ京都の平安京に都を移した。　⑵年代の古い順に，嵯峨天皇や空海が活躍した平安時代初めの９世紀前半（イ），菅原道真が大宰府に左遷された平安時代前半の901年（ア），藤原頼通が平等院鳳凰堂を建てた平安時代後半の1053年（ウ）となる。

問９＜**祇園祭**＞⑴室町時代には各地で商工業が発達し，経済的に豊かになった商工業者が自治組織をつくって町を運営する所も現れた。京都の裕福な商工業者で組織された町衆もそうした自治組織の１つで，祇園祭を再興し，運営した。　⑵平安時代に始まった祇園祭は，京都を主戦場とした応仁の乱（1467～77年）によって中断したが，町衆の手によって1500年に再興された。なお，大塩平八郎の乱は1837年，壬申の乱は672年，平将門の乱は935～40年の出来事である。

4〔**歴史―18世紀以降の日本と世界**〕

問１＜**アメリカ独立宣言**＞1776年に発表されたアメリカ独立宣言は，イギリスの思想家ジョン＝ロックの考え方に影響を受けたもので，基本的人権と悪政に対する革命権を認める内容であった。その中で，基本的人権には「生命，自由，幸福の追求」が含まれるとしていた。

問２＜**人権が認められる範囲**＞1787年の段階の「われわれ人民」に含まれない人々として，史料中には黒人奴隷や女性，アメリカ合衆国憲法の条文には先住民が挙げられている。よって，「われわれ人民」とは，こうした人たちを除いた人々を指すと考えられる。

問３＜**女性参政権**＞図は，軍需工場で働く女性を写した写真である。第一次世界大戦（1914～18年）は多くの男性が戦場に動員されたため，女性の労働力を必要とする総力戦となった。これによって女性の社会進出が進み，女性の社会的地位が向上した結果，アメリカ合衆国やイギリスなどの国々では，第一次世界大戦終戦の前後の時期に女性参政権が実現した。

問４＜**南北戦争**＞アメリカ合衆国で南北戦争が起こったのは，1861年のことである。桜田門外の変は，1860年に起こった。なお，義和団の乱を機に，列強が中国に共同出兵したのは1900年，初めての万国博覧会の開催は1851年のことである。また，ガンディーの抵抗運動は，第一次世界大戦直後の1919年に始まった。

問５＜**ベトナム戦争**＞アメリカ合衆国は，アジアで社会主義勢力が拡大するのを防ぐことなどを目的として，1960年代にベトナム戦争に本格的に軍事介入した。ベトナム戦争の実態が報道されると，1960年代後半にはアメリカ国内だけでなく日本を含めた国外でもベトナム戦争に対する反戦運動が高まっていった。

問６＜**全国水平社**＞1922年に部落差別と闘う全国組織として全国水平社が結成され，京都で創立大会が開かれた。史料は，そのときに発表された「水平社宣言」である。

5〔**公民―政治の仕組み**〕

問１＜**適語補充**＞Ａ．通常国会〔常会〕は毎年１月に召集され，150日の会期（１回にかぎり延長可）で主に次年度予算の審議が行われる。　Ｂ．内閣総理大臣とその他の国務大臣は，文民でなければならない（第66条第２項）。文民は軍人に対する語で，職業軍人の経歴を持たない人と解釈されている。　Ｃ．内閣は，国会に対して連帯して責任を負う（第66条第３項）。この仕組みを議院内閣制という。　D．国務大臣の過半数は，国会議員の中から任命される(第68条第１項)。　E．国民の身体の自由を保障するため，罪を犯した可能性の高い被疑者であっても，現行犯の場合以外には，裁判官が発行する令状なしに逮捕することはできない(第33条)。　F．三審制で判決が確定した後でも，新たな証拠や証人，あるいは真犯人が見つかったような場合には，裁判のやり直しを求めることができる。これを再審制度という。

問２＜**推定無罪**＞国民の基本的人権を守るため，刑事裁判において，有罪判決が確定するまでは被疑者，被告人は無罪として扱われることが原則となっている。

問３＜**衆議院の優越**＞(1)G．内閣総理大臣の指名，条約の承認，予算の議決について衆議院と参議院の議決が異なったときには，両院協議会が開かれる。　H．衆議院の議決後，内閣総理大臣の指名では10日以内，条約の承認と予算の議決では30日以内に参議院が議決しないときには，衆議院の議決が国会の議決となる。　I．法律案の議決の場合，衆議院で可決した法律案を参議院が否決したり衆議院の可決後60日以内に参議院が議決しなかったりした場合，衆議院で出席議員の３分の２以上の賛成で再可決すれば，法律は成立する。　(2)衆議院議員の任期は４年で，任期６年の参議院議員より任期が短い。また，参議院にはない解散が衆議院にはあるので，衆議院の方がその時点での国民の意思を反映しやすいと考えられる。そのため，いくつかの案件においては衆議院の優越が認められている。

問４＜**黙秘権**＞強引な取り調べによって自白を引き出し，犯罪行為を立証するという捜査が行われると，えん罪が生まれて国民の基本的人権が守られなくなる。そこで，取り調べに誘導されて事実とは異なる自白をしてしまうことを避けるため，自分に不利な供述を強要されないという黙秘権が認められている。

問５＜**国民審査**＞最高裁判所の裁判官は，就任後初めて行われる衆議院議員選挙の際に実施される国民審査を受けなければならない。その後は，10年を経過した後に行われる衆議院議員選挙のたびごとに国民審査を受ける。しかし，裁判官がどのような裁判でどのような判断を下したのかに関する情報が国民に十分に伝えられているとはいえないため，情報が不十分なまま，どの裁判官に×をつけるべきか判断がつかないという事態になっている。国民審査が，信任する裁判官に○をつけるのではなく，辞めさせたい裁判官に×をつける方式を採用していることもあり，日本国憲法制定によって始まった国民審査によって，辞めさせられた最高裁判所裁判官は１人もいない。

問６＜**三権分立**＞立法権を持つ国会は，司法権を持つ裁判所に対して，裁判官として不適切な言動があった裁判官について，辞めさせるかどうか決める弾劾裁判を行うことができる。また，裁判所は，具体的な裁判の中で，国会が制定した法律が憲法に違反していないかどうかの判断を下す違憲立法審査権を持っていることで互いに抑制し合う関係になっている。

理科解答

1 (1) ア　(2) ウ，カ，ケ　(3) ア
(4) エ，キ　(5) エ
(6) ウ，オ，ク　(7) イ，ウ，オ
(8) エ，カ

2 (1) 7000kg　(2) 10000m
(3) **溶媒**…水　**溶質**…塩化水素
(4) 7
(5) ①…気温
②…(例)汗をかくはたらき。
(6) 横隔膜
(7) (例)夏に，植物の光合成が盛んになり，二酸化炭素の吸収量が増えるから。

3 (1) 不整合　(2) かぎ層
(3) ウ，エ，オ
(4) (例)下の層は粒が大きく，上の層は粒が小さい。
(5) (例)ねばりけが強い。
(6) 安山岩
(7) **2番目**…エ　**5番目**…ウ
(8) (例)左右から押す力がはたらいた後，引く力がはたらいた。

4 (1) ①…$10I$　②…10　(2) 右図
(3) 10Ω　(4) ③…5　④…10
(5) ア　(6) $12=8I+2V$
(7) 16Ω

5 (1) －極
(2) **気体A**…H_2　**気体B**…Cl_2
(3) $\frac{1}{2}n$個　(4) 還元
(5) ①…1.2　② 7：2
(6) **化学反応式**
…$Fe_2O_3+3H_2 \longrightarrow 2Fe+3H_2O$
目的…(例)地球温暖化の原因となる二酸化炭素を出さないようにするため。

6 (1) **a**…ヘモグロビン　**b**…68
c…減数分裂
(2) **d**…肺静脈　**e**…左心室
(3) 気門　(4) ア，ウ，エ
(5) イ，エ
(6) (例)優性は優れた形質，劣性は劣った形質であるという誤解。
(7) ① A型，B型，AB型　② $\frac{2}{3}$

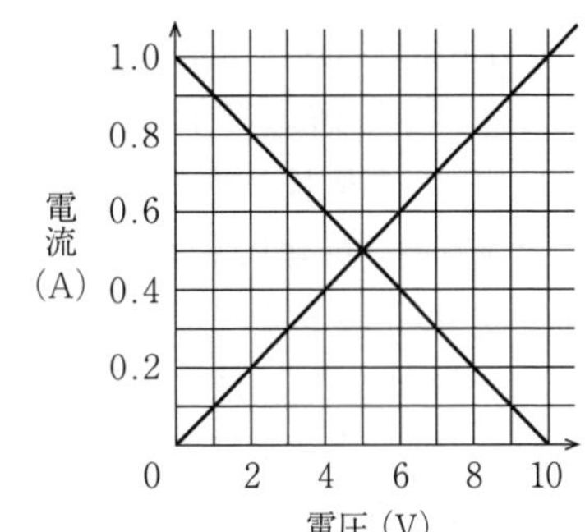

1〔**小問集合**〕

(1)<**光の進み方**>光が空気からガラスや水に進むとき，光は境界面から遠ざかる向きに屈折する。よって，入射角>屈折角 となる。なお，光がガラスや水から空気へ進むときは，この逆で，入射角<屈折角 となる。

(2)<**等速直線運動**>物体に等速直線運動をさせたので，手が物体を押す力Aと物体にかかる摩擦力Cはつり合っていて，大きさは等しいから，A＝Cである。また，力Aと物体が手を押す力Bは，作用・反作用の関係にあり，大きさは等しいから，A＝Bである。以上より，B＝Cとなる。

(3)<**状態変化**>物質が固体→液体→気体と状態変化するとき，一般に体積は増加する。ただし，水は例外で，固体→液体と状態変化するとき，体積は減少する。

(4)<**化学変化**>炭酸水素ナトリウムを加熱すると，炭酸ナトリウムと水，二酸化炭素に分かれる。よ

って，発生する気体は二酸化炭素である。肺動脈は心臓から肺へ向かう血液が流れる血管，肺静脈は肺から心臓へ向かう血液が流れる血管であり，血液は肺で二酸化炭素を肺胞内に放出し，酸素を取り込む。そのため，二酸化炭素は，肺静脈を流れる血液(動脈血)より，肺動脈を流れる血液(静脈血)に多く含まれる。また，二酸化炭素の密度は空気の約1.5倍なので，空気より密度が大きい。したがって，正しいのはエとキである。なお，二酸化炭素は，水に少ししか溶けない。塩酸をかけると二酸化炭素を発生するのは石灰岩で，チャートは塩酸とは反応せず，気体は発生しない。空気(酸素)と混合し，マッチで点火すると爆発する気体は水素である。また，木星の大気の主成分は水素とヘリウムであり，空気中に体積の割合で３番目に多く含まれているのはアルゴンである。

(5)<**月**>エ…正しい。月は地球の周りを西から東に向かって公転しているため，同じ時刻に月が見える方位は，日がたつにつれて東に動いていく。　ア…誤り。月は地球の周りを公転している。イ…誤り。月は約30日で地球の周りを１回公転すると同時に１回自転している。このため，地球には常に同じ面を向けている。　ウ…誤り。月の満ち欠けは，太陽と地球，月の位置関係が変化することにより，地球から月面の輝いている範囲の見え方が変わることで起こる。太陽の光が地球によってさえぎられて起こる現象は月食である。　オ…誤り。新月のときは月が太陽と同じ方向にあるため，南中するのは太陽の南中と同じ正午頃である。

(6)<**太陽**>地球と太陽の間の平均距離は約１億5000万km，つまり，1.5億kmで，これを１天文単位という。また，光の速さは毎秒約30万kmだから，地球と太陽の間の距離は，1.5億÷30万＝500(秒)より，光の速さで約８分20秒進んだ距離である。

(7)<**植物のはたらき**>赤インクを溶かした水は，ホウセンカの維管束のうち，道管を通って移動する。葉の維管束では，道管は葉の表側に集まっているから，維管束の上側が赤く染まる。植物は根から吸収した水を水蒸気として体外に放出している。このはたらきを蒸散といい，蒸散は気孔を通して行われる。ツバキでは気孔は葉の裏に多くあるため，葉の表にワセリンをぬったものは，裏にぬったものに比べ，蒸散量が多く，水の減少量は大きくなる。また，試験管の水に息をふき込むと，はく息に含まれる二酸化炭素が水に溶け込み，水溶液は酸性となり，BTB溶液は黄色を示す。この中にオオカナダモを入れて光を当てると，オオカナダモが光合成を行って水中の二酸化炭素を吸収するため，BTB溶液は青色になる。よって，正しいのはイとウとオである。なお，トウモロコシは単子葉類なので，茎の横断面では維管束がばらばらに散らばっている。維管束が輪状に並んでいるのは双子葉類である。葉の表や裏だけでなく，茎からもわずかに蒸散が行われるので，葉の表と裏にワセリンをぬったツバキでも水の量は減少する。また，暗箱の中では，オオカナダモは呼吸だけを行う。そのため，呼吸によって放出される二酸化炭素が溶け，水は酸性になるので，BTB溶液は黄色に変化する。

(8)<**器官のはたらき**>小腸で血液中に吸収され肝臓へ運ばれたブドウ糖は，肝臓で一部がグリコーゲンに変えられて蓄えられる。また，体内で生じる有害なアンモニアは，肝臓で尿素に変えられ，尿素はじん臓でこし取られて尿中に排出される。よって，正しいのはエとカである。なお，リパーゼはすい臓から分泌されるすい液に含まれ，胆汁に消化酵素は含まれない。胆汁は肝臓でつくられ，胆のうに蓄えられて胆のうから分泌される。胆汁は脂肪を比較的細かい粒にする(乳化する)ことで，リパーゼのはたらきを助けて脂肪を消化しやすくする。

2 〔小問集合〕

(1)<**大気圧**>$〔圧力(\mathrm{Pa})〕=\dfrac{〔面に垂直にはたらく力の大きさ(\mathrm{N})〕}{〔力がはたらく面積(\mathrm{m}^2)〕}$，１hPaは100Paより，大気圧が

700hPaの地点での1m^2当たりの空気の層による重力の大きさは，700×100＝70000(N)となる。よって，100gの質量にはたらく重力の大きさが1Nなので，70000Nの重力がはたらく空気の質量は，70000×100＝7000000(g)より，7000kgとなる。

(2)＜**大気圧**＞標高0mで大気圧が1000hPaの地点での1m^2当たりの空気の層による重力の大きさは，1000×100＝100000(N)となり，質量は，100000×100＝10000000(g)より，10000kgである。よって，(1)より，標高3000mの地点での1m^2当たりの空気の層の質量が7000kgだから，標高0mから3000mまでの1m^2当たりの空気の層の質量は，10000－7000＝3000(kg)となる。つまり，底面が1m^2，高さ1mの空気の質量は，3000÷3000＝1(kg)である。したがって，1m^2当たりの空気の層の質量が10000kgのとき，空気の層の厚さは，10000÷1＝10000(m)となる。

(3)＜**水溶液**＞塩酸は，塩化水素が水に溶けた溶液で，溶媒は水，溶質は塩化水素である。

(4)＜**反応式**＞まず，$a'C_2H_6+b'O_2 \longrightarrow c'CO_2+d'H_2O$として，$a'=1$とすると，炭素原子(C)の個数は矢印の左右で等しいから，右側にも2個あることになり，$c'=2\div1=2$となる。同様に，矢印の左右で，水素原子(H)の個数も等しいから，$d'=6\div2=3$となる。このとき，矢印の右側の酸素原子(O)の個数は，$2\times2+1\times3=7$となるので，$b'=7\div2=\frac{7}{2}$である。よって，a，b，c，dは整数だから，a'，b'，c'，d'をそれぞれを2倍して，$a=2$，$b=7$，$c=4$，$d=6$となる。

(5)＜**湿度計**＞①ガーゼを湿らせている水は，くみ置いた水と同じだから，温度は気温と同じである。②湿ったガーゼからは水が蒸発し，温度計の感温部から熱を奪うので，湿球温度計が示す温度は乾球温度計が示す温度(気温)より低くなる。この現象のしくみと関連するヒトの体のはたらきには，汗をかくはたらきがある。汗をかくと，汗(水)が蒸発することで体表の温度を下げることができる。

(6)＜**呼吸**＞肺には筋肉がないため，自身で容積を変えることはできない。そのため，肋骨の間をつなぐ筋肉と横隔膜によって胸腔内の容積を変化させることで，肺は容積を変え，空気を出し入れしている。

(7)＜**環境問題**＞図は，大気中の二酸化炭素濃度が年々増加していく様子を表したグラフである。1年当たりで見ると，二酸化炭素濃度は，夏に減少し，冬に増加する。これは，夏に植物が盛んに光合成を行って二酸化炭素を吸収する量が増加するためである。

3〔**大地のつくりと変化**〕

(1)＜**不整合**＞海底や湖底に堆積した地層が隆起して陸地になると，風化や流水による侵食などで地表面には凹凸ができる。その後，沈降して再び海底や湖底となって新たに地層がこの上に堆積する。このように，地層の堆積が一時中断している(連続していない)ことを，不整合という。なお，地層が連続して堆積していることを整合という。

(2)＜**かぎ層**＞同じ時期に堆積したことがわかっていて，離れた地域の地層の時代を比較する手がかりとなる層を，かぎ層という。火山灰は，火山によって成分が異なり，また，同じ火山でも噴火した時期によって成分が異なるため，成分を調べることで，堆積した時代を判別しやすい。そのため，かぎ層として利用されることが多い。

(3)＜**地質年代**＞ナウマンゾウやカヘイセキが出現したのは新生代で，同じ新生代にはビカリアやマンモス，デスモスチルスも出現した。なお，アンモナイトやティラノサウルスなどの恐竜は中生代，サンヨウチュウは古生代に出現したと考えられている。このように，地層が堆積した地質年代を推測するのに役立つ化石を示準化石という。

(4)＜**地層**＞土砂が川の流れで運ばれ，海底や湖底に堆積するとき，水に沈む速さは，大きな粒ほど速いため下の方に堆積し，小さな粒ほど遅いため上の方に堆積する。

(5)＜**マグマ**＞花こう岩は無色鉱物の割合が大きい深成岩であり，白っぽい色をしている。無色鉱物を含む割合が大きいマグマはねばりけが強い。このようなマグマを噴出する火山は，溶岩ドームをつくったり，激しい爆発的な噴火をしたりすることが多い。

(6)＜**火山岩**＞火山をつくっている火成岩は，マグマが地表や地表付近で急に冷えてできた火山岩であり，斑状組織を持つ。火山岩のうち，全体が灰色で，角閃石を多く含むのは安山岩である。

(7)＜**地層のでき方**＞図で，Eの火山は，地下から上昇したマグマがD，B，Cの層を貫通しているので，これらの層よりも新しいと考えられる。Dの花こう岩は，Aの層に侵入しているので，Aの層ができた後にできたことがわかり，AとDの上に堆積しているBは，AやDと不整合の関係になっているので，Dができた後に堆積したことがわかる。さらに，f−f' の断層は，Aの層とBの層を貫いているが，Cの層は貫いていないので，この断層はBの後，Cの前にできたと考えられる。以上より，アからカの出来事を起きた順番に並べると，ア→エ→イ→カ→ウ→オとなる。

(8)＜**大地の変化**＞図より，Aに見られるようなしゅう曲は，地層に左右から押す力がはたらいたときにできる。また，f−f' の断層は，断層面の上側の層が下側の層より下がっている正断層である。正断層は，地層に左右に引く力がはたらいたときにできる。

4〔**電流とその利用**〕

(1)＜**直列回路**＞図２の直列回路では，10Ωの抵抗器と抵抗器Rに同じ大きさの電流が流れる。よって，抵抗器Rに流れる電流が I Aのとき，10Ωの抵抗にも I Aの電流が流れ，オームの法則〔電圧〕=〔抵抗〕×〔電流〕より，10Ωの抵抗には $10I$ Vの電圧がかかる。また，直列回路では，各抵抗にかかる電圧の和が回路全体にかかる電圧に等しい。したがって，$10=10I+V$……(★)が成り立つ。

(2)＜**電流**＞(★)の式を I について解くと，$I=-\frac{1}{10}V+1.0$ となる。よって，グラフは２点(0，1.0)，(10，0)を結ぶ直線となる。

(3)＜**オームの法則**＞図１のグラフと(2)でかいたグラフの交点は，図２の直列回路で，抵抗器Rにかかる電圧と流れる電流の値を示している。(2)でかいたグラフより，交点の座標は(5，0.5)だから，抵抗器Rにかかる電圧は５V，流れる電流は0.5Aとなる。よって，求める抵抗の大きさは，$5\div0.5=10$(Ω)である。

(4)＜**オームの法則**＞図３のグラフより，電球Xに１Vの電圧をかけたときに流れる電流は0.2Aなので，抵抗は，$1\div0.2=5$(Ω)である。また，６Vの電圧をかけたときに流れる電流は0.6Aなので，抵抗は，$6\div0.6=10$(Ω)である。

(5)＜**抵抗**＞図３のグラフより，電球Xにかかる電圧が大きくなるほど電流の大きさの増加量が小さくなっていることがわかる。これより，かかる電圧が大きくなるほど，電圧が増加する割合に比べ，電流が増加する割合が小さくなることを示している。よって，オームの法則$〔抵抗〕=\frac{〔電圧〕}{〔電流〕}$より，電球Xの抵抗の大きさは，かかる電圧が大きいほど大きくなる。

(6)＜**直列回路**＞図４の直列回路で，回路に流れる電流は I Aだから，８Ωの抵抗器にかかる電圧は $8I$ Vである。よって，８Ωの抵抗器と２個の電球Xにかかる電圧の和は回路全体にかかる電圧に等しいから，$12=8I+2V$ が成り立つ。

(7)＜**抵抗**＞(6)で求めた式をIについて解くと，$I=-\frac{1}{4}V+\frac{3}{2}$となる。このグラフを，図3のグラフにかき込むと，右図のような直線になる。このとき，曲線と直線の交点の座標が，電球Xにかかる電圧と流れる電流を示している。よって，交点の座標が(4，0.5)だから，電球Xにかかる電圧は4V，流れる電流は0.5Aである。これより，2個の電球Xにかかる電圧は4＋4＝8(V)，流れている電流は0.5Aだから，電球Xを2個合わせた抵抗は，8÷0.5＝16(Ω)となる。

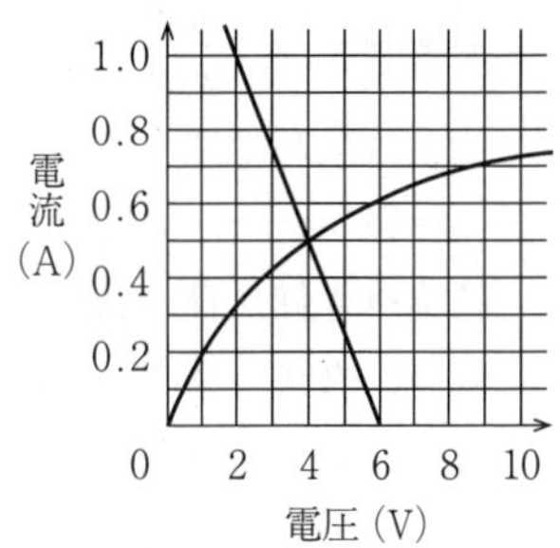

5 〔化学変化とイオン〕

(1)＜**電気分解**＞亜鉛(Zn)は塩酸に溶けて，溶液中で陽イオンである亜鉛イオン(Zn^{2+})となる。このZn^{2+}が鉄板の表面で電子と結びついて金属の亜鉛となることで，鉄板が亜鉛でメッキされる。よって，鉄板は亜鉛の陽イオンを引きつける陰極となっているので，電源装置の－極につながれている。

(2)＜**気体の発生**＞亜鉛が塩酸と反応したときに発生する気体Aは水素(H_2)である。また，陽極の炭素棒には，塩酸中の陰イオンである塩化物イオン(Cl^-)が引かれ，炭素棒の表面で電子を放出して塩素原子(Cl)となり，塩素原子が2個結びついて塩素分子(Cl_2)となって，気体として発生する。よって，気体Bは塩素(Cl_2)である。

(3)＜**イオン**＞亜鉛イオン(Zn^{2+})は，亜鉛原子(Zn)が電子を2個失っているから，1個のZn^{2+}がZnになるときは2個の電子を必要とする。よって，電子がn個流れたとき，亜鉛原子は$\frac{1}{2}n$個生成される。

(4)＜**還元**＞酸化物から酸素を奪う化学変化を，還元という。なお，奪われた酸素と結びついた物質は酸化されるので，還元と酸化は同時に起こる。

(5)＜**反応と質量**＞①質量保存の法則より，(★)の化学変化で0.70kgの鉄が生成されるとき，発生する二酸化炭素は，1.0＋0.53－0.70＝0.83(kg)である。これより，生成する鉄と発生する二酸化炭素の質量の比は，0.70：0.83＝70：83である。よって，1億tの鉄が生成されるときに発生する二酸化炭素の質量をx億tとすると，1：x＝70：83が成り立つ。これを解くと，$x\times70=1\times83$より，$x=1.18\cdots$となるから，発生する二酸化炭素の質量は約1.2億tとなる。　②1.0kgの酸化鉄(Fe_2O_3)に含まれる鉄(Fe)の質量は0.70kgなので，結びついている酸素の質量は，1.0－0.70＝0.30(kg)である。よって，その質量比は7：3であり，(★)より，これは鉄原子2個と酸素原子3個の質量比に等しい。したがって，鉄原子1個と酸素原子1個の質量比は，$\frac{7}{2}:\frac{3}{3}=7:2$となる。

(6)＜**還元**＞酸化鉄(Fe_2O_3)は，水素(H_2)によって酸素を奪われ，鉄(Fe)が生成される。このとき，奪われた酸素は水素と結びついて水(H_2O)ができる。化学反応式は，矢印の左側に反応前の物質の化学式，右側に反応後の物質の化学式を書き，矢印の左右で原子の種類と数が等しくなるように化学式の前に係数をつける。また，この反応で，鉄以外に生じる物質は水であるから，この方法で鉄を生成すれば，近年の地球温暖化の主な原因となっている二酸化炭素の排出量を抑えることにつながる。

6 〔生命の連続性〕

(1)＜**人体と細胞**＞血液が赤色を示すもとになる物質は，赤血球に含まれるヘモグロビンである。ヒトの血液5L中に含まれる赤血球の数は，50億×$\frac{5000}{1}$＝25兆(個)なので，全身の37兆個の細胞数に対する割合は，$\frac{25兆}{37兆}\times100=67.5\cdots$より，約68％となる。また，有性生殖を行う生物の生殖細胞は，染色体数が半減する減数分裂によってつくられる。

⑵<**呼吸**>ヒトが体内に酸素を取り込んで全身の細胞まで運ぶ経路は，口(鼻)→気管→気管支→肺の肺胞→毛細血管→肺静脈→心臓の左心房→左心室→大動脈→各器官や組織へつながる動脈→毛細血管→組織液→全身の細胞となる。よって，問題の語句を用いて経路を表すと，口→気管→気管支→肺胞→肺静脈→左心房→左心室→大動脈→全身の細胞となる。

⑶<**昆虫の呼吸器官**>モンシロチョウなどの昆虫類は気管呼吸を行っている。気管に空気(酸素)を取り込む部位は気門と呼ばれる小さな穴で，昆虫類の胸部と腹部の体表にある。

⑷<**植物の分類**>ア…正しい。エンドウは被子植物双子葉類で，花弁が１枚ずつ離れてついている離弁花類に属する。　ウ…正しい。エンドウは自家受粉でも他家受粉でも受精し種子をつくることができる。この点もメンデルがエンドウを用いた理由の１つといわれている。　エ…正しい。親の遺伝子が，優性(顕性)の遺伝子と劣性(潜性)の遺伝子の組み合わせの場合，自家受粉でも子に劣性(潜性)の形質が現れる可能性がある。　イ…誤り。栄養生殖は，有性生殖ではなく，無性生殖の一種である。　オ…誤り。純系とは，何代にもわたって同じ形質だけを現す系統のことをいう。

⑸<**血液型**>Ｂ型の菊子さんの遺伝子の組み合わせがBOと断言できるのは，①両親の一方の遺伝子の組み合わせがAOのＡ型で，他方がＢ型の場合と，②両親の一方がAB型かＢ型で，他方がＯ型の場合である。①の場合，菊子さんがＢ型になるのは，Ａ型(AO)の親からＯ遺伝子とＢ型の親からＢ遺伝子を受け継いだときだから，遺伝子の組み合わせは必ずBOとなる。この場合に当てはまるのはイで，Ｂ型の子が生まれるのは，Ａ型のお父さんの遺伝子の組み合わせがAOのときだけである。②の場合，菊子さんがＢ型になるのは，Ｏ型の親からは必ずＯ遺伝子を受け継ぐので，AB型かＢ型の親からＢ遺伝子を受け継いだときで，遺伝子の組み合わせは必ずBOとなる。この場合に当てはまるのはエである。なお，アとウでは，Ｂ型の子の遺伝子の組み合わせがBBになる可能性もあり，菊子さんがBOであるとは断定できない。

⑹<**優性，劣性**>問題文の会話から，優性・劣性の意味を，それぞれ優れている・劣っていると誤解するおそれがある。そのため，優性は顕性(顕れる形質)に，劣性は潜性(潜んでいる形質)という表現へ変更されることになった。

⑺<**血液型の遺伝**>①９番の女性は，３番のＡ型の父親と４番のＢ型の母親との間に生まれ，姉妹にＯ型の子がいることから，３番のＡ型の父親の遺伝子の組み合わせはAO，４番のＢ型の母親の遺伝子の組み合わせはBOである。よって，９番の女性の遺伝子の組み合わせは，OO，AO，BO，ABの４通りが考えられる。このうち，10番のAB型の男性との間に13番のAB型の子が生まれる可能性がない遺伝子の組み合わせは，OOだけである。したがって，９番の女性の血液型として可能性があるのは，Ａ型とＢ型，AB型である。　②11番の茶実子さんは，６番のＡ型の父親と７番のＡ型の母親との間に生まれ，兄弟にＯ型の子がいることから，両親の遺伝子の組み合わせはともにAOである。また，この両親から生まれる可能性のある遺伝子の組み合わせとその割合は，右表のように，AA：AO：OO＝1：2：1となる。よって，Ａ型の遺伝子の組み合わせがAOである確率は$\frac{2}{1+2}=\frac{2}{3}$である。

父親＼母親	A	O
A	AA	AO
O	AO	OO

国語解答

一 問一 a 修復 b し c あたい d 革新 e 不全
問二 A…オ B…オ
問三 Ⅰ 三 Ⅱ 七
問四 (例)顔の表情／身振り／声の調子
問五 コミュニケーションが成立するための共通の基盤。(23字)
問六 コミュニケーション力とは，自分と意見が全く異なるためにコミュニケーションが成立しない相手との間で，自分のコードを破って意思疎通ができる力のことである，という主張。
問七 1 意見交換をする 2 生きる
問八 ウ
問九 1 コミュニケーションにおける誤解の経験がある人の割合は，全体の六割以上にのぼる。(39字)
2 (例)相手のプラットホームを読解することから始めて，どんな言葉が必要か，自分のコードから出て考えることで，誤解を減らすことができると思う。

二 問一 Ⅰ…ア Ⅱ…オ Ⅲ…エ Ⅳ…イ Ⅴ…ウ
問二 iii
問三 A…オ B…ア C…ウ
問四 エ
問五 父が肉親であるために，他人にするような対処ができないから。(29字)
問六 父の顔には陰鬱で人に憐愍を起こさせる面影があるため，どうしても打ち解けることができず，心が惨憺たる感情にみたされるから。(60字)
問七 1 父との関係がこじれていて素直になれない悲しみ。
2 父を悲しませることになった悲しみ。
問八 イ，オ

三 問一 a…ウ b…エ c…ア
問二 i…オ ii…エ iii…イ
問三 エ 問四 わづらふ
問五 オ
問六 侍従大納言の娘が猫に姿を変えたこと。
問七 おのれ～きこと 問八 イ

一〔**論説文の読解―社会学的分野―コミュニケーション**〕出典；村上慎一『読解力を身につける』「コミュニケーション力」。

≪本文の概要≫コミュニケーション力について，私ははじめ，にこやかに談笑しながら意見交換をすることができる力だと思っていたが，その後，それだけでは足りないと思うようになった。一方で，コミュニケーションにおいては，言語活動以外の方が，言語活動よりはるかに多いという話を大学で聴き，目に見える言語活動から測れるものだけがコミュニケーション力なのかと，疑問に思うようになっていった。内田樹氏の講演では，コミュニケーション力の本質は，新しい切り口で言葉の新しい活用を創造していくことであり，プラットホームが違うためにコミュニケーションが成立しない状況において，自分のコードを破って意思疎通できる力がコミュニケーション力であると言われていた。プラットホームの違う相手とのコミュニケーションでは，読解力により，相手のプラットホームを読み取り，相手が読み取りやすいような言葉を，自分のコードから出て考える必要がある。通じ合えない場面で発揮される力がコミュニケーション力であり，その力とは「生きる力」である。

問一＜漢字＞ａ．直してもとどおりに戻すこと。　ｂ．音読みは「独占」などの「セン」。他の訓読みは「うらな(う)」。　ｃ．音読みは「価値」などの「チ」。他の訓読みは「値段」などの「ね」。　ｄ．古いものを新しくすること。　ｅ．不完全であること。

問二．Ａ**＜慣用句＞**「血気」は，激しやすい意気のこと。「はやる」は，心が急ぐように前へ前へと進もうとする，という意味。　Ｂ**＜語句＞**「卑近」は，手近にあってたやすいこと。また，ありふれていて品位が高くないこと。

問三＜文章内容＞「コミュニケーションにおいて，言語活動が占める割合」について，「私」は，「会話が七割くらいだろう」と予想した。しかし，結果は「まるで逆」だった。「会話(言語活動)」と「他」の割合が「逆」だったのである。

問四＜文章内容＞「私」は，「会話がコミュニケーションの中心で，他は添え物のようなものだ」と思っていたが，実際のコミュニケーションには，「会話」以外のものがいろいろ絡んでいる。文字にすると表れないが，会話を交わしている実際の場面では意味を持ちうるものとして，身振り・手振り(しぐさ)，視線の方向，顔の表情，声の調子(大小，高低，抑揚)などがある。

問五＜文章内容＞コミュニケーション力とは，「コミュニケーションが成立しなくなっている状況で，それでも意思疎通ができる力」である。言い換えれば，「プラットホームが壊れているとき」に，「通じていないところを通じさせるようにする」力である。「プラットホーム」は，業界，専門分野ごとに違っていることがあり，日本では「世代ごとに」違ってしまったのではないかと思うこともあるが，相手と使う言葉や思考形式などが共通していてコミュニケーションが成り立つ場合は，「プラットホームができて」いるといえる。

問六＜文章内容＞内田樹氏は，コミュニケーション力とは「コミュニケーションが成立しなくなっている状況で，それでも意思疎通ができる力」をいうのであり，「プラットホームが壊れているとき」に「通じていないところを通じさせるようにする。それがコミュニケーション力，自分が使っているコードを破る力である」という話をした。そして，「コードを破ってコミュニケーションを図った優れた例」として，勝海舟の話をした。これらをもとにして，「自分と全く意見の違う人間と出会って，生きるか死ぬかという状況に追い込まれて，どう生き延びるか，そこに働いた力こそコミュニケーション力と言える」という主張が導き出されている。

問七＜文章内容＞「コミュニケーション力という言葉」を聞いて，「私」は，「初めにこやかに談笑しながら意見交換をする人々の姿」を思い浮かべた(…１)。しかし，その後，勝海舟にまつわる話と「通じ合えない場面に出会い続けるのが人生」だという話を聞いた後，「私」は，「そのとき働く『コミュニケーション力』とは，『生きる力』にほかならない」と思うようになった(…２)。

問八＜文章内容＞「プラットホームが異なるところ」とコミュニケーションを取る場合，「相手のプラットホームがどうなっているか，自分のプラットホームとどう違うか」からスタートしなければならないので，「スタートに必須の力」は「読解力」である。そのうえで「相手が読み取りやすいような橋として何を選んだらよいか，どんな言葉が必要か，自分のコードから出て考える」ところにも，「全体状況に対する読解力」がはたらく。

問九．１**＜資料＞**Ｑ１では，「誰かの話を聞いて，その人が言いたかったことと，自分の受け取ったことが，食い違っていたという経験」を66.5％の人がしていることがわかる。Ｑ２では，「誰かに話をしていて，自分が言いたかったことが，相手にうまく伝わらなかったという経験」を63.4％の人がしていることがわかる。いずれにせよ，人とコミュニケーションを取る際の誤解について，六割以上の人が経験していることになる。　２**＜作文＞**「プラットホームが異なる」人とコミュニケーションを取ろうとするときには，まず，「相手のプラットホームがどうなっているか，自分のプラットホームとどう違うか」を読み取ることが必須である。そのうえで，「相手が読み取りやすい」ように「どんな言葉が必要か」を「自分のコードから出て考える」ことが必要である。コミュニケーションを成立させるには，読解力が必要である。

二〔小説の読解〕出典；谷崎潤一郎『異端者の悲しみ』。

問一＜表現＞Ⅰ．浅く眠るさま。　Ⅱ．怒りを不機嫌に抑えるさま。　Ⅲ．嫌味でしつこいさま。　Ⅳ．少しずつ確実に物事が進んでいくさま。　Ⅴ．はればれとするさま。

問二＜品詞＞「荒っぽい」「腹立たしい」「温かい」は，形容詞。「たまらない」は，動詞「たまる」の未然形に，打ち消しの助動詞「ない」がついたもの。

問三＜慣用句＞A．無愛想に拒絶して，とりつく島もないさまを，「けんもほろろ」という。　B．いらだつ気持ちを抑えて我慢することを，「虫を殺す」という。　C．不平や不満が消えてすっきりし，気持ちが落ち着くことを，「溜飲が下がる」または「溜飲を下げる」という。

問四＜文章内容＞父が章三郎に対して「猛獣のように威張りたがった」のは，「章三郎が，あまりに親の権力と云うものを無視して懸って，これまでに散々父の根性を僻めてしまった結果」である。「表面だけでも，父の顔が立つように仕向けて」やる「我慢」が，章三郎にはできなかった。

問五＜文章内容＞章三郎は，「父を全然他人のように感じ，他人のように遇する事」ができなかった。「容赦なく罵り返してやる」ことも，「ただちに弁解を試みる」ことも，「慰め，敬遠し，恵む事」も，「絶交する事」も，相手が「他人」ならできるはずであるが，父がただただ「肉親」であるために，章三郎は，「ほとんどこれに施す可き術がない」のであった。

問六＜文章内容＞章三郎は，「たまたま父の前へ出れば，無闇に反抗心が勃興して，不平や癇癪がムラムラと込み上げて」くる。しかし，「父親の痩せ衰えた顔の中には，何となく陰鬱な，人に憐愍を起させるような傷々しい俤があって，そのために章三郎は口を利くことも，身動きをすることも出来なく」なる。章三郎は，自分の「考え」を「決して口へ出そうとしない」が，「一時の気休めに出鱈目な文句を列べ，父親を安心させようと云う気」も起こらない。「そんな気を起す余裕がない程，彼の心は惨憺たる感情に充たされる」のである。

問七＜心情＞1．章三郎は，「父を全然他人のように感じ，他人のように遇する事」ができたなら「もう少し仕合わせになり得るはず」だったのに，実際には，「道徳と云う一定の固まった言葉では，とても説明することの出来ない，或る不思議な，胸のつかえるような，頭を圧さえつけられるような，暗い悲しい腹立たしい感情」が，父との間にあって，反抗心は起こるのに反抗できなかった。「一時の気休めに出鱈目な文句を列べ，父親を安心させようと云う気」も起こらないほど，「彼の心は惨憺たる感情に充たされ」ていた。　2．章三郎は，父が「我を折って，多少哀願的な調子になって，捨て台辞を云った揚句に章三郎を放免する」とき涙を浮かべているのを見て，「涙を浮べるくらいなら，なぜもう少し温かい言葉をかけてくれなかったのだろう。そうして己も，なぜもう少し，優しい態度になれなかったのだろう」と思った。父との関係がこじれて，結局は父を悲しませることになったことを，章三郎は悲しく感じたのである。

問八＜文章内容＞父は，折々章三郎を呼びつけて詰問し意見したが，そんな場合，章三郎は二時間でも三時間でも「黙って控えて居る」ため，結局父は「我を折って，多少哀願的な調子になって，捨て台辞を云った揚句に章三郎を放免」した(イ…×)。父は，「今でも妹のお富を初め，母親やその他の者に摑まると，むしろ軽蔑されるくらいの好人物に見える」のであり，いつでも「子供に対して冷酷な人間ではなかった」はずである(オ…×)。

三〔古文の読解―日記〕出典；菅原孝標女『更級日記』。

≪現代語訳≫花が咲いて散る季節になるごとに，乳母が亡くなった時期だなあ，とばかり悲しくなったが，同じ頃にお亡くなりになった侍従大納言の姫君の筆跡を見ては，むやみに悲しくなっていると，五月頃，夜がふけるまで物語を読んで起きていると，どこから来たともわからないのに，猫がたいそうのどやかに鳴いたのを，驚いて見ると，とてもかわいらしい猫がいる。どこから来た猫かと見ていると，姉である人が，「しっ，静かに。人に聞かせてはいけない。たいそうかわいらしい猫だわ。飼いましょう」と言うと，(猫は)たいそう人になれていて，(私たちの)そばに寝ている。捜す人があるかと，これを隠して飼っていると，(猫は)全く下賤(げせん)な者のそばにも寄りつかず，ぴったり(私たちの)前にだけいて，物も汚そうな物は，よそに顔を向けて食べない。(私たち)姉妹の間にさっとまとわりついて，(私たちが)おもしろがりかわいがっているうちに，姉が病気になることがあって，家の中がなんとなく騒がしくて，この猫を北側の部屋にばかりいさせて呼ばないので，(猫は)うるさく鳴き騒ぐけれども，やはり何か訳があって鳴くのだろうと思っていると，病気の姉が目を覚まして「どこですか，猫は。こちらへ連れていらっしゃい」と言うので，「どうして」と尋ねると，「夢にこの猫がそばに来て，『私は侍従大納言殿の娘が，こうなったものです。こうなるはずの前世からの因縁が多少あって，この中の君がむやみに悲しいと思い出しなさるので，ただしばらくここにいるのを，この頃下賤な者の中にいて，とてもつらいことです』と言って，ひどく鳴く様子は，身分が高く美しい人と見えて，ふと目が覚めたら，この猫の声だったので，とても心を打たれたのです」とお話しになるのを聞いて，とてもしみじみとした気持ちになった。

問一＜古語＞a．筆跡のこと。　b．かわいがる，という意味。形容詞「らうたし」が動詞化した語。　c．「かしがまし」の連用形で，「かしがまし」は，うるさい，という意味。

問二＜古文の内容理解＞i．作者が，夜がふけるまで物語を読んで起きていると，猫がのどやかに鳴いた。　ii．姉の提案で飼うことになった猫は，人になれた様子で，作者たちのそばに寝ていた。iii．病気の姉は，夢にこの猫を見て目が覚めた。

問三＜古文の内容理解＞猫は人になれた様子だった。そこで，姉は，猫がこれまでも誰かに飼われていた可能性があり，その人が捜しに来るかもしれないと思った。

問四＜古語＞「なやむ」と「わづらふ」は，病気になる，という意味。

問五＜古文の内容理解＞北側の部屋にばかりいさせられた猫は，うるさく鳴き騒いだ。作者は，猫が鳴き騒ぐのを，やはりそのように鳴くのは何か事情があるのだろうと思った。

問六＜古文の内容理解＞ある夜に姉妹のもとにふとやってきて飼われていた猫は，姉の夢に現れて，自分は「侍従の大納言殿の御むすめ」がこのように猫になったものだと言った。

問七＜古文の内容理解＞姉の夢に出てきた猫は，「おのれは侍従の大納言殿の御むすめの，かくなりたるなり～いみじうわびしきこと」と言って，ひどく鳴いた。

問八＜古文の内容理解＞ある夜，どこから来たのかわからないが，かわいらしい猫が，作者たちのところへ来た(イ…○)。その猫を見て，姉は飼おうと言った(ウ…×)。そのうち，姉が病気になり，家の中が騒がしくなって，猫を北側の部屋にばかりいさせた(エ…×)。そのとき，病気の姉が目を覚まして，夢にこの猫が出てきて，自分は侍従大納言の姫君がこうなったもので，中の君(作者)がやたらに悲しむので，しばらくここにいるのだと言った(ア・オ…×)。

2020年度 お茶の水女子大学附属高等学校

【英　語】（50分）〈満点：100点〉

（注意）1．試験開始３分後に，放送による問題を行います。試験が始まったら，問題の[1]と[2]に目を通しておきなさい。

2．文中の＊のついている語(句)には，問題の最後に注があります。

［注意］

問題の[1]と[2]は放送による問題です。放送の指示に従って答えなさい。なお必要ならば，聞きながらメモをとってもかまいません。〈編集部注：放送文は未公表につき掲載してありません。〉

[1] **【聞き取りの問題】** 英文とその内容についての英語の質問が４つ，それぞれ２回読まれます。よく聞いて，質問に英語で答えなさい。

1．

2．

3．

4．

（注） brooch 「ブローチ」

[2] **【書き取りの問題】** 英文が３回読まれます。よく聞いて，下線部(1)から(4)を正しく埋めなさい。ただし，英文は２回目のみゆっくり読まれます。

In Japan, (1)____. (2)____. (3)____.

(4)____.

[3] 次の英文を読んで，その内容と一致するように，後の**【要約文】**の空所１から12に適切な単語を入れなさい。

Your elementary, middle, and high school years may not *seem very important while you are there, but they are in many ways the most *influential time of your life. Those early years can stay with you forever. In elementary school, children learn many subjects, including *basic reading, writing, English, math, history, science and art. It is perhaps *the first time the child meets lots of other children *his or her age. Teachers in elementary school *pay more attention to *individual students to help them with their studies. Middle school becomes more difficult. *While students study the same subjects as in elementary school, they have more work to do, and the classes are more *challenging.

There are many changes in high school that can be difficult — and *scary! There is a completely different building and *atmosphere. Classes become even more difficult, with more papers to write and more homework to do. Students *are expected to be more *independent and *mature. The *upperclassmen can be *intimidating, especially to first-year students. However, this is also an exciting time *filled with many new experiences such as the beginning of *dating, driving, the taking of college entrance exams, and planning for the future. Often, new friendships are made, and these can last for a lifetime. There is a lot of pressure for students to do well in their classes, and they have a lot more work to do to get ready for university. For some students, the pressure is too much, and they *get depressed. They may *dislike some subjects or just get bored. During the high school years, there are many circles or clubs that students can join such as dance, sports, *drama, music, and tea ceremony. These clubs allow students to meet others with *similar hobbies and interests, and that helps to build personal confidence.

These changes happen fast and often *cause a lot of stress. The teenage years are often the hardest in a person's life, especially around the age of fourteen or fifteen. These years are also difficult for the parents. It is a time of great change. The child is growing quickly, *physically and *emotionally, into an adult. As children become more independent, they separate more and more from their parents, and yet, they still depend upon them. Teenagers are trying to *fit in with friends and, at the same time, they are trying to be different and to find their own *identities. Many teenage boys *have a hard time communicating or fitting in, and may *behave badly or rudely. Teenage girls often mature more quickly than boys. They *spend a lot of time using *make-up and buying nice clothes, but they also worry about their *appearance and popularity.

One study from Harvard University followed 2.5 million students for over twenty years. The study *aimed to see if and how good teachers *affect their students *over the long term and was one of the largest and most important studies of its kind. While many people believe that having a good teacher in the child's earlier years is more valuable than having one at a later grade, the study did not find this. A good teacher, the study found, has a positive *impact on a child and on his or her future — at any grade. In fact, teachers' *effect in a child's education is *second only to that of his or her parents.

The study also found that when a good teacher teaches a class in elementary or middle school, *not only do test *scores rise, but there are also many helpful effects outside of the classroom. Studies before this one showed that a good teacher can affect a student for about four years, and then the positive effects disappear. This study found that a good teacher's effects last not only while the student is in school, but for a lifetime. *Thanks to a good teacher, as a teenager, the student is *less likely to *get into trouble or to *commit a crime. Later on, he or she is more likely to go to college, get a better job, earn more money, and live in a better *neighborhood. The study also found that a poor teacher can actually hurt a child's chance of *success in life.

*Albert Einstein said, "Education is *what remains after one has forgotten everything one learned in school."

（注） seem ～ 「～のように思える」　influential 「大きな影響を与える」
basic 「基礎的な」　the first time … 「最初に…するとき」
his or her age 「自分と同じ年齢の」　pay attention to ～ 「～に注意を払う」
individual 「個々の」　While ～, … 「～であるが一方…」
challenging 「挑戦的な，困難だがやりがいのある」　scary 「恐ろしい」

atmosphere 「雰囲気」 be expected to～ 「～するように期待されている」
independent 「自立した」 mature 「成熟した；成熟する」
upperclassmen＜upperclassman 「上級生」 intimidating 「怖そうな」
filled with～ 「～で一杯の」 dating 「デートすること」
get depressed 「憂うつになる」 dislike 「嫌う」 drama 「演劇」 similar 「同じような」
cause 「引き起こす」 physically 「身体的に」 emotionally 「精神的に」
fit in with～ 「～になじむ」 identity 「自己認識，アイデンティティー」
have a hard time ～ing 「～するのに苦労する」
behave badly or rudely 「不正な行いや無礼な振る舞いをする」
spend a lot of time ～ing 「長い時間をかけて～する」 make-up 「化粧」
appearance 「容姿」 aim to～ 「～することを目的にする」 affect～ 「～に影響を与える」
over the long term 「長期間にわたって」 impact; effect 「影響」
second only to～ 「～に次いで大きい」 not only do～ … 「～が…するだけではなく」
score「得点，成績」 thanks to～ 「～のおかげで」
less likely to～「～する可能性がより低くなって」 get into trouble 「もめごとに巻き込まれる」
commit a crime 「罪を犯す」 neighborhood 「地域」 success 「成功」
Albert Einstein 「アルベルト・アインシュタイン（ドイツ出身の物理学者。1879～1955）」
what remains after … 「…の後に残るもの」

【要約文】

While you are in school, you may not realize the (1) of your years there, but actually they are the most influential time of your life. In elementary school, you learn many subjects and meet for the first time many other children who are as (2) as you are. In middle school, you have more work to do and the classes become harder but more (3).

The changes you experience in high school are difficult and they may (4) you. Since classes become more difficult, you have more papers to write and more homework to do. Students have to be more independent and mature. The upperclassmen will (4) you sometimes, but you will have an exciting time which is (5) of new experiences. You will make new friends, and they will be with you all your (6). You experience a lot of (7) because you have to get good grades and (8) for college. Also you can take (9) in many circles or clubs, and you can meet other students with similar hobbies and interests.

The teenage years, especially those around fourteen or fifteen, can be very hard for the (10) as well as for the children. Children experience and are worried about two things or ideas that are quite different from each other. While they become independent, they still depend on their parents. They want to fit in with friends, but at the same time, they want to be different and find out what (11) of persons they are.

A study from Harvard University found that a good teacher has a positive impact on children at any time, not only when they are in school, but also for all their (6). A good teacher's effects can give children a chance to live a (12) life.

4　下の英文を読んで，次の問いに日本語で答えなさい。

(1)　下線部(1)について，Sueはその前にどこで何をしていましたか。

(2)　下線部(2)について，Mrs. Simpsonは何に気づきましたか。

(3)　下線部(3)について，Mrs. Simpsonはなぜそのように言ったのですか。話の内容を踏まえて説明しなさい。

One time Mrs. Simpson invited a lot of people to her house for dinner. She planned to *feed them a good dinner of meat and vegetables and her special soup.

On the day of the party, everyone was busy at the Simpson house. Mrs. Simpson had five daughters, but no one thought about making the soup. They washed and *ironed and cleaned the house. They made the *dessert. Then Mrs. Simpson thought of the soup, and she ran to the kitchen to make it.

Mrs. Simpson made the best soup in the town. No woman was a better cook than she was. But this time she forgot to put salt into it. Of course, a good soup needs some salt.

Mrs. Simpson made a bigger fire and put her soup on the *stove. Then she began to *sweep the floor. Her hands became very *dirty.

Suddenly she thought about the soup. "I have not put any salt into it !" So she called one of her daughters to help her.

"Sue," she said, "will you put some salt into the soup ? My hands are too dirty."

"I can't, Mom. I'm washing my hair in the bathroom," said Sue.

"Sara, will you go and put salt into the soup ?"

"I can't," said Sara. "Something is wrong with my dress and I have to *sew it."

"Brenda, can you salt the soup ?"

"No, Mom," said Brenda. "Ask somebody else to do it."

"Won't anyone help me ? Jenny, go and salt the soup."

"Tell Linda to do it, Mom. I'm ironing the tablecloth," Jenny said.

"I can't, Mom. I'm looking for my watch ! I'm not going to do anything else until I find it," Linda said.

So Mrs. Simpson put down her broom. She washed her hands and salted the soup. Then she began again to clean the floor.

Linda began to think that she should *obey her mother, so she went quietly to the kitchen and salted the soup. After that she continued to look for her watch. She looked into this corner and that.

Jenny began to be sorry that she was *rude, so she salted the soup, too. Then she finished the ironing.

(1)Sue went into the kitchen and smelled the soup. "It will taste better with salt," she told herself, so she salted it.

Later Sara thought, "I really should help Mom," and she salted the soup. Then Brenda went quietly to the kitchen and salted the soup, too.

That night the hungry guests sat and waited for the soup. They could smell it, and it smelled good. Then Mrs. Simpson put it on the table in front of everyone. The *preacher was there to dinner, so Mrs. Simpson gave him the first dish. He took *a big mouthful of the soup. Suddenly his eyes opened wide, he picked up his glass of water, and he drank it *all in one gulp.

Now Mrs. Simpson knew that something was wrong, and she tasted the soup herself. (2)Then she knew.

"Which one of you girls put salt into this soup ?" she asked her daughters.

"I did, Mom," all five said together.

"And I did, too," Mrs. Simpson said. "(3)Too many cooks spoil the *broth."

And that's the truth.

（注） feed 「振る舞う，食事を与える」 iron 「アイロンをかける」 dessert 「デザート」
stove 「コンロ」 sweep 「掃く」 dirty 「汚い」 sew 「縫う」
obey ～ 「～に従う」 rude 「失礼な」 preacher 「牧師」
a big mouthful of ～ 「口いっぱいの～」 all in one gulp 「一口でゴクリと」 broth：soup

5 次の英文の意味が通るように，空所 1 から 5 に入れるのに最も適切なものを，下のアからオの中から選び，記号で答えなさい。ただし，同じものを 2 回以上用いてはいけません。

*Taking notes is an important part of learning. Students listen to the teacher. They write down the important things. Or they use a computer. These days, many students take a computer to class to *type their notes.

Some people think that using a computer is better. [1] That means they can write more. If you can type fast, you can type every word the teacher says.

[2] Almost every student in university has a computer which is small enough to take to class in order to type their notes. [3] So there is a *trend in schools now to *focus less on teaching kids how to write. Many people see no need for writing by hand.

[4] When students can't write every word, they have to think about it more. They have to *pick out important information. [5] Studies show that people who write down their notes remember the information better.

ア People type faster than they write.
イ And *the act of writing helps the person to remember.
ウ Computers are becoming very common in classrooms.
エ However, studies show that it is good to write things down.
オ Fewer students write things down.

（注） take notes 「ノートを取る，メモを取る」 type 「(ワープロで)打つ，タイプする」
trend 「傾向」 focus on ～ 「～を重点的に取り扱う」 pick out 「選び出す」
the act of writing 「書く行為」

6 例にならって，次の(1)から(5)の[ ]内の語句を与えられている順にすべて用い，さらに最低限必要な語を加えて，話の筋が通るように英文を完成させなさい。

【例】 Miss Williams is a teacher and [there, thirty, children, class].
→there are thirty children in her class

* * * * *

Emma left school in her town when she was seventeen years old. (1)[She, went, famous, college, New York] for a year to learn to be a *typist. She passed her exams quite well and then went to look for work. She was still living with her parents.

(2)[that, time, it, was, not, difficult, her, find, interesting, work] because a lot of offices were looking for typists. (3)[Emma, went, several, offices, and, then, chose, one, offices]. It was near her parents, house. She thought, "(4)[I, don't, have, go, office, bus]. I'll walk every morning."

She visited the office again and said to the *manager, "Mr. Taylor, I want to work here, but I want to know what you will pay me."

"How about paying you 10 dollars now and 15 dollars after three months ?" he asked.

(5)[Emma, thought, few, seconds, before, she, answered, question]. Then she said, "All right, then I'll start in three months' time."

（注） typist 「タイピスト」　manager 「経営者」

7 コンビニエンスストアが年中無休で24時間営業することについて，あなたは賛成ですか。それとも反対ですか。理由を含めて40語以上の英語で述べなさい。なお，解答の末尾には使用した語数を記すこと。

必要があれば，次の語句を参考にしなさい。

a convenience store / convenience stores / open / closed

【数　学】（50分）〈満点：100点〉

（注意）1．解答用紙には，計算，説明なども簡潔に記入し，作図に用いた線は消さずに残しておきなさい。

2．根号$\sqrt{\quad}$や円周率πは小数に直さず，そのまま使いなさい。

3．問題用紙の図は必ずしも正確ではありません。

4．携帯電話，電卓，計算機能付き時計を使用してはいけません。

1　次の各問いに答えなさい。

(1)　次の計算をしなさい。

$$\left\{\left(\frac{1}{2}\right)^3-\frac{1}{3}\right\}\times\frac{6}{2^2-3^2}$$

(2)　1次関数$y=-\dfrac{3}{2}x+a$において，xの変域が$-3\leqq x\leqq 2$のとき，yの変域は$-2\leqq y\leqq b$となる。このときa，bの値を求めなさい。

(3)　2つの自然数の和と差の積が21となるときの2つの自然数の組$(m,\ n)$をすべて求めなさい。ただし，$m>n$とする。

2　xについての2次方程式

$x^2+(a+2)x-a^2+2a-1=0$　…①

について次の問いに答えなさい。

(1)　①の解の1つが0であるときのaの値と，もう1つの解を求めなさい。

(2)　①の解の1つがaであるときのaの値を求めなさい。ただし，$a>0$とする。また，このとき2次方程式①は

x^2+［ア］$x+$［イ］$=0$

となる。［ア］，［イ］にあてはまる値をそれぞれ求めなさい。

3　図のように，関数$y=x^2$のグラフの$x\geqq 0$の部分を①，関数$y=\dfrac{1}{4}x^2$のグラフの$x\geqq 0$の部分を②とする。①上にy座標がaである点Aをとり，点Aを通りx軸に平行な直線と②の交点をB，点Aを通りx軸に垂直な直線と②の交点をCとする。ただし，$a>0$とする。このとき，次の問いに答えなさい。

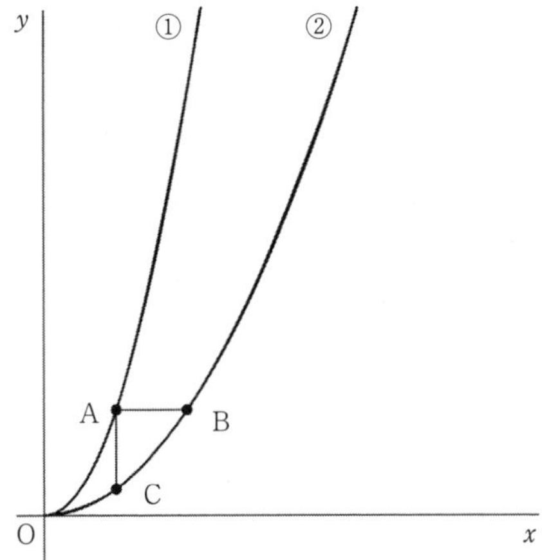

(1)　点Bの座標，点Cの座標をaを用いて表しなさい。

(2)　AB＝ACとなるとき，aの値を求めなさい。

さらに関数$y=\dfrac{1}{n^2}x^2$のグラフの$x\geqq 0$の部分を③とする。①上にy座標がbである点Dをとり，点Dを通りx軸に平行な直線と③の交点をE，点Dを通りx軸に垂直な直線と③の交点をFとする。

ただし，$n>1$，$b>0$とする。

(3)　DE，DFの長さをそれぞれb，nを用いて表しなさい。

(4)　DE＝DFとなるとき，bをnを用いて表しなさい。

4　一辺の長さが1である正六角形がある。この正六角形の6つの角を図のように削り取って正十二角形をつくる。このとき，次の問いに答えなさい。

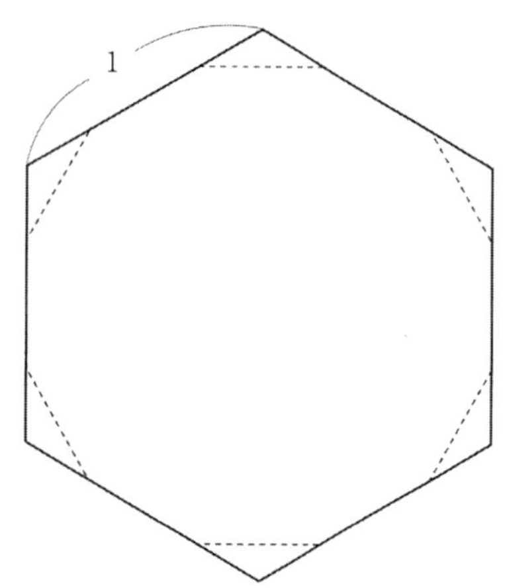

(1)　できた正十二角形の一辺の長さを求めなさい。

(2)　(1)で求めた一辺の長さの線分を作図しなさい。ただし，解答用紙にある線分の長さを1とする。作図に用いた線は消さずに残しておくこと。また，作図して求めた線分がわかるように，線分ABと記しなさい。

(3)　正十二角形の面積は，もとの正六角形の面積の何倍であるか求めなさい。

5　A，B，C，Dの4人が，右図のように，正方形の頂点のところに内側を向いて立ち，キャッチボールをすることになった。ただし，次のルールに従ってキャッチボールを行う。

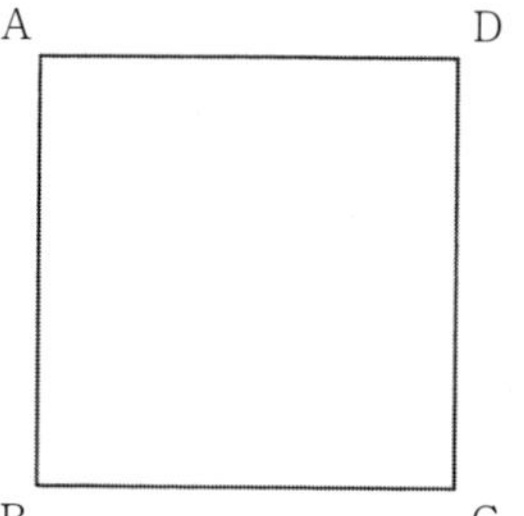

①　どちらか隣の頂点にいる相手から正方形の辺にそって飛んできたボールは，キャッチしたあと対角線上の頂点にいる相手に投げる。

②　対角線上の頂点にいる相手から飛んできたボールは，キャッチしたあと正方形の辺にそってどちらか隣の頂点にいる相手に投げる。

③　Aが投げることからスタートし，最初にAに戻ってくるまでを1ラウンドと考える。

④　各ラウンドはAがCにボールを投げることからはじまるものとする。

このとき，次の問いに答えなさい。

(1)　1ラウンドのボールの動きについて解答用紙にある樹形図の続きを記入し，完成させなさい。

(2)　1ラウンド中に行われると考えられるキャッチボールの回数をすべて答えなさい。ただし，1人が投げたボールを相手がキャッチしたら，1回のキャッチボールと数えるものとする。

(3)　3ラウンド中に行われるキャッチボールの回数がちょうど13回になる確率を求めなさい。ただし，条件②でどちらの隣に投げるかは，ともに確率$\frac{1}{2}$であるとする。

【社　会】 (50分) 〈満点：100点〉

(注意) 解答は原則として漢字で記入しなさい。

1 右の地図は，南極点を中心に描いた正距方位図法によるものである。地図を見て，次の各問いに答えなさい。ただし，経線と緯線は15度ごとに引かれている。

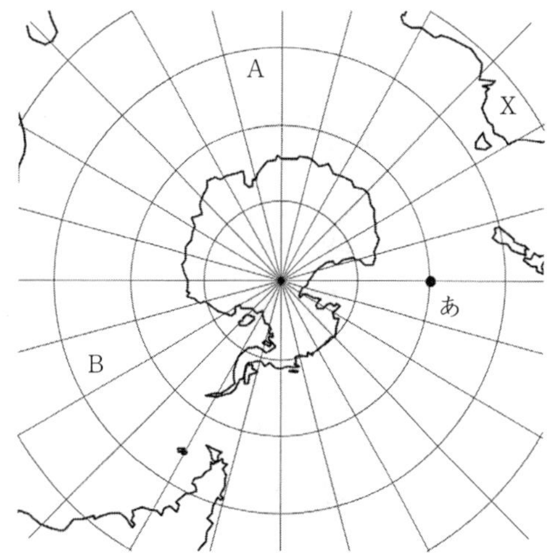

問1 AとBの海洋の名称をそれぞれ答えなさい。

問2 地点あ から南極点までの距離として適切なものを，次のアからエの中から1つ選び，記号で答えなさい。

ア 約1,111km

イ 約2,222km

ウ 約3,333km

エ 約4,444km

問3 地点あ から見た南極点の方位を答えなさい。

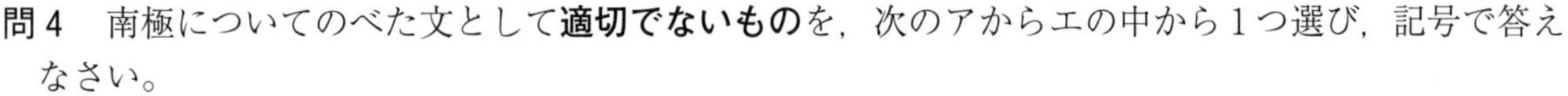

問4 南極についてのべた文として**適切でないもの**を，次のアからエの中から1つ選び，記号で答えなさい。

ア 12月には，一日中太陽がしずまない現象を見ることができる。

イ 北極に比べ，年平均気温が低い。

ウ 樹木が育たない気候帯に分類され，森林は形成されない。

エ イヌイットとよばれる人びとが，あざらしなどの狩りをして生活している。

問5 Xの大陸に関して，人口はどのような場所に集中しているか，自然環境にふれながら，説明しなさい。

2 次の文章を読み，下の各問いに答えなさい。

人間は，①生活に必要な水や食料を得るために，また自然災害から身を守るために生活する場所を選んできた。

平野は，②河川の水を活用しやすいことから，多くの人びとが生活してきた。しかし，平野の中でも③低地は，しばしば水害による被害を受ける場所でもあった。一方，④台地は，低地に比べると水は得にくいが，洪水といった自然災害にはあいにくい場所である。海岸沿いの場所では，⑤漁業により食料を得ることができる。とりわけ干潟は，波が静かで多様な生物が生息することから，多くの水産資源を得られる場所であった。しかし現代では，⑥各地でうめ立てられその環境が破壊されている。

山地には，木の実や山菜などの食料や燃料となる資源がある。⑦林業も古くから営まれてきた。山地で農業を行う際には，水と日当たりが問題になる。水は雨水やわき水を利用し，東向き，南向きの日当たりの良い斜面が多く利用されてきた。今では美しい景観として評価されている（ A ）は，山の斜面で土砂を流出させずに農業を行うためにつくり出されたものであり，水をためるダムのような役割も果たす。

このように，⑧人間は，自然と向き合い，その恩恵を最大限得られるように，さまざまな工夫をしてきた。

問1 文章中の空欄(A)にあてはまる語句を答えなさい。

問2　文章中の下線部①に関して，次の図は，国内の水需要の推移を示したものであり，アからウは生活用水，農業用水，工業用水のいずれかを示している。生活用水を示したものとして適切なものを，次のアからウの中から1つ選び，記号で答えなさい。

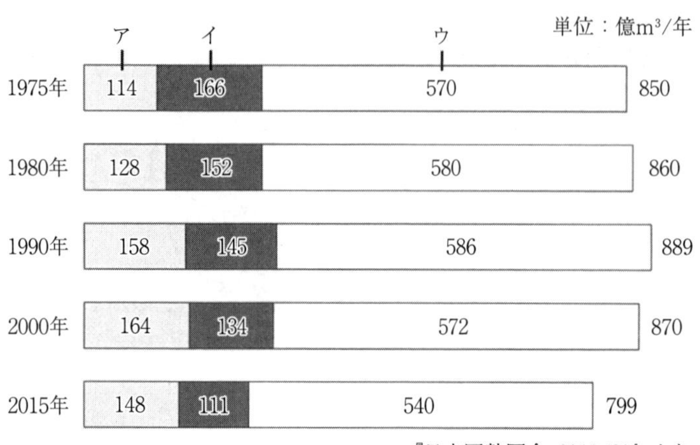

『日本国勢図会 2019/20』より

問3　文章中の下線部②に関して，次の文章は，ヨーロッパの河川についてのべたものである。文章を読み，下の各問いに答えなさい。

> ライン川は，アルプス山脈に源を発し，（ B ）とフランスの国境をへて（ B ）国内を流れ，（ C ）で北海に注ぐ国際河川である。ライン川やその支流沿いには重工業が発達したが，近年では，臨海部などに新しい工業地域が形成されている。

(1)　文章中の空欄（B）と（C）にあてはまる国を答えなさい。

(2)　文章中の下線部に関して，ライン川やその支流沿いに重工業が発達したのはなぜか，説明しなさい。

問4　文章中の下線部③に関連して，次の地形図に見られる集落の形態を答え，その特徴を説明しなさい。

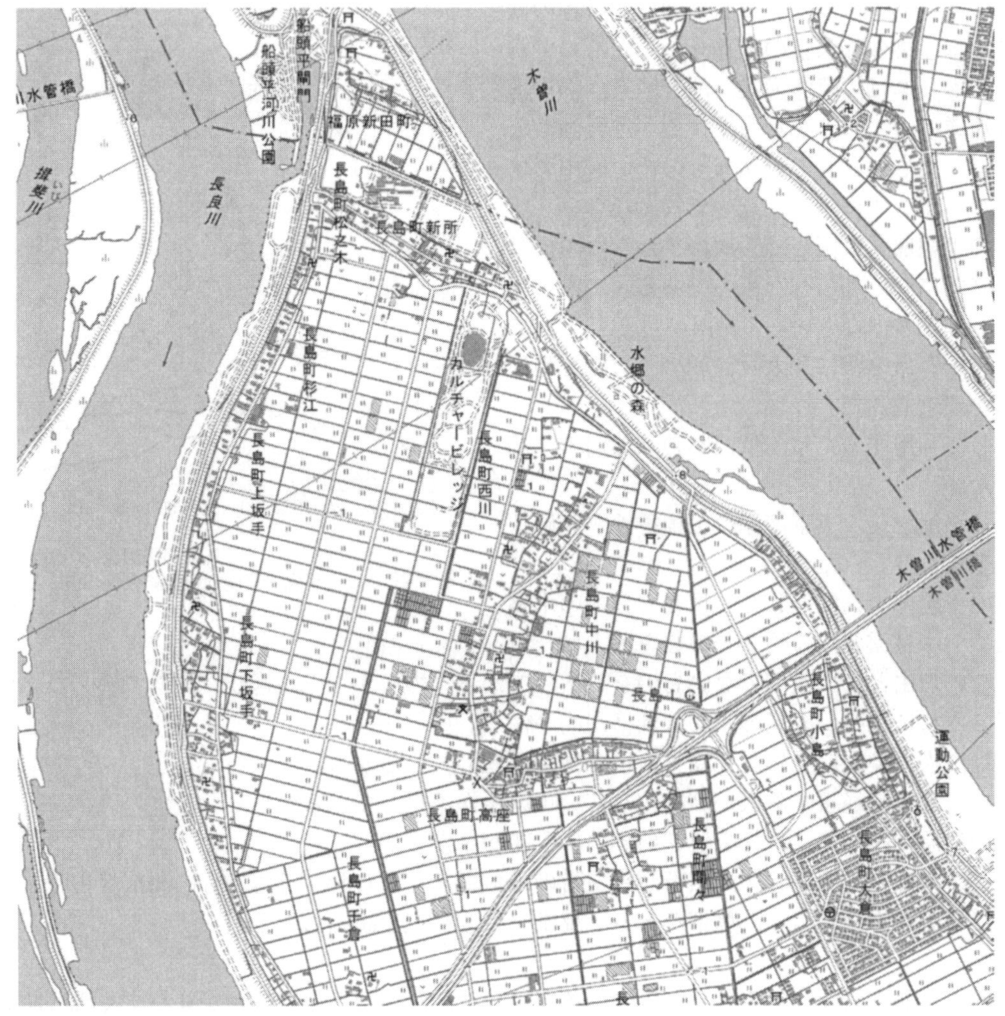

2万5千分の1地形図　弥富(平成30年8月1日発行)を一部加工

問5　文章中の下線部④に関連した次の各問いに答えなさい。

(1)　牧ノ原台地や三方原台地など水はけの良い土地での栽培に適しており，静岡県が都道府県別生産量第1位である農作物を答えなさい。

(2)　右の表は，(1)の農作物のおもな生産国，生産量，世界全体の生産量にしめる割合(2017年)を示したものである。表中の空欄(D)から(F)にあてはまる国の組み合わせとして適切なものを，次のアからカの中から1つ選び，記号で答えなさい。

国名	生産量(千ｔ)	世界全体の生産量にしめる割合(%)
中国	2,460	40.3
(Ｄ)	1,325	21.7
(Ｅ)	440	7.2
(Ｆ)	350	5.7
ベトナム	260	4.3
トルコ	234	3.8

『世界国勢図会 2019/20』より

ア　Ｄ：アメリカ合衆国　Ｅ：日本　Ｆ：ブラジル
イ　Ｄ：アメリカ合衆国　Ｅ：インド　Ｆ：ブラジル
ウ　Ｄ：アメリカ合衆国　Ｅ：ケニア　Ｆ：日本
エ　Ｄ：インド　Ｅ：スリランカ　Ｆ：日本

オ　D：インド　　　　E：日本　　　　F：ブラジル

カ　D：インド　　　　E：ケニア　　　F：スリランカ

問6　文章中の下線部⑤に関して，右の図は，日本の漁業別漁獲量と水産物の輸入量の推移を示したものである。図中のアからエは，遠洋漁業，沖合漁業，沿岸漁業，海面養殖業のいずれかを示している。沖合漁業と沿岸漁業を示したものとして適切なものを，図中のアからエの中から１つずつ選び，記号で答えなさい。

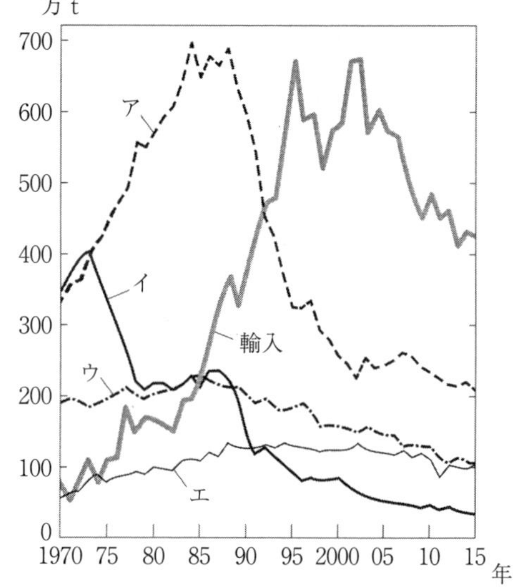

『日本国勢図会 2019/20』，
平成27年度食糧需給表(e-Stat)より

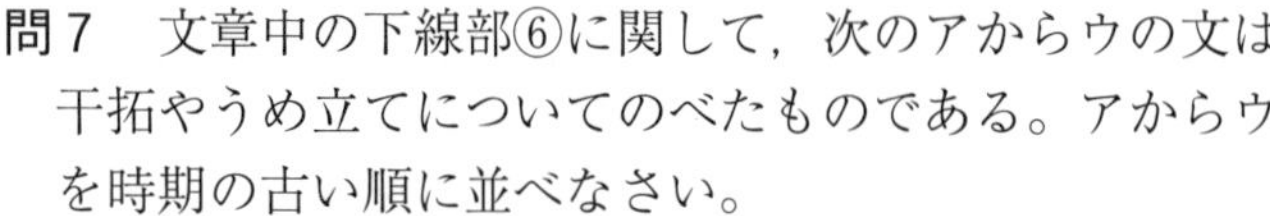

問7　文章中の下線部⑥に関して，次のアからウの文は，干拓やうめ立てについてのべたものである。アからウを時期の古い順に並べなさい。

ア　エネルギー革命を機に，大阪湾岸のうめ立て地に化学工場が建ち並んだ。

イ　農地として利用するため，秋田県の八郎潟の干拓が始まった。

ウ　バブル経済崩壊後，東京湾岸の工場跡地が高層住宅などに生まれ変わった。

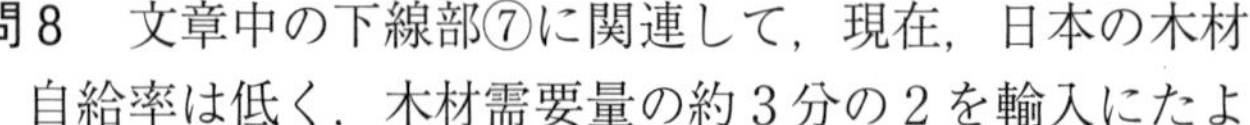

問8　文章中の下線部⑦に関連して，現在，日本の木材自給率は低く，木材需要量の約３分の２を輸入にたよっている。この理由として**適切でないもの**を，次のアからエの中から１つ選び，記号で答えなさい。

ア　外国産の木材に比べ，国産の木材は価格が高いから。

イ　日本では，大規模な開発により森林面積の減少が続いているから。

ウ　日本では，林業に従事する人が高齢化し若い担い手が不足しているから。

エ　日本の山は急で険しく，木材を運び出すのに手間がかかるから。

問9　文章中の下線部⑧に関連して，熱帯から温帯の地域で広く見られ，日本でも山間部で古くから行われてきた農業の方法として，焼畑がある。焼畑を行う利点を説明しなさい。

3　次の史料Ⅰ・Ⅱを読み，年表を見て，下の各問いに答えなさい。史料はわかりやすく現代語訳してある。

史料Ⅰ

600年　新羅が任那を攻めた。①天皇は任那を救おうとし，境部臣を大将軍に任命した。

607年　７月１日，②大礼小野臣妹子を中国に遣わす。鞍作福利を通訳とした。

608年　４月小野妹子が中国から戻った。中国の使者，裴世清らとともに筑紫に到着した。

８月１日，中国からの使者らが③京に到着した。

９月裴世清らが中国に帰った。小野臣妹子を大使として国書を持たせ，裴世清とともに中国に遣わした。その国書には「東の天皇，つつしんで西の皇帝に申し上げます。」と書かれていた。この時，④中国に高向漢人玄理，学問僧新漢人旻，南淵漢人請安ら学生８人を送った。

史料Ⅱ

600年　倭王多利思比孤が阿輩鶏弥(おおきみ)と名のって使者を送ってきた。皇帝は使者に倭の風俗をたずねさせた。

607年　倭王多利思比孤が使者を遣わし朝貢してきた。使者は「中国では天子の力で⑤仏教が栄えていると聞いています。私を派遣して，天子に礼をつくし，また，仏教を学ばせるため僧を同行させました」と言った。国書には「⑥日出づる処の天子が日没する処の天子に手紙を送ります。お変わりありませんか。」と書かれていた。⑦帝はこの国書を見て不機嫌になり，役人に「今後周辺諸国からの国書に無礼なものがあったなら，二度と私に見せるな」と命じた。

608年　帝は裴世清を倭国に遣わした。倭王は家臣を送り裴世清を迎えさせた。

年表

581年　文帝が(　A　)を建てる
584年　(　A　)が大運河の建設・改修を始める(～610年)
589年　(　A　)が中国を統一する
604年　(　A　)の２代皇帝煬帝が即位する
611年　煬帝が３度にわたる高句麗遠征を始める(～614年)
618年　李淵が唐を建てる
640年　南淵請安，高向玄理が帰国する
645年　高向玄理，旻が国博士となる
720年　持統天皇までの歴史を記した(　B　)成立

問１　年表中の空欄(A)と(B)にあてはまる語句を答えなさい。

問２　史料Ⅰ中の下線部①に関連して，日本と朝鮮半島の歴史的関係に関する次の各問いに答えなさい。

(1)　５世紀の大和政権が朝鮮半島に進出して手に入れようとしていたものを，次のアからエの中から１つ選び，記号で答えなさい。

ア　鉄　　イ　米　　ウ　木綿　　エ　火薬

(2)　倭寇撃退の実績をあげ，14世紀末に朝鮮を建国した人物を，次のアからエの中から１つ選び，記号で答えなさい。

ア　李参平　　イ　李成桂　　ウ　李舜臣　　エ　李承晩

(3)　17世紀から19世紀前半にかけて，朝鮮との外交を担当した藩を答えなさい。

問３　史料Ⅰ中の下線部②大礼小野臣妹子の「大礼」は小野妹子個人に与えられた冠位であり，「臣」は小野氏に与えられた姓(カバネ)である。より古くから存在したのは，冠位と姓のどちらか，答えなさい。

問４　史料Ⅰ中の下線部③京が置かれていた地を答えなさい。

問５　史料Ⅰ中の下線部④に関する次の各問いに答えなさい。

(1)　彼らはどのような人びとであったと考えられるか，留学した人びとの姓(カバネ)に注目し，答えなさい。

(2)　留学生の派遣はその後の大和政権にどのような影響を与えたと考えられるか，説明しなさい。

問６　史料Ⅱ中の下線部⑤仏教に関する次の各問いに答えなさい。

(1)　宋から臨済宗を伝え，鎌倉幕府の保護を受けて，禅を発展させた人物を答えなさい。

(2) 江戸時代に宗派別に寺が作成し，戸籍の役割を果たしたものを，次のアからエの中から1つ選び，記号で答えなさい。

ア 御定書　　イ 朱印状　　ウ 宗門改帳　　エ 藩札

問7 史料Ⅱ中の下線部⑥日出づる処の天子を，史料Ⅰ中ではどのように表現しているか，**史料Ⅰから抜き出して**答えなさい。

問8 史料Ⅱ中の下線部⑦に関連して，帝が不機嫌になった理由を説明しなさい。

4 次の文章を読み，下の各問いに答えなさい。

文字の発明や文字を記すための材料の発明・発達により，人びとは自分の思いを手紙にしたためて相手に伝えるようになった。手紙は個人的なものだけでなく，商取引の通信手段や権力者の情報収集手段としても活用された。

手紙にはる切手の原形の1つは，手紙におされた郵便料金収納印であったと考えられている。これに加え，①17世紀のイギリスでは，郵便の送達時間を管理するための日付印も導入された。その後，イギリスでは，1840年に郵便料金の前納制などを採用した近代郵便制度がつくられ，ヴィクトリア女王を描いた切手が発行された。日本でこうした近代郵便制度が導入されたのは1871年のことである。日本は郵便制度を整備し，1877年には国際的な郵便組織に加盟するなど，郵政面で②欧米諸国にならぶ立場となった。

こうした近代郵便制度のもと，③さまざまな図柄が切手に使用され，時にそれは政治や社会状況を反映した。たとえば，太平洋戦争中には，富士山を描いた切手がフィリピンで発行された。また，④1956年にはソ連で雪舟を描いた切手が発行された。

問1 文章中の下線部①に関連して，17世紀のイギリスに関する説明として適切なものを，次のアからエの中から1つ選び，記号で答えなさい。

ア 北アメリカ大陸でイギリスと13植民地との間にアメリカ独立戦争が生じた。

イ クロムウェルが指導する議会の軍が国王の軍を破り，国王を処刑して共和政を実現した。

ウ イギリスの植民地支配に対し，東インド会社にやとわれていたインド兵士が反乱を起こしたのをきっかけにインド大反乱が生じた。

エ 国王の専制を防ぐために，貴族たちは国王にせまってマグナ=カルタを認めさせた。

問2 文章中の下線部②に関連して，条約改正により，日本が関税自主権を完全に回復した年にもっとも近い時期におきたできごとを，次のアからエの中から1つ選び，記号で答えなさい。

ア 憲政党の大隈重信を首相とする，日本初の政党内閣が成立した。

イ 日本が韓国を保護国にし，伊藤博文が初代統監となった。

ウ 加藤高明内閣のもとで，普通選挙法が成立した。

エ 孫文を臨時大総統とする，中華民国の建国が宣言された。

問3 文章中の下線部③に関連して，右の切手に関する下の各問いに答えなさい。

(1) 次の資料は，この切手に描かれている人物が日本に来航した背景をのべたものである。資料中の空欄（A）と（B）にあてはまる語句をそれぞれ**漢字2字**で答えなさい。

『外国切手に描かれた日本』より引用

合衆国がカリフォルニア地方を獲得すると，（ A ）洋に臨むその地の利から，国民の関心は，商業分野の拡大に向けられ，わが国の西海岸とアジアとの直接の交易は当たり前のこととして考えられるようになった。むろん，そこには蒸気の力が念頭にあり，それを得るための燃料が不可欠だった。そこで（ B ）の供給が問題になった。

『ペリー提督日本遠征記』より引用・一部改変

(2) この切手が発行された当時，この切手が発行された地域はどのような状況にあったか，この切手から読みとれることにもとづいて，説明しなさい。

問4 文章中の下線部④に関連して，1956年にソ連と日本との関係はどのように変化したか，説明しなさい。

5 次の文章を読み，下の各問いに答えなさい。

日本で（ A ）歳以上人口が総人口の７％を超える高齢化社会となったのは1970年であり，その後1994年には14％，2018年には28％を超え，急速に高齢化が進んでいる。さらに少子化も進行し，合計特殊出生率は人口を維持するのに必要とされる（ B ）を大幅に下回っており，2011年以降，継続して人口が減少している。

こうした状況は，医療・年金といった①社会保障に関する費用の増大や②経済成長率の低下などをもたらす可能性が考えられ，政府が取り組むべき大きな課題となっており，どのように解決していくかは③選挙における争点にもなっている。

問1 文章中の空欄（A）と（B）にあてはまる数字を答えなさい。ただし，空欄（B）は四捨五入して小数第１位まで答えなさい。

問2 文章中の下線部①に関連して，次の文章は日本の社会保障制度についてのべたものである。文章中の空欄（C）から（E）にあてはまる数字を答えなさい。

社会保障制度とは，すべての国民に一定の生活水準を保障しようとするしくみであり，日本では日本国憲法第（ C ）条「健康で文化的な最低限度の生活」の保障にもとづいて制度化されている。少子高齢化への対応として，2000年からは（ D ）歳以上の人が加入する介護保険制度，2008年からは（ E ）歳以上の人が独自に加入する後期高齢者医療制度が実施されている。

問3 文章中の下線部②に関して，人口の減少や少子高齢化の進行が経済成長率の低下をもたらすと考えられるのはなぜか，次の語をすべて用いて説明しなさい。

労働力　　貯蓄

問4 文章中の下線部③に関連して，次の文章は日本の選挙についてのべたものである。文章中の空欄（F）から（I）にあてはまる語句を答えなさい。

衆議院議員の選挙は，（ F ）制と全国を11のブロックに分けて行う比例代表制とを組み合わせた（ G ）制をとっている。また，参議院議員の選挙は，全国を１つの選挙区とする比例代表制と，都道府県を単位とする選挙区制をとっているが，2015年には「（ H ）」を改善するため，鳥取と島根，（ I ）と高知をそれぞれ統合し，新たな選挙区としている。

6　次の文章は，国際NGOヒューマンライツ・ナウのウェブページに掲載されている文章を抜粋・改変したものである。文章を読み，下の各問いに答えなさい。

2019年４月10日にニューヨーク国連本部にて，“The Future of Work”（仕事の未来）と題された①ILO創立100周年記念のハイレベル・イベントが②国連総会によって開催されました。テクノロジーの発展や③環境問題などで急激に変化しつつある今日の世界で，労働の需要なども大きく変わりつつあります。現実問題への理解を深めて，人間としての尊厳が守られる公正で道義的な仕事が約束される未来のために，どんなポリシーが効果的かなどを話し合う目的で開かれました。

今日私たちは，④格安な衣類から輸入食品まで何でも簡単に手に入れることができます。しかし，一見豊かで便利な世の中でも，その下には弱い立場の人びとの⑤人権をふみにじる，ゆがんだ不正義の世界が何層もひそんでいます。同じ地球にくらす仲間の人間が空腹や疲労や屈辱にじっとたえている現実をよそに，金銭的利益だけを追求する経済・ビジネスモデル，そしてそれに執着する⑥企業や政府。そんなグローバル規模の現状を変えるには，私たち一人ひとりが意志を持って立ち上がるしかありません。

問１　文章中の下線部①ILOの名称として適切なものを，次のアからエの中から１つ選び，記号で答えなさい。

ア　国際通貨基金　　イ　国際労働機関

ウ　国際開発協会　　エ　国際原子力機関

問２　文章中の下線部②に関して，国連総会の説明として適切なものを，次のアからエの中から１つ選び，記号で答えなさい。

ア　国連総会は，全会一致での議決を原則としている。

イ　国連総会は，年に３回定期的に開かれる。

ウ　国連総会では，すべての加盟国は一票ずつ投票権を持つ。

エ　国連総会では，安全保障理事会の常任理事国は拒否権を行使できる。

問３　文章中の下線部③に関連して，次の表はおもな地球環境問題への国際的な取り決めに関するものである。表中の空欄（A）から（D）にあてはまる語句を，下のアからエの中から１つずつ選び，記号で答えなさい。

採択年	おもな取り決め	おもな内容
1971年	ラムサール条約	湿地とそこに生息・生育する動植物の保全促進
1973年	（ A ）	過度な国際取引による野生動植物の絶滅防止
1987年	（ B ）	オゾン層を破壊する物質の放出の規制
1992年	気候変動枠組条約	大気中の温室効果ガスの濃度の安定化
1992年	生物多様性条約	生物多様性の保護と生物資源の持続可能な利用
1997年	（ C ）	先進国への温室効果ガス排出削減目標の規定
2015年	（ D ）	世界共通の長期目標として２℃目標を設定

ア　京都議定書　　イ　モントリオール議定書

ウ　パリ協定　　エ　ワシントン条約

問4　文章中の下線部④に関連する次の各問いに答えなさい。

(1)　次の図は，為替レートの変動と貿易の関係をあらわしたものである。図中の空欄(E)から(H)にあてはまる数字を答えなさい。

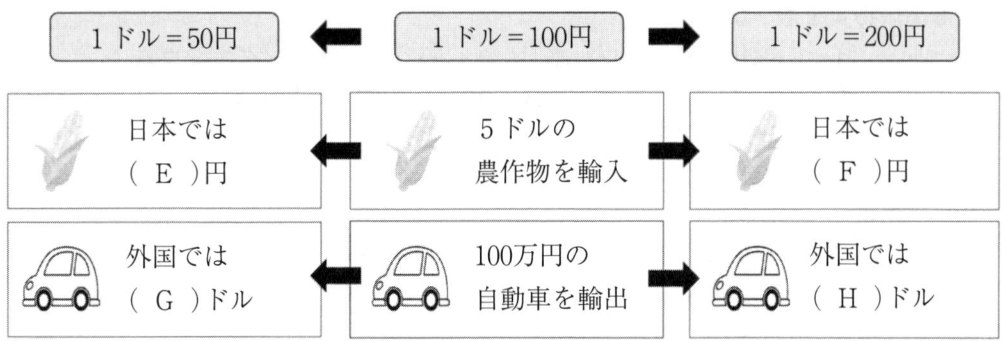

(2)　次の図は，日本の品目別輸出入額(2018年)を示したものである。円高ドル安が進むと日本に住む人たちの生活にはどのような影響が生じると考えられるか，この図から読みとれることにもとづいて，説明しなさい。

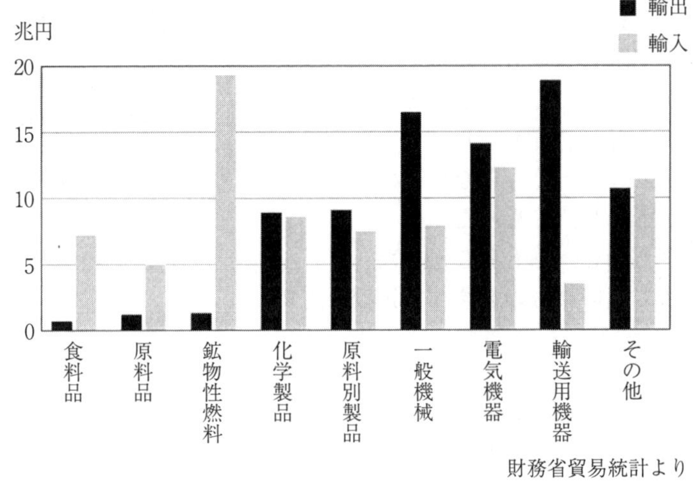

財務省貿易統計より

問5　文章中の下線部⑤に関連して，次の資料は1948年に国連総会で採択された世界人権宣言第1条である。資料中の空欄(Ｉ)から(K)にあてはまる語句を答えなさい。

> すべての人間は，生れながらにして(　I　)であり，かつ，尊厳と権利とについて(　J　)である。人間は，理性と(　K　)とを授けられており，互いに同胞の精神をもって行動しなければならない。

問6　文章中の下線部⑥に関連して，現在では多国籍企業の世界展開が加速しているが，それによる問題も生じている。多国籍企業の世界展開によって生じる問題にはどのようなものがあるか，本文の内容をふまえて説明しなさい。

【理　科】（50分）〈満点：100点〉

1　次の各問いについて，それぞれの解答群の中から答えを選び，記号で答えなさい。なお，「すべて選びなさい」には，１つだけ選ぶ場合も含まれます。

(1)　融点の最も高い物質を選びなさい。

ア　エタノール　　イ　二酸化炭素　　ウ　水　　エ　ろう　　オ　マグネシウム

(2)　ガスバーナーで加熱することによって起こる反応をすべて選びなさい。

ア　炭酸カルシウム＋塩酸→二酸化炭素＋塩化カルシウム＋水

イ　マグネシウム＋酸素→酸化マグネシウム

ウ　水→酸素＋水素

エ　硫酸＋水酸化バリウム→硫酸バリウム＋水

オ　炭酸水素ナトリウム→炭酸ナトリウム＋二酸化炭素＋水

カ　酸化銀→銀＋酸素

(3)　図のような装置を用いて雲をつくる実験をした。大型注射器の操作に伴うフラスコ内の温度変化とようすの組みあわせとして正しいものを２つ選びなさい。

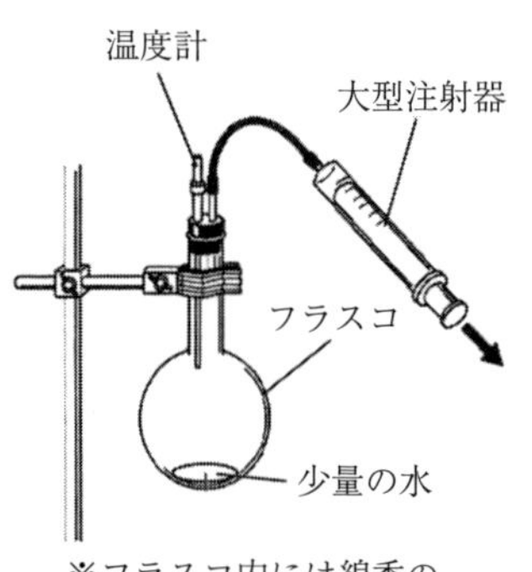

※フラスコ内には線香の煙も入っている

ア　ピストンをすばやく引くと温度が上昇し，くもった

イ　ピストンをすばやく引くと温度が上昇し，くもらなかった

ウ　ピストンをすばやく引くと温度が下降し，くもった

エ　ピストンをすばやく引くと温度が下降し，くもらなかった

オ　ピストンをすばやく押すと温度が上昇し，くもった

カ　ピストンをすばやく押すと温度が上昇し，くもらなかった

キ　ピストンをすばやく押すと温度が下降し，くもった

ク　ピストンをすばやく押すと温度が下降し，くもらなかった

(4)　自然界で雲が発生しやすい条件として適切なものをすべて選びなさい。

ア　空気が山の斜面に沿って上がるとき

イ　空気が山の斜面に沿って下がるとき

ウ　太陽の熱によって地表付近の空気があたためられたとき

エ　地上付近での気流が１か所から様々な方向に吹き出るとき

オ　地上付近での気流が１か所に集まって上方に向かって吹くとき

(5)　カモノハシとクジラに共通するものをすべて選びなさい。

ア　自然界でのようすを沖縄県で観察することができる

イ　体表が毛でおおわれている

ウ　背骨がある

エ　肺呼吸をする

オ　胎生である

カ　子は乳によって育つ

(6)　タマネギを用いた観察・実験について正しいものをすべて選びなさい。

ア　土の中にうめて育てると，平行脈のある葉を観察することができる

イ　土の中にうめて育てると，根から新しい個体ができ，栄養生殖を観察することができる

ウ　りん葉を用いることで，細胞壁や葉緑体，液胞など，植物細胞の代表的なつくりを観察することができる

エ　根をうすい塩酸に入れ，60℃の湯で加熱すると，細胞どうしを離れやすくすることができる

オ　根の細胞は，根もとに比べて先端のほうが大きいものが多い

カ　根の先端，中間，根もとのどこであっても，染色体を観察できる細胞の割合は同じである

(7)　放射線やその性質として正しいものをすべて選びなさい。

ア　放射線は物体を通り抜ける能力がある

イ　放射線は1種類のみである

ウ　放射性物質から出される放射線量は時間とともに減少する

エ　胸部レントゲン1回で照射される放射線量は，1年間に受ける自然放射線量より多い

オ　体内に入った放射性物質から放射線が出ることはない

(8)　ある質量の水を加熱して水温を上昇させたとき，加えた熱量が最も大きいものを選びなさい。ただし，加えた熱量はすべて水温を上昇させるのに使われたものとする。

ア　水100gを10℃から30℃にした　　イ　水50gを10℃から20℃にした

ウ　水200gを20℃から30℃にした　　エ　水120gを40℃から60℃にした

オ　水30gを10℃から30℃にした

2　次の各問いに答えなさい。

(1)　水分子10個の質量は，水素原子100個の質量の1.8倍である。酸素原子1個の質量は，水素原子1個の質量の何倍か。

(2)　炭素を含み，燃焼すると二酸化炭素と水を生成する物質を何というか。

(3)　小腸の内壁の表面にあり，消化された養分を効率的に吸収することに役立っている構造を何というか，漢字で答えなさい。

(4)　有性生殖には，親から生じる子に関して無性生殖にはない特徴がある。その特徴を簡潔に説明しなさい。

(5)　文章中の①，②にあてはまる適切な用語をそれぞれ答えなさい。

地層の重なりに大地から力が加わると様々な地形の特徴が現れ，傾斜した地層や，波打ったように見える（ ① ）のつくりが見られる。地層に大きな力が加わると岩石が割れて断層ができる。断層があるところは過去に（ ② ）が起きた証拠になる。

(6)　図1の断層ができるときどのような向きの力が加わったか，解答欄の図に矢印を書きなさい。なお，図中の矢印は，ずれの方向を示す。

(7)　図2のような回路の①～④に電流計と電圧計を正しくつなぐ。このとき，電流計をつなぐ場合は「A」，電圧計をつなぐ場合は「V」をそれぞれ書きなさい。

図1

図2

(8)　(7)の回路に電圧計と電流計を正しくつなぎ，電源Eを5.0Vにした。抵抗器Xの抵抗の大きさと流れる電流の大きさはそれぞれ10Ω，0.30A，抵抗器Yの抵抗の大きさが10Ωのとき，抵抗器Zの抵抗の大きさは何Ωか答えなさい。

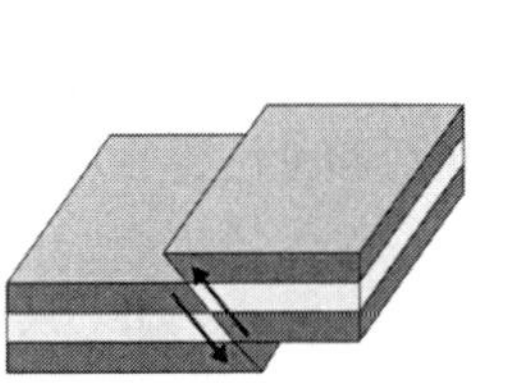

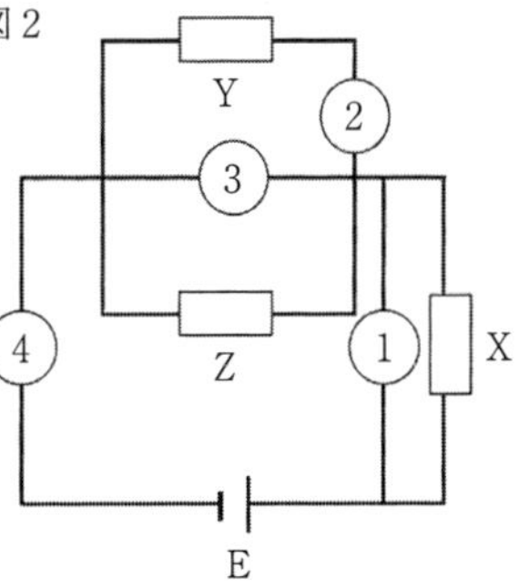

3　文章を読み，以下の各問いに答えなさい。

2019年は日本の科学・技術者が関わる宇宙の研究成果があった。４月には国際プロジェクトで［ X ］(正確には［ X ］シャドウ)が直接観測され，今までの理論を実証する第一歩となった。［ X ］は$_A$太陽系がある天の川銀河(銀河系)の中心にもあると考えられ，その観測も研究されている。

７月には，$_B$地球から約３億km離れている地球近傍$_C$小惑星「$_D$リュウグウ」に小惑星探査機「はやぶさ２」が到着し，世界で初めて「リュウグウ」に人工［ Y ］を作った。月にも［ Y ］があるがこれは月に微惑星がぶつかった証拠である。「リュウグウ」は，$_E$炭素を含んでいて表面の色が非常に黒いこともわかっている。月の表面も一部が黒く見えるが，これは$_F$玄武岩質であることが確認されている。

(1)　［ X ］，［ Y ］にあてはまる用語をそれぞれカタカナで答えなさい。

(2)　下線部Aについて，太陽系は天の川銀河のどのあたりにあるか，正しいものを選びなさい。

ア　中心から約28000km　　イ　中心から約2.8光年　　ウ　中心から約28光年
エ　中心から約280光年　　オ　中心から約28000光年

(3)　下線部Bについて，地球から３億km離れた「リュウグウ」付近の「はやぶさ２」に信号を送った場合，何分何秒後に着くか答えなさい。ただし，通信電波の速さを30万km/sとする。

(4)　下線部Cについて，太陽系の小惑星は主にどのあたりにあるか。

「【惑星１】と【惑星２】の軌道間」

という表現になるように【惑星１】，【惑星２】をそれぞれ漢字で答えなさい。ただし，【惑星１】の方が太陽に近い惑星とする。

(5)　［ Y ］は地球ではほとんど見られないのはなぜか，その理由を１つ答えなさい。

(6)　下線部Dについて，「リュウグウ」の直径はおよそ900mと観測された。「はやぶさ２」が地球から「リュウグウ」に到達した精度を，月から地球にボールを落とす精度となぞらえたとき，ボールを地球のどの広さの範囲に落とすこととおおよそ同じになるか選びなさい。

ア　日本列島の範囲　　イ　北海道の範囲　　ウ　東京都の範囲
エ　東京ドームの範囲　　オ　教室の扉１枚分の範囲

(7)　下線部Eについて，炭素を含んでいない物質をすべて選びなさい。

ア　ガラス　　イ　ポリエチレン　　ウ　木材
エ　食パン　　オ　鶏肉　　カ　１円玉

(8)　下線部Fについて，玄武岩の分類や性質として正しいものはどれか，すべて選びなさい。

ア　堆積岩である　　イ　火成岩である
ウ　火山岩である　　エ　深成岩である
オ　とけた状態では，ねばりけが弱い　　カ　とけた状態では，ねばりけが強い

4　電気分解の実験を２種類(実験１，実験２)行った。以下の各問いに答えなさい。

実験１では，図１のように炭素棒を電極として，ある濃度の水酸化ナトリウム水溶液，塩化銅水溶液，塩酸の３種類の水溶液の電気分解を行った。電極Dでは赤色の物質が電極に付着し，その他の電極では気体が発生した。

(1)　電極Dに付着した物質は何か。化学式で答えなさい。

(2)　電極E，Fでそれぞれ発生する気体の名称を答えなさい。

(3)　電極E，Fと同じ気体が発生する電極があれば，その記号を，同じものがなければ，「なし」と解答欄に記入しなさい。

図1

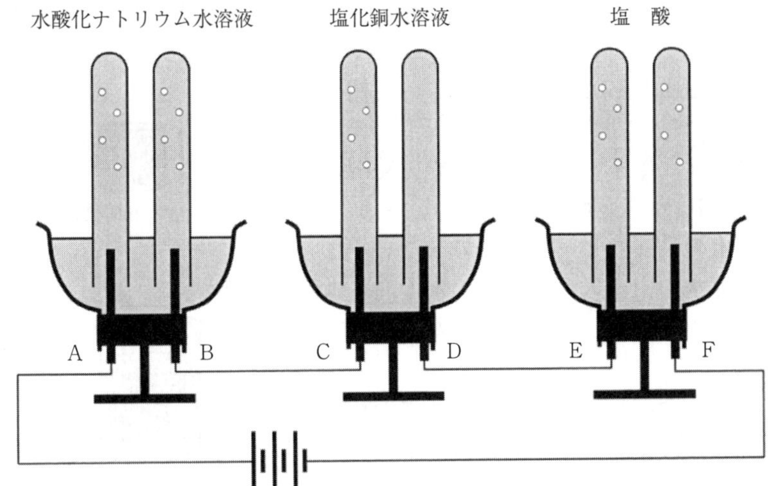

(4)　電極BとCの間で，電子の移動する方向を矢印で示しなさい。

(5)　電極AとBで発生する気体の体積の関係について正しいものを次の中から選び，記号で答えなさい。

ア　1：1　　イ　1：2　　ウ　2：1　　エ　2：3

オ　一定の決まった関係はない

実験2では，図2のように，炭素棒を電極として一定の電流を流し，うすい塩酸の電気分解を行った。発生した気体の体積と電流を流した時間との関係を調べたところ，下のグラフのようになった。

図2　　グラフ

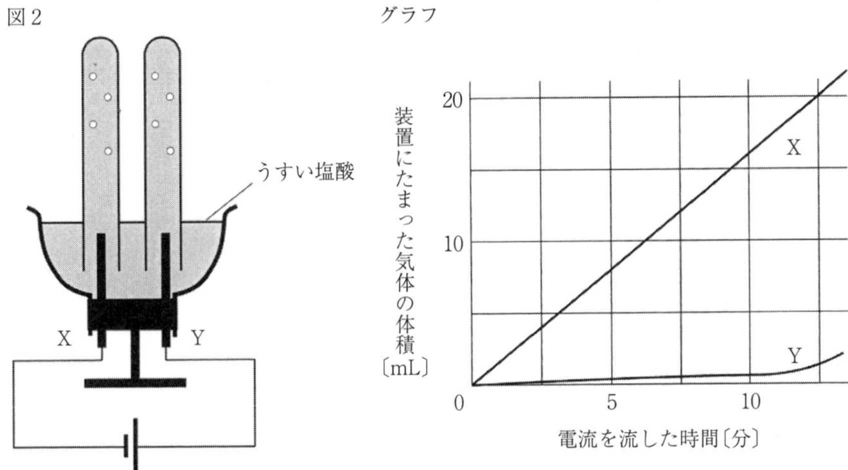

(6)　電極Yで発生する気体は，はじめのうち装置内にほとんどたまらない。この理由として最も適切なものを選び，記号で答えなさい。

ア　電極に付着した　　イ　電極と反応した　　ウ　塩酸にとけた

(7)　電流を流しはじめてから5分後の塩酸2mLを中和するのに，ある濃度の水酸化ナトリウム水溶液18mLを要する。また，同じく12分後の塩酸5mLを中和するのに，同じ水酸化ナトリウム水溶液38mLを要する。同じ濃度の水酸化ナトリウム水溶液を用いるとして，電流を流す前の塩酸3mLを中和するのに必要な水酸化ナトリウム水溶液の体積を求めなさい。なお，発生する気体は塩酸の濃度に影響を与えないものとする。

5 100gのおもりをつるすと1.5cm伸びるばねを用いて，さまざまな実験を行った。ただし，ばねの体積や質量は無視できるものとし，質量100gにはたらく重力の大きさを1Nとして，以下の各問いに答えなさい。

(1) このばねに円柱のおもり（図1）をつるすと6.0cm伸びた。この円柱の質量は何gか答えなさい。

図1

高さ 5cm

底面積24cm²

(2) (1)の状態から，円柱のおもりを机の上に置き，ばねの伸びを1.5cmにした。このとき，机の上にはたらく圧力は何Paか答えなさい。

次に，図2のように台ばかりの上に水の入ったビーカーをのせた。

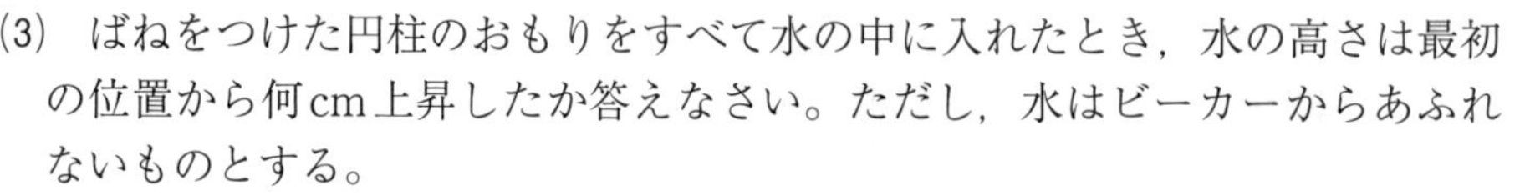

(3) ばねをつけた円柱のおもりをすべて水の中に入れたとき，水の高さは最初の位置から何cm上昇したか答えなさい。ただし，水はビーカーからあふれないものとする。

図2

(4) (3)のとき，ばねの伸びは4.2cmになった。ビーカーの下の台ばかりの示す値は，円柱のおもりを入れる前と比べて何g変化したか答えなさい。ただし，台ばかりの示す値が入れる前より小さくなった場合は答えに－（マイナス）をつけて答えなさい。

円柱のおもりと同じ質量と大きさの磁石を，上をN極，下をS極にしてばねに取り付けた。さらに，台ばかりに上側をS極にした磁石を置いて，下の図3のようにばねについた磁石を近づけた。

(5) このとき，ばねと台ばかりが示す値の変化について正しいものを選びなさい。

ア ばねはさらに伸びて，台ばかりの値は小さくなった
イ ばねはさらに伸びて，台ばかりの値は大きくなった
ウ ばねはさらに伸びて，台ばかりの値は変化がなかった
エ ばねは縮んで，台ばかりの値は小さくなった
オ ばねは縮んで，台ばかりの値は大きくなった
カ ばねは縮んで，台ばかりの値は変化がなかった

図3 図4

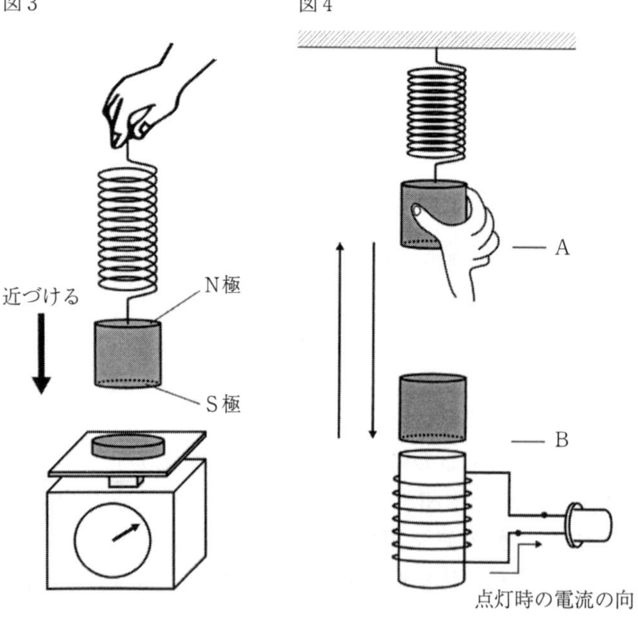

(6) 台ばかりに置いた磁石をひっくり返し上側をN極にして同様な実験を行った。このとき，ばねと台ばかりが示す値の変化について正しいものを(5)の選択肢から選びなさい。

ばねについた磁石の下側にコイルをおく。上の図4のように，ばねの長さを自然長になるところ(A)まで上げてから手を離す。すると磁石は下向きに動き，コイルの直上(B)で磁石が止まり，上昇して元の位置(A)に戻る動きをしばらく繰り返す。コイルには発光ダイオードが付いており，電流が矢印の方向に流れると点灯する。右下の図5はこのときの磁石の位置と発光ダイオードの点灯を表したもので，磁石はAとBの間を2往復しており，■でぬられたところで発光ダイオードは点灯した。

(7) 図5のように発光ダイオードが点灯したとき，ばねについた磁石の下側は何極になるか，答えなさい。

(8) ばねについた磁石の上下を反対にして，同様な実験を行った。発光ダイオードが点灯したところを，図5のように表しなさい。

図5

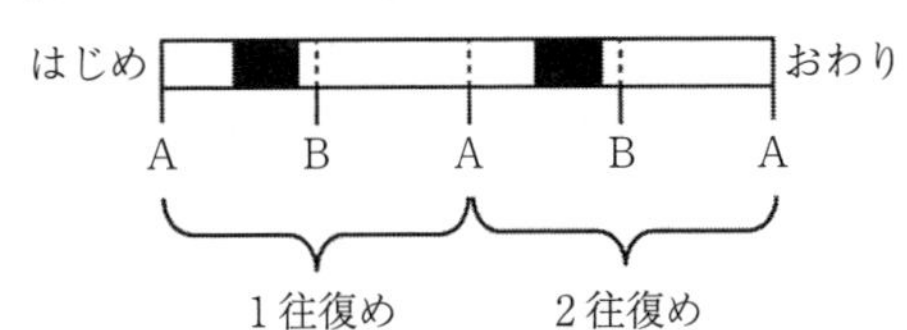

6 茶実子(ちゃみこ)さんは理科の授業で学校内を散策し，様々な樹木を観察した。いくつかの植物を観察しているうちに，「樹木の内側は外側に比べて暗いけれど，内側の日当たりの悪い葉は光合成によってデンプンを蓄えることができるのかな」と疑問に思った。そこで探究活動の時間に，校内の樹木から日当たりのよい葉(A)と，日当たりの悪い葉(B)を1枚ずつとってきた。先生に教えてもらいながら，いろいろな明るさにおける葉の二酸化炭素の出入りを時間をおって調べ，右のグラフのように結果をまとめた。なお，葉(A)(B)ともに，単位時間あたりの呼吸による二酸化炭素の放出量は明るさに関係なく，一定であるものとする。この結果について，中間発表でクラスメイトから次のような質問を受けた。

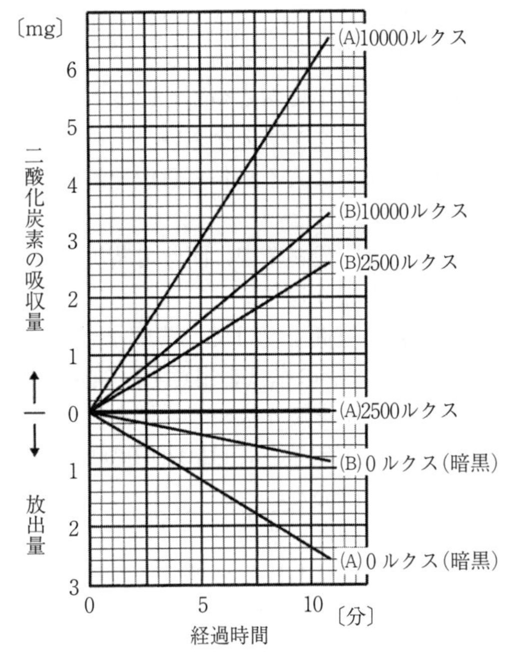

葉1枚あたりの二酸化炭素吸収量(放出量)
(たて軸のmgは質量の単位で1000mgで1gとなる)

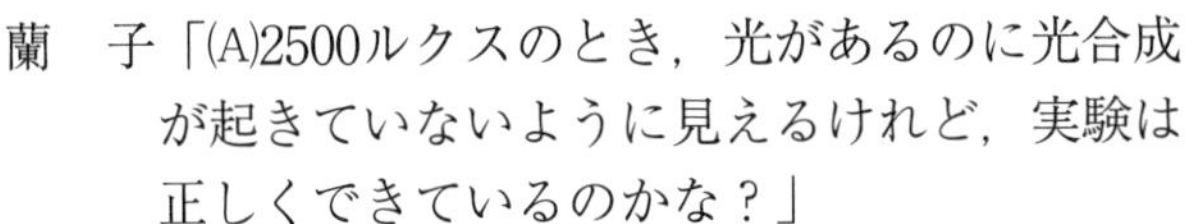
蘭　子「(A)2500ルクスのとき，光があるのに光合成が起きていないように見えるけれど，実験は正しくできているのかな？」

茶実子「大丈夫だよ。植物は光合成と同時に呼吸をしていて，このとき，【　Ⅰ　】という理由だからだね。たとえば，(A)2500ルクスのとき，10分での光合成による二酸化炭素の吸収量は(①)mgとグラフから計算できるね。」

蘭　子「そうなんだぁ。今回は二酸化炭素の出入りを調べているけれど，同じ気体なら(②)の出入りを調べてもよさそうだね。」

菊　子「ところで，蘭子さんが二酸化炭素の出入りって言っていたけれど，どうやって測定したの？」

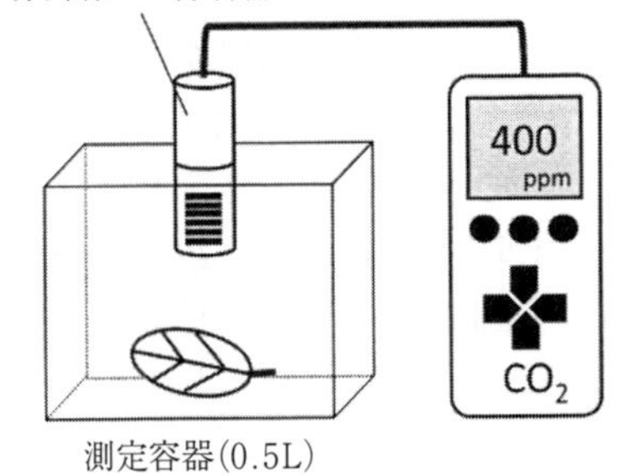

茶実子「実験にはこんな装置を作ってみたんだ(右図)。二酸化炭素は赤外線をよく吸収するんだよね。だから，(③)ガス

として知られ，地球温暖化の原因にもなってるよね。この装置にある赤外線ガス分析器は赤外線を放出するんだけど，放出される赤外線が多く吸収されるほど二酸化炭素は多いとわかるし，赤外線があまり吸収されなければ二酸化炭素は少ないとわかるんだ。二酸化炭素の濃度は一般にppmの単位で表されていて，その数値の変化を記録したよ。」

菊　子「ppmっていう単位，環境問題の授業で習ったなぁ。%は全体を100(百)としたときの割合で，ppmは全体を1000000(百万)としたときの割合だったよね。計算過程も教えてもらえる？」

茶実子「たとえば，ある時点で測定容器中の二酸化炭素の濃度が400ppmだったとするね。測定容器の体積が0.5Lで，実験をしたときの二酸化炭素1Lあたりの質量を1.8gとすると，容器中の二酸化炭素の質量は(④)mgと計算できるね。こんなふうに時間ごとに調べ，はじめとの差から二酸化炭素の吸収量・放出量を求めたんだよ。」

梅　子「その計算は葉1枚あたりだよね？　発表の中で(A)と(B)の葉の写真を見せてもらったけど，そもそも葉の大きさが違っていたなぁ。葉の大きさに比例して(⑤)の数も比例するから，二酸化炭素の出入りする量も変わってくると思うんだけど。」

茶実子「確かに，同じ面積でないと葉の特徴は比べにくいよね。最終発表に向けて，もう一度，データを整理してくるね。」

(1)　植物細胞の中にあるつくりのうち，二酸化炭素を放出するものの名称を答えなさい。

(2)　【Ⅰ】に入る文を答えなさい。

(3)　(①)～(⑤)に入る語句・数値を答えなさい。ただし，(②)，(⑤)は漢字2文字で，(③)は漢字4文字で答えること。

次の文章は，最終発表に向けて茶実子さんが今回の探究活動を整理した過程である。

＜中間発表の振り返り＞

梅子さんの質問を受けて，茶実子さんは(A)と(B)の葉の面積を調べることにした。まず，たて10cm，横20cmの長方形の厚紙を用意し，質量をはかったところ，10.5gであった。次に，(A)と(B)の葉と同じ大きさに厚紙を切り抜いて質量をはかったところ，(A)は18.9gで，(B)は25.2gであった。この結果を利用して，茶実子さんは(A)と(B)の葉の面積を計算し，葉の面積100cm^{2}における二酸化炭素の吸収量・放出量を求めた。

＜最終発表へ向けた要約＞

問　い：樹木における日当たりの悪い葉は，光合成によってデンプンを蓄えることができるのだろうか？

まとめ：葉がデンプンを蓄えることができるかは，光合成と呼吸のバランスによって決まる。葉の面積100cm^{2}における光合成による二酸化炭素の吸収量を比べると，2500ルクスでは日当たりのよい葉(A)は日当たりの悪い葉(B)の(⑥)倍で，10000ルクスでは(A)は(B)の(⑦)倍である。一方，葉の面積100cm^{2}における呼吸による二酸化炭素の放出量を比べると，明るさに関係なく，(A)は(B)の(⑧)倍である。したがって，(A)の葉は(B)の葉に比べて，光が強いほど光合成の効率が高くなり，デンプンをより多く蓄えることができる。一方，(B)の葉は(A)の葉に比べて，光が弱いときの光合成の効率は同程度であるが，【　Ⅱ　】という特徴によって，光が弱いときでもデンプンを蓄えることができる。

(4)　(⑥)～(⑧)に入る数値を答えなさい。

(5)　【Ⅱ】に入る文を「呼吸」という言葉を用いて答えなさい。

ウ　自分で　　エ　手づかみで
オ　前もって

⑤「ありがたかりけり」
ア　愛情深いことであった
イ　感謝したことであった
ウ　教育熱心であった
エ　珍しいことであった
オ　有名な話であった

⑥「通へり」
ア　劣っている　　イ　似ている
ウ　秀でている　　エ　見習っている
オ　理解が及ばない

問四　傍線部②「たまはりて」・④「よもまさりはべらじ」・⑦「ただ人にはあらざりける」の解釈として最も適切なものを後の中から選び、それぞれ記号で答えなさい。

②「たまはりて」
ア　その仕事にお金をお与えになって
イ　その仕事に人を遣わして
ウ　その仕事の話をよくうかがって
エ　その仕事はこちらにいただいて
オ　その仕事は知り合いに頼んで

④「よもまさりはべらじ」
ア　きっと手を加えないでしょう
イ　決してかなわないでしょう
ウ　全く似ていないでしょう
エ　世の中では通用しないでしょう
オ　口出しはできないでしょう

⑦「ただ人にはあらざりける」
ア　一般的なことではなかったのだ
イ　格別なことではなかったのだ
ウ　常識のない人だったのだ
エ　徳の高い人になれたのだった
オ　並の人ではなかったのだ

問五　傍線部③「さやうのこと」がさす内容を答えなさい。

問六　波線部「わざとかくてあるべきなり」について、次の1・2の各問いに答えなさい。

1　「かくて」がさす内容を、本文中から一〇字以内で抜き出して答えなさい。

2　なぜそのようにしたのですか。答えなさい。

ことを感じさせる効果。

エ　祖母と信太郎のいさかいをユーモラスに包み込んで家族の絆の強さを感じさせる効果。

オ　へんくつな信太郎に比べて弟や妹たちはユーモアに富んだ社交的な子どもであることを示す効果。

問八　この小説には主人公のどのような心境の変化が描かれていますか。七〇字以内で答えなさい。

三

次の文章を読んで、あとの問いに答えなさい。

[注1]相模守[注2]時頼の母は、[注3]松下禅尼とぞ申しける。[注4]守を[注5]入れ申さるる事ありけるに、すすけたる[注6]明り障子の破ればかりを、禅尼①手づから小刀して切りまはしつつ張られければ、[注7]兄の城介義景、その日の[注8]けいめいして[注9]候ひけるが、

A「②たまはりて、[注10]なにがし男に[注11]張らせ候はん。③さやうのことに心得たる者に候ふ。」

と申されければ、

B「その男、尼が細工に④よもまさりはべらじ。」

とて[注12]i なほ[注13]一間づつ張られけるを、義景、

「みなを張りかへ候はんは、はるかにたやすく候ふべし。まだらに候ふも見苦しくや。」

と重ねて申されければ、

C「尼も後は[注14]さはさはと張りかへんと思へども、ii けふばかりはわざとかくてあるべきなり。物は破れたる所ばかりを[注15]修理して用ゐることぞと、若き人に見ならはせて、[注16]心つけんためなり。」

と申されける。いと⑤ありがたかりけり。世を治むる道、倹約を本とす。女性なれども聖人の心に⑥通へり。天下を保つほどの人を子にて持たれける。まことに⑦ただ人にはあらざりけるとぞ。

（『徒然草』による。本文を改めたところがある）

[注1] 相模守…相模国（現在の神奈川県）の長官。
[注2] 時頼…鎌倉中期の幕府第五代執権、北条時頼（一二二七～一二六三）。
[注3] 松下禅尼…安達景盛の娘で、北条時氏の妻。「禅尼」は仏門に入った女性。
[注4] 守…ここでは、相模守時頼のこと。
[注5] 入れ申さるる…（自分の家に）招き入れなさる。
[注6] 明り障子…明かりが入るように薄い紙を張った障子。
[注7] 兄の城介義景…禅尼の兄、安達義景（一二一〇～一二五三）。「城介」は、城を管理する職。
[注8] けいめいして…準備をして。
[注9] 候ひける…（その家に）控えていた。
[注10] なにがし男…身分の低い者を、名前をぼかした言い方。
[注11] 張らせ候はん…張らせましょう。
[注12] なほ…やはり。
[注13] 一間…障子の一こま。
[注14] さはさはと…さっぱりと。
[注15] 修理して…つくろって。
[注16] 心つけんため…気をつけさせようとするため。

問一　二重傍線部i「なほ」・ii「けふ」の読み方を現代仮名遣いで答えなさい。

問二　A・B・Cはそれぞれ誰の発言ですか。最も適切なものを次の中から選び、それぞれ記号で答えなさい。ただし、同じ記号を何度選んでも構いません。

ア　時頼　イ　松下禅尼　ウ　城介義景　エ　なにがし男

問三　傍線部①「手づから」・⑤「ありがたかりけり」・⑥「通へり」のここでの意味として最も適切なものを後の中から選び、それぞれ記号で答えなさい。

①「手づから」

ア　器用に　イ　自然に

［注15］　西郷さん…明治維新の政治家、西郷隆盛（一八二七～一八七七）のことだが、ここでは上野公園に立つその銅像をさす。

問一　波線部A「角のある」・B「その手を食わずに」・C「ませた口」のここでの意味として最も適切なものを後の中から選び、それぞれ記号で答えなさい。

A「角のある」
ア　嫌味な　イ　きんきんした
ウ　とげとげしい　エ　はっきりした
オ　抑揚のある

B「その手を食わずに」
ア　穏やかではいられずに
イ　思惑に乗らずに
ウ　関係ないふりをして
エ　失敗を恐れないで
オ　手出しをせずに

C「ませた口」
ア　大きな声　イ　おどけた口調
ウ　大人びた口調　エ　沈んだ声
オ　反省した口調

問二　二重傍線部ⅰ「おいでなさる」・ⅱ「わかってます」・ⅲ「書いて頂く」に含まれる敬語の種類を次の中から選び、それぞれ記号で答えなさい。
ア　尊敬　イ　謙譲　ウ　丁寧

問三　傍線部①「今度は返事をしなかった」とありますが、それはなぜですか。二〇字以内で答えなさい。

問四　傍線部②「気休めに」とありますが、ここではどのような気持ちを表していますか。三〇字以内で答えなさい。

問五　傍線部③「未だ横になって居た」とありますが、この時、信太郎はどのように考えていますか。最も適切なものを次の中から選び、記号で答えなさい。

ア　いつも自分より遅く起きる信三の気配を感じ、信三が起こしにくるまで起きまいと考えている。
イ　祖母に起こされて起きるのはしゃくなので、時間だから自発的に起きる体裁を取りたいと考えている。
ウ　祖母に怒られてしまったので、意地になって今日は何があっても絶対に起きるものかと考えている。
エ　祖母を怒らせてしまったので、顔を伏せて反省をして祖母への謝罪の言葉を考えている。
オ　そろそろ起きる時間だと思っていたので、祖母の言葉をきっかけに起きるぞと考えている。

問六　傍線部④「然しもう起しに来まいと思うと楽々と起きる気になれた」とありますが、それはなぜですか。最も適切なものを次の中から選び、記号で答えなさい。
ア　嫌いな祖母がその場からいなくなったので、起きて気ままに過ごせるから。
イ　すっかり目覚めていたため、いつでも起きられる状態になっていたから。
ウ　祖母と張り合う必要がなくなって、自分ひとりだけで決めれば事が運ぶから。
エ　祖母への反発心が起きることの障害になっていたが、祖母と和解したから。
オ　祖母を泣かせてしまったので、早く謝りに行こうと気づかっていたから。

問七　挿入されている信太郎の弟や妹の話にはどのような効果がありますか。最も適切なものを次の中から選び、記号で答えなさい。
ア　言うことを聞かない信太郎に対する祖母の気持ちを少しでもなごませようと努めていることを感じさせる効果。
イ　怒られている信太郎のために祖母の注意を自分たちにそらそうと必死な様子を示す効果。
ウ　家族それぞれが勝手なことをしているためにまとまりがない

あしたから一つ旅行をしてやろうかしら。[注10]諏訪へ氷滑りに行ってやろうかしら。諏訪なら、この間三人学生が落ちて死んだ。祖母は新聞で聴いている筈だから、自分が行っている間少くも心配するだろう。

押入れの前で帯を締めながらこんな事を考えて居ると、又祖母が入って来た。祖母はなるべく此方を見ないようにして乱雑にしてある夜具のまわりを廻って押入れを開けに来た。彼は少しどいてやった。そして夜具の山に腰を下して足袋を穿いて居た。

祖母は押入れの中の[注11]用箪笥から小さい筆を二本出した。五六年前信太郎が[注12]伊香保から買って来た自然木のやくざな筆である。

「これでどうだろう」祖母は今迄の事を忘れたような顔を故意として云った。

「何にするんです」信太郎の方は故意と未だ少しむっとしている。

「坊さんに[注13]お塔婆をⅲ書いて頂くのっさ」

「駄目さ。そんな細いんで書けるもんですか。お父さんの方に立派なのがありますよ」

「お祖父さんのも洗ってあったっけが、何処へ入って了ったか……」

そう云いながら祖母はその細い筆を持って部屋を出て行こうとした。

「そんなのを持って行ったって駄目ですよ」彼は云った。

「そうか」祖母は素直にもどって来た。そして叮嚀にそれを又元の所に仕舞って出て行った。

信太郎は急に可笑しくなった。旅行もやめだと思った。彼は笑いながら、其処に苦茶々々にしてあった小夜着を取り上げてたたんだ。敷布団も。それから祖母のもたたんでいると彼には可笑しい中に何だか泣きたいような気持が起って来た。涙が自然に出て来た。物が見えなくなった。それがポロポロ頬へ落ちて来た。彼は見えない儘に押入れを開けて祖母のも自分のも無闇に押し込んだ。間もなく涙は止った。彼は胸のすがすがしさを感じた。

彼は部屋を出た。上の妹と二番目の妹の芳子とが隣の部屋の炬燵にあたって居た。信三だけ炬燵櫓の上に突っ立って威張って居た。信三は彼を見ると急に[注14]首根を堅くして天井の一方を見上げて、

「銅像だ」と力んで見せた。上の妹が、

「そう云えば信三は頭が大きいから本当に[注15]西郷さんのようだわ」と云った。信三は得意になって、

「偉いな」と臂を張って髭をひねる真似をした。和いだ、然し少し淋しい笑顔をして立って居た信太郎が、

「西郷隆盛に髭はないよ」と云った。妹二人が、「わーい」とはやした。信三は、

「しまった！」といやにCませた口をきいて、櫓を飛び下りると、いきなり一つでんぐり返しをして、おどけた顔を故意と皆の方へ向けて見せた。

（志賀直哉「或る朝」による。本文を改めたところがある）

[注1]　夜着…寝るときに用いる寝具のひとつ。

[注2]　擦筆画…鉛筆、コンテ、木炭、チョーク、パステルで描いたうえに、擦筆でぼかしをつけた画。擦筆は、吸い取り紙やなめし革を巻いて筆状にしたもの。

[注3]　あまのじゃく…何事も人の意に逆らうもののこと。

[注4]　南京玉…陶製やガラス製の小さな玉。

[注5]　懐中時計…ひもや鎖で帯やバンドに結びつけて、ふところやポケットに入れて携帯する小型の時計。

[注6]　やくざ…不良。

[注7]　おっつけ…間もなく。じきに。

[注8]　福吉町…現在の東京都港区赤坂二丁目。

[注9]　唐紙をあけたてして…襖を開け閉めして。

[注10]　諏訪…長野県の諏訪湖。

[注11]　用箪笥…身の回りの物を入れておく小形の箪笥。

[注12]　伊香保…群馬県渋川市の温泉地。

[注13]　お塔婆…卒塔婆。死者の供養のため、墓石の後ろに立てる細長い板。

[注14]　首根を堅くして…首筋に力を入れて。

出して、のびをして見せた。
「このお写真にもお供えするのだから直ぐ起きてお呉れ」
お写真と云うのはその部屋の床の間に掛けてある[注2]擦筆画の肖像で、信太郎が中学の頃習った画学の教師に祖父の亡くなった時、描いて貰ったものである。
黙っている彼を「さあ、直ぐ」と祖母は促した。
「大丈夫、直ぐ起きます。――彼方へ行ってて下さい。直ぐ起きるから」そう云って彼は今にも起きそうな様子をして見せた。
祖母は再び出て行った。彼は又眠りに沈んで行った。
「さあさあ。どうしたんだっさ」今度はA角のある声だ。信太郎は折角沈んで行く、未だその底にたっしない所を急に呼び返される不愉快から腹を立てた。
「起きると云えば起きますよ」今度は彼も度胸を据えて起きると云う様子もしなかった。
「本当に早くしてお呉れ。もうお膳も皆出てますぞ」
「わきへ来てそうぐずぐず云うから、尚起きられなくなるんだ」
「[注3]あまのじゃく!」祖母は怒って出て行った。信太郎ももう眠くはなくなった。起きてもいいのだが余り起きろ起きろと云われたので実際起きにくくなって居た。彼はボンヤリと床の間の肖像を見ながら、それでももう起しに来るか来るかという不安を感じて居た。起きてやろうかなと思う。然しもう少しと思う。もう少しこうして居て起しに来なかったら、それに免じて起きてやろう、そう思っている。彼は大きな眼を開いて③未だ横になって居た。
いつも彼に負けない寝坊の信三が、今日は早起きをして、隣の部屋で妹の芳子と騒いで居る。
「お手玉、[注4]南京玉、大玉、小玉」とそんな事を一緒に叫んで居る。そして一段声を張り上げて、
「その内大きいのは芳子ちゃんの眼玉」と一人が云うと、一人が「信三さんのあたま」と怒鳴った。二人は何遍も同じ事を繰り返して居た。

又、祖母が入って来た。信太郎は又起きられなくなった。
「もう七時になりましたよ」祖母はこわい顔をして反って叮嚀に云った。信太郎は七時の筈はないと思った。彼は枕の下に滑り込んで居る[注5]懐中時計を出した。そして、
「未だ二十分ある」と云った。
「どうしてこう[注6]やくざだか……」祖母は溜息をついた。
「一時に寝て、六時半に起きれば五時間半だ。やくざでなくても五時間半じゃあ眠いでしょう」
「宵に何度寝ろと云っても諾きもしないで……」
信太郎は黙って居た。
「直ぐお起き。[注7]おっつけ[注8]福吉町からも誰か来るだろうし、坊さんももうお出でなさる頃だ」
祖母はこんな事を言いながら、自身の寝床をたたみ始めた。祖母は七十三だ。よせばいいのにと信太郎は思っている。
祖母は腰の所に敷く羊の皮をたたんでから、大きい敷蒲団をたたもうとして息をはずませて居る。祖母は信太郎が起きて手伝うだろうと思って居る。ところが信太郎はBその手を食わずに故意に冷かな顔をして横になったまま見ていた。とうとう祖母は怒り出した。
「不孝者」と云った。
「年寄の云いなり放題になるのが孝行なら、そんな孝行は真っ平だ」彼も負けずと云った。彼はもっと毒々しい事が云いたかったが、失策った。文句も長過ぎた。然し祖母をかっとさすにはそれで十二分だった。祖母はたたみかけを其処へほうり出すと、涙を拭きながら、烈しく[注9]唐紙をあけたてして出て行った。
彼もむっとした。④然しもう起しに来まいと思うと楽々と起きる気になれた。
彼は毎朝のように自身の寝床をたたみ出した。大夜着から中の夜着、それから小夜着をたたもうとする時、彼は不意に「ええ」と思って、今祖母が其処にほうったように自分もその小夜着をほうった。
彼は枕元に揃えてあった着物に着かえた。

れない。しかし、それだけでは何も解決しないことこそが、まさに事実である。

戦争は今日明日にはなくならないとしても、「いかにして戦争を起こさないようにするか」、「いかにして起こる戦争の数を減らすか」、「いかにして起こってしまった戦争によるdサッショウや破壊をなくしたり少なくしたりするか」について考えることには意味がある。

それはなぜだろうか。大きな理由がある。【６】な言い方になるが、「戦争を考えないと戦争はずっとなくならない」ということである。一方で、ある戦争がいったん起こったとしても、遅かれ早かれいつかは終わる。他方で、その間にも他の地域や場所で他の戦争が起こっている。そこには、②戦争が起こるさまざまな「負の連鎖」があるかもしれない。「それは何であるのか」「なぜそれが戦争を起こすのか」という事実を分析すること、そしてその背景として「負の連鎖は戦争の原因となる悪いものであるから、なくすべきである」と私たちが考えることが、戦争を減らし、なくなる方向付けを行うeイチジョになるからである。

（眞嶋俊造『平和のために戦争を考える』による。本文を改めたところがある）

［注1］厭世…世の中をいやなものと思うこと。

問一 二重傍線部a・b・c・d・eのカタカナを漢字に改めなさい。

問二 【 】1・2・3・4・5・6に入れるのに最も適切な語を次の中から選び、それぞれ記号で答えなさい。ただし、同じ記号を二度以上選んではいけません。

ア 逆説的　イ 建設的　ウ 直線的
エ 以心伝心　オ 縦横無尽　カ 四六時中

問三 傍線部①「『思う』『感じる』と、『考える』との間には違いがある」とありますが、どのような違いですか。八〇字以内で答えなさい。

問四 □A・B・C・Dには、「考える」ことの第1段階から第4段階を端的に説明する語句が入ります。その語句を考え、一五字以内でそれぞれ答えなさい。

問五 傍線部②「戦争が起こるさまざまな『負の連鎖』」とありますが、具体例としてどのようなことが考えられますか。あなたの考えを書きなさい。

問六 波線部「戦争をなくすには、戦争について考えることが最も重要だ」とありますが、それはなぜですか。本文全体を踏まえて、六〇字以内で答えなさい。

二 次の文章を読んで、あとの問いに答えなさい。

祖父の三回忌の法事のある前の晩、信太郎は寝床で小説を読んで居ると、並んで寝て居る祖母が、

「明日坊さんのiおいでなさるのは八時半ですぞ」と云った。

暫くした。すると眠っていると思った祖母が又同じ事を云った。

彼は①今度は返事をしなかった。

「それ迄にすっかり支度をして置くのだから、今晩はもう寝たらいいでしょう」

「iiわかってます」

間もなく祖母は眠って了った。

どれだけか経った。信太郎も眠くなった。時計を見た。一時過ぎて居た。彼はランプを消して、寝返りをして、そして［注1］夜着の襟に顔を埋めた。

翌朝（明治四十一年正月十三日）信太郎は祖母の声で眼を覚した。

「六時過ぎましたぞ」驚かすまいと耳のわきで静かに云って居る。

「今起きます」と彼は答えた。

「直ぐですぞ」そう云って祖母は部屋を出て行った。彼は帰るように又眠って了った。

又、祖母の声で眼が覚めた。

「直ぐ起きます」彼は②気休めに、唸りながら夜着から二の腕まで

という言葉があるが、ひょっとしたら心は言葉にしなくても相手に伝わることがあるかもしれない、しかし、「考え」は言葉にして初めて相手に伝わる。すると、第1段階の「考える」とは、「[A]」というのが、より真実に近いのである。

それでは、第2段階以降の「考える」とはどういうことだろうか。それは一言でいうと、「自分自身で考え、みんなで考え、みんなと考える」ことである。第2段階の「考える」は、その考えを言葉として相手に伝えることである。言葉になって初めて、考えがきちんと相手にしっかりと伝わる。また、その際、相手が言葉をしっかり受け止める姿勢を持っていることが前提である。そうではないと伝わったことにはならない。それは、考えを言葉として伝えたい相手が聞く耳を持っていない、つまり一緒に考えるつもりがないということである。もし残念なことにそのようになってしまったら、相手と一緒に「考える」ことはできないことになってしまう。

では、[B]だけで、みんなと、みんなで考えたことになるのかというと、そうではない。それだけではまだ十分ではない。第3段階は、相手の考えに耳を傾ける、つまり、相手の考えを言葉として受け止める姿勢を持つことである。相手が自分の考えを受け止めてくれたように、自分も相手の考えを受け止めることが求められる。相手の考えを聞かないのであれば、それは本当の意味での「考え」ではなく、独り善がりの「思い込み」や「妄信」でしかない。

[C]ことで、自分ひとりでは考えもつかなかったことを知る機会を得ることができる。自分が考えつかなかったことを知るということは、一言でいうと、「自分の世界」が広がるということである。今まで見えなかったものが見えてくる。今まで知らなかったことを知ることができる。何と素晴らしいことではないか。

さて、第3段階までで、自分と相手の考えが言葉を介して理解する土俵が整った。第4段階は、その同じ土俵の上で、お互いと、お互いで、つまり、「みんなと、みんなで考える」ことである。私たちは自分の考えを相手に伝えることによって、そこから相手の考えに何らかの影響を与えることがある。また、同じように、相手の考えを聞くことによって、私たち自身の考えが影響を受けることもある。例えば、相手の考えを知ることによって、私たちは自らの考えの間違いを正したり、不足を補ったりすることができる。また、自分の考えを知った相手が、自身の考えの誤りに気づくことがあるだろう。

このように、自身で、お互いと、お互いで、考えの間違いを修正し、より間違っていない、より正しい考えに近づいていくことが、第4段階の「[D]」ことである。言い換えれば、第4段階の「考える」ということは、「みんながみんなで、より正しい考えに向かって、建設的な対話に積極的に参加し、関わり続けること」である。

ここで重要なことは、第1段階から第4段階までは、【 4 】に進む1回限りのものではないということである。「考える」ということは、連続的な行為である。何度も考えることによって、初めの考えに誤りを見つければそれを修正することができる。それによってより正しい考えを持つことができる。そのためには、自分自身で考え、言葉として相手に伝え、相手の考えを聞き、また自分の考えを振り返り、さらに一緒に考えるという、第1段階と第4段階の間を【 5 】に何度も行き来するような一連の動的な繰り返し作業を行う必要がある。この営みこそが「考える」ということなのだ。

考えることとは必ずしも一回だけの、一瞬の行為であるとは限らない。むしろ、私たちは何度も考え、必要に応じて考えを修正し、さらに考えるということを時間軸の中で b ダンゾク的または連続的に行っている。

「どうせ戦争はなくならないのだから考えても仕方ない」と思う人もいるかもしれない。悟りきったというか、c タッカンしたというか、[注1]厭世(えんせい)的な感じがしないでもないが、ひょっとしたら「どうせ戦争はなくならない」はある程度の事実を捉えているのかもし

二〇二〇年度 お茶の水女子大学附属高等学校

【国語】〈五〇分〉〈満点：一〇〇点〉

〈注意〉字数制限のある問いについては、特に指示がない限り、句読点・記号も一字として数えなさい。

一 次の文章を読んで、あとの問いに答えなさい。

戦争について考えたことがあるだろうか。おそらく、いつかの機会に、何かを考えたことがある人は多いと思う。むしろ、戦争について今まで一度も考えたことがないという人はいないのではないだろうか。とはいえ、朝から晩まで【 1 】、戦争について考えている人はほとんどいないだろう。そんなことをしていたら勉強や仕事ができなくなってしまう。まず、ここで私たちが話の出発点にしたいのが、「私たちは戦争について考えたことがある」ということだ。「戦争は嫌だ」と思うことも、広い意味では「戦争について考えた」といえる。

「戦争について考える」ことは、戦争を肯定することではない。「戦争がなければいい」、「戦争がなくなればいい」、「戦争の被害がなかったり、少なかったりしたらいい」と思うからこそ、私たちは戦争についてきちんと考える必要がある。

戦争をなくすには、戦争について考えることが最も重要だと著者は考える。戦争について考えることなしに、戦争をなくすことはできない。戦争をなくしたいからこそ、戦争について考えるのだ。

戦争について考える前に、まずは「考える」とはどういうことかについて見ていこう。

「考える」ということはどのようなことだろうか。「考える」と似た言葉に、「思う」や「感じる」という言葉がある。私たちは普段それらの言葉を特に区別することなく、何気なく使っていることが多いだろう。確かに、「戦争は嫌だと思う」、「戦争は嫌だと感じる」、「戦争は嫌だと考える」との間にはそれほどの差はないように見えるかもしれない。

しかし、①「思う」「感じる」と、「考える」との間には違いがある。ある人が「自分は思う、感じる」といった場合、「なぜ、どうして、そう思う、感じるのか」についてそう思った、感じた理由を他の人に対して必ずしも説明する必要はないだろう。もし他の人が「いや、自分はそう思わない、感じない」と言ったとしても、極端な言い方をすると、「君はそうかもしれないけれど自分はそう思う、感じるのだから」で話を終えることができる。相手も、そう思った、そう感じた人の思ったことや感じたことに余程の興味があるか、余程のおせっかいではない限り、それ以上は追及しないだろう。

「思う」「感じる」とはaタイショウ的に、「考える」は、「どうして、そう考えるのか」について、そのように考えた人がその理由を説明しなければならない。これはどういうことだろうか。

ある人が「自分はそう考える」と言った場合、その人はそのように考えた理由を持っているはずである。もし他の人が「いや、自分はそう考えない」と言ったとしたら、「君はそうかもしれないけれど、自分はこう考えるから」では済まなくなる。もし前向きな、【 2 】な意見交換や話し合いを行うことを望むのであれば、「そう考える」と言った人と「いや、自分はそう考えない」と言った人の双方に、「なぜ、どうしてそう考えたのか」を説明する責任が生じる。つまり、「考える」ということは、少なくとも自分の考えに責任を持つこと、そして、他の人の考えに対しても、まずは「聞く」という意味で責任を持つことを意味する。

もう少し「考える」について見てみよう。「考える」には段階がある。「考える」ことの第1段階は、さしあたり「自分自身で考える」ことである。通常、この意味で私たちは「考える」ということを理解している場合が多いのではないだろうか。

しかし、もし自分自身で考えているとしても、他の人には、本当に考えているのか、何を考えているのかは分からない。「【 3 】」

英語解答

1・**2** 放送文未公表

3 1 importance 2 old
3 challenging 4 scare
5 full 6 lives 7 pressure
8 prepare 9 part
10 parents 11 kind
12 successful〔better〕

4 (1) (例)バスルームで髪を洗っていた。
(2) (例)スープの味がしょっぱすぎること。
(3) (例)自分と5人の娘全員がスープに塩を入れたため，スープが台なしになったから。

5 1 ア 2 ウ 3 オ 4 エ
5 イ

6 (1) She went on to a famous college in New York
(2) At that time it was not difficult for her to find interesting work
(3) Emma went to several offices and then chose one of the offices
(4) I don't have to go to the office by bus
(5) Emma thought for a few seconds before she answered the〔his〕question

7 (例) I don't agree with the idea. Owners of convenience stores work too much. When convenience stores are open for 24 hours a day, it is difficult for the owners to take a rest. Their work-life balance can be terrible. They can't even sleep, enjoy meals or spend time with their family.
(51語)

1・**2** 放送文未公表

3〔長文読解―要約文完成―説明文〕

≪全訳≫**1**小学校，中学校，高校時代は，そこにいる間はそれほど重要には思わないかもしれないが，いろいろな意味で，人生で最も大きな影響を与える時期だ。その若かりし日々が生涯あなたとともにあり続ける可能性もある。小学校で子どもたちは，基礎的な読み書き，英語，算数，歴史，科学，芸術など，多くの科目を学ぶ。おそらく子どもたちにとって，自分と同じ年齢である他の多くの子どもたちと出会う初めてのときだろう。小学校の先生は，より多くの注意を個々の児童に払って学習を助けてくれる。中学校はさらに難しくなる。生徒は小学校と同じ科目を勉強するが，一方で，やるべき活動が多く授業はさらに難しくなる。**2**高校ではさまざまな変化があって，それは難しく，そして恐ろしいかもしれない。建物や雰囲気も全く異なっている。授業はさらに難しくなり，書くべきレポートややるべき宿題も増える。生徒は，もっと自立して成熟することが期待されている。特に1年生にとって，上級生は怖そうに思えることもあるだろう。しかし，デートの始まり，車の運転，大学受験，将来の計画など，たくさんの新しい経験に満ちた心躍る時間でもある。多くの場合，新しい友情が生まれ，それが生涯にわたって続くこともある。生徒たちには授業でいい結果を出すという大きなプレッシャーがあり，大学準備のためにするべきこともたくさんある。プレッシャーが大きすぎて，憂うつになる生徒もいる。ある科目を嫌ったり，単純に退屈したりすることもあるかもしれない。高校時代には，ダンス，スポーツ，演劇，音楽，茶会など，生徒が参加できるサークルや部活動がたくさんある。これらの部活動では，同じような趣味や興味を持つ他の人と出会うことができて，個人の自信を築くのに役立つ。**3**このような変化は急速に起こるので，たいていは多くのストレスを引き起こす。10代の年齢，特に14，５歳の頃は，往々にして人生の中で最も大変だ。この時期は親にとっても難しい。それは大きな変化のときだ。子どもは，身体的にも精神的にも，急速に大人へと成長している。子どもたちは自立するにつれて，ますます親から離れていくが，それでもまだ親に依存している。10代は友達となじもうとすると同時に，他とは違う自分でいようとしたり，自分自身のアイデンティティーを見つけようとしたりする。多くの10代の男子は，コミュニケーションをとったりなじんだりするのに苦労して，不正な行いや無礼な振る舞いをするかもしれない。10代の女子はたいてい男子より早く成熟する。彼女たちは長い時間をかけて化粧をしたりすてきな服を買ったりするが，自分の容姿や人気についてもまた心配している。❹ハーバード大学のある研究では，20年以上にわたって250万人の学生を追跡した。この研究は，良い教師が長期間にわたって生徒に影響を与えるかどうか，またどのように影響を与えるかを調べることを目的としており，その種の研究としては最大かつ最も重要なものの１つであった。子どもの早い時期に良い教師に出会うことは，後の学年で良い教師と出会うよりももっと価値がある，と多くの人は信じているが，この研究でそのような結果は得られなかった。この研究で明らかになったのは，良い教師というのはどの学年であっても，子どもと子どもの将来にプラスの影響を与えるということだ。実際，子どもの教育における教師の影響は，親の影響に次いで大きい。❺研究ではまた，良い教師が小中学校で授業を教えると，テストの点数が上がるだけでなく，教室の外でも役立つ多くの影響があることがわかった。これより前の研究では，良い教師は生徒に約４年間影響を与え，その後はプラスの影響がなくなることが示されていた。この研究では，良い教師の影響は，生徒が学校にいる間だけでなく生涯にわたって続くことがわかった。良い教師のおかげで，生徒は10代でもめごとに巻き込まれたり，罪を犯したりする可能性が低くなる。その後は大学に行き，より良い仕事につき，より多くのお金を稼いで，より良い地域に住む可能性が高くなる。この研究ではまた，未熟な教師は実際に，子どもの人生における成功の可能性を損なう可能性もあることがわかった。❻アルベルト・アインシュタインは次のように述べた。「教育とは学校で学んだことを全て忘れた後に残るものである」

≪要約文全訳≫❶学校にいる間は，その時期の重要性に気づいていないかもしれないが，実際には，人生で最も大きな影響を与える時期である。小学校ではたくさんの科目を学び，自分と同じくらいの年齢の多くの他の子どもたちと初めて出会う。中学ではやるべきことが増え，授業は難しくなるが，よりやりがいも大きくなる。❷高校で経験する変化は難しく，あなたを怖がらせるかもしれない。授業がさらに難しくなるので，書くべきレポートやするべき宿題も増える。生徒はもっと自立して成熟しなければならない。ときには上級生があなたを怖がらせるかもしれないが，新しい経験でいっぱいの心躍る時間を過ごすだろう。あなたは新しい友達をつくり，その友は一生あなたとともにいるだろう。良い成績を取って大学への準備をしなければならないので，大きなプレッシャーを経験する。また，たくさんのサークルや部活動にも参加して，同じような趣味や興味を持つ他の生徒と出会うことができる。❸10代の年齢，特に14，５歳の年頃は，子どもたちだけでなく親にとっても非常に大変なものになりうる。子どもたちは，互いに全く異なる２つのことや考えを経験して悩む。彼らは自立するが，一方でまだ親に依存している。彼らは友達になじみたいと思うと同時に，他とは違う自分でいたいし，自分がどんな種類の人間であるか知りたいと思っている。❹ハーバード大学の研究によると，良い教師は，子どもたちが学校にいるときだけでなく生涯を通じて，いつでも子どもたちにプラスの影響を与えることがわかった。良い教師の影響は，子どもたちに成功した〔より良い〕人生を送る機会を与えることができる。

1．第1段落第1文参照。本文の not seem very important の部分。要約文では realize の目的語になるので名詞 importance を使って書き換える。 'seem＋形容詞'「～のように見える，思える」 realize「～に気づく，～を認識する」 2．第1段落第4文参照。本文の children his or her age は children of his or her age ということ。要約文では 'as＋形容詞〔副詞〕＋as ～'「～と同じくらい…」の表現に書き換える。 3．第1段落終わりの2文参照。中学校はやることが多く，大変であるという内容に加え，more challenging とあるのでこれをそのまま使えばよい。 4．第2段落第1文参照。本文では形容詞の scary が使われているが，要約文では you を目的語にとっているので動詞の scare「～を怖がらせる」を入れる。 5．第2段落第6文参照。 (be) filled with ～ ≒ (be) full of ～「～でいっぱい，～に満ちた」 6．第2段落第7文参照。Lifetime は all ～'s life〔lives〕「生涯，一生」で言い換えられる。最初の空所は life と lives のどちらでも可能だが，2つ目の空所は their のそれぞれの life に焦点が当たっているので複数形の lives とする。 7．第2段落第8文参照。授業でいい結果を出すことは a lot of pressure とある。 8．第2段落第8文参照。get ready を1語で表す動詞の prepare を入れる。ready を入れた場合，前にある and が get の目的語となる grades と，get の補語となる ready という2つの異なる要素を結ぶことになってしまい，これは文法上不可(and は文法上対等の要素を結ぶ等位接続詞)。 9．第2段落終わりから2文目参照。本文の join を要約文では take part in ～「～に参加する」と言い換える。 10．第3段落第2，3文参照。'A as well as B' は「Bと同様にAも，BだけでなくAも」という意味。 11．第3段落終わりから4文目参照。identities を，要約文では what kind of persons ～「どんな種類の人間であるか」と言い換える。 12．第5段落最終文参照。chance of success in life という表現に注目し，chance to live a successful life とする。あるいはその前の文に better job や live in a better neighborhood とあることから，better を使ってもいいだろう。

4〔長文読解総合―物語〕

≪全訳≫❶あるときシンプソン夫人は，夕食にたくさんの人を自宅へ招待した。彼女は，肉と野菜と特製スープのすてきな夕食を彼らに振る舞うつもりだった。❷パーティーの日，シンプソン家では皆が忙しかった。シンプソン夫人には5人の娘がいたが，誰もスープをつくることを考えなかった。彼女たちは洗濯をしてアイロンをかけ，家を掃除した。彼女たちはデザートをつくった。そのときシンプソン夫人がスープのことを思い出して台所に走っていき，スープをつくった。❸シンプソン夫人は町で一番おいしいスープをつくった。彼女ほど料理の上手な女性はいなかった。しかし今回，彼女はスープに塩を入れるのを忘れてしまった。もちろん，おいしいスープにはいくらかの塩が必要だ。❹シンプソン夫人は火を強くして，スープをコンロにかけた。それから彼女は床を掃き始めた。彼女の手はとても汚れてしまった。❺突然彼女はスープについて思い出した。「塩を入れていないわ！」 そこで彼女は，娘の1人に手伝ってくれるよう呼びかけた。❻「スー」 彼女は言った。「スープに塩を入れてくれるかしら？ 私の手は汚れているの」❼「無理よ，ママ。私はお風呂場で髪を洗っているの」とスーが言った。❽「サラ，スープに塩を入れに行ってくれる？」❾「できないわ」とサラが言った。「私のドレスがおかしくて，縫わなければならないの」❿「ブレンダ，スープを塩で味つけしてくれる？」⓫「できないわ，ママ」 ブレンダが言った。「誰か他の人に頼んでちょうだい」⓬「誰か手伝ってくれない？ ジェニー，スープに塩を入れに行ってちょうだい」⓭「リンダにそうするように言って，ママ。私はテーブルクロスにアイロンをかけているの」とジェニーが言った。⑭「私は無理よ，ママ。時計を探してるんだもの！　見つかるまで他のことはしないわ」とリンダが言った。⑮そこでシンプソン夫人はほうきを置いた。彼女は手を洗ってスープに塩を入れた。それから，再び彼女は床を掃除し始めた。⑯リンダは，母親に従うべきだと思い始め，そっと台所へ行き，スープに塩を入れた。それから彼女は，時計探しを続けた。彼女はあちこちの隅を調べた。⑰ジェニーも自分が失礼だったと申し訳なく思い始め，スープに塩を入れた。それからアイロンをかけ終えた。⑱スーは台所に行ってスープのにおいをかいだ。「塩があればもっとおいしくなるわね」と独り言を言い，塩を入れた。⑲その後サラが「ママを助けなきゃ」と思い，スープに塩を入れた。それから，ブレンダも黙って台所へ行き，スープに塩を入れた。⑳その夜，おなかをすかせた客たちは，席についてスープを待っていた。客たちはスープのにおいに気づき，それはいいにおいだった。そしてシンプソン夫人はスープをテーブルの皆の前に置いた。牧師が夕食に来ていたので，シンプソン夫人は彼に最初の一皿を出した。彼は口いっぱいのスープを飲んだ。突然彼の目は大きく開き，水のグラスを持ち上げると，一口でゴクリと飲み干した。㉑今やシンプソン夫人は何かがおかしいことに気づいて，自分でスープの味見をした。そして彼女はわかった。㉒「あなたたち，誰がこのスープに塩を入れたの？」と彼女は娘たちに尋ねた。㉓「私が入れたわ，ママ」と５人が口をそろえて言った。㉔「そして私も入れたわ」とシンプソン夫人が言った。「料理人が多すぎるとスープが台なしになる」㉕そしてそれは，本当である。

⑴＜**文脈把握**＞第６，７段落参照。

⑵＜**文脈把握**＞自分でスープを飲んで気づくことは，スープの味についてである。スープがしょっぱくて塩が入りすぎていることに気づいたのである。

⑶＜**英文解釈・要旨把握**＞下線部は「料理人が多すぎるとスープが台なしになる」という意味で，これは「先頭に立ってやる人が多いと，かえって統制が取れなくなり，とんでもないことになってしまう」ということを表す英語のことわざである(日本の「船頭多くして船山へ登る」ということわざにあたる)。物語においてtoo many cooksとは，スープに塩を入れたシンプソン夫人と５人の娘のこと。シンプソン夫人は，全員が勝手に塩を入れて味つけしてしまったことで，スープが台なしになってしまったことを，このことわざにたとえたのである。

5〔**長文読解―適文選択―説明文**〕

≪**全訳**≫❶メモを取ることは学習の重要な部分である。学生は先生の話を聞く。彼らは重要なことを書きとめる。または，コンピュータを使う。最近では，多くの学生がパソコンを授業に持っていきメモをタイプする。❷コンピュータを使う方がいいと考える人もいる。1人は，書くよりもタイプする方が速い。それは，よりたくさん書けるということを意味する。もし速くタイプできれば，先生の話す言葉を全てタイプすることができる。❸2コンピュータは，教室でとても一般的になってきている。ほとんど全ての大学生は，メモをタイプするため授業に持ち込める小さなコンピュータを持っている。3書きとめる学生は少なくなっている。よって現在学校では，子どもへの書き方の指導を重点的に取り扱わない傾向がある。多くの人は手書きの必要性を感じていないのだ。❹4しかし，研究では，物事を書きとめておくのは良いということがわかっている。全ての単語を書くことができないとき，学生はそれについてもっと考えなければならない。重要な情報を選び出さなければならないのだ。5そして書く行為は，人が覚えるのに役立つ。研究によると，メモを書きとめる人の方が情報をよく覚えていることがわかっている。

1．直後の That が受ける内容を考える。速くタイプすることはたくさん書くことといえる。　2．次の文と同様の意味を表すウが入る。次の文はウの内容を具体的に言い換えているのである。　3．直後の So「だから，その結果」に注目。学生がノートを取らなくなっている結果，書き方の指導が重点的に行われなくなっているのである。　4．直前の第3段落と最終段落では内容が反対になっているので‘逆接’の However で始まるエが入る。　5．次の文の「書くことでよく覚えられる」という内容は，イの内容の言い換えになっている。

6〔長文読解―条件作文―物語〕

≪全訳≫❶エマは17歳のとき，自分の町の学校を卒業した。タイピストになる勉強をするため，(1)彼女は1年間ニューヨークの有名な大学に通った。彼女は試験にとても良い成績で合格し，それから仕事を探した。彼女はまだ両親と一緒に暮らしていた。❷多くの会社がタイピストを募集していたので，(2)当時彼女にとっておもしろい仕事を見つけるのは難しくなかった。(3)エマはオフィスをいくつか訪れ，その中から1つを選んだ。そのオフィスは彼女の実家の近くにあった。彼女はこう思った。「(4)バスで会社に行かなくてもいいわ。毎朝歩こう」❸彼女は再びオフィスを訪れ，経営者に言った。「テイラーさん，ここで働きたいのですが，お給料を知りたいんです」❹「今は10ドル，3か月後に15ドルの給料ではどうかね？」と彼は尋ねた。❺(5)エマはその質問に答える前に，数秒間考えた。そして言った。「わかりました，では3か月後に始めます」

(1)「続けて大学に行った」という文脈なので，go on to「続けて～する」の形で went on to とするとよい。went to だけでも可。college は‘数えられる名詞’なので前に冠詞が必要。この college はここで初めて出てきて，どういう大学なのか特定されていないので，不定冠詞の a をつける。「ニューヨークにある大学」ということなので in New York とする。　(2)at that time で「当時」の意味。この後は‘It is (not) ～ for＋人＋to …’「〈人〉にとって…することは～だ(でない)」の形式主語構文にすればよい。「仕事」の意味で使われる work は‘数えられない名詞’なので，不定冠詞の a/an は不要。また，前に出たりして特定されている「仕事」ではないため定冠詞の the もつけず，無冠詞にする。　(3)まず went の後に to を補う。chose の後は「訪れた会社のうちの1つ」という意味になると考えられるので‘one of＋複数名詞’の形にする。2つ目の offices は前の several offices を受けるので前に定冠詞 the をつける。　(4)直後に「毎朝歩こう」と言っているので，「バスで行く必要がない」という意味になると推測できる。don't have to ～ で「～する必要がない」。office はエマが選んだ特定の会社なので定冠詞の the をつける。‘by＋交通機関’「〈交通機関〉で」の表現では原則，冠詞はつけない。　(5)「数秒間考えた」という意味になると推測できるので，「数秒間」を for a few seconds とする。最後の question は第4段落にある経営者の質問なので，定冠詞の the または his をつける。

7〔テーマ作文〕

まず I agree〔don't agree〕with ～「～に賛成〔反対〕である」などの表現を使って賛成か反対かを明らかにしてから，そう考える理由を述べていく。理由としては，賛成の場合はいつでも物が買えるために便利であること，反対の場合はオーナーの負担が大きいことなどが挙げられる。　(別解例) I agree with the idea. Convenience stores are convenient because they are open 24 hours a day. If they aren't open early in the morning or late at night, it will be very inconvenient. Many people depend on them because they can buy what they need anytime.(47語)

数学解答

1 (1) $\frac{1}{4}$　(2) $a=1$，$b=\frac{11}{2}$

(3) $(m,\ n)=(11,\ 10)$，$(5,\ 2)$

2 (1) $a=1$，もう1つの解…$x=-3$

(2) $a=-2+\sqrt{5}$

ア…$\sqrt{5}$　イ…$6\sqrt{5}-14$

3 (1) $\mathrm{B}(2\sqrt{a},\ a)$，$\mathrm{C}\left(\sqrt{a},\ \frac{1}{4}a\right)$

(2) $\frac{16}{9}$

(3) $\mathrm{DE}=n\sqrt{b}-\sqrt{b}$，

$\mathrm{DF}=\frac{bn^2-b}{n^2}$

(4) $b=\frac{n^4}{n^2+2n+1}$

4 (1) $2\sqrt{3}-3$

(2) 右図

(3) $4\sqrt{3}-6$ 倍

5 (1) 下図

(2) 4回，5回

(3) $\frac{3}{8}$

(例)

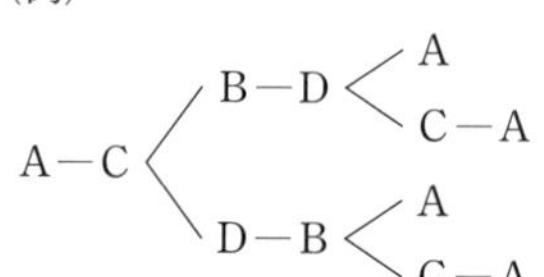

1 〔独立小問集合題〕

(1)＜数の計算＞与式$=\left(\frac{1}{8}-\frac{1}{3}\right)\times\frac{6}{4-9}=\left(\frac{3}{24}-\frac{8}{24}\right)\times\left(-\frac{6}{5}\right)=-\frac{5}{24}\times\left(-\frac{6}{5}\right)=\frac{1}{4}$

(2)＜関数―切片，変域＞一次関数 $y=-\frac{3}{2}x+a$ は，x の値が増加すると y の値が減少する関数である。x の変域が $-3\leqq x\leqq 2$ のときの y の変域が $-2\leqq y\leqq b$ だから，$x=-3$ のとき y は最大で $y=b$，$x=2$ のとき y は最小で $y=-2$ である。よって，$b=-\frac{3}{2}\times(-3)+a$ より，$b=\frac{9}{2}+a$ となり，$-2=-\frac{3}{2}\times2+a$ より，$a=1$ となる。これを $b=\frac{9}{2}+a$ に代入して，$b=\frac{9}{2}+1$，$b=\frac{11}{2}$ である。

(3)＜連立方程式の応用＞$m>n$ であり，m，n の和と差の積が21だから，$(m+n)(m-n)=21$ が成り立つ。m，n が自然数より，$m+n>m-n$ であり，$21=21\times1$，7×3 だから，$(m+n,\ m-n)=(21,\ 1)$，$(7,\ 3)$ である。$m+n=21$……①，$m-n=1$……②のとき，①，②を連立方程式として解くと，$m=11$，$n=10$ となり，$m+n=7$……③，$m-n=3$……④のとき，③，④を連立方程式として解くと，$m=5$，$n=2$ となる。よって，$(m,\ n)=(11,\ 10)$，$(5,\ 2)$ である。

2 〔方程式―二次方程式の応用〕

(1)＜二次方程式の応用＞二次方程式①の解の1つが0だから，方程式に $x=0$ を代入すると，$0+(a+2)\times0-a^2+2a-1=0$ より，$-a^2+2a-1=0$，$a^2-2a+1=0$，$(a-1)^2=0$ となり，$a=1$ である。このとき，$a+2=1+2=3$，$-a^2+2a-1=0$ だから，二次方程式①は $x^2+3x=0$ である。これを解くと，$x(x+3)=0$　$\therefore x=0,\ -3$　よって，もう1つの解は $x=-3$ である。

(2)＜二次方程式の応用＞二次方程式①の解の1つが a だから，方程式に $x=a$ を代入すると，$a^2+(a+2)a-a^2+2a-1=0$ より，$a^2+4a-1=0$ となり，$a=\frac{-4\pm\sqrt{4^2-4\times1\times(-1)}}{2\times1}=\frac{-4\pm\sqrt{20}}{2}=\frac{-4\pm2\sqrt{5}}{2}=-2\pm\sqrt{5}$ となる。$a>0$ だから，$a=-2+\sqrt{5}$ である。このとき，$a+2=(-2+\sqrt{5})+2=\sqrt{5}$，$-a^2+2a-1=-(a^2-2a+1)=-(a-1)^2=-\{(-2+\sqrt{5})-1\}^2=-(-3+\sqrt{5})^2=-(9-6\sqrt{5}+5)=-(14-6\sqrt{5})=6\sqrt{5}-14$ だから，二次方程式①は，$x^2+\sqrt{5}x+6\sqrt{5}-14=0$ となる(ア…$\sqrt{5}$，イ…$6\sqrt{5}-14$)。

3 〔関数—関数 $y=ax^2$ と直線〕

(1)<座標>右図で，点Aは放物線 $y=x^2$ 上にあって y 座標は a だから，$a=x^2$ より，$x=\pm\sqrt{a}$ となる。$x\geqq 0$ だから，$x=\sqrt{a}$ であり，$A(\sqrt{a},\ a)$ となる。AB∥〔x 軸〕だから，点Bの y 座標は a である。点Bは放物線 $y=\frac{1}{4}x^2$ 上にあるから，$a=\frac{1}{4}x^2$ より，$x^2=4a$，$x=\pm 2\sqrt{a}$ となる。$x\geqq 0$ だから，$x=2\sqrt{a}$ であり，$B(2\sqrt{a},\ a)$ である。また，AC∥〔y 軸〕だから，点Cの x 座標は $\sqrt{a}$ である。点Cは放物線 $y=\frac{1}{4}x^2$ 上にあるから，$y=\frac{1}{4}\times(\sqrt{a})^2=\frac{1}{4}a$ より，$C\left(\sqrt{a},\ \frac{1}{4}a\right)$ である。

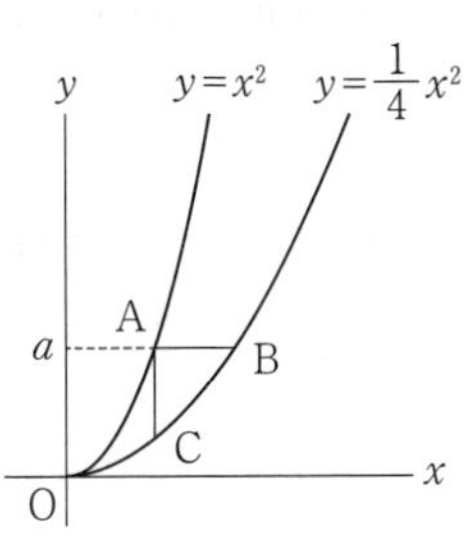

(2)<y 座標>右上図で，(1)より，$A(\sqrt{a},\ a)$，$B(2\sqrt{a},\ a)$，$C\left(\sqrt{a},\ \frac{1}{4}a\right)$ だから，$AB=2\sqrt{a}-\sqrt{a}=\sqrt{a}$，$AC=a-\frac{1}{4}a=\frac{3}{4}a$ である。よって，AB=ACより，$\sqrt{a}=\frac{3}{4}a$ が成り立つ。両辺を2乗してこれを解くと，$a=\frac{9}{16}a^2$ より，$9a^2-16a=0$，$a(9a-16)=0$　$\therefore a=0,\ \frac{16}{9}$　$a>0$ だから，$a=\frac{16}{9}$ である。

(3)<長さ>点Dは放物線 $y=x^2$ 上にあって y 座標は b だから，(1)と同様にして，$D(\sqrt{b},\ b)$ となる。点Eは放物線 $y=\frac{1}{n^2}x^2$ 上にあって y 座標が b だから，$b=\frac{1}{n^2}x^2$ より，$x^2=n^2b$，$x=\pm n\sqrt{b}$ となり，$E(n\sqrt{b},\ b)$ である。点Fは放物線 $y=\frac{1}{n^2}x^2$ 上にあって x 座標が $\sqrt{b}$ だから，$y=\frac{1}{n^2}\times(\sqrt{b})^2=\frac{b}{n^2}$ より，$F\left(\sqrt{b},\ \frac{b}{n^2}\right)$ となる。よって，$DE=n\sqrt{b}-\sqrt{b}$，$DF=b-\frac{1}{n^2}b=\frac{bn^2-b}{n^2}$ である。

(4)<y 座標>(3)より，DE=DFのとき，$n\sqrt{b}-\sqrt{b}=\frac{bn^2-b}{n^2}$ が成り立つ。これより，$n^2(n\sqrt{b}-\sqrt{b})=bn^2-b$，$n^2(n-1)\sqrt{b}=(n+1)(n-1)b$ となる。$n>1$ より，$n-1>0$ だから，両辺を $n-1$ でわって，$n^2\sqrt{b}=(n+1)b$ となり，両辺を2乗して，$n^4b=(n+1)^2b^2$，$(n+1)^2b^2-n^4b=0$，$b\{(n+1)^2b-n^4\}=0$，$b\{(n^2+2n+1)b-n^4\}=0$ より，$b=0,\ \frac{n^4}{n^2+2n+1}$ となる。$b>0$ だから，$b=\frac{n^4}{n^2+2n+1}$ である。

4 〔平面図形—正十二角形〕

(1)<長さ—特別な直角三角形>右図1のように，正六角形の3本の対角線の交点をO，正六角形の2つの頂点をC，D，正十二角形の2つの頂点をE，Fとする。△OCDは正三角形だから，点Oから辺CDに垂線OHを引くと，△OCHは3辺の比が $1:2:\sqrt{3}$ の直角三角形となり，OC=CD=1より，$OH=\frac{\sqrt{3}}{2}OC=\frac{\sqrt{3}}{2}\times 1=\frac{\sqrt{3}}{2}$ である。OCとEFの交点をIとすると，図形の対称性より，OC⊥EF，$OI=OH=\frac{\sqrt{3}}{2}$ となり，$CI=OC-OI=1-\frac{\sqrt{3}}{2}$ となる。∠FCI=60°だから，△CFIも3辺の比が $1:2:\sqrt{3}$ の直角三角形となり，$FI=\sqrt{3}CI=\sqrt{3}\times\left(1-\frac{\sqrt{3}}{2}\right)=\sqrt{3}-\frac{3}{2}$ となる。

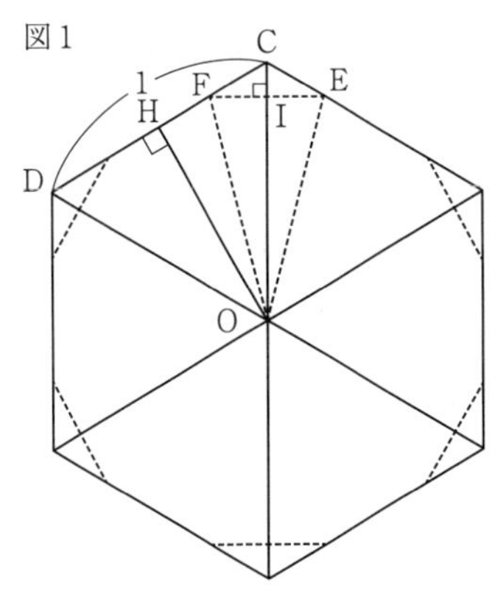

よって，正十二角形の1辺の長さは，$EF=2FI=2\times\left(\sqrt{3}-\frac{3}{2}\right)=2\sqrt{3}-3$ である。

《別解》図1で，$EF=x$ とおくと，$FH=FI=\frac{1}{2}EF=\frac{1}{2}x$，$CF=\frac{2}{\sqrt{3}}FI=\frac{2}{\sqrt{3}}\times\frac{1}{2}x=\frac{\sqrt{3}}{3}x$ となる。また，$CH=\frac{1}{2}CD=\frac{1}{2}\times1=\frac{1}{2}$ である。よって，$CF+FH=CH$ より，$\frac{\sqrt{3}}{3}x+\frac{1}{2}x=\frac{1}{2}$ が成り立つ。これを解くと，$2\sqrt{3}x+3x=3$，$x(2\sqrt{3}+3)=3$，$x=\frac{3}{2\sqrt{3}+3}$ となり，$\frac{3}{2\sqrt{3}+3}=\frac{3\times(2\sqrt{3}-3)}{(2\sqrt{3}+3)\times(2\sqrt{3}-3)}=\frac{3(2\sqrt{3}-3)}{3}=2\sqrt{3}-3$ となるので，正十二角形の1辺の長さは $EF=x=2\sqrt{3}-3$ である。

(2)＜**作図―特別な直角三角形**＞(1)より，長さが $2\sqrt{3}-3$ の線分を作図すればよい。1辺が2の正三角形の高さが $\sqrt{3}$ だから，長さが $2\sqrt{3}$ の線分は，その高さの2倍である。長さが3の線分は与えられた線分の長さが1だから，その3倍である。右図2で，$JK=1$ から，1辺が2の正三角形MJLを考え，直線KM上に $KM=MA$ となる点Aをとる。次に，KA上に $KP=PQ=QB=JK$ となる点Bをとる。解答参照。

図2

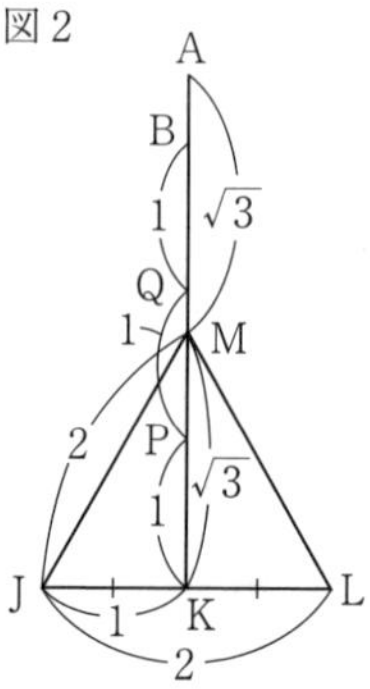

(3)＜**面積比**＞前ページの図1で，もとの正六角形の面積は，$6\triangle OCD=6\times\frac{1}{2}\times CD\times OH=6\times\frac{1}{2}\times1\times\frac{\sqrt{3}}{2}=\frac{3\sqrt{3}}{2}$ である。また，点Oと2点E，Fをそれぞれ結ぶと，正十二角形の面積は，$12\triangle OEF=12\times\frac{1}{2}\times EF\times OI=12\times\frac{1}{2}\times(2\sqrt{3}-3)\times\frac{\sqrt{3}}{2}=3\sqrt{3}(2\sqrt{3}-3)$ となる。よって，$3\sqrt{3}(2\sqrt{3}-3)\div\frac{3\sqrt{3}}{2}=4\sqrt{3}-6$ より，正十二角形の面積は正六角形の面積の $4\sqrt{3}-6$ 倍である。

5 〔確率〕

(1)＜**確率**＞AがCに投げた後は，ルールの②，①が繰り返されるので，樹形図は右図のようになる。

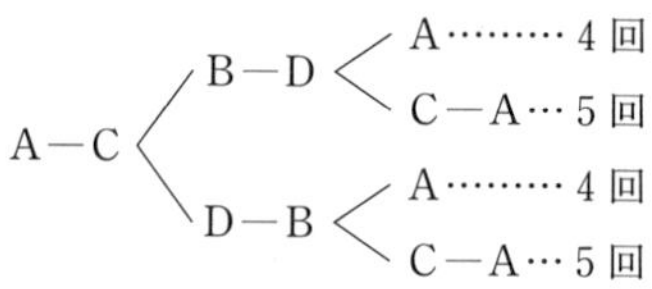

(2)＜**回数**＞右樹形図より，1ラウンド中に行われると考えられるキャッチボールの回数は，4回と5回である。

(3)＜**確率**＞キャッチボールを1ラウンドするとき，ボールの動き方は，右上樹形図より，4通りあるから，キャッチボールを3ラウンドするときのボールの動き方は，全部で $4\times4\times4=64$(通り)ある。このうち，キャッチボールの回数がちょうど13回になるのは，4回が2ラウンド，5回が1ラウンドのときである。樹形図より，4回となるボールの動き方，5回となるボールの動き方はそれぞれ2通りだから，(1ラウンド目，2ラウンド目，3ラウンド目)＝(4回，4回，5回)のとき，ボールの動き方は $2\times2\times2=8$(通り)ある。(4回，5回，4回)，(5回，4回，4回)のときについても同様だから，キャッチボールの回数がちょうど13回になるボールの動き方は $8\times3=24$(通り)ある。よって，求める確率は $\frac{24}{64}=\frac{3}{8}$ である。

社会解答

1 問1　A…インド洋　B…大西洋
問2　ウ　　問3　南　　問4　エ
問5　(例)内陸部には砂漠が広がり，北部は熱帯に属するため，人口は南部の沿岸部に集中している。

2 問1　棚田　　問2　ア
問3　(1)　B…ドイツ　C…オランダ
(2)　(例)鉄鉱石や石炭が産出し，原料や製品の輸送にライン川の水運を利用することができたから。
問4　形態…輪中
特徴　(例)洪水から集落を守るために，堤防で囲まれている。
問5　(1)…茶　(2)…カ
問6　沖合…ア　沿岸…ウ
問7　イ→ア→ウ　　問8　イ
問9　(例)焼き払った草木が肥料となり，費用が少なくて済む。

3 問1　A…隋　B…日本書紀
問2　(1)…ア　(2)…イ　(3)…対馬藩
問3　姓　　問4　飛鳥
問5　(1)…渡来人の子孫
(2)　(例)帰国後，中国での知識や経験を生かして，大化の改新の改革に貢献した。
問6　(1)…栄西　(2)…ウ
問7　東の天皇
問8　(例)日本の天皇が，中国の皇帝と同じように「天子」を名乗ったから。

4 問1　イ　　問2　エ
問3　(1)　A…太平　B…石炭
(2)　(例)ペリー来航100年目の1953年，沖縄はアメリカの統治下に置かれていた。
問4　(例)日ソ共同宣言が出され，国交が正常化した。

5 問1　A…65　B…2.1
問2　C…25　D…40　E…75
問3　(例)生産年齢人口の減少により労働力が不足し，高齢者の生活維持や若年層の社会保障負担の増加などのために貯蓄が減少して社会全体の資本蓄積が減少するから。
問4　F…小選挙区
G…小選挙区比例代表並立
H…一票の格差　I…徳島

6 問1　イ　　問2　ウ
問3　A…エ　B…イ　C…ア　D…ウ
問4　(1)　E…250　F…1000
G…20000　H…5000
(2)　(例)食料品や石油など，輸入量の多いものの価格が下がり消費者の利益となる一方，自動車や機械製品などは，外国での価格が上昇して輸出量が減少するので関連する日本企業の経営は悪化する。
問5　I…自由　J…平等　K…良心
問6　(例)豊富な資金などによって競争力を強めた多国籍企業が中小企業を駆逐して市場を独占し，安い労働力を求めて途上国の労働者を低賃金で働かせるなどの問題が生じる。

1〔世界地理―南極を中心とした地域〕

問1＜海洋＞南極大陸の東にニュージーランドが描かれており，その上に見えるXの大陸はオーストラリア大陸である。オーストラリア大陸の西にはインド洋が広がっている。南極大陸の南西には南アメリカ大陸が描かれており，南アメリカ大陸の東には大西洋が広がっている。

問２＜**地球上の距離**＞北極点から南極点までの距離は約20000kmなので，緯度１度は，20000÷180＝111.11…より，約111.1kmである。南極点から地点あ．までは30度あるので，111.1×30＝3333kmとなる。

問３＜**地球上の方位**＞地球上のどの地点から見ても，南極点の方位は南になる。

問４＜**南極**＞イヌイットは，主にカナダ北部で生活する人々で，あざらしやカリブー(野生のトナカイ)の狩りをして暮らしている。近年は伝統的な狩猟に加え，商業や観光業などに携わるイヌイットも増えている。

問５＜**オーストラリアの人口分布**＞Xはオーストラリア大陸で，北部は熱帯，中央の内陸部は乾燥帯，東部や南西部の沿岸は温帯に属している。そのため，人々にとって暮らしやすい気候である温帯に人口が集中している。特に南東部にはシドニーやメルボルンといった大都市が位置し，オーストラリアの政治・経済の中心となっている。

２〔**地理―総合**〕

問１＜**棚田**＞棚田は山や谷の斜面を階段状にしてつくられた水田で，山がちな日本では土地を有効活用するため，古くから各地につくられてきた。棚田は斜面にあるため農作業の手間はかかるが，水をためるダムのような役割を果たすほか，景観の美しさも評価されている。

問２＜**水資源**＞生活用水は，日本の人口がピークを迎えた2000年代まで増え続けたが，人口減少や節水型の商品の普及により，減少に転じた。なお，最も量の多いウは農業用水で，イが工業用水である。工業用水は，1970年代から水の再利用が進んだ結果，水使用量が減少した。

問３＜**ライン川**＞⑴ライン川はアルプス山脈を水源とし，スイスとドイツ，ドイツとフランスの国境を形成した後，ドイツ西部をおおむね北へと流れる。オランダに入る辺りで流れを西へと変え，河口付近に三角州を形成して北海に注ぐ。　⑵国際河川であるライン川は，流れが緩やかで川幅も広いため水運に適しており，多くの支流や運河とともに流域の都市を結んでいる。また，ライン川流域では石炭や鉄鉱石が産出したため，こうした地域の資源とライン川の水運を生かして重工業が発達した。

問４＜**輪中**＞地形図は三重県北東部の桑名市長島町付近のもので，地域には水田(׀׀)が多く見られ，河岸には土堤(ⲶⲶⲶⲶ)が地域を囲むようにめぐらされている。このように，木曽川，長良川，揖斐川という木曽三川に囲まれた濃尾平野の南西部では，古くから洪水の被害が多かったため，堤防で耕地や住居のある集落を囲んで水害に備えてきた。こうした集落を輪中という。

問５＜**茶の栽培**＞⑴静岡県中南部に広がる牧之原台地は明治時代に開墾が進められ，温暖で水はけがよかったことから，茶の栽培が行われるようになった。茶の栽培はその後，県内各地に広がり，生産量全国第１位(2019年)を誇る静岡県の代表的な農産物となった。　⑵茶の生産量は，世界第１位の中国と第２位のインドで世界のおよそ６割を占める。紅茶の生産で知られるスリランカも上位に入るが，緑茶が主流の日本の生産量はそれほど多くなく，2017年は世界第11位であった。

問６＜**日本の漁業**＞アの沖合漁業は，1980年代後半に漁業資源の減少などから大きく漁獲量を減らしたが，現在でも最も漁獲量が多い日本の漁業の中心である。ウの沿岸漁業は，日帰りできる程度の海で操業する小規模な漁業で，減少傾向にあるが，減り方はそれほど大きくない。なお，イは遠洋漁業で，1973年の石油危機〔オイルショック〕による燃料費の高騰や，世界各国の排他的経済水域設定の影響によって，1970年代後半に漁獲量が大きく減少した。エは海面養殖業で，漁業資源保護の観点から，漁獲量は増加傾向にある。

問７＜**年代整序**＞時期の古い順に，イ(1957年の八郎潟干拓の開始)，ア(1960年代にエネルギー源の中心が石炭から石油へと移り変わったエネルギー革命)，ウ(1990年代初めのバブル経済の崩壊)となる。

問８＜**日本の林業**＞日本の森林面積は国土のおよそ３分の２を占めており，ほとんど変化していない。

問９＜**焼畑**＞焼畑は，原野や山林の草木を伐採した後焼き払い，その灰を肥料として行う農業で，東南アジア，アフリカ，南アメリカなどの熱帯や温帯で見られる。整地に手間がかからず，肥料にも費用がかからないこと，害虫が駆除できることが利点といえる。

3〔**歴史―遣隋使を中心とした総合問題**〕

問１＜**適語補充**＞Ａ．隋は初代皇帝である文帝によって581年に建国され，589年には中国を統一した。604年に即位した第２代皇帝の煬帝は文帝の大運河建設・改修事業を受け継ぎ，610年には黄河と長江の河口付近が運河によって結ばれた。　　Ｂ．『日本書紀』は舎人親王らの手によって編さんされた歴史書で，神代から持統天皇にいたるまでの天皇を中心とした国家成立史である。奈良時代初めの720年に完成し，元正天皇に献上された。

問２＜**日本と朝鮮との関係**＞(1)５世紀の日本には鉄器は伝わっていたが，製鉄は行われておらず，朝鮮半島から伝わった鉄製品を加工して鉄器をつくっていた。鉄器は武器などの実用品として重宝されたため，大和政権は鉄が産出される朝鮮半島へ進出して支配地域を広げ，鉄を確保しようとしたのだと考えられる。なお，米は紀元前４世紀にはすでに伝わっていた。木綿は８世紀末に日本に持ち込まれたとされる。火薬は，鉄砲が伝わった15世紀になって本格的に日本に持ち込まれるようになった。　　(2)14世紀中頃の朝鮮半島では倭寇が沿岸を荒らし，高麗が衰えていた。高麗の武将であった李成桂はこれを撃退して実績をあげ，1392年に高麗を滅ぼして朝鮮〔李氏朝鮮〕を建国した。なお，李参平は豊臣秀吉の朝鮮出兵の際に朝鮮から日本に連れてこられた陶工で，有田焼を創始した人物，李舜臣は，秀吉の朝鮮出兵の際に水軍を率いて日本軍を苦しめた人物，李承晩は第二次世界大戦後の1948年に建国された大韓民国の初代大統領である。　　(3)16世紀末に豊臣秀吉が行った２度の朝鮮出兵によって朝鮮と日本の国交は途絶えたが，徳川家康が対馬藩の宗氏を通じて交渉し，17世紀初めに国交が回復した。その後，対馬藩は朝鮮との外交の窓口となり，江戸時代を通じて幕府から交易を独占的に認められた。

問３＜**氏姓制度**＞５世紀頃の大和政権は，大王を有力豪族が支える連合政権で，豪族は血縁を中心とする氏(ウジ)を構成して大王に仕え，家柄や地位に応じて姓(カバネ)が与えられた。この仕組みを氏姓制度といい，「臣」は中央の有力豪族に与えられた姓である。一方，冠位は，推古天皇や聖徳太子〔厩戸皇子〕を中心とする朝廷が603年に定めた冠位十二階の制に基づいて，豪族に与えられたものである。冠位は家柄ではなく，個人の才能や功績に応じて一代かぎりで与えられ，「徳・仁・礼・信・義・智」の６階を大・小に分けた12階が設けられた。

問４＜**飛鳥京**＞６世紀末から７世紀にかけて営まれた複数の京〔都〕は，現在の奈良県明日香村に置かれた。歴史的には「飛鳥」と表記され，飛鳥の地につくられた京のうち，推古天皇は小墾田宮で政務を行ったと伝えられている。

問５＜**遣隋使と大化の改新**＞(1)南淵請安と高向玄理の姓〔カバネ〕は「漢人〔あやひと〕」で，僧旻の姓は「新漢人〔いまきのあやひと〕」である。「漢」は中国を意味し，「漢人」「新漢人」という姓は渡来人やその子孫に与えられた。　　(2)高向玄理と南淵請安は留学生として，僧旻は学問僧として608年の遣隋使に同行し，中国で隋の滅亡や唐の建国を体験して帰国した。南淵請安は中大兄皇子(後の天智天皇)や中臣鎌足に儒学を教え，ともに蘇我氏打倒の計画を立てたといわれる。645年に中大兄皇子と中臣鎌足らによって蘇我氏が倒され，大化の改新と呼ばれる政治改革が始められると，高向玄理と僧旻は国博士に任じられて国政を助けた。このように，中国で彼らが得た進んだ知識や経験は，大和政権が天皇を中心とする中央集権体制を確立するのに大きく貢献した。なお，史料Ｉは『日本書紀』の記述である。

問６<**鎌倉時代と江戸時代の仏教**>⑴栄西は平安時代末に宋に渡り，禅宗を学んで帰国すると日本における臨済宗の開祖となった。栄西と臨済宗の教えは鎌倉幕府の保護を受け，広く武士に受け入れられた。　⑵江戸幕府は1613年，全国にキリスト教の禁教令を出した。その後，島原・天草一揆が起こると，これに驚いた幕府は1640年に民衆がキリスト教徒でないことを証明させるために宗門改を実施した。この中で，ある個人がその寺の檀家であり，キリスト教徒ではないことを寺が証明する寺請制度が行われるようになった。寺は檀家となった家族ごとに家族構成や家族の名前，年齢などを記した宗門改帳〔宗門改人別帳〕を作成したが，これが戸籍の役割を果たし，幕府の人民統制のための基礎台帳として利用された。なお，御定書は江戸時代の法令一般を指すほか，第８代将軍徳川吉宗が出した公事方御定書を指すこともある。朱印状は，安土桃山時代から江戸時代初期にかけて，豊臣秀吉や江戸幕府が発行した海外渡航許可証である。藩札は江戸時代に諸藩が発行し，領内だけで使用が認められた紙幣である。

問７<**遣隋使の国書**>国書についての記述を対照すると，史料IIの「日出づる処の天子」にあたるのは，史料Ｉの「東の天皇」であるとわかる。「日出づる処」とは太陽が昇る方向，つまり中国から見て東に位置する日本を指している。

問８<**遣隋使と煬帝**>古代から中世にかけて東アジアでは，中国の皇帝が周辺諸国の支配者に位を与えて臣下に組み込むことによって，中国を中心とする国際秩序が形成されていた。外交の形態も，周辺諸国が中国に貢ぎ物を献上し，中国が周辺諸国に返礼品を与えるという朝貢形式が一般的であった。しかし，小野妹子が持参した国書には，中国の皇帝を指す「天子」という語が，日本の天皇を指すのにも用いられていた。隋の第２代皇帝煬帝は，中国の皇帝と日本の天皇を同列に並べたこの表現に不快感を示したと伝えられている。なお，史料IIは『隋書』倭国伝の記述である。

4〔歴史―17世紀以降の日本と世界〕

問１<**17世紀のイギリス**>17世紀半ばの1642年，イギリスでは国王チャールズ１世の軍と，クロムウェルが指導する議会の軍が武力衝突を起こした。こうして激化した清教徒革命〔ピューリタン革命〕は議会の軍の勝利に終わり，1649年にはチャールズ１世が処刑されて共和政が始まった。なお，アメリカ独立戦争が起こったのは18世紀後半の1775年のこと(ア…×)，インド大反乱が起こったのは19世紀半ばの1857年のこと(ウ…×)，マグナ＝カルタ〔大憲章〕が承認されたのは13世紀初めの1215年のことである(エ…×)。

問２<**条約改正**>明治時代末の1911年，外務大臣の小村寿太郎がアメリカとの交渉で関税自主権を回復し，不平等条約の改正が達成された。同年，中国では辛亥革命が起こって清が滅亡し，翌1912年には孫文を臨時大総統とする中華民国が成立した。なお，日本初の政党内閣である大隈重信内閣が成立したのは1898年のこと(ア…×)，伊藤博文が初代韓国統監となったのは1906年のこと(イ…×)，加藤高明内閣のもとで普通選挙法が成立したのは1925年のことである(ウ…×)。

問３<**ペリー来航**>⑴アメリカ合衆国が西部太平洋岸のカリフォルニアを獲得した1840年代には，列強各国による中国進出が活発になっていた。カリフォルニアを獲得したことで，アメリカ合衆国は太平洋を横断して直接中国へ行く航路を開こうと考えた。それには蒸気船の燃料となる石炭の供給地を確保することが必要であり，ペリーはそのために日本を開国させようと来航したのである。(2)切手には，「ペルリ来琉百年記念」「琉球郵便」とある。ペリーは1853年，浦賀に来航する前に琉球〔沖縄県〕に立ち寄っており，この切手はその100年後にあたる1953年に発行されたものである。第二次世界大戦後の1951年，日本は連合国48か国とサンフランシスコ平和条約を結び，翌1952年に条約が発行したことで日本は独立を回復した。しかし，沖縄は引き続きアメリカの統治下に置かれ，1972年にようやく本土復帰を果たした。

問４＜**日ソ共同宣言**＞1956年10月，鳩山一郎首相がソ連の首都モスクワを訪れて日ソ共同宣言に調印し，ソ連と国交を回復した。これを受け，それまで国際連合の安全保障理事会で日本の加盟に反対していたソ連が賛成に回ったため，同年12月，日本の国際連合加盟が実現した。

5〔**公民―少子高齢化と選挙制度**〕

問１＜**日本の人口**＞**Ａ．**人口の統計では，65歳以上を老年人口，15歳以上65歳未満を生産年齢人口，15歳未満を年少人口と区分している。また，老年人口の割合によって，７％以上を高齢化社会，14％以上を高齢社会，21％以上を超高齢社会と分類している。　**Ｂ．**合計特殊出生率は，１人の女性が生涯に出産すると見込まれる子どもの数を表す。人口を維持するための合計特殊出生率の水準は，2.07とされている。

問２＜**社会保障制度**＞**Ｃ．**日本国憲法は，第25条１項で「健康で文化的な最低限度の生活を営む権利」として国民の生存権を保障し，２項では国に社会保障の増進を義務づけている。　**Ｄ．**2000年に導入された介護保険制度は，満40歳以上の人が加入してその費用を負担し，満65歳以上で要介護と認定された場合，介護にかかる費用の一部を負担することで必要な介護サービスを受けられる制度である。　**Ｅ．**75歳以上になると，病気で入院したり治療を受けたりする人が多くなることから，65～74歳の前期高齢者と区別して後期高齢者と呼ぶことがある。日本では，高齢化の進行に伴う医療費の増大などに対処するため，2008年に後期高齢者医療制度が導入された。

問３＜**少子高齢化と経済成長**＞人口減少や少子高齢化が進行すると，生産年齢人口が減少して労働力が不足し，経済成長が妨げられる。また，寿命が長くなると，年金を主な収入源とする期間が長くなり，貯蓄を切り崩して生活する高齢者が増加する。さらに，若年層は社会保険料など，高齢者を支えるための負担が増加し，貯蓄をする余裕がなくなる。社会全体の貯蓄率が低下すると，経済活動維持のための資金や，生産拡大のために投資する資金が不足して，経済成長率が低下する要因となる。

問４＜**日本の選挙制度**＞衆議院議員総選挙は，全国を289の選挙区に分け，１つの選挙区から最も得票数の多い１人を選出する小選挙区制と，全国を11のブロックに分け，政党の得票数に応じて176人を選出する比例代表制を組み合わせた小選挙区比例代表並立制で行われる(2020年３月現在)。また，2015年には，参議院議員通常選挙における「一票の格差」を是正するため，都道府県を選挙区とする選挙区選挙で，有権者数が少ない島根県と鳥取県，高知県と徳島県を統合してそれぞれ１つの選挙区とする合区が導入された。

6〔**公民―人権**〕

問１＜**ILO**＞国際連合の専門機関であるILOは，International Labour Organization〔国際労働機関〕の略称である。なお，国際通貨基金〔International Monetary Fund〕の略称はIMF，国際開発協会

〔International Development Association〕の略称はIDA，国際原子力機関〔International Atomic Energy Agency〕の略称はIAEAである。

問２＜**国際連合**＞国連総会は，安全保障理事会と並ぶ国際連合の最高意思決定機関で，全加盟国が１国１票の投票権を持っている。なお，国連総会での議決は，重要問題は３分の２，その他の問題は過半数の多数決で行われる(ア…×)。国連の定期総会は，毎年１回開催される(イ…×)。国連総会では，安全保障理事会の常任理事国でも拒否権は行使できない(エ…×)。

問３＜**地球環境問題**＞ワシントン条約は野生動植物の国際取引に関する条約で，1973年に採択された。モントリオール議定書はオゾン層を破壊する物質に関する取り決めで，1987年に採択された。1997年に京都で開かれた気候変動枠組条約締約国会議では，先進国の温室効果ガス排出削減目標を規定した京都議定書が採択された。しかしアメリカ合衆国などが離脱したことによって運用が難しくなったため，2015年には地球温暖化防止のための新しい国際的な枠組みとしてパリ協定が採択された。

問４＜**為替相場**＞(1)５ドルの農作物を外国から輸入する場合，外国為替相場が１ドル＝100円から１ドル＝50円になると，日本での価格は500円から250円になる。また，１ドル＝200円になると，日本での価格は500円から1000円となる。100万円の自動車を輸出する場合，１ドル＝100円から１ドル＝50円になると，外国での価格は１万ドルから２万ドルとなる。また，１ドル＝200円になると，外国での価格は１万ドルから5000ドルになる。なお，１ドル＝100円から１ドル＝50円になるような状況は円高(ドル安)，１ドル＝100円から１ドル＝200円になるような状況は円安(ドル高)と呼ばれる。　(2)グラフから，食料品，原料品，鉱物性燃料(原油など)は輸入量が多く，一般機械や輸送用機器は輸出量が多いことがわかる。円高ドル安になると，輸入品の価格が下がって日本の消費者の利益となる一方，自動車などの輸出産業では輸出量の減少により経営が悪化して日本経済に悪影響が出ることが予想される。

問５＜**世界人権宣言**＞1948年の国連総会で採択された世界人権宣言は，基本的人権の重要性を初めて国際的に宣言したものである。その第１条では，全ての人間は生まれながらにして自由で平等であること，人間は理性と良心によって行動しなければならないことが述べられている。

問６＜**多国籍企業**＞本文では，多国籍企業の世界展開によって生じる問題点として，「弱い立場の人びとの人権をふみにじる」ことや，「同じ地球にくらす仲間の人間が空腹や疲労や屈辱にじっとたえている現実をよそに，金銭的利益だけを追求する」ことが挙げられている。多国籍企業が国境を越えて経済活動を展開する経済のグローバル化が進むと，その強力な競争力に打ち勝つ力を持たない各国の中小企業の中には，経営を維持することが難しくなるところも出てくる。また，多国籍企業は，経営を効率化するために人件費の安い発展途上国での生産を進めるので，労働力や土地を安く提供する発展途上国と，そこから得られた利益を受け取る先進国の間に大きな経済格差が生じる。こうして得られた多国籍企業の利益は発展途上国に還元され，地球環境の保全などにも役立てられることが望まれる。

理科解答

1 (1) オ　(2) イ，オ，カ
(3) ウ，カ　(4) ア，ウ，オ
(5) ウ，エ，カ　(6) ア，エ
(7) ア，ウ　(8) エ

2 (1) 16倍　(2) 有機物　(3) 柔毛
(4) (例)子は親と異なる遺伝子の組み合わせを持つ。
(5) ①…しゅう曲　②…地震
(6)

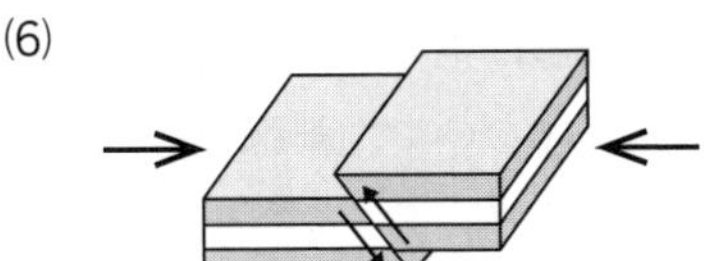

(7) ①…V　②…A　③…V　④…A
(8) 20Ω

3 (1) X…ブラックホール
Y…クレーター
(2) オ　(3) 16分40秒後
(4) **惑星1**…火星　**惑星2**…木星
(5) (例)流水などのはたらきによって侵食されたから。〔大気の影響で，微惑星は地表に落下する前に燃えつきたから。〕
(6) オ　(7) ア，カ
(8) イ，ウ，オ

4 (1) Cu
(2) **電極E**…塩素　**電極F**…水素
(3) **電極E**…C　**電極F**…B
(4) B ← C　(5) イ　(6) ウ
(7) 30mL

5 (1) 400g　(2) 1250Pa　(3) 4cm
(4) 120g　(5) オ　(6) ア
(7) N極
(8) はじめ　A　B　A　B　A　おわり

6 (1) ミトコンドリア
(2) (例)呼吸量と光合成量が等しい
(3) ①…2.4　②…酸素　③…温室効果
④…0.36　⑤…細胞
(4) ⑥…1.0　⑦…2.8　⑧…4.0
(5) (例)呼吸の量が少ない

1〔小問集合〕

(1)＜**融点**＞融点は，固体が液体に状態変化するときの温度である。まず，ア～オのうち，常温(15～25℃)で，固体のろうとマグネシウムは，液体のエタノールと水，気体の二酸化炭素よりも融点は高い。次に，ろうそくは湯せんで溶かすことができるので，融点は100℃より低いが，マグネシウムは溶けないので，マグネシウムの融点はろうよりも高い。よって，融点が最も高いのはマグネシウムである。なお，マグネシウムの融点は650℃である。

(2)＜**化学反応**＞ア～カのうち，ガスバーナーで加熱することによって起こる反応は，イのマグネシウムの酸化と，オの炭酸水素ナトリウムの熱分解，カの酸化銀の熱分解である。なお，アとエの反応は混ぜるだけで起こり，ウの反応は電流を流すことで起こる。

(3)＜**大気中の水**＞空気には，膨張すると温度が下降し，圧縮すると温度が上昇する性質がある。図の装置で，ピストンをすばやく引くと，空気は膨張するため，温度が下がり，露点以下になると空気中に含まれていた水蒸気の一部が水滴に変わる。そのため，フラスコの内部がくもる。逆に，ピストンをすばやく押すと，空気は圧縮されるため，温度が上昇し，水滴は水蒸気になる。よって，フラスコの内部はくもらない。

(4)＜**雲**＞自然界で雲が発生するのは，上昇気流が生じているときである。上空では，高度が上がるにつれて気温が低くなることと，空気のかたまりが上昇すると膨張して温度が下がることが原因で，

水蒸気の一部が水滴に変わり，この水滴が集まって雲ができる。よって，ア～オのうち，雲が発生しやすい条件として適切なのは，空気が上昇するア，ウ，オである。ウでは，地表付近の空気が温められて軽くなり，上昇気流が生じる。

(5)<**動物の分類**>カモノハシとクジラはどちらもセキツイ動物のホニュウ類のなかまである。しかし，クジラの体表には毛がなく，カモノハシは卵生である。よって，ア～カのうち，当てはまるのはウ，エ，カである。なお，カモノハシはオーストラリアだけにすむ動物なので，アは適さない。

(6)<**植物の成長**>ア…正しい。タマネギは単子葉類なので，葉脈は平行脈である。　エ…正しい。塩酸には，細胞どうしの接着をこわすはたらきがある。　イ…誤り。タマネギを土の中に埋めて育てると，地下の茎(りん茎)から芽が出て新しい個体が育つ。　ウ…誤り。タマネギのりん葉は白く，葉緑体が含まれない。　オ…誤り。根の先端付近には細胞分裂が盛んな部分(成長点)があり，細胞は分裂後にしだいに大きくなる。よって，先端付近の細胞は根もとの細胞よりも小さい。カ…誤り。染色体が観察できるのは細胞分裂の時期にある細胞だけなので，細胞分裂が行われていない根の中間や根もとの部分の細胞では観察できない。

(7)<**放射線**>ア…正しい。放射線には物体を通り抜ける能力があり，外からは見ることのできない内部の様子を調べるために利用されている。　ウ…正しい。放射性物質から出される放射線量は，放射線を出すとともに減っていく。なお，放射線を出す原子の数が半分になるまでの時間を，半減期という。　イ…誤り。放射線には，α線，β線，γ線，X線など，いろいろな種類がある。エ…誤り。レントゲンはX線を利用して体内を撮影する方法であり，１回で照射される放射線量は，１年間に受ける自然放射線量よりも低い値に抑えられている。　オ…誤り。体内に入った放射性物質からも放射線は出る。体内に入った放射性物質から放射線を浴びることを体内被曝という。

(8)<**熱量と温度**>水１gを１℃上昇させるのに必要な熱量は4.2Jだから，ある質量の水に熱を加えて温度を上昇させたとき，加えた熱量は，〔熱量(J)〕＝4.2×〔水の質量〕×〔上昇温度〕で求められる。これより，ア～オで，水に加えた熱量を求めると，アでは4.2×100×(30－10)＝8400(J)，イでは4.2×50×(20－10)＝2100(J)，ウでは4.2×200×(30－20)＝8400(J)，エでは4.2×120×(60－40)＝10080(J)，オでは4.2×30×(30－10)＝2520(J)となる。よって，加えた熱量が最も大きいのはエである。

2〔**小問集合**〕

(1)<**原子，分子**>水分子では，水素原子と酸素原子が２：１の個数の比で結合しているので，水分子10個のうち，水素原子は20個，酸素原子は10個である。水素原子１個の質量をmとすると，水素原子100個の質量は$100m$，20個の質量は$20m$と表せる。また，水分子10個の質量は，$100m\times1.8=180m$となり，このうち，水素原子20個の質量は$20m$だから，酸素原子10個の質量は$180m-20m=160m$となる。これより，酸素原子１個の質量は$160m\div10=16m$となるから，水素原子１個の質量の$16m\div m=16$(倍)である。

(2)<**有機物**>炭素を含み，燃焼すると二酸化炭素と水を生成する物質を有機物という。ただし，二酸化炭素や一酸化炭素，炭酸カルシウムなどは無機物である。

(3)<**柔毛**>小腸の内壁の表面は多数の突起におおわれているため，消化された栄養分と触れ合う面積が大きくなり，栄養素の吸収が効率よく行われる。この多数の突起を柔毛という。

(4)<**有性生殖**>有性生殖では，両親の遺伝子を半分ずつ受け継ぐので，子の遺伝子の組み合わせは親とは異なる。そのため，子は親と異なる形質を持つ。このことは，親と全く同じ遺伝子を持ち，形質も同じ無性生殖による子に比べ，環境の変化に適応できる可能性が高く，種を存続するうえで都合がよい。

(5)<**大地の変化**>地層に大きな力が加わると，地層全体が波打ったように見えるつくりができることがある。このつくりを，しゅう曲と呼ぶ。また，断層は，地震が起きたときにできることが多いため，断層がある場所は過去に地震が起きたと考えられる。

(6)<**断層**>図１のように，断層面に沿って上側の地層が上がった断層を逆断層という。逆断層は，地層を両側から押す向きに力が加わることでできる。反対に，地層を両側に引っ張る力が加わると，断層面に沿って上側の地層が下がった正断層ができる。

(7)<**電流計，電圧計**>電流計は，抵抗器に直列につなぐので，図２の②と④につなぐ。②につなぐと抵抗器Ｙに流れる電流を，④につなぐと回路全体の電流を測定することができる。また，電圧計は，抵抗器に並列につなぐので，①と③につなぐ。①につなぐと抵抗器Ｘの両端の電圧を，③につなぐと抵抗器ＹおよびＺにかかる電圧を測定することができる。

(8)<**電流回路**>図２で，抵抗器Ｘの抵抗が10Ω，流れる電流が0.30Ａなので，両端にかかる電圧は，オームの法則〔電圧〕＝〔電流〕×〔抵抗〕より，0.30×10＝3.0(V)となる。電源Eの電圧が5.0Ｖなので，抵抗器Ｙと抵抗器Ｚの並列部分には，5.0−3.0＝2.0(V)の電圧が加わっている。よって，抵抗器Ｙには，2.0÷10＝0.20(A)の電流が流れているので，抵抗器Ｚには，0.30−0.20＝0.10(A)の電流が流れている。したがって，抵抗器Ｚの抵抗は，2.0÷0.10＝20(Ω)である。

3 〔地球と宇宙〕

(1)<**宇宙探査**>日本と欧米の国際共同研究グループは，2019年４月に，ブラックホール$_{X}$の撮影に世界で初めて成功したと発表した。世界の８つの電波望遠鏡を連動させ，ブラックホールを囲むように存在するブラックホールシャドウが撮影された。また，2019年７月には，はやぶさ２が小惑星リュウグウに到着し，地下の岩石を採取するため弾丸を撃ち込んで人工的にクレーター$_{Y}$をつくった。

(2)<**銀河系**>太陽系が属する銀河を天の川銀河，または銀河系という。太陽系は，天の川銀河の中心部から約2.8万光年離れた位置にある。

(3)<**天体の距離**>通信電波の速さは30万km/sだから，３億km離れた場所に着くのは，30000万÷30万＝1000(秒)後である。よって，1000÷60＝16 あまり40より，16分40秒後となる。

(4)<**小惑星**>太陽系の小惑星は，主に火星と木星の軌道間に存在する。この小惑星が集まった領域を小惑星帯という。

(5)<**クレーター**>クレーターは，大気や水のない月では多く見られるが，地球ではほとんど見られない。クレーターは微惑星の衝突によってできたと考えられていて，過去には地球にも微惑星が衝突してクレーターができたと考えられる。しかし，地球では長い年月の間に，水などのはたらきで地形が侵食され，クレーターも消滅したものと考えられる。また，地球には大気があるため，地球に落下する微惑星は大気との摩擦熱により，地表に到達する前に燃えつきてしまうことも多い。

(6)<**天体の距離**>リュウグウと地球の距離は約３億km，リュウグウの直径は900mである。月と地球の距離は約38万kmだから，地球からリュウグウに到達する精度が，月から地球上の直径xmの範囲にボールを落とす精度と同じとすると，30000万：900＝38万：xより，30000万×x＝900×38万，x＝1.14(m)となる。よって，教室の扉１枚分の範囲に落とすことと同じ精度である。

(7)<**無機物**>炭素を含んでいない物質は，無機物と呼ばれる。ア～カのうち，無機物は，ガラスとアルミニウムでできている1円玉である。

(8)<**火成岩**>玄武岩はマグマが冷え固まってできた火成岩のうち，マグマが地表付近や地表で冷え固まってできた火山岩である。なお，玄武岩はねばりけの弱いマグマからできるため，黒っぽい色をしている。

4 〔化学変化とイオン〕

(1)<**電気分解**>塩化銅水溶液を電気分解すると，陽極から気体の塩素(Cl_2)が発生し，陰極には金属の銅(Cu)が析出する。銅は赤色(赤褐色)をした金属である。

(2)<**電気分解**>塩酸の電気分解では，陽極Eに塩素(Cl_2)，陰極Fに水素(H_2)が発生する。

(3)<**電気分解**>電極Eで発生する塩素(Cl_2)は，水溶液中に塩化物イオン(Cl^-)が存在する塩化銅水溶液の電気分解でも電極Cから発生する。また，電極Fで発生する水素(H_2)は，水酸化ナトリウム水溶液の電気分解，つまり，水の電気分解で電極Bから発生する。

(4)<**電流と電子**>電流は＋極から－極に流れるから，図1の電極Bと電極Cの間では，B→Cの向きに流れている。一方，電子の移動の向きは電流と逆なので，電子の移動する方向はB←Cである。

(5)<**電気分解**>水酸化ナトリウム水溶液に電流を流すと水(H_2O)が分解され，陽極である電極Aから酸素(O_2)，陰極である電極Bから水素(H_2)が発生する。この反応を化学反応式で表すと，$2H_2O \longrightarrow 2H_2+O_2$ となり，生じる酸素と水素の体積の比は，化学反応式のO_2とH_2の係数の比に等しい。よって，酸素：水素＝1：2となる。

(6)<**塩酸の電気分解**>塩酸中の塩化水素(HCl)は，水素イオン(H^+)と塩化物イオン(Cl^-)に電離していて，陽イオンであるH^+は陰極(図2のX)へ引かれて移動し，電極から電子を受け取って水素原子となり，2個の水素原子が結合して水素分子をつくり，気体の水素となって発生する。一方，陰イオンであるCl^-は陽極(図2のY)へ引かれて移動し，極板に電子を渡して塩素原子となり，2個の塩素原子が結合して塩素分子をつくり，気体の塩素として発生する。水素は水に溶けにくいので，グラフのように電流を流した時間に比例して装置にたまった気体の体積は増えていくが，塩素は水に溶けやすい気体なので，はじめのうちは水に溶け，装置内にほとんどたまらない。

(7)<**中和と反応量**>それぞれの塩酸1mLを中和するのに必要な水酸化ナトリウム水溶液の体積を求めると，5分後の塩酸では18÷2＝9(mL)，12分後の塩酸では38÷5＝7.6(mL)である。これより，塩酸1mLを中和するのに必要な水酸化ナトリウム水溶液は，12－5＝7(分間)で，9－7.6＝1.4(mL)減少している。よって，電流を流す前の塩酸1mLを中和するのに必要な水酸化ナトリウム水溶液の体積は，$9+1.4\times\frac{5}{7}=10$(mL)となる。したがって，電流を流す前の塩酸3mLでは，10×3＝30(mL)必要である。

5 〔身近な物理現象〕

(1)<**フックの法則**>ばねの伸びは，ばねにつるした物体の重さ(ばねにかかる力)に比例する(フックの法則)。また，物体の重さは質量に比例するので，ばねの伸びは，物体の質量に比例する。よって，円柱のおもりの質量をxgとすると，$100:x=1.5:6.0$が成り立つ。これを解くと，$x\times1.5=100\times6.0$より，$x=400$(g)である。

(2)<**圧力**>ばねの伸びが1.5cmのとき，ばねが円柱のおもりを上向きに引く力は，100gのおもりの重さ1Nに等しい。このとき，机には，質量400－100＝300(g)の物体の重さに等しい300÷100×

1＝3(N)の力がはたらいている。よって，円柱のおもりの底面積は24cm^2，つまり，24÷(100×100)＝0.0024(m^2)なので，机の上にはたらく圧力は，〔圧力(Pa)〕＝〔力の大きさ(N)〕÷〔力がはたらく面積(m^2)〕より，3÷0.0024＝1250(Pa)である。

(3)<**浮力**>円柱のおもりの体積は 24×5＝120(cm^3)だから，このおもりを全て水中に入れるとき，おもりを入れる前と比べて上昇した水の部分の体積はおもりの体積と同じ120cm^3である。よって，水の高さは，120÷30＝4(cm)上昇する。

(4)<**浮力**>(3)のとき，円柱のおもりには上向きに浮力がはたらく。ばねは1Nの力で1.5cm伸びるので，ばねの伸びが4.2cmになったとき，ばねにかかっている力は 4.2÷1.5×1＝2.8(N)である。おもりの重さは 400÷100×1＝4(N)なので，おもりにはたらいている浮力は 4－2.8＝1.2(N)となる。この力は質量120gの物体にはたらく重さに相当し，浮力の分の力は下の台ばかりにかかるので，台ばかりの示す値は円柱のおもりを水中に入れる前より120g増える。

(5)<**磁力**>ばねについた磁石のS極と台ばかりに置いた磁石のS極が向かい合っているので，2つの磁石の間には反発する力がはたらき，ばねについた磁石は上向き，台ばかりに置いた磁石は下向きに力を受ける。よって，ばねを引く力は減るので，ばねは縮み，台ばかりにかかる力は増えるので，台ばかりの値は大きくなる。

(6)<**力のつり合い**>2つの磁石のS極とN極が向かい合うので，磁石の間には引き合う力がはたらく。よって，ばねについた磁石は下向き，台ばかりに置いた磁石は上向きに力を受けるので，ばねはさらに伸びて，台ばかりの値は小さくなる。

(7)<**電磁誘導**>コイルの内部の磁界が変化するとき，コイルには誘導電流が流れる。このとき流れる誘導電流の向きは，磁石によって生じるコイル内部の磁界の変化を打ち消す向きとなる。図4で，コイルに矢印の向きに誘導電流が流れるとき，コイルの内部にはコイルの下端から上端に向かう向きに磁界が生じる。このとき，コイル内部では，誘導電流による磁界の向きとは逆に，磁石により上端から下端に向かう磁界が強くなる。これは，コイルの上端に磁石のN極が近づくときである。よって，図5より，コイルに誘導電流が流れて発光ダイオードが点灯しているのは，ばねに取りつけた磁石がBの位置に近づいているときだから，ばねについた磁石の下側はN極とわかる。

(8)<**電磁誘導**>ばねについた磁石の下側をS極にすると，コイル内部で，磁石により上端から下端に向かう磁界が強くなるのは，コイルの上端から磁石のS極が遠ざかるときである。つまり，発光ダイオードが点灯するのはばねについた磁石がBの位置から離れていくときで，BからAへ向かう所になる。

6 〔植物の生活と種類〕

(1)<**細胞のつくり**>二酸化炭素を放出するのは呼吸のはたらきである。細胞の中にあるつくりのうち，呼吸のはたらきを行うのは，ミトコンドリアである。

(2)<**呼吸と光合成**>呼吸によって放出する二酸化炭素の量(呼吸量)と，光合成により吸収する二酸化炭素の量(光合成量)が等しいときは，二酸化炭素の吸収量が0となり，見かけ上光合成が行われていないように見える。

(3)<**呼吸と光合成**>①0ルクス(暗黒)のときの二酸化炭素の放出量が，呼吸量を示す。よって，グラフより，10分での(A)の呼吸量は2.4mgである。(2)より，2500ルクスでは呼吸量と光合成量が等しいので，10分での光合成による二酸化炭素の吸収量も2.4mgである。　②光合成では酸素を放出し，呼吸では酸素を取り入れるので，呼吸量や光合成量を調べるには，酸素の出入りを調べてもよい。　③二酸化炭素のように，赤外線を吸収して地球を温暖化させることを温室効果といい，温室効果を持つ気体は温室効果ガスと呼ばれる。　④測定容器0.5L中も二酸化炭素濃度は400ppmのとき，含まれる二酸化炭素の体積は$0.5\times\frac{400}{1000000}=\frac{2}{10000}$(L)だから，その質量は，$1.8\times\frac{2}{10000}=\frac{36}{100000}$(g)より，$\frac{36}{100000}\times1000=0.36$(mg)となる。　⑤呼吸を行っているのは細胞の中のミトコンドリアなので，葉の大きさが違えば，葉をつくる細胞の数も異なり，葉(A)，(B)の呼吸量や光合成量について比較することはできない。

(4)＜**呼吸と光合成**＞⑥厚紙の面積と質量は比例するから，面積が$10\times20=200$(cm²)の厚紙の質量が10.5gより，葉(A)の面積は，$200\times18.9\div10.5=360$(cm²)，葉(B)の面積は，$200\times25.2\div10.5=480$(cm²)となる。よって，グラフより，10分間，2500ルクスでの光合成による二酸化炭素の吸収量は，葉(A)が2.4mg，葉(B)が$2.4+0.8=3.2$(mg)なので，葉100cm²当たりの比は，$2.4\times\frac{100}{360}:3.2\times\frac{100}{480}=1:1$となる。したがって，葉(A)の光合成による二酸化炭素の吸収量は，葉(B)の1.0倍である。

⑦⑥と同様に考えると，グラフより，10分間，10000ルクスでの光合成による二酸化炭素の吸収量は，葉(A)が$6.0+2.4=8.4$(mg)，葉(B)が$3.2+0.8=4.0$(mg)なので，葉100cm²当たりの比は，$8.4\times\frac{100}{360}:4.0\div\frac{100}{480}=14:5$となる。よって，葉(A)は葉(B)の$14\div5=2.8$(倍)である。　⑧グラフより，呼吸による二酸化炭素の放出量は，葉(A)が2.4mg，(B)が0.8mgだから，面積100cm²当たりの放出量の比は，$2.4\times\frac{100}{360}:0.8\times\frac{100}{480}=4:1$となる。よって，葉(A)の呼吸による二酸化炭素の放出量は，葉(B)の4.0倍である。

(5)＜**葉の特徴**＞(4)より，葉(B)の光合成効率は，光が弱いときは葉(A)と同程度だが，呼吸の量が葉(A)の$\frac{1}{4}$と小さいので，光が弱いときでもデンプンを蓄えることができる。

国語解答

一 問一 a 対照 b 断続 c 達観 d 殺傷 e 一助

問二 1…カ 2…イ 3…エ 4…ウ 5…オ 6…ア

問三 「思う」「感じる」は，そう思ったり感じたりした理由を他人に説明する必要は必ずしもないが，「考える」は，そう考えた理由を他人に説明する責任が生じる，という違い。(79字)

問四 A 自分で考え，言葉にする
B 自分の考えを相手に伝える
C 相手の考えを聞く
D みんなと考え，みんなで考える

問五 (例)戦争で家族や親しい人を殺された人が，その憎しみから敵に対する新たな殺りくに加担すること。

問六 戦争の原因について，皆が考え，互いに意見を交換して，より正しい考えに近づいていくことで，戦争をなくせる可能性があるから。(60字)

二 問一 A…ウ B…イ C…ウ

問二 i…ア ii…ウ iii…イ

問三 同じことを言う祖母を煩わしく感じたから。

問四 今にも起き出そうとしているように見せておこう，という気持ち。(30字)

問五 イ 問六 ウ 問七 エ

問八 初めは祖母に反発していたが，素直な態度に戻った祖母を見て，意地を張る自分がおかしくなり，反省して泣いたことで，すがすがしい気持ちになった。(69字)

三 問一 i なお ii きょう

問二 A…ウ B…イ C…イ

問三 ①…ウ ⑤…エ ⑥…イ

問四 ②…エ ④…イ ⑦…オ

問五 明り障子の破れを張りかえること。

問六 1 まだらに候ふ
2 物は壊れた所だけ直して使うことを息子に見習わせ，倹約に努めさせるため。

一〔**論説文の読解—哲学的分野—倫理**〕出典；眞嶋俊造『平和のために戦争を考える——「剥き出しの非対称性」から』「『戦争を考える』ということ」。

≪本文の概要≫戦争をなくすには，戦争について考えることが重要である。「考える」は，考えた人がそのように考える理由を説明する必要があるという点で，「思う」や「感じる」とは違う。「考える」には，段階がある。第１段階は自分自身で考えて言葉にすること，第２段階はその考えを言葉として相手に伝えること，第３段階は相手の考えを聞くことである。そして第４段階は，「みんなと，みんなで考える」こと，すなわち，自分の考えを伝え，相手の考えを知ることによって，お互いに自分の考えの間違いを修正しながら，より正しい考えに近づいていくことである。「考える」とは，連続的な行為であり，第１段階と第４段階の間を何度も行き来することこそが，「考える」である。戦争はなくならないとしても，戦争について考えることには意味がある。なぜなら，戦争がなくならないのは「負の連鎖」があるからかもしれず，「負の連鎖は戦争の原因となる悪いものであるから，なくすべきである」と私たちが考えることが，戦争を減らし，なくしていく助けになるからである。

問一＜漢字＞a．「対照的」は，二つの事柄の違いが際立っているさま。 b．「断続的」は，途切れたり続いたりするさま。 c．「達観」は，真理を見きわめて，何にも動じない心を持つこと。 d．「殺傷」は，殺したり傷つけたりすること。 e．「一助」は，少しの助けのこと。

問二．1＜**四字熟語**＞「朝から晩まで」一日中のことを，「四六時中」という。　2＜**表現**＞「前向き」で，物事を発展させようとするさまを，「建設的」という。　3＜**四字熟語**＞「心」が「言葉にしなくても相手に伝わる」ことを，「以心伝心」という。　4＜**表現**＞物事が一つの方向へまっすぐ進むことを，「直線的」という。　5＜**四字熟語**＞自由自在であるさまを，「縦横無尽」という。　6＜**表現**＞反対の方向から考えを進めていくさまを，「逆説的」という。

問三＜**文章内容**＞「自分は思う，感じる」と言う場合，「そう思った，感じた理由を他の人に対して必ずしも説明する必要はない」だろう。一方，「自分はそう考える」，「いや，自分はそう考えない」とそれぞれが言う場合は，互いに「『なぜ，どうしてそう考えたのか』を説明する責任」が生じる。「考える」ということは，「自分の考えに責任を持つ」とともに，「他の人の考えに対しても，まずは『聞く』という意味で責任を持つこと」を意味するのである。

問四＜**文章内容**＞A．「考える」ことの第1段階は，「自分自身で考える」ことである。しかし，「自分自身で考えているとしても，他の人には，本当に考えているのか，何を考えているのかは分からない」のであり，「『考え』は言葉にして初めて相手に伝わる」のである。　B．第2段階の「考える」は，「自分自身で考え，みんなで考え，みんなと考える」ことである。「第2段階の『考える』は，「その考えを言葉として相手に伝えること」であるが，それだけでは「みんなと，みんなで考えたこと」にはまだならない。　C．第3段階は，「相手の考えに耳を傾ける」ことである。「相手の考えを聞かない」のであれば，それは「独り善がりの『思い込み』や『妄信』でしかない」のであり，相手の考えを聞くことで，「自分ひとりでは考えもつかなかったことを知る機会を得ること」ができる。　D．第4段階は，「みんなと，みんなで考える」ことであり，それは「より正しい考えに向かって，建設的な対話に積極的に参加し，関わり続けること」である。

問五＜**作文**＞「負の連鎖」が新しい戦争を引き起こしている，ということをふまえる。具体的な史実を取りあげてもよいだろう。

問六＜**文章内容**＞「戦争について考える」とは，戦争が起こる原因を分析し，「負の連鎖は戦争の原因となる悪いものであるから，なくすべきである」と「私たち」が考える，ということである。戦争をなくす可能性は，他の人と意見を交換して，「お互いと，お互いで，考えの間違いを修正し，より間違っていない，より正しい考えに近づいていく」ことで生まれる。戦争の原因について「みんなと，みんなで考える」ことがなければ，「負の連鎖」が続き，戦争は「ずっとなくならない」のである。

二〔**小説の読解**〕出典；志賀直哉『或る朝』。

問一＜**語句**＞A．「角」は，ものの言い方が穏やかでなく，相手をとがめるようであること。　B．「手を食う」は，だまされて相手の思いどおりになる，という意味。　C．「ませる」は，年のわりに大人びていることで，「ませた口をきく」は，口のきき方が大人びている，という意味。

問二＜**敬語**＞ⅰ．「お～なさる」は，自分より相手を高めた言い方。　ⅱ．「～ます」は，「～いる」のていねいな言い方。　ⅲ．「頂く」は，「もらう」の相手より自分を低めた言い方。

問三＜**心情**＞祖母は，「明日坊さんのおいでなさるのは八時半ですぞ」と言い，しばらくして「又同じ事」を言った。そのため，信太郎は煩わしく感じて，もう返事はしなかった。

問四＜**心情**＞信太郎は，すぐに起きるようにと祖母から再び言われた。そこで，信太郎は，いかにも起きようとしているような素振りを見せた方が祖母は納得するだろうと思い，とりあえず，「唸りながら夜着から二の腕まで出して，のびをして見せた」のである。

問五＜**心情**＞信太郎は，「余り起きろ起きろと云われたので実際起きにくく」なっていた。「起きてやろうかな」とも思うが，祖母に言われたから起きたようになるのもしゃくだと思い，「もう少しこうして居て起しに来なかったら」起きることにすれば，自分で起きた形になると考えた。

問六＜文章内容＞祖母は怒って出ていったので，これ以上起こしに来るとは思えない。信太郎は，ここで起きれば，自分の意志で起きた形になると思い，起きることに何も迷いがなくなったのである。

問七＜表現＞信太郎と祖母がさ細なことで意地をはり合っている一方で，ふだんより早起きした信三をはじめ，子どもたちは，無邪気にはしゃいでいる。一見すると，家族のありようがばらばらに見えるが，こうした子どもたちの様子は，反発し合っている信太郎と祖母を，ユーモラスに包み込んでいるといえるだろう。そして，信太郎と祖母の仲も自然ともとに戻って，法事を迎えるのである。

問八＜心情＞信太郎は，初めは祖母の小言に反発して，自分の意志で行動することにこだわっていた。そのためについには祖母を怒らせてしまったが，祖母は，「今迄の事を忘れたような顔を」して法要の準備をするうちに素直な態度に戻った。そんな祖母を見て，信太郎は，自分のこだわりが子どもじみたもののように見えてきて「可笑しい中に何だか泣きたいような気持」になり，泣きながら祖母と自分の小夜着や布団を押し入れに押し込んでしまうと，「胸のすがすがしさ」を感じた。

三〔古文の読解―随筆〕出典；兼好法師『徒然草』第百八十四段。

≪現代語訳≫相模守時頼の母は，松下禅尼と申した。相模守を（自宅に）招き入れなさることがあったとき，すすけた明かり障子の破れた所だけを，禅尼が自分で小刀で切りながらお張りになっていたので，兄の城介義景が，その日の準備をして控えていたが，／「（その仕事はこちらに）いただいて，何とかいう男に張らせましょう。そのようなことを心得た者です」／と申されたところ，／（禅尼は）「その男は，私の細工に決してかなわないでしょう」／と言って，やはり一間ずつお張りになったので，義景が，／「全体を張り替えましたら，ずっと簡単でございましょう。まだらになりますのも見苦しくありませんか」／と重ねて申されると，／（禅尼は，）「尼もいずれはさっぱりと張り替えようと思いますが，今日だけはわざとこうすべきなのです。物は壊れた所だけを，繕って使うものだと，若い人に見習わせて，気をつけさせようとするためです」／と申された。たいそう珍しいことであった。世を治める道は，倹約を基本とする。女性であっても聖人の心に似ている。天下を治めるほどの人を子としてお持ちになった。本当に並の人ではなかったのだ。

問一＜歴史的仮名遣い＞歴史的仮名遣いの語頭以外のハ行は，現代仮名遣いでは原則として「わいうえお」になる。また，歴史的仮名遣いの「eu」は，現代仮名遣いでは「you」になる。

問二＜古文の内容理解＞A．禅尼が明かり障子の破れた所を張っているのを見ていた兄の城介義景は，「たまはりて～」と言った。　B．義景から「たまはりて～」と言われた禅尼は，「その男，尼が細工によもまさりはべらじ」と答えた。　C．義景が「みなを張りかへ候はんは～見苦しくや」とさらに言うと，禅尼は，「尼も後はさはさはと張りかへんと思へども～」と答えた。

問三＜古語＞①「手づから」は，自分の手で，という意味。　⑤「ありがたし」は，珍しい，めったにないほどすばらしい，という意味。　⑥「通ふ」には，似通う，という意味がある。

問四＜現代語訳＞②「たまはる」は，いただく，という意味。ここでは，禅尼がしている作業を預かる，という意味。　④「よも」は，下に打ち消しの語を伴って，決して～ない，という意味になる。「まさる」は，より優れている，という意味。　⑦「ただ人」は，並の人，普通の人のこと。「あらざりける」は，なかったのだ，という意味。

問五＜古文の内容理解＞禅尼が「明り障子の破れ」を張って繕っていたのを見て，義景が，明かり障子を張ることを心得ている男に張らせよう，と言った。

問六＜古文の内容理解＞1．禅尼が明かり障子を「一間づつ」張りかえたため，障子は「まだら」になっていた。なお，解答としては「一間づつ張られける」も考えられる。　2．禅尼は，破れた所だけを張りかえることで，物は壊れた所だけを直して使うことを，「若き人」つまり時頼に見習わせ，倹約に気をつけさせようと考えているのである。

Memo

当社発行物の無断使用は固くお断りいたします。御使用の前はまずご相談ください。

当社発行物には500点余の首都圏中・高過去問をはじめ、6点の学校案内、そのほかいくつかの情報誌などがございます。その多くが年度版で、限られたスタッフが来るべき受験シーズン前に余裕を持って受験生へ届けられるよう、日夜作業にあたり出版を重ねております。

最近、通塾生ご父母や塾内部からの告発によって、いくつかの塾が許諾なしに当社過去問を複写(コピー)し生徒に配布、授業等にも使用していることが発覚し、その一部が紛争、係争に至っております。過去問には原著作者や管理団体、代行出版等のほか、当社に著作権がございます。当社としましては、著作権侵害の発覚に対しては著作権を有するこれらの著作権関係者にその事実を開示して、マスコミにリリースする場合や法的な措置を取る場合がございます。その事例としましては、毎年当社過去問の発行を待って自由にシステム化使用していたA塾、個別教室でコピーを生徒に解かせ指導していたB塾、冊子化していたC社、生徒の希望によって書籍の過去問代わりにコピーを配布していたD塾などがあります。

当社発行物の全部もしくは一部を無断使用することは固くお断りいたします。

当社コンテンツの中にはリーズナブルな設定で紙面の利用を許諾している塾もたくさんございますので、ご希望の方は、お気軽にご相談くださいますようお願いします。同時に、当社発行物を無断で使用している会社などにつきましての情報もお寄せいただければ幸いです。

株式会社 声の教育社

2025年度用

高校スーパー過去問

■編集人 声の教育社・編集部

■発行所 株式会社 声の教育社

〒162-0814 東京都新宿区新小川町8-15

☎03-5261-5061㈹ FAX03-5261-5062

https://www.koenokyoikusha.co.jp

公立高校過去問シリーズ

2025年度用 声教の公立高校過去問シリーズ
東京都立高校
7年間スーパー過去問
声の教育社

- ●東京都立高校
- ●神奈川県公立高校
- ●千葉県公立高校
- ●埼玉県公立高校
- ●茨城県公立高校
- ●栃木県公立高校
- ●群馬県公立高校

掲載全問に
わかりやすい解説つき
各教科の
出題傾向と対策

定価1100円(税込)

都立独自高校 公立高校過去問シリーズ

251 都立日比谷高校
252 都立西高校
253 都立八王子東高校
254 都立国立高校
255 都立戸山高校
256 都立国分寺高校
257 都立立川高校
258 都立新宿高校
259 都立青山高校

定価2090円(税込)

高校ベスト10シリーズ

出題形式別、入試によく出る順!!

ベスト10Neo **国語** 読解問題

ベスト10Neo **数学** 図形問題

英語 文法問題ベスト10

定価990～1100円(税込)

高校受験面接ブック

別冊がウリ!! 首都圏の各高校の面接内容

本 体 質問回答例ベスト150
面接ワークシート
自己PR書の書き方とワークシート

別 冊 首都圏の私国立高校などの面接方法、時間、質問具体例
推薦・一般入試の面接内容
主要校の面接会場のようす
(各校図示)

小冊子 試験場に持って行ける
チェックBOOK
など面接対策がつまった1冊

定価1320円(税込)

図解でわかる!! 作文・小論文

本 体 (88P) **合格作文の書き方**
①7日間で仕上げる基礎編
②4日間で仕上げる応用編

別 冊 (52P) 首都圏の各高校の作文課題、制限時間、文字数の具体例調査
①首都圏の作文課題2000例を代表的な15パターンに分類(書き易くするため)
②着眼点、キーワード、ポイントを各パターンごとにコメント
③推薦と一般入試の作文出題校と課題例を一挙公開!!
④首都圏公立高校4年間課題調査

定価1100円(税込)

公立の漢字

公立高校の試験によく出る漢字

1 漢字は全都道府県で出題!!
2 公立の漢字の配点は高い!!
3 10年間の頻度をデータ化!!
4 最頻出漢字を5段階評価!!

定価748円(税込)

声の教育社 〒162-0814 東京都新宿区新小川町8-15
TEL.03(5261)5061 FAX.03(5261)5062

お茶の水女子大学附属高等学校

別冊 解答用紙

別冊解答用紙
丁寧に抜きとって、別冊
としてご使用ください。

注意

○ 解答用紙は、収録の都合により縮小したものや、小社独自に作成したものもあります。
○ 学校配点は学校発表のもの、推定配点は小社で作成したものです。
○ 無断転載を禁じます。
○ 解答用紙を拡大コピーする場合、表示した拡大率に対応する用紙サイズは以下のとおりです。
101%～102%=B5　103%～118%=A4　119%～144%=B4　145%～167%=A3
（タイトルと配点表は含みません）

2024年度　お茶の水女子大学附属高等学校

英語解答用紙

番号		氏名	

評点	／100

1

1	2	3	4

2

(1) They ____

____.

(2) I ____

____.

(3) I ____

____.

3

1 ________　2 ________　3 ________　4 ________

5 ________　6 ________　7 ________　8 ________

9 ________　10 ________　11 ________　12 ________

13 ________

4

(1) ____

____

____

(2) ____

____

(3) ____

____

____

5

1	2	3	4	5	6

6

(1) ____

(2) ____

(3) ____

(4) ____

(5) ____

(6) ____

7

(1) ____?

(2) I ____

____.

（注）この解答用紙は実物を縮小してあります。172%拡大コピーすると、ほぼ実物大で使用できます。（タイトルと配点表は含みません）

推定配点		計
	1 各2点×4　2，3 各3点×16　4 各4点×3 5，6 各2点×12　7 各4点×2	100点

２０２４年度　お茶の水女子大学附属高等学校

数学解答用紙

番号		氏名	

評点	／100

（注意：特に指示がない限り，解答には計算，作図，説明なども簡潔に記入すること）

1 答えのみでよい。

(1)	(2)

2 (1) は答えのみでよい。

(1) 分速　　m

(2)

8時　分　秒

(3)

m

3 (1)

(2)

(3) 答えのみでよい。

C(　,　)	D(　,　)	S=

4 答えのみでよい。

(1)①	②	③	④
(2)		(3)	

5 (1)

C

A　B

(2) ①は答えのみでよい。

①
∠DEA＝

②

DA＝　，AF＝

③

BD＝　，S＝

（注）この解答用紙は実物を縮小してあります。A３用紙に164％拡大コピーすると，ほぼ実物大で使用できます。（タイトルと配点表は含みません）

推定配点		計
	1 各４点×２　**2** 各６点×３ **3** (1)，(2) 各６点×２　(3) 各４点×３ **4** (1) 各３点×４　(2)，(3) 各４点×２ **5** (1) ６点　(2) ① ６点　② 各４点×２　③ 各５点×２	100点

２０２４年度　お茶の水女子大学附属高等学校

社会解答用紙

番号		氏名		評点	／100

1

問1	Ⅰ		Ⅱ		問2	a		b		c		d		問3	1	
問3	2															
問3	3		4		問4	茶		綿花		問5						

2

問1	A		B		問2		問3	
問4								
問5			問6					

3

問1		問2		問3		問4	1		2	
問5		問6	1		2		問7	1	2	問8
問9										

4

問1	A		B		C		問2	
問3		問4		問5				
問6								

5

問1	A		B		C		D		問2	
問3		問4		問5						
問6	1									
	2									
問7										
問8		問9		問10						

（注）この解答用紙は実物を縮小してあります。Ａ３用紙に152％拡大コピーすると、ほぼ実物大で使用できます。（タイトルと配点表は含みません）

推定配点		計
	1　問１，問２　各１点×６　問３　⑴　１点　⑵　２点　⑶，⑷　各１点×２ 問４，問５　各１点×３ 2　問１～問３　各２点×４　問４　３点　問５，問６　各２点×２ 3　問１，問２　各１点×３　問３～問８　各２点×９　問９　３点 4　各２点×８　5　問１～問６　各２点×11　問７　３点　問８～問10　各２点×３	100点

2024年度　お茶の水女子大学附属高等学校

理科解答用紙

番号		氏名	

評点	／100

1

(1)	(2)	(3)	(4)	(5)

(6)		(7)	
①	②	A	B

2

(1)	(2)
cm³	

(3)	(4)
① N	

② ばねばかりの値〔g〕 0, 100, 200 / 沈めた深さ〔cm〕 0, 10, 20

(5)	(6)
	(7)

3

(1)	(2)	(3)	
		①	②

(4)	(5)	(6)	(7)
		N	

4

(1)	(2)	(3)	(4)	(5)
	V	mA	A	V

(6)	(7)	(8)	
		電流：	電圧：

5

(1)	(2)	(3)	
		A	B

(4)

(5)			
③	④	⑤	⑥

(6)	
試験管：	質量： g

6

(1)	(2)	
	①	②

(3)

(4)		(5)	(6)
①	②		

（注）この解答用紙は実物を縮小してあります。179％拡大コピーすると、ほぼ実物大で使用できます。（タイトルと配点表は含みません）

推定配点	1 (1) 2点 (2) 1点 (3) 2点 (4) 1点 (5) 2点 (6), (7) 各1点×4 2～6 各2点×44	計 100点

二〇二四年度　お茶の水女子大学附属高等学校

国語解答用紙

番号		氏名		評点	/100

一

問一	Ⅰ　Ⅱ　Ⅲ　Ⅳ　Ⅴ
問二	25　50　60
問三	25　30
問四	25　30
問五	1　ⅰ　ⅱ　ⅲ　ⅳ
	2　25

二

問一	a　b　c　d　e
問二	A　B　C
問三	
問四	25　50
問五	
問六	25　50　75　100

三

問一	a　b　c
問二	ⅰ　ⅱ　ⅲ
問三	
問四	1
	2　25　40
問五	③　④
問六	

(注)この解答用紙は実物を縮小してあります。A３用紙に167％拡大コピーすると、ほぼ実物大で使用できます。(タイトルと配点表は含みません)

推定配点		計
	一 問一 各3点×5 問二～問四 各4点×3 問五 1 各3点×4 2 4点 二 問一、問二 各2点×8 問三 3点 問四 4点 問五 3点 問六 4点 三 問一、問二 各2点×6 問三 3点 問四 1 2点 2 3点 問五 各2点×2 問六 3点	100点

2023年度　お茶の水女子大学附属高等学校

英語解答用紙

番号		氏名	

評点	／100

1

1	2	3	4

2

(1) We use social networking sites ____________________ .

(2) They ____________________ .

(3) But sometimes we ____________________ .

3

1 ____ 2 ____ 3 ____ 4 ____

5 ____ 6 ____ 7 ____ 8 ____

9 ____ 10 ____ 11 ____ 12 ____

13 ____

4

(1) ____

(2) ____

(3) ____

(4) ____

5

1	2	3	4	5

6

(1) ____

(2) ____

(3) ____

(4) ____

7

____〔　　　語〕

（注）この解答用紙は実物を縮小してあります。182％拡大コピーすると、ほぼ実物大で使用できます。（タイトルと配点表は含みません）

推定配点		計
	1 各２点×４　2，3 各３点×16 4 各４点×４　5，6 各２点×９　7 10点	100点

２０２３年度　お茶の水女子大学附属高等学校

数学解答用紙

番号		氏名	

評点	／100

（注意：特に指示がない限り，解答には計算，作図，説明なども簡潔に記入すること）

1　(1) ～ (3) は答えのみでよい。

(1)	(2)
(3)	

(4)　作図に用いた補助線は消さずに残しておくこと。

A

ℓ

2　(1) 答えのみでよい。

①　　=16

②　　=600

③　　=24

(2)

3　(1) 答えのみでよい。

直線A′D′	点Bのx座標

(2)

(3)

4　(1)

(2) ①

②

（注）この解答用紙は実物を縮小してあります。172% 拡大コピーすると，ほぼ実物大で使用できます。（タイトルと配点表は含みません）

推定配点		計
	1 各７点×４　**2** (1) 各４点×３　(2) ８点 **3** (1) 各６点×２　(2)，(3) 各８点×２　**4** 各８点×３	100点

２０２３年度　お茶の水女子大学附属高等学校

社会解答用紙

番号		氏名	

評点	／100

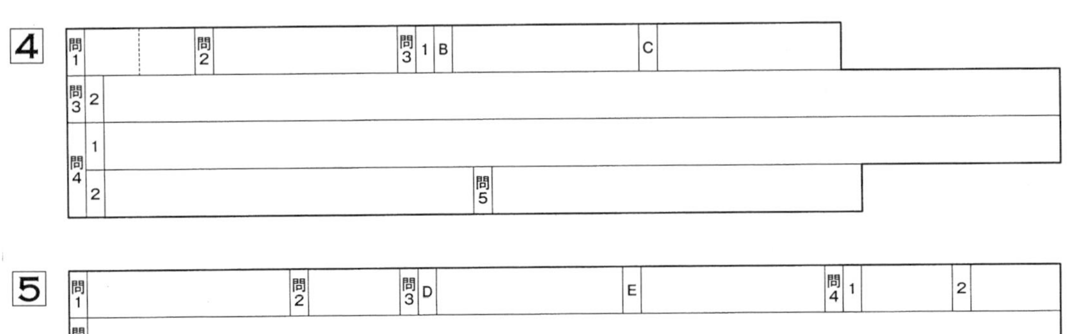

1
問1 問2 1 2 3 4 問3 問4 X Y
問5 1 台地 2 E F G 3 4
問6

2
問1 問2 愛知 福岡 問3 問4 1 2 問5

3
問1 A B C D 問2 問3 問4 1 2 3 問5 問6
問7 1 2 問8 1 2

4
問1 問2 問3 1 B C 2 問4 1 2 問5

5
問1 問2 問3 D E 問4 1 2 問5
問6 1 2 問7 問8 1 2 3 4

（注）この解答用紙は実物を縮小してあります。A３用紙に161％拡大コピーすると、ほぼ実物大で使用できます。（タイトルと配点表は含みません）

推定配点		計
	1 問１～問４　各１点×８　問５，問６　各２点×７ 2 各２点×７　3 問１　各１点×４　問２～問８　各２点×11 4 問１，問２　各１点×２　問３　⑴　各１点×２　⑵　２点 問４，問５　各２点×３ 5 問１～問３　各１点×４　問４～問８　各２点×11	100点

2023年度　お茶の水女子大学附属高等学校

理科解答用紙

番号		氏名		評点	／100

1

(1)	(2)	(3)	(4)	(5)		

(6)	(7) A	(7) B

2

(1) ①	(1) ②	(2)
A	℃	cm³

(3)

(4) 名称	(4) はたらき

(5)

(6)

3

(1) X	(1) Y	(1) Z	(2)	(3)	(4)

(5)	(6)	(7)

4

(1)	(2)	(3)
		Pa

(4) X	(4) Y	(5)	(6)
		N	J

(7) ①	(7) ②	(7) ③	(8) ①	(8) ②

5

(1)	(2) ②	(2) ⑤

(3)

(4) a	(4) b	(5)

(6)		

6

(1)	(2)

(3) 記号	(3) 理由

(4)	(5) ①	(5) ②	(6)
g	＜　＜　＜　＜		

（注）この解答用紙は実物を縮小してあります。179％拡大コピーすると、ほぼ実物大で使用できます。（タイトルと配点表は含みません）

推定配点		計
	1　各１点×10〔(3)，(6)はそれぞれ完答〕 2～6　各２点×45〔2(4)，4(1)，(2)，6(2)，(3)，(6)はそれぞれ完答〕	100点

二〇二三年度　お茶の水女子大学附属高等学校

国語解答用紙

番号　　氏名　　評点　／100

一

問一

問二

問三

問四

二

問一　a　b　c　d　い　e

問二　A　B　C

問三

問四

問五

問六

問七

問八

三

問一　1　2　月

問二　①　②　③　④

問三

問四

問五　ア　イ　ウ　エ　オ

問六

(注) この解答用紙は実物を縮小してあります。172%拡大コピーすると、ほぼ実物大で使用できます。(タイトルと配点表は含みません)

推定配点	
一　各5点×4 二　問一　各2点×5　問二　各3点×3　問三～問七　各4点×5 問八　5点 三　問一　各2点×2　問二　各3点×4　問三、問四　各4点×2 問五、問六　各2点×6	
100点	計

２０２２年度　お茶の水女子大学附属高等学校

英語解答用紙

番号		氏名	

評点	／100

1

1 ______

2 ______

3 ______

4 ______

2

(1) Today, we use smartphones ______ .

(2) Also, we can easily ______ on our smartphones.

(3) However, ______ .

3

1 ______ 2 ______ 3 ______ 4 ______

5 ______ 6 ______ 7 ______ 8 ______

9 ______ 10 ______ 11 ______ 12 ______

13 ______

4

(1) ______

(2) ______

(3) ______

5

1	2	3	4	5

6

(1) ______

(2) ______

(3) ______

(4) ______

7

______

〔　　　語〕

（注）この解答用紙は実物を縮小してあります。A３用紙に149％拡大コピーすると、ほぼ実物大で使用できます。（タイトルと配点表は含みません）

推定配点		計
	1 各２点×４　2，3 各３点×16 4 各４点×３　5，6 各２点×９　7 14点	100点

2022年度　お茶の水女子大学附属高等学校

数学解答用紙

番号		氏名	

評点	／100

(注意：解答には計算，作図，説明なども簡潔に記入すること)

1 (答えのみでよい。)

(1)	(2)

2

(1)

A (　　　,　　　), B (　　　,　　　)

(2)

C (　　　,　　　)

3

(1)

(2)

①

A ―――― B

②

4

(1)

(2)

①

②

5

(1) (答えのみでよい。)

(2)

(3) (答えのみでよい。)

(注) この解答用紙は実物を縮小してあります。A３用紙に154%拡大コピーすると、ほぼ実物大で使用できます。(タイトルと配点表は含みません)

推定配点		計
	1 各７点×２　**2** 各８点×２ **3** (1)　７点　(2)　各８点×２　**4** 各８点×３ **5** (1)　７点　(2), (3)　各８点×２	100点

２０２２年度　お茶の水女子大学附属高等学校

社会解答用紙

番号		氏名	

評点	／100

1

問1　問2 果実　野菜　問3 1　2　問4 1　2
問5
問6
問7
問8

2

問1　問2 1　2　海 3　4　問3
問4

3

問1　問2
問3 1 C　D　E　F　2
問4 1　2　問5 1 G　H　I
問5 2
問6 1
問6 2

4

問1　問2　問3　問4

5

問1 A　B　C　D　E
問2　問3　問4　問5
問6 1　2　問7　問8

6

問1
問2 1
問2 2　問3　問4
問5 1　2

(注) この解答用紙は実物を縮小してあります。Ａ３用紙に159%拡大コピーすると、ほぼ実物大で使用できます。(タイトルと配点表は含みません)

推定配点		計
	1　問1，問2　各１点×３　問３～問８　各２点×８ 2　各２点×７ 3　問１～問３　各１点×７　問４　各２点×２ 問５　⑴　各２点×３　⑵　３点　問６　⑴　２点　⑵　３点 4　問１　１点　問２～問４　各２点×３ 5　問１　各１点×５　問２～問８　各２点×８　6　各２点×７	100点

2022年度　お茶の水女子大学附属高等学校

理科解答用紙

番号		氏名	

評点	／100

1

(1)	(2)	(3)

(4)	(5)	(6)	(7)	(8)

2

(1)	(2)	(3)
Ω	A	g

(4)	(5)	
g	① 積	② 積

(6)

(7)	(8)

3

(1)		(2)	(3)	(4)	
A	B			①	②

(5)		(6)	(7)
X	Y		

4

(1)	(2)	(3)		(4)
J	N	摩擦力	重力	

(5)	(6)	(7)

5

(1)	(2)	(3)	(4)		(5)	(6)
			開いている弁	閉じている弁	mL	秒

(7)
両生類の心臓のつくり
生じている不都合

6

(1)		
①	③	⑥

(2)	(3)
cm^3	

(4)

(5)	(6)

（注）この解答用紙は実物を縮小してあります。169％拡大コピーすると、ほぼ実物大で使用できます。（タイトルと配点表は含みません）

推定配点		計
	1 各1点×8　2～6 各2点×46〔6(6)は完答〕	100点

二〇二三年度　お茶の水女子大学附属高等学校

国語解答用紙

番号		氏名		評点	/100

一

問一	a　b　じ　c　d　え　e
問二	(25) (50)
問三	
問四	
問五	
問六	(25) (50) (75) (80)
問七	

二

問一	
問二	A　B　C
問三	
問四	(25) (40)
問五	
問六	
問七	(25) (50) (60)

三

問一	a　b　c
問二	①　③
問三	
問四	(20)
問五	

(注) この解答用紙は実物を縮小してあります。A３用紙に159%拡大コピーすると、ほぼ実物大で使用できます。（タイトルと配点表は含みません）

推定配点		計
一 問一 各2点×5　問二 5点　問三 4点　問四 5点　問五 4点　問六 6点　問七 4点 二 問一 2点　問二 各3点×3　問三 4点　問四 5点　問五、問六 各4点×2　問七 6点 三 問一 各2点×3　問二 各4点×2　問三、問四 各5点×2　問五 4点		100点

２０２１年度　お茶の水女子大学附属高等学校

英語解答用紙

番号		氏名	

評点	／100

1

1 ______

2 ______

3 ______

4 ______

2

(1) Robots ______.

(2) The robots ______.

(3) Then ______.

3

1 ____ 2 ____ 3 ____ 4 ____

5 ____ 6 ____ 7 ____ 8 ____

9 ____ 10 ____ 11 ____ 12 ____

13 ____

4

(1) ______

(2) ______

(3) ______

5

1	2	3	4	5

6

(1) ______

(2) ______

(3) ______

(4) ______

(5) ______

7

______ (　　語)

（注）この解答用紙は実物を縮小してあります。172％拡大コピーすると、ほぼ実物大で使用できます。（タイトルと配点表は含みません）

推定配点		計
	1 各２点×４　2, 3 各３点×16 4 各４点×３　5, 6 各２点×10　7 12点	100点

２０２１年度　お茶の水女子大学附属高等学校

数学解答用紙　No. 1

番号		氏名	

評点	／100

（注意：解答には計算，作図，説明なども簡潔に記入すること）

1

(1)

(2)

(3)

(4)

①

②

③

2

(1)

(2)

3

(1)

(2)

①

②

（注）この解答用紙は実物を縮小してあります。Ａ３用紙に156％拡大コピーすると、ほぼ実物大で使用できます。（タイトルと配点表は含みません）

数学解答用紙　No. 2

（注意：解答には計算，作図，説明なども簡潔に記入すること）

4

(1)

(2)
①

A（　　，　　），B（　　，　　）

②

kの個数（　　）個，$k=$

5

(1)

ℓ　A

m　B

(2)

(3)

(4)

推定配点		計
	1～5　各５点×20〔2(2)，5(1)はそれぞれ完答，4(2)は各５点×４〕	100点

2021年度　お茶の水女子大学附属高等学校

社会解答用紙

番号		氏名		評点	／100

1

問1	A		B		C	
問2	1 b	c	2	川		
	3				4	
問3	ア		イ		問4 か	き
問5						

2

問1		問2	問3	問4 愛知	沖縄
問5	1				
	2				

3

問1	問2	問3 C	D	問4	問5
問6	問7	問8 1	2　→　→		
問9	1				
	2				

4

問1	A	B	問2
問3			
問4	問5	問6	

5

問1	A	B	C	D
	E	F		
問2	有罪　無罪	問3 1 G	H	I
問3	2			
問4				
問5				
問6				

（注）この解答用紙は実物を縮小してあります。A３用紙に152％拡大コピーすると、ほぼ実物大で使用できます。（タイトルと配点表は含みません）

推定配点		計
	1　各２点×13　2　問１～問４　各２点×５　問５　各３点×２ 3　各２点×12 4　問１　各２点×２　問２，問３　各３点×２　問４～問６　各２点×３ 5　問１，問２　各１点×７　問３　⑴　各１点×３　⑵　２点 問４～問６　各２点×３	100点

2021年度　　お茶の水女子大学附属高等学校

理科解答用紙

番号		氏名		評点	／100

1

(1)	(2)	(3)	(4)	(5)

(6)	(7)	(8)

2

(1)	(2)	(3)
kg	m	溶媒　溶質

(4)	(5)	(6)
	①　②	

(7)

3

(1)	(2)	(3)

(4)	(5)

(6)	(7)	(8)
	2番目　5番目	

4

(1)
①　②

(2)

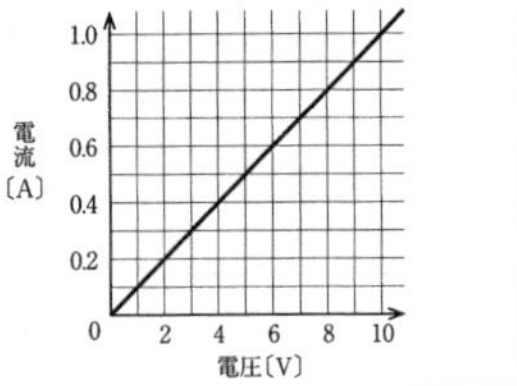

(3)	(4)
Ω	③　④

(5)	(6)

(7)
Ω

5

(1)	(2)	(3)
極	気体A　気体B	個

(4)	(5)
	①　②　：

(6)
化学反応式　目的

6

(1)	(2)
a　b　c	d　e

(3)	(4)	(5)

(6)	(7)
	①　②

（注）この解答用紙は実物を縮小してあります。175％拡大コピーすると、ほぼ実物大で使用できます。（タイトルと配点表は含みません）

推定配点		計
	1　各１点×８　　2～6　各２点×46 〔3(3)，(7)，6(4)，(5)，(7)①はそれぞれ完答〕	100点

二〇二二年度　お茶の水女子大学附属高等学校

国語解答用紙

番号　　氏名　　評点　／100

一

問一　a　b　める　c　d　e
問二　A　B
問三　Ⅰ　Ⅱ
問四
問五　25
問六
問七　1　2
問八
問九　1　24　40
2

二

問一　Ⅰ　Ⅱ　Ⅲ　Ⅳ　Ⅴ
問二
問三　A　B　C
問四
問五　25　30
問六　25　50　60
問七　1　2
問八

三

問一　a　b　c
問二　i　ii　iii
問三
問四
問五
問六　20
問七　〜
問八

（注）この解答用紙は実物を縮小してあります。175%拡大コピーすると、ほぼ実物大で使用できます。（タイトルと配点表は含みません）

推定配点	
一 問一〜問四 各2点×12 問五、問六 各3点×2 問七、問八 各2点×3 問九 各3点×2 二 問一〜問四 各2点×10 問五、問六 各3点×2 問七、問八 各2点×4 三 各2点×12	
計	100点

２０２０年度　お茶の水女子大学附属高等学校

英語解答用紙

番号		氏名		評点	／100

1
1
2
3
4

2
(1) .
(2) .
(3) .
(4) .

3
1　2　3　4
5　6　7　8
9　10　11　12

4
(1)
(2)
(3)

5

1	2	3	4	5

6
(1)
(2)
(3)
(4)
(5)

7
（　　語）

（注）この解答用紙は実物を縮小してあります。172％拡大コピーすると、ほぼ実物大で使用できます。（タイトルと配点表は含みません）

推定配点	1 各２点×４　2, 3 各３点×16 4 各４点×３　5, 6 各２点×10　7 12点	計 100点

２０２０年度　お茶の水女子大学附属高等学校

数学解答用紙　No. 1

番号		氏名		評点	／100

（注意：解答には計算，作図，説明なども簡潔に記入すること）

1

(1)

(2)

(3)

2

(1)

$a=$　　　　，もう１つの解

(2)

$a=$　　　　ア　　　　イ

3

(1)

B（　　，　　），C（　　，　　）

(2)

(3)

DE＝　　　　，DF＝

(4)

（注）この解答用紙は実物を縮小してあります。Ａ３用紙に149%拡大コピーすると，ほぼ実物大で使用できます。（タイトルと配点表は含みません）

２０２０年度　お茶の水女子大学附属高等学校

数学解答用紙　No. 2

（注意：解答には計算，作図，説明なども簡潔に記入すること）

4

(1)

(2)

(3)

5

(1)

A —— C

(2)

(3)

推定配点		計
	1～3　各４点×13〔2(1)，(2)，3(1)，(3)はそれぞれ各４点×２〕 4，5　各８点×６	100点

２０２０年度　お茶の水女子大学附属高等学校

社会解答用紙

番号		氏名	

評点	／100

1

問1	A		B		問2		問3		問4	
問5										

2

問1		問2		問3	1	B		C	
問3	2								
問4	形態		特徴						
問5	1		2		問6	沖合	沿岸	問7	→ →
問8									
問9									

3

問1	A		B		問2	1		2		3	
問3		問4		問5	1						
問5	2										
問6	1		2		問7						
問8											

4

問1		問2		問3	1	A		B	
問3	2								
問4									

5

問1	A		B		問2	C		D		E	
問3											
問4	F		G		H		I				

6

問1		問2		問3	A		B		C		D	
問4	1	E		F		G		H				
問4	2											
問5	I		J		K							
問6												

（注）この解答用紙は実物を縮小してあります。A３用紙に167％拡大コピーすると、ほぼ実物大で使用できます。（タイトルと配点表は含みません）

推定配点	計
1　問１～問４　各２点×５　問５　３点　2　問１，問２　各２点×２ 問３　⑴　各１点×２　⑵　２点　問４～問８　各１点×８　問９　２点 3　問１　各１点×２　問２～問８　各２点×11　4　各２点×６ 5　問１，問２　各１点×５　問３　３点　問４　各１点×４ 6　問１，問２　各２点×２　問３　各１点×４　問４　⑴　各１点×４　⑵　３点 問５　各１点×３　問６　３点	100点

２０２０年度　お茶の水女子大学附属高等学校

理科解答用紙

番号		氏名		評点	／100

1

(1)	(2)	(3)		(4)	(5)

(6)	(7)	(8)

2

(1)	(2)	(3)
倍		

(4)	(5) ①	(5) ②

(6)	(7) ①	(7) ②	(7) ③	(7) ④	(8)
					Ω

3

(1) X	(1) Y	(2)	(3)
			分　秒後

(4) 惑星１	(4) 惑星２	(5)

(6)	(7)	(8)

4

(1)	(2) 電極E	(2) 電極F	(3) 電極E	(3) 電極F

(4)	(5)	(6)	(7)
B　C			mL

5

(1)	(2)	(3)	(4)
g	Pa	cm	g

(5)	(6)	(7)	(8)
		極	はじめ　A　B　A　B　A　おわり

6

(1)	(2)

(3) ①	(3) ②	(3) ③	(3) ④	(3) ⑤
mg		ガス	mg	

(4) ⑥	(4) ⑦	(4) ⑧	(5)
倍	倍	倍	

（注）この解答用紙は実物を縮小してあります。179％拡大コピーすると、ほぼ実物大で使用できます。（タイトルと配点表は含みません）

推定配点		計
	1 (1), (2)　各２点×２　(3)　各１点×２　(4)～(8)　各２点×５ **2** (1)～(6)　各２点×７　(7)　各１点×４　(8)　２点 **3** 各２点×10　**4** (1)　２点　(2), (3)　各１点×４　(4)～(7)　各２点×４ **5** 各２点×８　**6** (1), (2)　各２点×２　(3), (4)　各１点×８　(5)　２点	100点

二〇二〇年度　お茶の水女子大学附属高等学校

国語解答用紙

番号　　氏名　　評点　／100

一

問一 a b c d e

問二 1 2 3 4 5 6

問三 （80字）

問四 A B C D

問五

問六 （60字）

二

問一 A B C

問二 i ii iii

問三

問四 （30字）

問五

問六

問七

問八 （70字）

三

問一 i ii

問二 A B C

問三 ① ⑤ ⑥

問四 ② ④ ⑦

問五

問六 1 2

（注）この解答用紙は実物を縮小してあります。A３用紙に161％拡大コピーすると、ほぼ実物大で使用できます。（タイトルと配点表は含みません）

推定配点	計
一　問一、問二　各２点×11　問三　５点　問四　各２点×４　問五、問六　各５点×２ 二　問一、問二　各１点×６　問三～問七　各３点×５　問八　５点 三　問一　各１点×２　問二～問四　各２点×９　問五、問六　各３点×３	100点